한국고대전쟁사 2
사상 최대의 전쟁

임용한

서울마포고등학교, 연세대학교 사학과, 동 대학원 석사, 경희대학교 대학원 사학과 문학박사
경희대학교·광운대학교·충북대학교·공군사관학교 출강, 충북대학교 연구교수, 경기도 문화재 전문위원

저서: 『조선국왕 이야기』(1·2), 『전쟁과 역사』(1·2·3), 『한국고대전쟁사1』, 『조선전기 수령제와 지방통치』, 『배낭 메고 돌아본 일본역사』, 『조선전기 관리등용제도 연구』, 『난세에 길을 찾다』, 『세상의 모든 전략은 전쟁에서 탄생했다』, 『경제육전과 육전체제의 성립』(공저), 『광무양안과 진천의 사회경제 변동』(공저), 『광무양안과 충주의 사회경제구조』(공저), 『서울을 읽자』(공저), 『역사의 길목에 선 31인의 선택』(공저), 『역사를 속인 위대한 거짓말』(윌리엄 위어 저, 공역)

홈페이지: cafe.daum.net/historyins

한국고대전쟁사2 사상 최대의 전쟁

임용한 지음

2012년 6월 5일 초판 1쇄 발행
2015년 1월 15일 초판 2쇄 발행

펴 낸 이 오일주
펴 낸 곳 도서출판 혜안
등록번호 제22-471호
등록일자 1993년 7월 30일

주   소 ⑨121-836 서울시 마포구 서교동 326-26번지 102호
전   화 3141-3711~2 / 팩시밀리 3141-3710
E-Mail hyeanpub@hanmail.net

I S B N 978-89-8494-451-0 03910

값 19,000원

한국고대전쟁사 2
사상 최대의 전쟁

임용한 지음

혜안

서문

"중장기병은 고구려에게만 있는 독보적인 병종이다." 지금부터 꼭 10년 전, 『전쟁과 역사 삼국편』을 처음 출간했을 때 제일 많이 받았던 질문이다. 심지어는 백제, 신라에도 없었다고 믿고 싶어하는 분들이 정말 많았다. 그러나 중장기병은 백제, 신라는 물론이고 중국, 페르시아, 심지어 로마에게도 있었다.

"살수대첩에서 고구려군이 강을 막았다 터트려 수나라 대군을 몰살시켰다." 이 시기에 단기간에 강을 막았다 터트린다는 것은 불가능하다. 설사 다른 방법으로 물을 모았다 흘려보냈다고 해도 물이 내려올 때 강에 들어가 있는 병력은 얼마 되지 않는다. 여울목을 따라 건넌다면 아무리 많이 들어가도 4열 종대 이상은 불가능하고 4열로 200m를 늘어섰다고 해도 한번에 강에 들어가 있는 병력은 800명에 불과하다.

이런 오류는 하나의 잘못된 정보에 불과한 것일까? 그렇지 않다. 고구려가 독보적인 무적의 병종을 장착해서 승리했다고 하는 것과 고구려와 수·당이 서로 똑같은 편성을 가지고 싸웠고, 서로의 전술과 무장을 벤치마킹하면서 싸웠다고 하는 것은 국제교류에 대한 인식과 경쟁에서 승리하는 방법에 대한 전혀 다른 교훈을 던져준다.

더욱 나쁜 것은 "중장기병은 최강이다", "수나라는 숫자만 채운 형편없는 군대였다"는 식의 설명은 역사적 사실에 대한 분석과 종합적 사고의 기회를 차단해 버린다는 것이다. 무적의 병종은 존재하지 않는다. 역사상 수많은 장군들을 괴롭혔던 문제는 "어떤 병종이 더 강한가"가 아니라 "각각의 병종을 어떻게 활용하느냐"였다.

우리는 수나라 군대가 오합지졸이라고 오랫동안 비웃었다. 그 사이에 왜 수나라와 당나라가 자기 제국의 운명을 걸고 그토록 지독하게 고구려를 침공했는가라는 물음과 그 배후에 놓여 있는 한국과 중국, 만주라는 삼각관계로 진행되는 국제관계의 기본 구도를 간과했다. 그 구도를 이해하지 못함으로 해서 고려는 거란전쟁이라는 참화를 대비하지 못했고, 현세의 우리는 조선의 외교정책을 이해하지 못해 그것을 굴욕적인 사대주의로 설명했고, 그것이 만들어 낸 강박적인 열등감에서 아직도 헤어나오지 못하고 있다.

이런 것을 좀 바로잡아 보자는 것이 전쟁사 집필을 시작했던 이유였다. 그렇기 때문에 전쟁의 기술과 전투 방식에 대한 전문적인 지식까지는 없어도 가능하리라고 생각했다. 그것이 전쟁사 전공자도 아닌 내가 겁 없이 전쟁사에 도전할 수 있었던 이유였다. 지금에야 말이지만 처음 생각했던 제목도 '전쟁으로 보는 한국역사'였다. 어디까지나 전쟁보다는 역사에 초점이 맞추어져 있었다. 우리의 사고를 제약하는 몇 가지 기본적인 인식들이 해결되면 전쟁사 전공자들도 늘어나고, 전문적인 분야는 진짜 군제사 전공자들에게 맡겨야 한다고 생각했다.

그런데 책을 집필하는 중에 같은 제목의 책이 간행되어 버렸다. 하지만 그 책의 간행과 무관하게 그 제목을 사용할 수 없게 되었다. 막상 집필을 시작하자 두 가지 사실이 나를 놀라게 했다. 첫째 우리 학계에서 전쟁사에 대한 기본적인 이해, 특히 전쟁과 전략, 전술에 대한 이해가 너무나 부족했다. 둘째, 그러한 부족함이 전투와 전쟁이라는 범주에 그치지 않고, 그 시대의 제도와 주요 사건에 대한 이해와 해석에도 광범위하게 영향을 미치고 있다는 것이었다.

그러다 보니 전쟁에 대한 비중과 밀도가 높아졌다. 역사 분야에서도 처음

의도와 다르게 전쟁사뿐 아니라 여러 가지 주제에 대해서 새로운 문제와 해석을 제기하게 되었다. 학문세계가 그렇지만 필자의 주장에 대해 동의하고 격려하는 분도 있고, 비판하는 경우도 있다. 그러나 어느 경우든 지난 10년 사이에 전쟁사 연구가 많이 활성화되었고, 필자의 주장이-긍정이든 비판이든- 여러 책과 논문에 채용되는 것을 보면 나름대로 기여를 했다는 생각이 든다.

게다가 이 책 덕분에 나 자신도 여러 가지 요구와 논쟁에 휘말리다 보니 전쟁사와 군제사 논문까지 집필하게 되었고, 이제 절반은 군제사 전공자가 되어 버렸다. 개인적으로는 고마운 일이기는 하지만, 정식으로 군제사 연구를 하다 보니 처음에 썼던 『전쟁과 역사 삼국편』에 대한 아쉬움이 커져 갔다. 주 내용이 삼국항쟁에서 수당전쟁과 삼국통일로 한정되어 있는 것도 그렇고, 1권을 쓸 때는 생활이 빠듯했던 시절이라 현장에 가보지 못하고 쓴 부분도 꽤 있었다. 무엇보다도 아쉬운 것은 당시에는 전쟁과 군제에 대한 지식이 진짜 건전한 상식선에 머물러 있었다는 것이다. 독자의 입장에서는 오히려 그것이 장점이 되었던 것도 같지만, 개인적으로는 미안함과 아쉬움이 커져 갔다.

그 사이에 고대사에 관한 엄청난 연구와 발굴이 이루어졌고, 전쟁사 논저도 상당히 증가했다. 이 새로운 성과들은 과거에는 알 수 없었던 더 많은 이야기와 새로운 장면을 밝혀주었다.

그래서 온전한 고대 전쟁사를 써야 하겠다는 결심을 하게 되었다. 그러다 보니 분량이 3권으로 늘어났다. 출발점을 고조선부터로 앞당겼고, 통일전쟁 이후 부분은 백제부흥군과 나당전쟁을 추가하고, 후삼국의 항쟁도 대폭 보완했다. 현지 답사와 중국과 만주지역 답사도 크게 보강했다. 동서양의 전쟁사를 참조하여 우리 역사 기록의 약점이라 할 수 있는 전투의 장면, 장비와 무기에 대한 서술도 가능한 한 충실하고 구체적으로 재현하기 위해 노력했다.

　전쟁사를 이해하려면 시각자료와 지도는 필수다. 이전 책에서는 여러 가지 사정으로 그것이 너무 부족했다. 이번에는 작정하고 최대한의 노력을 했다. 그동안 국내 저서에서는 거의 소개되지 않았던 자료들도 상당히 있다. 특히 이 부분에 대해서는 대학의 선배님이시자 혜안의 사장님이신 오일주 선배님께 진정으로 감사를 표하고 싶다. 지난 수년간 국내는 물론이고 국외 자료까지 대단한 자료를 직접 수집해 주셨다. 이 자료는 사진만이 아니라 전쟁사 공부에도 큰 도움이 되었는데, 내 개인의 노력으로는 절대로 그렇게 하지 못했을 것이다. 그뿐 아니라 현장 사진도 수년 동안 거의 매주 전국을 누비며 직접 촬영하신 것이다.

　이 밖에도 감사해야 할 분이 너무나 많다. 어느덧 20년이 넘는 세월 동안 함께 공부하며 도움과 제언을 아끼지 않으신 윤훈표, 김인호 교수, 1권의 편집만 예닐곱 번을 바꾸며 고생해 주신 혜안의 김태규, 김현숙, 오현아 님, 인터넷과 메일을 통해 서평과 질문, 토론을 아끼지 않으신 많은 분들, 만주 답사를 함께 한 파주청년봉사단장 최승태 군과 단원 여러분, 전적지 답사에 함께해 주신 한국역사고전연구소 회원분, 그리고 언제나 내편이 되어주는 집사람과 아이들에게도 이 자리를 빌려 감사를 드린다.

2012년 5월　임용한

글싣는 차례

서문 4

제1장 순수비가 서기까지 10
1. 달빛 스토리 14
2. 검과 사랑 32

제2장 폭군의 침공 52
1. 피할 수 없는 전쟁 56
2. 무모한 황제 60
3. 그들만의 전술 70
4. 위험한 여름 95
5. 자멸의 길 109

제3장 최강의 군대 116
1. 중원의 영웅 118
2. 다섯 자루의 칼 132
3. 전쟁 전야 140
4. 출정 143
5. 4월의 기습 150
6. 주필산 전투 175
7. 평양으로 가는 마지막 관문 198
8. 막다른 골목 209

제4장 서라벌의 선택 216

    1. 서동요 218
    2. 진화하는 위기 227
    3. 백옥 같은 남자 240
    4. 최후의 승부 249

제5장 660년 여름 266

    1. 밀약 268
    2. 백제 침공 271

제6장 반란과 혼돈 298

    1. 희망 300
    2. 두 번째 희망 307
    3. 평양 포위되다 313
    4. 백강의 불꽃 330

제7장 망향가의 시작 336

    1. 임존성의 가을 338
    2. 고구려의 멸망 347

주 362

병사들이 있는 곳에는 언제나 함성, 먼지, 그리고 뜨거운 햇살이 따라다닌다. 계절은 완연한 가을이어야 하건만 올해의 태양은 이상하게 식지를 않았다. 설익은 벼를 베어 내고 만든 연병장에도 바짝 마른 진흙이 유난스레 흙먼지를 일으켰다.

한 번 달리기를 끝내면 병사들의 바지가 하얗게 변했다. "다시 정렬, 정렬." 흙먼지 섞인 침을 토해 내는 병사들 사이로 장교들이 말을 달리며 병사들을 몰아세웠다. 병사들은 마른 숨을 몰아쉬며, 100명의 병사들보다도 더 심한 흙먼지를 발산하는 말발굽을 원망스레 쳐다보았다.

'정말 굉장하군, 땅이 이렇게 메말랐으니……' 지휘소에서 모여 있던 군관 한 명이 가래침을 내뱉으며 중얼거렸다. "땅이 말랐으니 말꼬리에 나뭇가지를 묶어 연막을 치면 어떨까요?" 그 옆에 있던 다른 낭도가 문득 이런 제안을 했다. "안 된다. 우리 시야만 가리고 숨 쉬기만 더 힘들어진다." 지휘관인 듯한 장군이 단호하게 말했다. 말투는 단호했으나 목소리는 어렸다. 훈련을 지휘하고 있는 세 사람의 장군을 가까이에서 본 사람은 이들이 너무나 젊다는 사실에 깜짝 놀랐을 것이다. 두 명의 장군은 아직 10대였다. 한 명은 30대 후반쯤 되어 보였다. 그러나 그가 대장이 아니었다. 이 부대의 최고 지휘관은 세 사람 중에서도 나이가 제일 어린 장군이었다.

병사들이 다시 출발선에 모였다. 논바닥 건너 한 100보쯤 떨어진 곳에

제1장 순수비가 서기까지

통나무를 엮어 대강 만들어 놓은 모의 성벽이 세워져 있었다. 엉성하게 만들었지만 높이와 치의 간격만은 정확했다. 정찰병을 시켜 대가야의 성벽 길이를 관측하게 하고 그 보고대로 만든 것이었다.

이 성벽을 상대로 공성 훈련을 실시하는 중이었다. 훈련은 아직 1단계로서 성벽 앞으로 달려가는 대형과 속도를 익히는 훈련만 하고 있었다.

훈련 다음 단계인 등성 과정으로 나가야 하는데, 막상 사다리를 걸칠 위치를 결정하기가 쉽지 않았다. 세 명의 장군은 어제부터 이 난제로 고민중이었다. 시간과 보급이 충분하지 않아서 공성구를 동원한 고급스런 전투를 펼칠 수가 없었다. 기술자와 경험도 부족했다. 몇 개 되지도 않는 어설픈 공성구에 의존하다가는 공격은 소심하고 지지부진해지고, 불필요한 희생만 커질 것이다. 최대한 빠르고 단호하게 밀어붙여야 한다.

그들이 세운 전술은 방탄막을 장착한 수레와 방패병을 앞세우고, 성벽으로 돌진하는 것이었다. 처음에는 넓게 포진해서 성벽으로 행진한다. 병력의 2/3는 동문으로 보내 주공이 그쪽인 것처럼 보이게 할 것이다. 기병도 대부분을 동문에 배치한다. 먼저 동문쪽 병력이 진격해 동문 100보 지점에 바리케이드를 설치하고 사격전을 펼친다. 적의 주의가 동문으로 쏠리면 남문 쪽에 횡대로 길게 늘어서 있던 병력이 대형을 좁히며 목표 지점으로 돌진한다.

공격부대는 공성부대와 방패, 궁수 세 부대로 편성한다. 방패와 창으로 무장한 공성부대는 사다리를 타고 오르고, 궁수들은 팀을 나누어 사다리 위쪽과 사다리 좌우의 성벽을 제압한다. 방패병들은 궁수를 엄호한다. 40명만 성벽으로 올라가면 성벽 위에 확고한 교두보를 확보할 수 있다. 한 부대는 방패로 방벽을 구축하고, 엄선한 돌격대는 성문을 연다. 그 사이에 동문에 있던 기병이 남문으로 이동한다. 성문이 열리면 대기하던 기병이 돌입하고, 궁수와 방패 부대는 성벽으로 올라 성벽 위쪽을 소탕하고 교두보를 확대한다.

작전 개요는 이런데, 성벽에 사다리를 놓을 지점 즉 돌파 지점이 문제였다. 사다리를 성벽과 돌출한 성문의 측벽과 치로 분산시킬 것인가. 아니면 그 중 한 곳에 집중시킬 것인가, 집중시킨다면 어느 곳을 택해야 할까?

이런 문제에 답을 내줄 수 있는 방법은 실전 경험뿐이다. 그런데 세 명의 지휘관 중 전투 경험이 있는 사람은 나이가 많은 장군뿐이었다. 부하들의 눈이 그에게로 쏠렸다. "사다리는 이곳에 집중하는 것이 좋을 듯하네, 성문 돌출 부분과 바로 그 옆 성벽이 꺾이는 부분. 이렇게 하면 우리는 등성부대를 집중시키면서 동시에 두 방향을 제압할 수 있지. 서쪽 성벽에 있는 적군은 남문에 가려 우리를 공격할 수 없게 되고, 위협이 되는 것은 남문과 동문 사이의 성벽에 있는 적병이야. 공성부대가 등과 측면을 노출하게 되거든. 희생을 줄이는 방법은 성벽을 오르는 동안 집중사격을 퍼부어서 적군이 머리를 들지 못하게 하는 방법밖에 없어. 그런데 이 동쪽 성벽에 대해서 우리는 공격부대의 궁수에다가 동문에서 이동해 오는 궁기병까지 이용할 수 있네. 즉 우리가 최대한의 화력을 효과적으로 집중할 수 있는 곳이 이 지점이야. 그러니 이쪽을 사격으로 제압하고 그동안 남문 모서리를 공략하는 것이 제일 효과적일 것 같네."

그의 목소리는 차분했지만 아무도 반론을 제기하지 않았다. 결정만이 남았다. 장교들의 시선이 일제히 사령관에게 쏠렸다. 사령관은 조금 생각하는 듯하더니 "좋은 계획이오, 그렇게 하도록 하지요."라고 말했다. 그러면서도 사령관은 약간 고개를 숙인 채 탁자에 펼쳐 놓은 지도에서 눈을 떼지 않았다. 작전지도를 보며 심사숙고를 거듭하는 표정이었지만, 사실은 나이 든 장군과 눈을 마주치기 싫어서였다.

방법은 결정되었다. 남은 문제는 한 가지, 누가 사다리를 타고 성벽을 오를 선봉부대를 이끄냐는 것이었다. "첫 번째 공격에서 성공해야 해, 어떤 희생을 치르더라도 밀어붙여야 하네, 그것이 희생을 최대한 줄이는 방법이야. 단 두 번이야. 사다리를 타고 오를 때 적이 화살을 쏠 기회는 잘해야 두 번밖에 없어. 그 두 번만 이겨내면 되네." 나이 든 장군이 힘주어 말했다. 작전의 최종 성공은 결국 돌격대의 용기와 단합의 몫이다.

누가 선봉에 설 것인가? 약간의 망설임과 어색한 침묵이 휘돌았다. 그러나 어색함은 잠시였다. 단호한 목소리가 어색함을 날려버렸다. "우리는 반드시 해낼 거요. 내가 선봉에 서겠소!" 모든 사람이 깜짝 놀랐다. 그 말을 한 사람은 사령관이었다. 나이 든 장군이 화급히 말렸다. "장군은 안 되네, 그렇다면 내가 선봉에 서겠네." 사령관은 고개를 저었다. "안 됩니다. 공은 전투 지휘를 책임져 주십시오, 여기에 전투 경험이 있는 사람은 공밖에 없습니다. 혹시 만약의 사태가 벌어지더라도 혼란을 방지하고 군을 수습할 수 있는 사람은 공밖에 없습니다." "그럼 내가 하겠네, 나와 내 낭도들은 누구보다도 강하고 확고하네." 또 한 명의 장군이 말했다. "형은 기병을 맡아 주셔야 합니다. 달리 맡길 사람이 없습니다. 더 이상 거론하지 마세요. 공성부대는 제가 직접 이끕니다."

회의가 끝나자 형이라고 불린 장군이 나이 든 장군에게 슬며시 다가왔다. "좀더 말리셔야 했던 것 아닙니까?" "그런다고 들을 아이인가."

나이 든 장군은 어깨를 툭 치더니 말을 이었다. "너무 염려 말게나, 그 애의 생명을 책임지겠다고 그 애 어머니와 약속을 했어. 그 애가 선봉에 선다면 나도 함께 갈 거네, 내가 반드시 지킬 것이야."

1 달빛 스토리

사람은 누구나 장점이 있다. 우리는 변화를 두려워하고 현상유지에 집착하는 사람을 무능력자라고 비난한다. 하지만 일반적인 오해와 달리 이런 사람들도 변화의 징조를 탐지하는 데는 남다른 감각이 있다. 그래서 그들은 작은 변화를 꺼리고, 고분고분하지 않은 사람을 싫어하고, 아무리 조그맣고 사소한 일이라도 새로운 요소를 도입하는 일에 과민반응을 보인다. 희한하게도 이런 경우 대개는 그들의 판단이 옳다. 그런 징조를 용인하면 큰 변화가 뒤따라온다.

현상유지자들을 무조건 비난할 수도 없다. 그들도 나름의 이유가 있다. 변화가 좋고 편하기만 하다면 누군들 변화를 좋아하지 않으랴? 변화는 익숙하고 편안한 것을 포기하라고 하고, 좋아하는 것을 버리라고 한다. 그것이 변화다. 변화와 발전을 원한다면 불편하더라도 참아야 하고, 작은 변화의 뒤로 더 큰 불편함이 따라온다는 사실을 인정하고 각오해야 한다. 그것이 싫다면 현실에 안주하다 몰락하는 수밖에 없다.

역사는 이 불편함을 감수하고 살아남은 집단의 기억이다. 삼국시대만 해도 6세기까지는 삼국시대가 아니었다. 5세기까지도 만주와 한반도에는 고구려, 백제, 신라 이외에도 옥저, 동예, 가야 등 수많은 나라들이 있었다. 이들 나라도 단일국가가 아닌 수많은 소국의 연맹체였다. 심산유곡에 터를 잡은 고구려가 패자가 되고, 이주민인 백제가 마한을 지배했던 경우에서 알 수 있듯이 이 소국들 중에서 터가 좋고 인구가 많은 나라가 살아남은 것이 아니다. 남보다 적극적이고 시대변화에 빨리 대응했던 국가가 생존자가 되었다.

삼국시대 고분에서 출토되는 관은 황금관에서부터 은, 동으로 만든 것 등 재질이 다양하다. 세공 수준도 정교한 수공품에서 가위로 가늘게 잘라 노끈처럼 꼰 것 등 천차만별이다. 이 관의 주인에 대해서도 왕족, 소국의 왕, 부족장 등으로 추정한다. 고대사회에 이토록 많은 관이 존재하는 이유는 많은 소국이 존재하고, 나라마다 여러 부족이 있던 고대사회의 특수한 구조 때문이다. 전제국가가 성립한 고려와 조선에서는 국왕만이 왕관을 쓸 수 있었다.

신라에게 있어 이 변화의 물꼬는 나제동맹이었다. 고구려의 남진에 맞서 개국 이래 앙숙이던 두 나라가 손을 잡았던 군사동맹, 그러나 이 나제동맹에 군사적 의미만 있었던 것은 아니다. 이 동맹은 좀 심하게 말해서 촌장들의 모임 수준으로, 지극히 후진적이고 협소했던 신라의 정치판에 파문을 일으키는 시작이 되었다.

493년 동맹의 표시로 백제의 동성왕이 신라의 왕녀와 결혼했다. 부인이 된 왕녀는 이찬 비지의 딸이었다. 당시의 복잡한 근친혼 관계로 볼 때 이찬의 딸이면 공주급 여인임이 분명하다. 동성왕이 쿠데타로 살해되는 바람에 백제 왕권이 백제와 신라의 혼혈왕자에게 계승되지는 않았지만, 나제동맹 기간 동안 백제와 신라의 관계는 우리가 생각했던 것보다 더욱 우호적이었고 왕래도 활발했던 것 같다. 사람이 오가자 사건도 터졌다. 『화랑세기』는 그동안 우리가 알지 못했던 중요한 사건 하나를 전해준다.

삼국시대의 다양한 금관들
이 왕관의 주인공들은 모양과 형태만큼이나 다양했고 그만큼 여러 지역에 많은 소국들이 존재했을 것이다. 왼쪽부터 경산 임당 금동관, 전(傳) 고령 가야 금관, 부산 복천동 금동관, 안동 지동 금동관, 의성 탑리 금동관

법흥왕(재위 514~540년)은 신라 역사에서 획기를 그은 왕 중 한 명이다. 불교를 공인하고, 재상인 상대등을 설치하고, 관료제를 정비하고, 품계에 따라 관복도 나누고, 금관가야를 정복했다. 그는 태자 시절부터 국가 원로에게나 주는 호칭인 국공國公으로 불리며 국정에 활발하게 참여했다. 외교사절로 동맹국인 백제에도 갔다. 조선에서는 세자라고 할지라도 왕이 되기 전에는 공무에 간여하지 못했다. 그러나 고대로 갈수록 고관직은 국왕의 친인척과 아들, 사위로 가득 차 있다. 권력집단이 협소한데다가 평균 수명은 짧고 불안정해서 고대인들은 속된 말로 체면치레 할 것 없이 불꽃처럼 살아야 했다.

백제로 간 왕자는 미모의 공주를 만났다. 동성왕의 딸 보과공주였다. 혼담이고 뭐고 없이 두 사람은 사랑에 빠졌다. 법흥왕이 신라로 돌아가자 보과공주는 자신이 임신했음을 깨달았다. 보과공주는 신라로 도망쳐서 법흥왕의 부인이 되었고, 남모와 모랑이라는 남매를 낳아 백제에서는 멸절된 동성왕의 후예를 신라에 남겼다(보과공주는 제1왕비가 되지는 못했는데, 정확히는 알 수 없지만 일찍 사망한 것 같다). 이야기로 봐서는 전형적인 눈먼 사랑 내지는 불륜인 듯한 두 사람의 관계는 뜻하지 않게 커다란 정치적 결과를 낳는다.

22대 왕인 지증왕과 23대 왕인 법흥왕 때에 신라는 마립간이라는 칭호를 왕으로 바꾸고, 국왕을 부족연맹의 장이 아닌 국가의 최고 지도자로 격상시켰다. 율령을 반포하고, 지방행정구역을 만들어 국가 운영도 구멍가게식 행태에서 벗어나려고 노력했다. 그러나 현실은 쉽지 않았다. 1988년 경북 울진에서 발견된 봉평비는 524년(법흥왕 11년) 이 지역에서 발생한 반란을 진압하고 세운 비다. 이 비에서 법흥왕은 자신을 훼부의 모즉지牟卽智 매금왕寐錦王이라고 표현하고 있다. 즉 아직도 신라의 왕이 아니라 자신의 출신부인 훼부의 대표자로 표현하고 있다. 이 표현은 6부의 위원장격인 지위와 절대지존인 국왕이라는 관념 사이의 어정쩡한 타협을 보여준다. 또 국가의 법을 왕이 단독으로 제정하지 않고 주요 인물과 함께 공포하고 있음을 보여준다.

울진 봉평 신라비

영일 냉수리 신라비

이 점은 1989년에 영일에서 발견된 냉수리비에서 더욱 분명하게 드러난다. 503년(지증왕 4년)에 세운 것으로 보이는 이 비에서는 6부의 대표들이 다 왕으로 지칭되고 있으며, 국왕과 6부 대표를 합한 7명이 의논하여 교서(또는 판결문)를 내렸다고 적혀 있다.

법이 만능은 아니다. 국왕의 권력을 강화하는 법을 제정했다고 해도 사람들의 마음까지 바꾸기란 쉽지 않다. 왕권 강화가 사실상 권력 약화를 의미하는 6부 귀족들의 마음을 바꾸기는 더욱 어려웠다. 중소기업이 대기업으로, 대기업이 다국적 기업으로 변모하고자 할 때 제일 어려운 과제가 제도와 규정의 개혁이 아니라 인적 구성의 개혁이다. 제도와 운영 규정을 바꾸어도 사람이 그대로면 소용이 없다. 개혁이 제대로 되려면 법에 맞추어 마음까지 바꿀 수 있는 사람들, 즉 새로운 정치적·

사회적 환경을 지닌 사람이 필요하다. 새 인물을 찾아 주변을 둘러보던 신라의 통치자들은 왕족은 왕족이지만 전통의 왕실 가족들과는 조금 이질적인 집단이 자신들 주변에 있음을 발견했다. 백제 공주의 후손, 항복한 가야의 후손, 정통 왕가보다는 신분이 낮은, 주로 공주들과의 불륜으로 등장한 인물들이었다. 이들이 서라벌이라는 꽉 막힌 연못에 던져진 작은 조약돌이었다.

이 새 조직원들이 일으킨 첫 번째 파문에 대해『삼국사기』는 다음과 같이 묘사하고 있다.

> [576년(진흥왕 37년)] 봄에 처음으로 원화를 받들었다. 일찍이 임금과 신하들이 인물을 알아볼 방법이 없어 걱정하다가 무리들을 함께 모아 놀게 하고 그 행동을 살펴본 다음에 발탁해 쓰고자 하여 마침내 미녀 두 사람, 남모와 준정을 뽑고 무리 300명을 모았다. 두 여인이 아름다움을 다투어 서로 질투하여, 준정이 남모를 자기 집으로 유인하여 억지로 술을 권하여 남모가 취하자 끌고 가 강물에 던져 죽였다. 준정이 사형에 처해지자 무리들은 화목을 잃고 흩어지고 말았다. 그 후 다시 미모의 남자를 택해 곱게 꾸며 화랑이라 이름하고 그를 받드니 무리들이 구름처럼 몰려들었다.(『삼국사기』 권4, 신라본기 진흥왕 37년)

화랑도의 탄생 비사라고 할 수 있는 이 이야기는 꽤 널리 알려져 있다. 그런데『화랑세기』에 의하면 위 사건이 발생한 때는 진흥왕 말기가 아닌 초기다. 그리고 이 사건의 배후에는 속좁은 여인의 질투가 아니라 복잡한 정치적 내막이 숨어 있다.

서기 540년 법흥왕이 죽자 진흥왕이 즉위했다. 진흥왕의 아버지는 법흥왕의 동생인 갈문왕 입종이고, 어머니는 법흥왕과 보도왕후 김씨의 소생인 지소부인이다. 입종과 지소부인의 결혼은 삼촌과 조카의 결혼인데, 이 시기는 이런 결혼이 아주 흔했다. 즉위할 때 진흥왕의 나이가 겨우 7세여서(『삼국유사』에서는 15세라고 했는데 7세가 맞는 듯하다) 모친 지소태후가 섭정을 했다.

지소태후는 진흥왕의 성격에 큰 그늘을 남겼을 정도로 정치적 욕망이 강하고 그만한 능력도 갖춘 여인이었다. 고구려의 남진을 저지하고, 백제와 동맹을 유지하고, 신라의 정계도 개편해야 하는 복잡한 시기에 정권을 잡아 난마처럼 얽힌 난제들을 힘들게 헤쳐나갔다. 국방력을 강화하고, 왕가의 힘과 정치력을 안정시키려면 강력한 친위세력과 친위군단을 양성해야 했다. 친위세력을 만들려면 국왕에게 충성을 바칠 새로운 집단을 육성해야 한다. 그래서 독특한 아이디어를 발휘해서 왕이 후원하는 친목단체를 만들었다. 단체를 만들어 서로 놀고 교제하게 하면서 이들을 관찰하여 인재를 발굴했다. 단체의 가입자를 유인하기 위해 꼭 요즘 대학에서 인기 연예인을 특별 전형하고 지방마다 연예인을 홍보대사로 임명하는 식으로 리더도 미녀로 뽑았다.

이렇게 모은 무리를 낭도라고 했다. 낭도라고 하는 사적인 집단은 고대사회에서는 낯선 개념은 아니었다. 쉽게 유럽의 봉건사회에 비교해 보면 된다. 영주와 기사는 자신의 영지와 백성을 거느리고 있고, 국가에서 관리나 기술자,

계림의 향가비 화랑이야기는 후대에 〈찬기파랑가〉, 〈모죽지랑가〉와 같이 향가의 소재로도 널리 애용되었다.

군대가 필요하면 자기 군대를 끌고 참전하거나 인재를 추천한다. 유럽 봉건제와 조금 다른 점은 서라벌의 왕족과 6부의 귀족들은 지방의 영지가 아니라 서라벌에 거주했다는 점이다. 그들의 영지와 예속민은 지방에 있었고, 귀족들은 그 중에서 괜찮은 인재, 무사를 뽑아 자신의 집사, 행정관, 관리인, 무사로 썼다. 그런데 지방에는 예속민이라기보다는 좀더 자유로운 지방 귀족층, 향리의 촌주급 인사들이 있었다. 이들은 각종 인연을 따라 서라벌의 귀족이나 유력자들과 연결되고자 했을 것이다.

왕과 왕족, 귀족들은 이미 이런 집단을 거느리고 있었다. 하지만 이런 집단은 여차하면 사병적 군대가 되고, 주군 내지는 집단 지도자의 승인이라는 단계를 거쳐야 하므로 국가에서 직접 인재를 채용하기도 쉽지 않다. 좀더 폭넓고 획기적인 방법은 없을까? 그래서 믿을 만한 즉 능력도 있고 가문도 좋은 유력 인물을 지도자로 삼고 차상위의 인재와 출세욕에 불타는 젊은이들을 모아 단체를 만들었다―우리 현대사에서도 둘러보면 이런 단체가 항상 있다. 이것이 화랑의 기원이다. 리더는 낭도들의 여론을 수합한 뒤에 국왕이나 태후의 인가를 받아서 임명되었다. 재정은 알 수 없지만 국가의 지원과 화랑(원래 명칭은 풍월주였다)의 기부로 운영되었을 것이다.

목적과 속셈은 분명했지만 단체의 외형과 법적 성격이 애매했다. 국왕의 사병도 아니고, 법인이나 공공기관도 아니다. 이럴 때 딱 좋은 것이 종교다.

고구려 벽화에 묘사된 일월신

한복 저고리를 입은 일월신은 도교와 민간신앙의 결합을 보여준다. 해는 남신, 달은 여신으로 묘사되었으며, 해에는 삼족오가 달에는 개구리로 추정되는 그림이 그려져 있다(오회분 4호묘 벽화). 풍월도도 이런 혼합종교의 모습을 띤다.

그러나 특정 종교와 결탁하면 그 종교가 너무 강해질 우려도 있고 다른 종교와의 사이에 갈등이 생긴다. 한 종교에 깊이 빠져버리면 종교의 교리가 정치의 발목을 잡을 수도 있다. 그래서 유교, 불교, 도교에 민간신앙까지 조합해서 풍월도라는 신흥종교를 만들고, 종교 교리보다는 공익, 사회봉사, 인재양성 등 보편적으로 인정받을 수 있는 모든 명분과 기능을 이념으로 집어넣었다. 그래도 굳이 소속을 따지자면 도교와 제일 비슷했다. 풍월도의 구성원들도 자신들을 선도仙道라고 불렀다.

구상은 좋았는데, 이 단체를 맡길 사람이 남았다. 미모라는 유인책을 썼지만 리더로 삼으려면 신분적 지위에 정치적 배경까지 배려해야 했다. 하필 여성을 리더로 선정한 이유에 대해서는, 모계사회의 유풍이라거나 신라에서 단오날 서라벌 부녀자들을 두 편으로 갈라 벌였다는 놀이에서 기원했다는 설 등이 있다. 『화랑세기』의 저자 김대문은 젊은 미녀를 뽑아 국화國花로 임명하고 신궁에서 제사를 받들게 하는 연나라 제도를 본뜬 것이라고 했다. 여성 신관제도는 동양과 서양을 불문하고 고대사회에 만연했던 제도다. 그리스나 로마에도 신전에서 봉사하는 처녀들이 있었다. 이런 제도는 곧잘 매춘제도로 변질되어 공창公娼제도로 연결되곤 했는데, 풍월도에도 낭도가의 여인을 대상으로 조금 그런 풍속이 있기는 했다.

필자가 보기에는 국화제도의 목적은 정치적 이유가 우선이었던 것 같다.

베스타(헤스티아)의 제녀
베스타는 화로의 신이다. 로마에서 베스타를 섬기는 6명의 처녀를 베스타의 제녀라고 했다. 6명의 제녀는 공창 기능은 없었고 순결을 맹세하고 유지해야 했다. 6~10세에 선발된 제녀는 30년을 봉사하면 의무에서 해방되어 결혼도 할 수 있었다. 그러나 결혼하면 불행해진다고 믿어 실제 결혼하는 여인은 드물었다.

경주 황오동 출토 금드리개

『화랑세기』 저자의 설명을 감히 무시할 수는 없겠지만, 여기에도 사정이 있다. 대체로 삼국통일 후에 역사적·문화적 요소의 기원을 중국에서 찾는 풍조가 성행하기 시작했다. 김대문도 풍월도의 권위와 정통성을 되찾기 위해 『화랑세기』를 썼던 사람이라 이런 해석에 마음이 끌렸을 것이다.

미인 리더는 사람들을 유혹하는 목적 외에 정치적으로도 상당한 장점이 있다. 공주급의 여인은 단체의 정치적 위상을 확실히 높였다. 하지만 명목상이었다. 만약 리더가 왕실 남성이라면 그 사람의 정치적 역량이 풍월도에 바로 반영되었을 것이다. 태후가 섭정을 하고는 있어도 여성들이 공직에는 진출하지 않던 시기였다. 그러므로 여성 단체장은 풍월도가 너무 강력한 정치 단체가 되는 위험을 단절시켰다.

이 단체의 역사적인 첫 리더는 준정이라는 여인이었다. 그녀의 족보는 명확하지 않지만 상산공의 딸이라고 한 것을 보면 진골 왕족 출신이었음이 분명하다. 그런데 원화가 된 준정은 지소태후와 사이가 좋지 않았다. 이런 여인이 어떻게 원화의 우두머리가 되었는지는 확실하지 않지만, 미묘한 사정이 있었던 듯하다. 당시는 낭도들이 결정권까지는 아니어도 나름대로 지도자를 천거할 수 있는 권한이 있었다. 준정이 뛰어난 미인이고 선동력도 있어서 낭도들의 환심과 추대를 받았을 수도 있다.

지소태후와 준정의 대립은 진흥왕이 즉위하기 직전에 시작되었다. 법흥왕의 후계 자리를 놓고 지소태후의 아들인 진흥왕과 비대(법흥왕과 옥진궁주의 아들)라는 새로운 왕자가 경쟁을 하게 되었다. 준정은 비대 편에 붙었다. 지소태후로서는 기껏 새로운 정치집단을 양성해 놓았는데, 이 집단의 리더를 진흥왕의 즉위를 반대한 여인이 차지했다는 것은 참을 수 없는 일이었다. 지소태후는 준정의 교체를 모색했다. 이때 눈에 들어온 여인이 보과공주와 법흥왕 사이에서 태어난 남모였다. 남모와 모랑 남매는 법흥왕의 자녀지만 모친이 백제의 공주였기 때문에 신라에서는 지지 기반이 약했을 것이다. 게다가 지소태후가 아주 총애하면서 이미 자기 심복으로 만들어 놓은 상태였다. 남모의 애인인 미진부도 법흥왕의 딸인 삼엽궁주의 아들이며, 지소태후의 열렬한 지지자였다. 게다가 남모 역시 뛰어난 미인이었다.

결국 퇴출 위기에 몰린 준정이 남모를 살해했다. 『삼국사기』는 이 살인사건의 원인을 준정의 질투심으로 몰아갔지만, 진정한 살해 동기는 지소태후의 음모에 대한 준정의 분노였다.

준정이 살인죄로 처형된 뒤 지소태후는 여성을 임명해도 풍월도의 정치적 영향력을 차단할 수는 없다는 사실을 깨달았다. 그 여인이 미모를 이용해서 여러 사람을 끌어들이면 남자보다 더 위험할 수도 있었다. 정치감각이 탁월했던 태후는 과감한 결단을 내린다. 중립을 유지할 수 없다면 적극적으로 자기 것으로 만들어야 한다. 태후는 다시 미인을 리더로 세우자는 낭도대의 청원을 거절하고, 리더를 남자로 바꿨다. 이 과정에서 낭도대의 정치적 성격을 더욱 분명히 하는 동시에 증폭될 정치적 우려를 불식시킬 수 있는 절묘한 인물을 찾아냈다.

지소태후가 선택한 최초의 남자 풍월주(화랑)는 위화랑이었다. 『화랑세기』에 따르면 화랑도라는 명칭 자체가 위화랑이라는 이름에서 기원했다. 그는 죽은 남모와 마찬가지로 신라의 정통 왕가에서는 상당히 이질적인 인물이었다. 지증왕의 선왕인 소지왕(21대)은 7명의 마복자摩腹子를 두었다. 마복자란 왕과 관계를 맺은 왕족이나 귀족 여인이 다른 남자와 결혼해서 낳은 아들이다.[1] 비록 왕의 친아들이 아니라고 해도 어머니가 한때 왕과 관계를 가졌으므로 왕이 아버지격이 된다는 이론이다. 적나라하게 말하면 어머니와 간통을 한 남자도 아버지가 된다는 논리다. 고대사회가 성 관념이 독특하기도 하고 워낙 정치집단이 가족단위로 움직이는 세계라 이런 관념을 사용해서라도 정치집단을 가족관계로 포장했던 것 같다. 방법이 별로 고상하지는 않았지만, 소지왕의 노력은 중요한 결실을 맺었다. 신라 성장기에 맹활약을 하는 요인들이 이 7공자의 후손에게서 나온다. 그래서 후대에 신라에서는 소지왕의 7공자를 마복7성이라고 불렀다. 나중에 우산국을 정복하고 대가야를 병합하는 장군 이사부도 이 7공자의 일원이었다.

그런데 위화랑의 경우는 좀 복잡하다. 통일신라기에 쓰인 신라의 역사책에서는 위화랑을 7공자에 포함하기도 하고 포함하지 않기도 했다고 한다.[2] 역사적 업적으로 보면 위화랑은 이사부와 함께 7공자 중에서 제일 두드러진 족적과 업적을 남겼다. 그러니 7공자 중에서도 맨 앞에 세울 만한 인물이었다. 그러나 후대의 역사책에서는 그를 7공자에서 빼기도 했다. 그 이유가 무엇일까? 업적으로는 되지만, 신분적 관점에서 볼 때 위화랑은 7공자가 되기에 수준 미달이었다.

위화랑의 신분에 어떤 하자가 있었던 것일까? 『삼국사기』에 다음과 같은 내용이 있다.

500년(소지왕 22년) 9월에 왕이 날이군捺已郡(경북 영주)에 행차했다. 그 고을 사람 파로에게 벽화라는 딸이 있었는데, 나이는 16세로 나라 안에서 뛰어난 미인이었다. 그 아버지가 수놓인 비단을 입혀 수레에 태우고 색깔 있는 명주로 덮어서 왕에게 바쳤다. 왕이 음식을 보낸 것으로 생각하고 열어 보니 어린 소

이사부 사자상과 출항 예상지 이사부가 우산국을 정벌할 때 위협의 수단으로 활용했다는 '나무사자'상. 1500년 만에 강원 삼척 해변에 조형물로 만들어져 세워졌다.

녀였으므로 괴이하게 여겨 받지 않았다. 그러나 왕궁에 돌아와서는 그녀 생각에 잠을 이루지 못해 두세 번 몰래 그 집에 가서 그녀와 동침했다.(『삼국사기』 권3, 소지마립간)

위화랑은 이 벽화부인의 동생이다. 그런데『삼국사기』기록대로라면 위화랑의 아버지인 파로는 지방귀족이다. 중앙정계에서 활약하기에는 신분이 낮아도 너무 낮다. 삼국시대에는 왕경인과 지방민을 일단 크게 차별했기 때문에 중견 관리 정도만 되려고 해도 최소한 왕경인은 되어야 했다.

그러므로『삼국사기』의 기사는 위화랑의 신분이 7공자에 비해 상대적으로 흠집이 있다는 이야기가 후대적 관점으로 재해석되면서 만들어진 것이 아닌가 싶다.『화랑세기』에서는 위화랑의 부친은 섬신공이지만 모친의 격이 좀 떨어진다고 했다. 그리고 위화랑의 모친인 벽아부인이 날이군에 살 때 낳은 딸이 벽화라고 했다. 즉 벽화가 아니라 벽아부인이 날이군 출신이다. 그렇다면『삼국사기』에 소지왕과 벽화부인의 로맨스로 소개된 이야기는 위화랑의 부친 섬신공이 날이군에서 벽아부인을 만난 이야기가 와전된 것일 가능성이 높다. 즉 위화랑의 부친은 왕족급인 섬신공이었지만, 모친 벽아부인은 날이군 지방귀족의 딸이었던 것이다. 이 정도만으로도 당시로는 엄청난 핸디캡이었다.

섬신공과 벽아부인의 로맨스가 소지왕과 벽화의 사건으로 둔갑한 이유는 위화랑의 누이 벽화가 소지왕의 애인이 된 탓이다. 소지왕은 벽화에게 심하게 빠져 위화랑까지 총애했다. 손자뻘인 법흥왕보다 위화랑을 더 좋아했다고 할 정도였다. 법흥왕과 위화랑의 관계가 나빠질 수도 있는 상황인데, 두 사람은 대립 대신 우호를 택한다.

법흥왕은 법흥왕대로 정치적 고민이 있었다. 소지왕은 아들이 없어 눌지왕의 사위이며 소지왕과 6촌격인 지증왕을 후계자로 택했다. 그렇게 즉위한 지증왕은 소지왕계의 불만을 해소하기 위해 아들 법흥왕을 소지왕의 딸인 보도부인과 결혼시켰다. 그럼에도 법흥왕은 정치적 지위가 조금은 불안했던 것 같다. 특히 소지왕계와 문제가 있었는지 소지왕의 딸인 보도부인과 사이가 좋지 않았다. 자식도 없어서 만년에는 보도부인을 비구니로 만들어 궁에서 쫓아버렸다. 소지왕계의 불만이 폭발할 것이 뻔하므로 법흥왕은 왕자 시절부터 소지왕의 총애를 받던 위화랑을 자기 편으로 끌어들였고, 7공자와의 관계에도 무척 신경을 썼다.

위화랑은 이 기회를 놓치지 않았다. 법흥왕과 보도부인의 불화를 목격한 위화랑은 소지왕의 총애를 받았던 미인 누이 벽화를 법흥왕에게 바쳤다. 여기서부터는 이야기가 점점 가관이다. 법흥왕은 보도의 이복동생 오도도 후궁으로 두었는데, 오도가 위화랑과 사통을 했다. 화가 난 법흥왕은 오도와 벽화를 각각 7공자의 일원인 아시공과 비량에게 출가시켰다. 그런데 만년에 법흥왕은 위화랑과 오도 사이에서 태어난 옥진을 후궁으로 받아들였고, 옥진은 떡 하니 왕자를 낳아버렸다. 그 왕자가 '비대'다.

법흥왕은 옥진에게 푹 빠져 보도부인을 출가시켜 비구니로 만들어버리고 비대에게 왕위를 물려주려고 했다. 그런데 옥진이 법흥왕에게 오기 전에 결혼을 했던 몸이어서 비대가 법흥왕의 아들이 아닐 거라는 소문이 퍼졌다. 이 소문은 정통 왕가가 아닌 위화랑의 후손이 왕위를 차지하는 데 대한 반발일 수도 있다. 법흥왕과 옥진은 비대를 밀고, 오도의 남편이며, 옥진의 부친이면서 소지왕과 벽화부인의 딸인 삼엽궁주도 부인으로 두었던 아시공이 의외로 법흥왕의 동생 입종과 지소태후의 아들인 진흥왕을 밀었다.

이 정도면 내란이 발생하기 딱 좋은 상황인데, 위화랑이 옥진을 설득해서 비대의 왕위계승을 포기시켰다. 세계사를 둘러보아도 왕위계승을 둘러싸고 이런 양보를 하는 경우는 보기 힘들다. 비대가 약점이 많아서 대세가 돌이킬 수 없을 정도로 불리했다고 해도, 권력욕의 특징이 눈과 이성을 마비시키는 것임을 상기하면 위화랑의 선택은 놀라운 것이었다. 그로 인해서 신라는 내

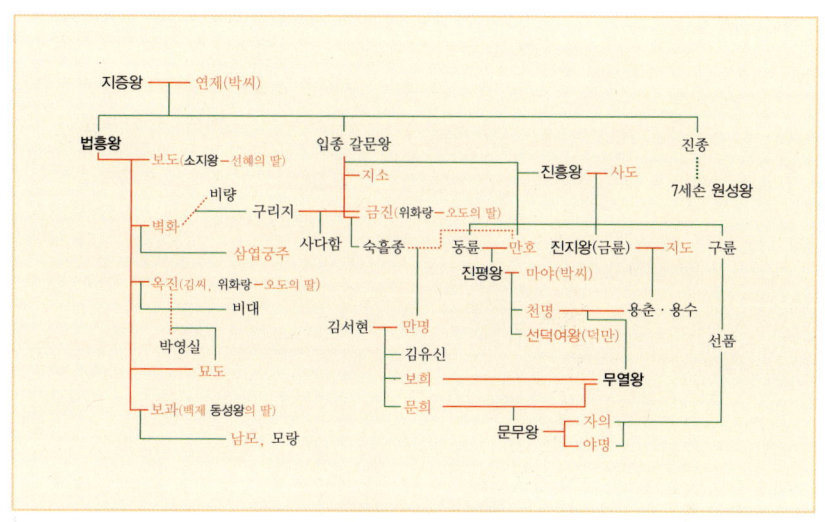

법흥왕과 무열왕의 계보도

전의 위기를 벗어났고, 사람들은 위화랑의 대국적 결정에 감복했다.

위화랑의 인격과 식견, 권력에 대한 소심함과 패기 없음에 더욱 감동한 사람은 진흥왕의 모친 지소태후였다. 지소태후는 위화랑을 1대 풍월주로 선정했다. 위화랑은 가문적으로는 정통 왕가가 아닌 신흥세력이다. 정치적으로는 소지왕계·법흥왕계와 깊은 관계를 맺고 있으면서, 진흥왕의 즉위를 지지했다. 신라 정계의 변화와 새로운 인재등용을 과시하는 상징성으로는 더할 나위가 없고, 정치적으로 소지왕·법흥왕계와 진흥왕계 양쪽을 아우를 수 있는 덕과 명성을 지닌 인물로서, 화랑도의 탄생이 지닌 당시로서는 혁신적인 의미를 설명하기에도 더 없이 적절한 인사였다.

대신에 인심 무마용 인사가 흔히 그렇듯 위화랑이 풍월주로 재임했던 기간은 짧았다. 사태가 정리되자 지소태후는 금세 풍월주를 자신의 진짜 심복이며 비명에 죽은 남모의 애인 미진부로 교체했다. 다음에는 남모의 동생 모랑을, 그 다음에는 위화랑의 아들인 이화랑을 풍월주로 세웠다.

동시에 화랑을 매개로 형성된 정치적 인맥을 열심히 관리하며 자기 편으

● 화랑세기, 진짜일까 위서일까?

『화랑세기』의 저자 김대문은 『화랑세기』, 『계림잡전』, 『고승전』, 『한산기』 등을 지은 통일신라기 최고의 저술가이자 역사가다. 이 책들은 고려 중기에 『삼국사기』와 『삼국유사』가 편찬될 때까지도 전해져서 참고자료로 사용되었다. 하지만 김대문의 이력에 대해서는 704년에 한산주 도독을 지냈다는 정도만 알려져 있다. 한산주 도독을 지낼 정도면 신라의 왕족급 인사임이 분명하고, 생존 연대는 통일신라의 안정기였던 7세기 말에서 8세기 초라고 추정된다.

오래 전 일이지만 김대문은 그의 저서가 단 한 권도 전해지지 않고 약력조차 모르는 상황에서 '한국의 100대 인물'로 선정되기도 했다. 역사학계에서 그가 이런 저술을 한 이유가 중국문화가 마구 유입되던 시기에 신라의 고유문화와 전통을 지키기 위한 것이었고, 이런 저술을 했다는 것 자체가 신라사회가 중국문명의 모방단계를 넘어서 독자적 발전을 이루기 시작했다는 증거라고 추정했기 때문이다. 이런 추정에 의해 그는 온 신라인이 중국문화에 경도되어 민족정신을 상실해 가던 시기에 민족의 전통과 문화를 지켜낸 투사가 되었다.

그래서 그 내용을 더욱 궁금하게 만들던 이 책이 1989년에 갑자기 나타났다. 원본은 아니고 필사본이었지만, 그 발견은 충격이었다. 내용은 더 충격적이었다. 김대문은 우리가 추정했던 것과는 전혀 다른 세계관과 목적을 가지고 이 책을 저술했다. 그는 신라의 고유문화와 중국문화의 대립에는 관심이 없고, 화랑의 계보에 중추를 이루고 있는 자기 가문의 전통과 선전에 관심이 쏠려 있었다. 그가 전해주는 신라사회와 화랑의 모습은 전쟁에서는 임전무퇴를 부르짖고 평상시에는 호연지기를 양성하는 모습과는 거리가 멀었다. 그래서 지금까지 『화랑세기』가 진짜냐 위작이냐는 논쟁이 벌어지고 있다. 처음에 공개된 필사본은 축약본이었다. 나중에 완본이 공개되었는데, 축약본과 완본이 존재한다는 사실 자체가 의심을 더욱 부채질했다.

『화랑세기』에 묘사된 난잡한 성 풍속과 근친혼, 우리의 기존 지식과는 너무나 이질적인 세계관은 당혹감과 거부감을 준다. 그러나 우리가 알고 있는 삼국시대에 관한 이야기는 고려시대에 국가관과 도덕관념이 철저한 유학자(김부식)와 고승(일연)에 의해 기록된 역사다. 일반적으로 다른 나라의 역사를 보아도 『화랑세기』에 묘사된 사회상이 고대 세계의 실상과 훨씬 비슷하다. 우리 민족이 그럴 리 없다는 반론을 펴는 분도 있는데, 우리 민족은 창세 때부터 남다른 도덕성과 점잖음을 지녔다는 생각 자체가 큰 잘못이다. 당장 21세기 한국의 거리만 봐도 이미 서구인도 놀랄 정도로 세계에서 제일 낯뜨거운 거리가 되어 있다.

『화랑세기』가 창작이라면 작가는 고대사에 대한 놀랄 만한 이해와 지식을 보유하고 있어야 한다. 한 개인이 과연 이런 작업을 해낼 수 있는지 의문이다. 필자는 불가능하다고 생각한다. 그러나 세계는 넓다. 외국의 고대사 연구나 문서, 연구서나 소설을 참조한다면 불가능한 것만도 아니다. 언젠가 누군가 다른 나라의 도서관에서 『화랑세기』의 내용과 유사한 이야기가 잔뜩 적힌 소설이나 역사책을 찾아낼지도 모른다. 반대로 미실의 묘지명이라도 발굴되어서 『화랑세기』가 진짜라는 사실이 증명될 수도 있다. 하지만 위서든 진본이든 고대사회의 실상이 『삼국사기』보다 사실에 가까운 것은 분명하다.

필자는 진본과 위서의 가능성은 7:3 정도라고 보고 싶다. 100%라고 확신하지 못하는 이유는 약간의 의심스러운 점이 없지는 않기 때문이다. 사실은 축약본을 볼 때보다 완본을 보면서 의심이 더 늘었다. 우리가 글을 쓰다 보면 뒤로 갈수록 내용 전개가 꼬리를 물고 상상력도 풍부해지는 경우가 많은데, 『화랑세기』도 약간 그런 경향을 보인다. 예를 들면 한 인물의 일대기를 서술하면서 그의 가계를 처음에는 어정쩡하게 서술하여 흥미를 돋우다가 뒤로 가면 자세하게 설명하면서 사건을 해명하는 방식이 제일 이상하다. 적당히 감춰서 궁금하고 흥미진진하게 만들다가 뒤에서 풀어버리는 방식은 소설가들이 좋아하는 방법이다.

동서고금을 막론하고 역사가는 나름의 공통된 습관이 있다. 소설은 흥미를 주어야 하지만 역사가는 명확해야 한다. 여기서 역사 서술과 소설적인 기법이 길을 달리하는데, 역사를 기록하는 사람은 가계와 같은 개인적인 정보는 앞에다가 미리 쓴다. 사소한 것 같지만 역사가는 이런 소설적인 서술 방식을 참지 못한다. 사다함이 미실을 향해 부른 노래가 유리왕의 〈황조가〉에 대비한 〈청조가〉인 것도 어쩐지 찜찜하고, 몇몇 장면의 묘사는 너무 현대적이다.

그러나 『화랑세기』와 비교할 만한 고대 문헌이 없어서 이런 의문은 필자의 주관적 느낌일 뿐이고, 『화랑세기』가 위서라고 단정할 증거는 되지 못한다. 현재 드러난 증거로 보면 『화랑세기』는 진본일 가능성이 더 높다. 그러나 후대에 가필이 되었을 수도 있고, 김대문이 참조한 자료 자체에 가공이 들어갔을 수도 있다. 물론 위서일 가능성도 있다. 역사에는 100%라는 확률은 없다.

로 뒤섞었다. 뒤섞었다고 표현한 이유는 다시 한번 복잡한 근친혼이 전개되기 때문이다. 미진부는 법흥왕의 후궁이며, 위화랑의 손녀인 묘도와 결혼해서 미실과 미생을 낳았다. 지소태후는 미모와 재능을 겸비했던 미실을 진흥왕과 결혼시키고, 미생을 화랑으로 임명했다. 또 자신과 이사부 사이에서 난 숙명공주를 진흥왕의 왕후로 만들었다. 하지만 진흥왕과 숙명 부부는 사이가 좋지 않았고, 숙명은 위화랑의 아들 이화랑에게 빠져 사랑의 도피를 했다. 분노한 진흥왕이 숙명을 폐하려고 하자 지소태후는 울며 간청해서 폐위를 말렸고, 이화랑을 화랑으로 임명하기까지 했다.

　지소태후가 사망한 시기는 명확하지 않다. 정치적 천재였고 여걸이기는 했지만, 나쁘게 말하면 권력욕이 지독한 여인이었다. 진흥왕은 지소태후의 집요한 권력욕과 간섭을 싫어했던 것 같다. 561년(진흥왕 22년)경에 창녕에 세운 〈진흥왕순수비〉의 첫 구절은 "과인은 어린 나이에 왕이 되어 정사를 보필해 주는 분에게 위임하였다"로 시작한다.[3] 그 다음 문장은 비문이 마모되어 내용을 알 수 없지만, 이 첫 구절은 참 특이한 문구다. 비문에는 보통 비를 세우게 된 사건과 직접적 관련이 없는 말이나 개인적 감상은 잘 새기지 않기 때문이다. 신라의 창녕 진출이 신라사에서는 획기적인 사건이기는 했지만, 창녕 정복이 진흥왕 개인의 과거를 회상할 만한 사건은 아니다. 그럼에도 불구하고 진흥왕이 연설의 첫 구절을 섭정 시절에 대한 회상으로 시작했다는 것은 그만큼 진흥왕에게 지소태후의 그늘이 컸고, 신라의 창녕 정복이 진흥왕 스스로도 지소태후의 그늘에서 벗어나 본인의 정치를 펴기 시작한 시발점, 혹은 본인 스스로의 권력과 능력을 최초로 증명한 사건이었기 때문이 아닐까? 그래서 진흥왕은 이곳에 순행을 나와서 감개무량한 연설을 했고, 그 연설이 비문 첫 머리에 삽입되었던 것 같다.

　그러나 지소태후가 권력욕이 지나치고 사람들을 심하게 이용해 먹었다고 해도 신라사의 중요한 시점에서 국가를 끌고 간 능력과 공은 인정해 주어야

창녕 진흥왕순수비 원래 화왕산 목마산성 기슭에 서 있던 것을 일제 때 현재의 위치로 옮겼다. 비의 전각 뒤로 보이는 산이 화왕산이다.

한다. 그녀의 판단력과 노력은 적어도 화랑도에 있어서는 확실히 옳았다. 꽉 막혔던 신라의 핵심부에 가문의 결함을 패기와 능력으로 극복하려는 야심찬 인물들이 등장하기 시작했다. 현대인의 기준으로 보면 너무나 작은 변화 같지만 신라사회에서는 그렇지 않았다. 권력의 외곽에 있던 많은 젊은이들이 이 변화의 조짐을 놓치지 않았다. 화랑도는 빠르게 성장해서 진흥왕 중반 드디어 신라가 팽창하기 시작할 무렵에는 군사집단으로서도 기능하기 시작했다. 마침내는 이들을 빼고는 전쟁을 이야기할 수 없을 정도로 국가가 신뢰할 수 있는 엘리트 집단이 되었다. 바로 이 군사적 기능을 최초로 수행한 화랑이 위화랑의 뒤를 이은 2세 풍월주이며 불행했던 남모의 연인 미진부였고, 화랑도의 군사적 능력을 확고부동하게 만들어 놓은 사람이 미진부의 딸 미실의 연인인 사다함이었다.

2 검과 사랑

1대 화랑인 위화랑은 오도부인(소지왕의 왕비 선혜부인의 딸)[4]에게서 옥진과 금진이라는 두 딸을 두었다. 미모가 뛰어났던 옥진은 법흥왕의 왕비가 되어 만년에 왕의 사랑을 독차지했다. 금진은 옥진보다는 미모가 떨어졌다고 하는데, 처음에 누군가와 결혼했다가 젊은 나이에 과부가 되었다.

공주급 여인이었으므로 부하와 관원을 거느렸다. 이때 그녀를 그림자처럼 수행한 인물이 궁전 경비를 맡았던 청년 장수 구리지였다. 짧은 생을 살았지만 조금 남아 있는 기록에 의하면 구리지는 잘 생기고 총명하고, 능력 있고, 야심찬 젊은이였다. 구리지의 부모는 비량과 벽화부인(위화랑의 누이)이었다. 평민들이 보면 엄청나게 고귀한 신분이지만, 위화랑과 마찬가지로 벽화의 소생들은 정통 왕가들로부터는 가문(모계)의 격이 다르다는 눈총을 받으며 살아야 했다. 구리지에게는 또 하나의 짐이 지워졌는데, 그 자신이 불륜의 소산이었다. 벽화부인은 법흥왕의 후궁으로 있으면서 비량과 사통을 했다. 두 사람은 늘 측간 뒤편에서 만났고, 구린내 나는 곳에서 임신을 했다고 해서 아들 이름이 구리지가 되었다고 한다. 이름 자체가 출생의 꼬리표이자 형벌이었다.

구리지는 위화랑에게는 외조카가 되는데, 위화랑의 딸 금진에게 끈질기게 구혼을 해서 결혼에 성공했다. 모계의 신분으로 보면 구리지의 모친 벽화는 날이군의 토호 집안이고, 금진의 모친 오도부인은 소지왕의 딸이었다. 이 기묘한 커플에게서 태어난 아들이 이제부터 살펴볼 사다함이다.

구리지는 금진의 남편이 되었지만, 신분의 굴레는 쉽게 벗겨지지 않았다. 그는 치졸하고 치사한 서라벌 사회에서 자신의 삶에 드리운 모멸감을 해소하고 승리하는 길은, 더 많이 노력하고 더 뛰어난 능력을 보이는 길뿐이라는 사

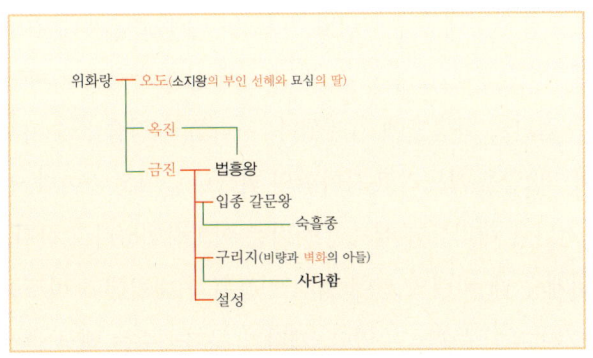

사다함의 계보도

실을 알았다. 사실 불운한 환경이 불행은 아니다. 세계사를 보아도 경쟁자보다 못한 환경에서 태어났지만 이런 자각을 가지고, 자기의 운명에 도전한 사람들이 역사를 이끌었다.

구리지도 그런 자각을 지닌 인물이었던 것으로 보인다. 금진과의 결혼에 만족하지 않고 그는 능력을 보이고 싶어했다. 능력을 보이는 제일 확실한 방법이 군공이다. 548년 구리지는 독산성에서 고구려군에게 포위된 백제군을 구원하는 중요한 전역에 참전했다. 그리고 이 전투에서 전사했다.

구리지의 노력(결혼과 전사)으로 사다함은 아버지가 지닌 가문의 한에서는 벗어날 수 있었다. 신분상으로 모계는 정통 왕가인 소지왕계로 이어졌고, 개인적으로는 아버지보다 더 뛰어난 미남에 총명함과 인격, 리더십까지 갖추었다. 『화랑세기』는 사다함의 인격과 매력에 대해 김유신보다 더 상세하게 서술하면서 입에 침이 마르도록 칭찬을 아끼지 않았다. 밖으로 굳세고 안으로 어질고 우애가 독실하고, 모친에게 효성은 극진했다. 12세 때부터 최고의 검객 문노에게서 배워 검술에도 능하고, 아랫사람을 사랑하고, 가슴은 넓어 거인의 풍모가 있다고 했다.

지소태후가 사다함을 불러 사다함의 식을 줄 모르는 인기와 리더십의 비결을 묻자 그는 이렇게 대답했다. "사람을 사랑하기를 내 몸같이 하고, 사람을 볼 때는 장점을 찾아 인정해 줄 뿐입니다." 이것이 12세 소년의 대답이었다.

사다함의 인기는 하늘을 찔렀다. 마침 이때 장차 화랑의 역사를 바꿀 강력하고 새로운 집단이 화랑도에 가세했다. 사다함의 검술 스승이자 가야계인 문노가 무리 500명을 거느리고 사다함의 휘하로 들어온 것이다. 문노로 하여금 이 같은 결단을 내리도록 설득한 사람은 이화랑이었다고 한다. 문노는 법흥왕의 왕위계승 때 비대의 편에 서서 진흥왕과 대립했던 비조공의 아들이고, 모친은 가야계인 문화공주였다. 게다가 문화공주는 왜국 출신이라는 설도 있었다. 그의 낭도들은 다른 낭도들보다 신분이 더 떨어지는 사람이 많았고, 가야 유민들도 많이 들어와 있어서 제일 낮고 이질적인 집단이었다.

문노와 사다함의 연결은 화랑도의 전투력을 키우고, 화랑의 개방성과 가능성을 더욱 분명히 과시하는 사건이 되었다. 그러자 사다함의 연상의 친우이며 신분이 낮았던 무관랑도 수백 명의 낭도를 거느리고 사다함에게 투신했다.

사다함의 유일한 단점은 이 모든 것을 담는 그릇, 그의 인간성이 너무나 인간적이라는 것이었다. 사다함의 인간성을 보여주는 일화가 있다. 이 시대가 성적으로는 꽤 개방된 사회여서 사다함의 어머니 금진은 여기저기서 바람을 폈다. 법흥왕의 동생이자 진흥왕의 아버지인 입종과도 관계를 맺어서 숙흘종이란 아들을 두었다. 성 개방시대라고 해도 불륜은 불륜이어서 숙흘종

은 금진과 살지도 않았고, 모친으로 인정하지도 않았다. 어느 날 숙흘종이 금진의 집 앞을 지나게 되었다. 금진은 아들이 어머니의 집 앞을 지나면서 들르지도 않는다고 한탄을 했다.

이 말을 들은 어린 사다함이 뛰어나가 숙흘종의 말고삐를 잡았다. 숙흘종은 자신은 금진을 어머니로 생각한 적이 없다고 화를 냈지만 사다함은 말고삐를 놓지 않고 숙흘종을 설득했다. 결국 숙흘종이 사다함을 따라 들어와 금진에게 절을 했다. 그러자 금진이 물었다. "이 절이 어머니에게 하는 절이냐, 공주에게 하는 절이냐?" "어머니에게 하는 절입니다." 금진과 숙흘종은 서로 눈물을 쏟았고 모자 간에 화해를 했다. 사다함은 이런 소년이었다.

그런데 사람이 어린 나이에 마음 씀씀이가 너무 사려 깊거나 대견스럽거나 어른스러우면 가슴속에 남모를 사연이나 한이 있는 경우가 많다. 사다함도 그랬다. 사다함의 가슴속에 내재한 한과 상처는 젊은 나이에 스러져 간 부친의 비운과 어머니의 바람기였다. 구리지가 죽자 금진은 구리지의 심복이었던 설성을 남편으로 맞았다. 설성은 모계가 사로 6촌의 촌장급 가문 출신이며, 그 부친은 낭도였다고 하는데, 이름도 모른다. 전쟁에 나가기 전날 설성의 모친과 만나 하룻밤 사랑을 나누고 떠난 뒤 소식이 끊어졌다. 설성의 모친은 무한정 그를 기다

임신서기석

임신년의 맹세를 적은 비석이라는 의미다. 임신년은 552년(진흥왕 13년) 또는 612년(진평왕 34년)으로 추정하고 있다. 화랑도가 만들어지던 시기 신라 젊은이들의 기상을 보여주는 비석으로 신라의 두 젊은이가 충과 신의를 지키며 3년 안에 시경과 서경 등 오경을 습득하기로 맹세하는 글이 새겨져 있다. 한동안 두 화랑의 맹세라고 알려졌지만, 이름을 적어 놓지 않아 맹세를 한 젊은이가 누구인지는 명확하지 않다. 보물 1411호, 높이 32cm.

리며 30세가 되도록 홀로 설성을 키웠다.

 그녀는 어느 날 우연히 그녀를 보고 반한 구리지에게 설득 당해 구리지의 첩이 되었다. 구리지도 5년이나 노력한 끝에 금진과 결혼했지만 금진과의 사이가 좋지만은 않았던 모양이다. 어린 설성은 구리지의 보호를 받으며 자랐다. 설성은 가문의 격이 진짜 낮았다는 것만 빼고는 구리지와 똑같은 인물이었다. 구리지가 죽자 금진은 설성 이하 5명의 남자를 거느렸고, 진흥왕과도 사통해서 난성공주를 낳았다. 그 사이에 설성은 구리지와 마찬가지로 백제와의 전쟁에 나갔고, 구리지와는 다르게 살아서 돌아와 끝내 금진과 정식으로 결혼을 했다. 그런데 모든 사람에게 다정했던 사다함이 유독 설성만은 아버지로 인정하지도 않고, 모질게 굴었다. 설성을 볼 때마다 구리지의 죽음과 좌절, 금진의 문란한 삶이 투영되었던 것은 아닐까?

 이 내면의 고통에 더 큰 상처가 찾아왔다. 첫사랑의 실패였다. 상대는 신라 최고의 미녀이며 재색을 겸비했던 여걸 미실이었다. 10대의 소년 소녀였던 두 사람은 정말로 서로 좋아했다고 한다. 그러나 지소태후는 미실을 이사부와 자신 사이에서 난 아들 세종과 결혼시켰다. 세종은 착하고 성실한, 이 시대에는 드문 얌전한 귀공자로 부모가 잔소리 한마디 없이 키울 수 있는 흠잡을 데 없는 청년이었다. 그러나 세종의 남자다움은 사다함의 카리스마에는 미치지 못했다. 사다함이 연적 세종에게 떨어지는 것은 딱 하나 불우한 가정환경뿐이었다. 그것이 사다함의 내면의 상처를 다시 한번 일깨웠다.

 이때 마침 신라와 대가야 사이에 전쟁이 터졌다. 이 내막은 한국과 일본의 사서에 전혀 다르게 기술되어 있지만 결론은 신라와 백제, 일본 3국이 각축하던 가야의 패권을 차지하는 문제였다. 가야는 6개의 왕국으로 구성된 연맹체였다. 그러나 김해의 금관가야는 이미 신라에 투항했고, 고령의 대가야가 금관가야를 대신해 가야를 이끌고 있었다. 이 대가야의 16대 왕 도설지는 모친이 신라의 이찬 비조부의 누이였다. 그러나 그는 일본계로 추정되는 여인(『화랑세기』에서는 야녀野女로 되어 있다)을 왕비로 맞이하고, 왜의 지원을 받아 신라에 저항하려고 했다.

신라는 이사부를 대장으로 하는 정벌군을 파견했다. 사다함은 이 전쟁에 자원했다. 놀란 사람은 금진이었다. 그는 남편 설성을 불러 나의 아이라면 당신의 아이이기도 하다는 논리로 사다함의 양아버지인 설성에게 전쟁에 따라가 사

가야 6국 관계도

다함을 보호해 달라고 설득했다. 사다함에게는 무척 미움을 받고는 있었지만 꽤 괜찮은 남자였으며 참전 경험도 있었던 설성은 "그것은 내가 바라던 바다"라고 하면서 흔쾌히 수락하고 사다함의 부하가 되어 전쟁에 따라나섰다.

서기 562년에 벌어진 신라의 가야 정복전은 조금 복잡하다. 『일본서기』에 의하면 신라가 가야를 정복한 때는 562년 정월, 또는 559년 정월이었다.[5] 554년 성왕이 전사하고 백제의 위세가 급속히 기울자 가야에서도 신라의 영향력이 급속히 확대되었다. 백제의 목씨처럼 백제계이면서 가야와 일본에 기반을 가지고 있던 세력들은 놀라 대응책을 논의했지만 백제는 속수무책이었다. 가용한 방법은 일본의 병력을 빌리는 것뿐이었다. 왜국도 가야(임나) 문제는 자신들의 이해와 직결된 것이므로 성왕이 신라 공격을 위한 지원을 요청했을 때보다 적극적으로 나왔다.

7월 백제와 왜의 연합군이 가야에 도착했다. 『삼국사기』에는 7월에 백제가 변방을 침공했으나 신라가 1천 명을 죽이거나 사로잡았다고 간단하게 기

제1장 순수비가 서기까지

록되어 있다.6

7월의 침공군은 백제군이 아니라 백제와 왜의 연합군이었다. 백제 위덕왕은 555년에 동생 혜를 일본으로 보내 긴메이欽明 천황에게 원군을 요청했고, 혜는 556년 왜군 1천 명을 데리고 돌아왔다. 왜군은 이 1천 명 또는 여기에 백제와 가야에 거주하던 왜나 백제계 이민이 합세한 병력이었다고 생각된다. 왜군이 앞장서서 진군했는데, 왜의 지휘관은 대장군 기남마려숙녜紀男麻呂宿禰, 부장 하변신경부河邊臣瓊缶였다. 왜군은 가야로 진격한 뒤 백제군과 보조를 맞추기 위해 등미登彌라는 인물을 전령으로 파견했다. 등미는 처갓집에서 자고 가다가 활과 전통, 작전계획을 적은 비밀문서를 길에 떨어트려버렸다. 하필 신라군이 이 문서를 줍는 바람에 왜군의 작전계획이 모조리 누설되었다.7 꽤나 황당한 사건 같지만 전쟁사를 보면 이런 일이 진짜 발생한다. 미국의 남북전쟁 때도 남군 장교 누군가가 작전계획서 복사본을 담배말이 종이로 썼다가 북군에게 넘어간 사건이 있다.

그런데 이후의 전황을 『일본서기』는 좀 황당하게 정리해 놓아서 해석에 요령이 필요하다.

> 신라는 상세하게 싸움 계획을 알았다. (신라가) 갑자기 대병을 일으켜 패망하고 말았다. 항복하여 (왜군에게) 귀부하기를 요청했다. 기남마려숙녜는 이긴 군사를 수습해서 백제 진영으로 들어갔다. (『일본서기』 긴메이 천황 23년 7월 기사)

지산동고분군에서 내려다본 고령읍내

이 기사가 말하는 대로라면 전황은 이렇다. 백제와 왜군의 작전계획을 입수하고 대군을 동원해서 기습을 한 신라군이 패배하고 항복을 요청한다. 대승을 거둔 왜군은 항복을 요청하는 신라군을 그대로 둔 채 자기 군사를 수습하고, 진영도 버리고 백제 진영으로 들어간다.

이건 말도 안 된다. "신라군의 기습으로 왜군은 대패해서 일부는 신라군에게 항복을 요청했다. 기남마려숙녜는 남은 군사를 수습해서 백제군 진영으로 달아났다"가 원래의 상황이다. 『일본서기』의 한일관계 기사는 과장과 왜곡이 많지만 이 부분은 그 중에서도 압권에 해당한다. 그래도 사건의 본말을 쉽게 알 수 있도록 이토록 유치하게 수정해 준 것에 감사해야 할 듯하다.

다음 날 다시 벌어진 전투 기사도 똑같은 방식으로 서술되어 있다.

> 하변신경부가 혼자 전진하여 잘 싸웠다. 향하는 곳은 모두 빼앗았다. 신라는 백기를 들고 무기를 버리고 항복했다. 하변신경부는 원래 병법을 몰라서 똑같이 혼자 백기를 들고 들어갔다. 신라의 무장이 장군 하변신이 지금 항복하려는가라고 말했다. 그래서 (신라군이) 진군해서 요격했다. 날카롭게 왜군을 격파했다. (왜의) 선봉이 패한 바가 심히 많았다. (일본에서 온) 국조國造(관직명) 수언手彦은 이제는 다 틀렸음을 알고 무기를 버리고 도망쳤다. 신라의 장군이 손에 창을 들고 쫓아가서 성의 해자에 이르러 창을 돌려 쳤다. 수언은 준마를 타고 있어서 성의 도랑을 뛰어넘어 간신히 죽음을 면할 수 있었다. 신라 장군은 성의 해자에 와서 탄식하면서 "구수니자리久須尼自利"(신라말을 발음대로 일본어로 옮긴 것인데, 뜻은 확실하지 않다)라고 말했다. (『일본서기』 긴메이 천황 23년 7월 기사)

이 이야기도 다시 정리하면 다음과 같다. 왜군은 전투에 패배했고, 하변신경부는 신라군에게 항복 내지는 조건부 항복(자신들은 이 전쟁에서 손을 떼고 귀국할 테니 우리는 보내달라는 식의)을 요청했는데, 신라군은 받아들이지 않고 왜군을 공격했다. 하변신경부의 진영에 있던 일본 관원인 수언은 신

대가야의 무사 고령 지산동 고분의 유골로 복원한 경호 무사. 왕과 함께 순장되었는데 유골을 분석한 결과 20세 정도의 청년으로 금제 귀고리를 하고 철제 대도와 활로 무장했다.

라 장군의 추격을 피해 간신히 살아났다. 신라 장군이 수언의 뒤에서 소리친 말까지 기록한 것을 보면 이 전황은 수언의 증언을 토대로 정리한 것이 아닐까 싶다. 신라 장군이 말했다는 "구수니자리"의 의미는 수수께끼인데, 역사책에서는 이렇게 섣부른 추측을 해서는 안 되지만, 재미삼아 추측해 본다면 이렇다. 이 말이 신라 장군이 혼자 중얼거린 말이 아니라 달아나는 수언을 향해 소리친 말이고, 한국말도 모르고 달아나기 바쁜 수언이 발음을 정확히 알아듣지 못했을 것이라고 가정하고, 그 순간의 분위기와 경상도식 어법을 감안하면 "개새끼 째라"(그래 도망가라)가 아니었을까?

하변신경부는 생존자를 이끌고 간신히 빠져나갔다. 야영지에서 병력을 정비하려고 했지만 병졸들이 더 이상 명령을 따르지 않았다. 그때 신라군이 다시 엄습해서 하변신과 일행을 모두 포로로 잡았다. 하변신경부는 신라 장군에게 자기 부인을 바치고 갖은 모욕을 당한 뒤, 간신히 살아서 귀국할 수 있었다.

이 전투에 사다함이 참전했는지는 알 수 없다. 이 전투 후 9월에 이사부와 사다함이 이끄는 신라군이 대가야로 쇄도했다. 사다함은 5천의 선봉군을 거느리고 가야의 전단문으로 돌격했다. 고위 왕족이라는 신분에도 불구하고 그는 맨 앞에 서서 성문에 올라 흰 깃발을 꽂았고(항복의 의미가 아니라 성벽을 점령했다는 신호다), 여세를

신라 중장기병의 돌격 장면을 보여주는 토기
국립경주박물관 소장

고령대가야의 궁성지로 전하는 곳

몰아 성 안으로 진군해서 도설지와 일본 왕녀를 포로로 잡았다. 이사부가 이끄는 본대가 도착했을 때는 이미 상황 끝이었다. 사다함의 부대가 단독으로 전투를 끝내버린 것이다.

구리지와 달리 사다함은 영웅이 되어 돌아왔다. 가야 함락 때도 병사들의 살인과 폭력 행위를 최대한 자제시켜 또 한번 명성을 얻었다. 소년은 신라 최고의 영웅이 되었고, 이화랑의 뒤를 이어 5대 풍월주가 되었다. 하지만 하나의 상처를 덜면 하나의 상처가 새로 생겨났다. 양아버지 설성이 전투중에 사다함의 목숨을 구하고 전사했다. 『화랑세기』의 기록은 설성이 전사한 다음 글자가 탈락되어 설성이 전사할 때의 상황이 분명하지 않다. 그러나 문맥으로 보면 사다함을 대신해서 죽은 것이 거의 확실하다.

더 큰 충격은 미실의 배신이었다. 사다함이 전선으로 나가기 직전 미실은 착하고 얌전하기만 한 남자 세종과 결별하고 다시 사다함에게 왔다. 사다함은 감격했지만 미실은 이미 그가 알던 소녀가 아니었다. 미실이 사다함을 찾아온 것부터가 철저하게 정치적 책략이었다. 야심덩어리인 지소태후는 진흥왕비인 사도왕후를 폐하고 이사부와 지소태후의 딸이자 세종의 누이인 숙명공주를 제1왕비로 삼으려고 했다. 그러나 정치적 야심이 지소태후보다 더 컸던 미실이 이 음모를 방해했다. 참고로 지소태후는 김씨고, 사도왕후와 미실은 박씨로 미실은 사도왕후의 조카뻘이었다. 화가 난 지소태후는 미실을 내쫓았다. 그러자 미실은 당장 사다함에게 달려갔다.

출정하는 날 미실은 사다함을 전송했고, 사다함은 미실을 그리며 전쟁영웅이 되어 돌아왔다. 그러나 어처구니없게도 그 사이에 미실은 세종에게 돌아가 있었다. 미실이 세종을 버리고 사다함에게 올 때 그 이유를 이렇게 말했다. "부귀영화는 한때고 지아비는 무릇 사다함 같아야 한다." 가문의 배경보다는 사람됨과 사랑이 우선이라는 말처럼 들린다. 그러나 그 후의 삶을 보면 미실은 권력과 부귀영화를 떠나서는 살 수 없는 여인이었다. 사다함에게 온 것도 절반은 음모였다. 세종은 미실 없이는 살 수 없다고 말할 정도로 완벽하게 미실에게 빠져 있었다. 세종이 미실이 떠난 충격을 이겨내지 못하자, 아들 이기는 부모 없다고 지소태후는 고집을 꺾고 이 위험한 여인을 다시 불러들였다. 사실은 미실과 사다함의 동맹이 무서웠다. 신라의 창업주이면서 김씨에게 밀려난 박씨가 신흥세력인 위화랑 계열과 가야파와 연합하면 김씨 왕가에 대항하는 강력한 정치세력이 형성될 것이다.

지소태후가 굴복하자 미실은 바로 사다함을 버리고 세종에게 돌아갔다. 미실의 솔직한 생각은 "사랑은 한때고 부귀영화는 영원하다"였다. 정치적으로도 제일 야당 당수의 부인보다는 영부인이 더 좋았다. 설사 사다함이 미실과 결혼을 했다고 해도 둘 사이는 원만하지 못했을 것이다. 사다함의 인간성은 권력투쟁에 발을 담그기에는 적합하지 않았고, 권력투쟁에는 적합하지 않은 사다함의 그런 인간성을 미실은 참을 수 없었을 것이다.

돌아온 사다함은 이화랑의 양위를 받아 풍월주가 되었다. 하지만 얻은 것은 아무것도 없었다. 미실은 또 한번 그를 우롱했고, 신라 사회의 편협함은 요지부동이었다. 친구이자 동료인 무관랑은 가야전쟁에서 큰 공을 세웠지만 신분이 낮다는 이유로 제대로 포상을 받지 못했다. 예전에 세운 전공으로 간신히 급찬이 되었던 설성은 자기 때문에 전사했다. 그제야 비로소 또 한 명의 아버지를 자신이 죽였다는 사실을 깨달았다. 사다함은 상으로 받은 토지를 모두 부하들에게 나누어 주고, 포로도 모두 양민으로 만들었지만, 그것으로는 마음의 짐이 덜어지지 않았다.

마지막 상처, 금진의 바람기도 요지부동이었다. 설성이 죽자 금진은 아들 뻘인 무관랑을 유혹했다. 무관랑은 궁성 안에서 금진과 사통하다가 누구에게 들켰다. 성벽을 넘어 달아나던 무관랑은 그만 반월성 아래 해자에 떨어져 죽었다.

무관랑이 죽은 후 7일 만에 사다함도 죽었다. 사다함의 후원자였고 문노에게 검술을 배우도록 주선했던 이화랑이 병상에서 사다함에게 후임자를 추천해 달라고 요청했다. 사다함은 미실의 남편 세종을 천거했다.

차마 사다함의 가족사나 신분제의 불합리성을 거론할 수 없었던 『삼국사기』는 사다함을 죽음으로 내몰았던 미실의 배신, 금진과 무관랑의 간통사건, 무관랑이 신분이 낮다고 포상을 받지 못한 이야기는 다 빼고, 사다함이 생사를 함께하자고 약속한 무관랑을 따라 죽었다는 사실만 기록하고, 이를 삼강오륜의 하나인 붕우유신의 표상으로 포장했다. 그러나 아마도 죽음에 임박해서 사다함은 자신이 세상을 잘못 태어났다고 생각했을 것이다. 『화랑세기』의 저자 김대문도 사다함에 대해 애틋할 정도로 긴 이야기를 남겼는데, 김대문 역시 같은 생각이었던 것 같다. 사다함이 김대문의 시대에만 태어났어도 그의 재능을 좀더 발휘했을지도 모른다.

사다함의 불행이 사다함에게만 일어났던 비극은 아니다. 무관랑을 비롯해서 이 시기 화랑도에 가입하고, 전쟁터로 떠나며 사랑하는 사람들과 꿈과 이별해야 했던 수많은 젊은이들의 이야기다. 따지고 보면 사다함도 신라 사회의 상위 0.1% 안에 드는 초고위층이었다. 그러나 그도 태생의 한계와 차별

반월성의 해자 『화랑세기』 필사본이 쓰인 지 한참 후인 1984년에 처음 발견되어 『화랑세기』의 사실성을 주장하는 유력한 증거의 하나가 되어 있다. 현재 복원공사가 이루어지고 있는데, 해자는 토성인 반월성 주변의 자연천을 그대로 이용한 것으로 보인다.

에 한을 안고 죽었다. 그 아래의 사람들은 어떠했을까? 그리고 바로 이 사실이 신라에 화랑도와 같은 조직이 필요했던 이유와 화랑도가 신라 사회에 가져다준 변화를 설명해 준다. 신라의 편협한 구체제에서 위기감을 느낀 청년들, 자신의 재능과 열정을 발휘하고 그에 합당한 보답을 받기를 원하던 젊은이들이 담장 틈에서 자라는 화랑도라는 넝쿨을 보았고, 그곳으로 몰려들었다.

   소외되고 신분이 낮은 사람들만이 이런 변화의 필요성을 깨닫고 화랑도에 투신했던 것도 아니다. 문노의 낭도 중에는 고귀한 신분의 출신자들도 있었다. 그 중 한 명인 김흠운은 내물왕의 8대손이며 무열왕의 사위였다. 그가 문노의 낭도가 된다.

김흠운은 내물왕의 8세손이다. 아버지는 잡찬 달복이다. 흠운은 어려서 화랑 문노 밑에 들어갔다. 당시에 낭도들이 아무개는 전사해서 이름을 지금까지 남겼다고 말하자 흠운은 슬퍼하며 눈물을 흘리며 감동하여 자신도 그와 같이 되겠다고 했다. 동문의 승려 전밀이 이를 보고 "이 사람이 전쟁에 나가면 반드시 돌아오지 않을 것이다"라고 말했다.(『삼국사기』 권47, 열전7 김흠운)

'在成' 새김 수막새　경주 월성 발굴

김흠운은 문노가 죽은 뒤 근 50년이 지난 655년 조천성 전투에 참전했다. 그렇다면 문노와 김흠운의 나이가 맞지 않아 김흠운이 문노의 낭도가 되기란 불가능하다. 이 이야기의 주인공이 김흠운이 아닐 수도 있고, 김흠운이 문노가 살아 있을 때 낭도가 된 것이 아니라 문노파의 낭도가 되었던 것일 수도 있다.

그는 집안에서 잠을 자지 않고 비바람을 맞으며 병졸과 더불어 고락을 같이했다. 백제 땅 양산陽山 아래 군영을 설치하고 조천성을 공격하고자 했는데, 백제인들이 밤을 틈타 민첩하게 달려와 새벽녘에 성루를 따라 들어오니 우리 군사가 놀라 엎어지고 자빠져 진정시킬 수가 없었다. 적들이 혼란을 타서 급하게 공격하니 화살이 비오듯 쏟아졌다. 흠운이 말을 비껴타고 창을 잡고 대적하니 대사大舍 전지가 말렸다. "지금 적이 어둠 속에서 일어나 지척을 구별할 수 없는 상황이니 공이 비록 죽는다고 해도 알아줄 사람이 없습니다. 하물며 공은 신라의 귀한 신분으로 대왕의 사위인데, 만약 적군의 손에 죽으면 백제의 자랑거리가 될 것이고 우리들의 깊은 수치가 될 것입니다."(『삼국사기』 권47, 열전7 김흠운)

김흠운은 후퇴하자는 전지의 만류를 듣지 않고 전진해서 몇 명을 죽이고 전사했다. 이 장면을 본 대감 예파와 소감 적득, 보기 당주 보용나寶用那도 적진으로 달려 들어가 싸우다가 죽었다.

"귀족 장교가 적에게 잡히면 나라의 수치가 된다"는 것이 구시대적 발상이다. 서양 전쟁사에서도 제1차 세계대전까지 이런 논리가 팽배했다. 김흠운은 이런 발상을 "신분의 귀천을 가리지 않고 맡은 자리에서 자신의 의무를 다하는 사람이 진정한 군인"이라는 가치관으로 바꾸었다. 오히려 신분이 높기에 더욱 더 솔선수범해야 한다.

김대문은 『화랑세기』에서 어진 재상과 명장, 좋은 장수와 용맹한 병사가 화랑도에서 나왔다고 자찬했다. 그런데 그 이유는 후대인과 전체주의자들이 이해했던 것처럼 세속오계와 집체훈련 덕분이 아니라 바로 이러한 자각과 변화의 산물이다. 보기 당주 보용나만 해도 진골 신분이 아니었는데, 김흠운의 죽음을 보고 감동해서 자신도 적진을 향해 돌격했다. 바로 이런 변화가 끝내 신라의 운명을 바꾸었다.

국력을 일신한 신라는 항복한 가야와 화랑의 힘을 모아 551년(진흥왕 12

전 애공사지 삼층석탑 경주 효현리 소재. 이 애공사 북쪽에 진흥왕과 사도태후, 이화랑과 법흥왕의 능이 있었다고 한다. 단 이 탑이 애공사탑이 확실한지는 의문의 여지가 있다. 고려식 탑으로 보는 견해도 있다.

년)에 소백산맥을 넘어 고구려군을 격파함으로써, 장수왕 때부터 이어져 온 고구려군의 봉쇄를 풀었다. 553년에는 한성까지 점령하고, 계속 앞으로 나가 고구려의 영토로 파고들었다. 고구려와 정면대결을 펼쳐야 하는 임진강 이북으로는 차마 진출하지 못했지만 동해안을 따라 함경도 지역으로 치고 올라갔다.

이 진공작전은 『삼국사기』에는 556년에 현재의 함경남도 안변으로 추정하는 비열홀주를 세웠다고만 간단하게 언급되어 있다. 그러나 조선후기와 일제시대

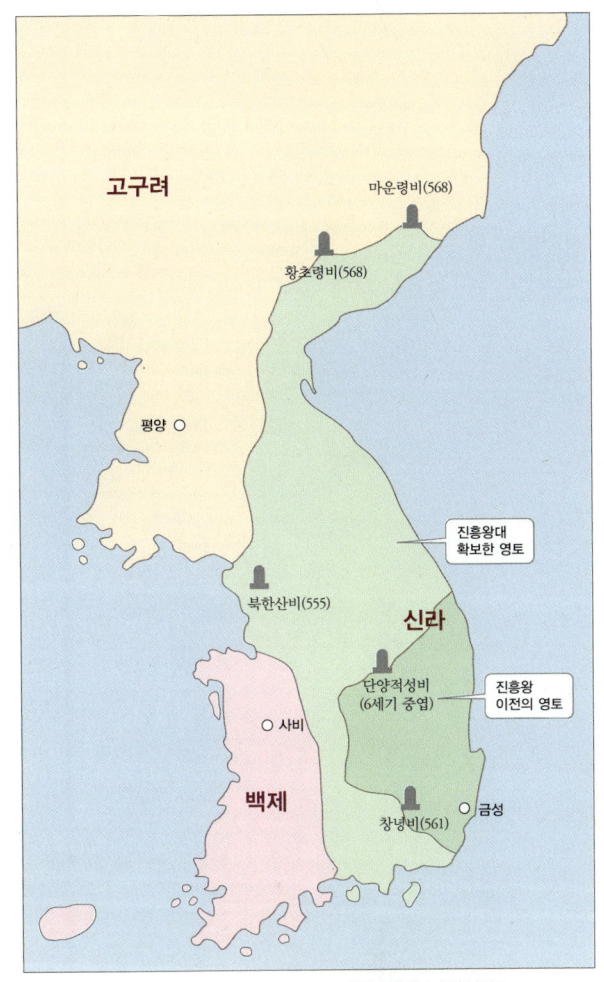

신라 진흥왕순수비 분포도

에 황초령과 마운령에서 작은 비석 두 개가 차례로 발견되었다. 568년(진흥왕 29년) 10월 무렵 진흥왕이 거칠부와 노리부, 비조 등과 함께 함경남도 일대의 새로운 정복지를 순행하고 세운 기념비였다.

〈마운령비〉에는 이런 문구가 있다. "사방으로 영토를 개척하여 널리 백성과 토지를 획득하니 이웃나라가 신의를 맹세하고 화친을 요청하는 사신이 서로 통하여 오도다." 강대국이 되자 고구려와 백제의 태도부터가 달라지더라는 의미다. 신라는 드디어 강대국의 쾌감을 맛보았다. 비록 고구려의 내분 덕

● 사다함과 문노

화랑도가 군사조직으로서 위력을 발휘하기 시작한 때는 사다함의 검술 스승 문노가 화랑이 되면서부터였다. 문노는 가야파이기는 하지만 가야 왕족인 김유신과는 계통이 다르다. 그가 화랑도에 가입하고 가야파가 된 데는 정치적 사정이 있다.

문노의 부친은 비조부, 모친은 가야의 문화공주였다. 김대문은 문화공주의 모친이 일본 여인일 것이라고 추정했다. 진흥왕 대에 문노의 정치적 입장은 곤란했다. 비조공은 법흥왕의 후계를 정할 때 군부를 장악한 병부령으로서 진흥왕의 즉위를 반대한 핵심 인물이었다. 그래서 진흥왕이 왕이 되자 바로 정계에서 쫓겨나 바둑으로 소일하며 살아야 했다.

문노는 어려운 상황에서 새롭고 진취적인 한 집단을 발견했다. 바로 가야 유민들이었다. 그가 스스로 신라계임을 버리고 모계인 가야파를 내세우게 된 것은 이런 사정이 작용했던 듯하다. 그는 가야 후손임을 내세워 사다함의 가야 정벌에 참여하지 않았다. 아마도 이 사건으로 가야계의 인망을 얻었을 그는 가야 사람들을 모아 그들의 우두머리가 되어 화랑도에 들어갔다. 이화랑이 문노를 사다함의 검술 스승으로 삼은 것은 사다함에게 검술을 가르치려는 목적보다 문노와 가야파를 끌어들이고자 하는 목적이 더 컸다. 신라의 왕족과 고위 관료들에게 문노는 기피 인물이었지만 화랑도는 문노에겐 정말 좋은 울타리가 되어 주었다.

사다함이나 문노나 비슷한 환경과 문제에 처해 있었다. 그러나 사다함은 장점도 많았지만, 감수성이 풍부한 젊은이여서 가정사와 시대의 무게를 이겨내지 못했다. 그에 비해 문노는 침착하고, 냉정하며, 억울함을 참을 줄도, 기다릴 줄도, 그리고 차근차근 전진할 줄도 알았다. 이화랑이 문노를 사다함의 보호자로 끌어들인 것도 그의 이런 면모 때문이 아닐까 싶다. 드라마의 주인공으로서야 사다함이 제격이지만, 시대에 맞서 쓰러지지 않고 사다함의 한을 진짜로 풀어간 인물은 문노였다.

낭도를 조직하고, 군사적 역량을 키운 문노는 전쟁에서 탁월한 능력을 발휘했다. 그는 김무력을 따라 성왕과의 관산성 전투, 혹은 그 다음의 전투에 참전하여 공을 세웠다. 연이어 벌어진 고구려와의 북한산 전투, 이사부가 인솔한 북가야 토벌전에 모두 참전했다.

그러나 사다함에게 준 보상조차도 그에게는 오지 않았다. 부하들이 불평하고 분노했지만 그는 때를 기다리며 이들을 진정시켰다. 문노는 조직 운영에 능력을 보여, 화랑도에 가입한 사람들을 신분별로 분류해서 조직을 만들었다. 이런 정책은 신분이 높

『화랑세기』에 "포석사(鮑石祠)에 (문노의) 화상을 모셨다. (김)유신이 삼한을 통합하고 나서 (문노)공을 사기의 근본으로 삼았으며 각간으로 추증하였고 신궁의 선단에 대제를 행하였다"라는 기록이 나오는데, 2006년 현재의 포석정 인근 유적 조사중에 '포석(砲石)'이라는 글자가 새겨진 기와 파편이 발견되면서 사당의 존재와 포석정의 성격을 둘러싼 논의가 전개되었다.

은 사람들은 좋아했겠지만, 낮은 사람들에게는 상처를 건드리는 일이었다. 웬일인가 싶지만 이것이 교묘한 술책이었다. 그는 특별활동반같이 특기와 취미에 따라서도 팀을 만들었다. 당연히 풍류를 사랑하는 귀족 출신들은 험악한 군사반보다는 토론반이나 악기반으로 몰려들었을 것이다.

   삼국항쟁이 점점 격렬해지자 화랑도의 군사적 비중은 계속 높아져 갔다. 전투에서 활약하는 사람들은 문노파와 군사반들이었고, 고리타분한 사람들도 전쟁에 이기기 위해서는 신분이 낮고 차별받는 집단에 주목하고 이들을 인정하지 않을 수 없게 되었다. 이들이 명성을 얻고 주도권을 잡자 고귀한 신분 중에서도 명예와 모험을 동경하는 청년들이 문노의 휘하로 몰려들기 시작했다.

   그제야 비로소 문노는 신분의 귀천을 가리지 않고 인재를 등용해서 국력을 강하게 해야 한다고 목소리를 높였다. 문노의 주장이 100% 받아들여지지는 않았지만, 화랑의 변화와 발전에 기여했고 신라에게 성장의 에너지를 제공했다. 결국 문노는 화랑도의 통수자가 되었고, 부친을 내몰았던 정적들과도 화해를 했다. 그러나 그의 최대의 공적은 차별과 정치적 대립, 분노로 분열 직전까지 갔던 신라 정계를 화해시키고, 치졸했던 신라인의 가슴을 넓혀 놓았다는 것이다. 나중에 삼국통일이 완성된 뒤 김유신은 문노의 초상을 포석정의 사당에 봉안하고, 그가 최고의 공로자였다고 하였다.

● 황초령·마운령 진흥왕순수비

〈황초령비〉는 함경남도 함흥군 하기천면 황초령에 있었다. 진흥왕순수비들 가운데 제일 먼저 발견되었는데, 조선 중기의 문신 한백겸(1547~1629)이 최초로 소개했다. 그 후 매몰되었다가 1835년 북한산비를 발견한 김정희에 의해 다시 발견되었다. 현재는 함흥 본궁(이성계의 본가)에 있는 북한 함흥역사박물관에 있다. 화강암비로 높이는 약 130~138cm, 폭은 50cm 정도다. 황초령은 함흥에서 개마고원으로 올라가는 고개로 강계나 중강진 쪽에서 함경남도로 내려오는 길목이다. 이곳을 뺏기면 함흥 이북지역이 고립된다. 반대로 황초령에서 북상하면 고토리, 유담리, 그리고 장진호가 나온다. 1951년 미국 해병대와 중공군이 혈전을 치른 장진호 전투도 바로 이 루트를 따라 벌어졌다.

〈마운령비〉는 1929년 함경남도 이원군 동면 사동_{寺洞} 만덕산 복흥사 뒤의 운시산_{雲施山} 꼭대기에서 최남선이 발견했다. 이곳은 이원군과 단천군의 경계다. 현재는 〈황초령비〉와 함께 함흥역사박물관에 있으며 북한의 국보 문화유물 제111로 지정되어 있다.

을 적지 않게 본 짧은 승리였지만, 아무리 강한 국가라도 작은 분열이 거인을 어떻게 쓰러트리며, 아무리 작은 나라라도 지배층의 양보와 통합이 얼마나 큰 힘을 발산하는지를 여실히 보여준 사건이었다.

서기 612년 6월 요동에서 오골성을 지나 서안평으로 이르는 가도에 4만의 대군이 길을 메우며 내려가고 있었다. 기병이 약 8천, 보병이 1만 6천 정도고, 나머지는 치중대(수송대)였다. 행렬은 질서정연하고, 행렬의 길이는 무려 20킬로미터에 달했다. 부대는 기병 1천 명, 보병 2천 명 단위로 편성되었고, 이 천인대마다 깃발과 갑주, 복장의 색깔이 달랐다. 짙은 녹음이 깔린 산야에 수십 가지 색채와 광채가 어우러진 대열은 보기 드문 장관이었다.

부대는 이미 산악지대를 벗어나서 벌판으로 접어들고 있었다. 요동의 산지를 넘어서면 압록강변까지는 얕은 구릉과 푸른 들판이 널찍하게 펼쳐져 있다. 원래는 개간된 경작지였지만 군이 지나가는 길이라 인적이 끊어져 있었다. 인적이 끊어진 벌판은 언제 보아도 목가적이고 평화롭다. 행군하고 있는 병사들에게도 전시라는 기분이 전혀 들지 않을 정도였다. 그러나 행렬을 클로즈업으로 잡아보면 분위기가 완전히 달라진다.

가까이서 본 병사들의 표정은 일그러져 있었다. 탁군(지금의 베이징 부근)에서 출병한 지 벌써 7개월, 집을 떠난 지는 1년, 전쟁 준비에 시달리기 시작한 지는 이미 3년이 되었다. 타지에서의 야전 생활도 괴로웠지만 지금 당장 그들을 괴롭히는 것은 그들의 어깨를 짓누르는 무거운 짐이었다. 원래 보병이 괴로운 이유는 자기 장비는 자신이 다 짊어지고 다녀야 하기 때문이다. 갑옷에 병기, 텐트, 의복, 취사도구. 예나 지금이나 기본 장비만 꾸려도 한 짐이다. 그런데 이번에는 1인당 100일치 식량을 짊어지고 가라는 명령이 떨어졌다. 겉보기에는 화려하지만 행렬이 느리게 꿈틀대고 있는 것은 이 때문이었다.

병사들에게 이 전쟁은 도무지 이해가 되지 않았다. 동원한 병력은 전투부대만 50만 명. 전 인구의 1/100이다. 그 외 사역이니 뭐니 해서 이래저래 동원된 병력은 200만이 넘는다는 소문이었다. 이 원정과 관련해서 서너 집에 한 명은 전투나 사역에 동원되었다. 그래도 병력이 이렇게 엄청나니 전쟁은 쉽게 끝

제2장 폭군의 침공

나리라 기대했는데, 도무지 진도가 시원스럽질 않다. 처음에는 전투를 좀 하고 이기는 것 같더니 그 다음부터는 답보 상태였다. 성을 하나 포위하면 사람으로 산하를 가득 메웠지만 떨어뜨리는 성은 없었다. 지휘관들은 화를 냈지만 자기 부대만 그런 것은 아니었다. 들리는 말로는 지난 3개월 동안 성을 함락시킨 부대가 하나도 없다고 했다.

그러더니 어느 날 갑자기 공성전을 포기하고 이동 준비를 하라는 명령이 떨어졌다. 병사들은 무척 좋아했는데, 식량 100일치를 짊어지라는 흉악한 명령이 뒤따라왔다. 지금도 뒤를 돌아보면 막 그들이 통과한 산지 정상에 작은 성채가 보였다. 얼핏 보면 봉수대처럼 보이는데 그런 곳들이 대개는 산 정상에 쌓아둔 고구려의 보루였다. 요동을 떠나 산을 넘으면서 그들은 그런 보루를 지긋지긋할 정도로 보았다.

짐은 무겁고 길은 험해 병사들은 지쳐 빠졌는데, 그때마다 장수들은 경계태세를 유지하라고 병사들을 들볶고 다녔다. 그래도 행렬 중간에 있는 병사들은 두려움이 없었다. 저런 작은 성채의 병력이 출동해 보았자 모기에 쏘이는 정도가 아니겠나 싶었다. 그들이 보아도 좌우로 빽빽하게 늘어선 잘 무장된 병사들의 군집은 누구에게나 안도감을 주었다. 하지만 행렬 전방이나 후방에 위치한 부대들은 죽을 맛이었다. 이곳의 산지는 이상해서 지형은 대체로 평평하건만 산들은 땅 속에서 무엇이 뚫고 올라간 듯 불쑥불쑥 솟아 있었고, 길은 그런 산곡과 산곡 사이로 구불구불 이어져 있었다. 전투에 경험이 있는 병사들은 이런 곳이 산성을 쌓고 방어하기에 얼마나 좋은 지형인가를 잘 알 수 있었다. 그런 지형을 만날 때마다 머리털이 쭈뼛쭈뼛 서곤 했는데, 가까이 다가가 보면 정말 얄미울 정도로 적의 성채나 보루가 빠짐없이 들어서서 자신들을 노려보고 있었다.

밤이고 낮이고 정찰하고 후방 기습에 대비하느라 그들은 녹초가 되었다.

다행히 고구려군은 거의 공격을 하지 않고 멀리서 그들을 내려다보기만 하였다. 그래도 처음에는 성채나 보루를 볼 때마다 공격명령이 내릴까봐 마음이 섬뜩섬뜩 했었다. 대개는 작은 성과 보루들이었지만 상상만 해도 끔찍할 정도로 하나같이 상당히 높거나 공격하기 대단히 까다로운 지형에 위치하고 있었다. 병사들이 보기에 지휘관들이란 하나같이 심통맞고 아니면 변덕스런 존재들이었다. 적도 반응이 없고 자신들도 그냥 지나쳐 가지만 그 산세가 시야에서 완전히 사라지기까지는 언제라도 공격명령이 내릴까 싶어 조마조마했는데, 굽이 하나만 지나면 그런 성채가 또 나타나곤 하였다.

다행히 그런 걱정은 곧 사라졌다. 고구려군은 이 대군에게 감히 덤벼들 생각을 못하는 것이 분명했다. 하긴 그들은 앞선 전투에서 자신들의 위력을 몇 번 보여주었다. 수나라 군대는 숫자도 엄청났지만, 전투대형도 견고했다. 요동성 전투에서 고구려군은 몇 차례 수군의 부대 하나를 골라 치고빠지는 작전을 써 보았지만 재미를 보지 못했다. 그 전투로 수군은 평지 전투에서는 분명한 자신감을 얻었다. 그러나 그 다음부터 고구려군은 그들의 장기인 수성전으로 돌았고, 전쟁은 이 모양이 되었다. 이렇게 짐꾼을 만들어버릴 것이면 뭐 하러 이런 엄청난 대군을 몰고 이 먼 땅까지 왔느냔 말이다.

장교들의 입장에서 보면 사병들은 언제나 불만투성이다. 그리고 뭘 모른다―하긴 병사들의 입장에서 보면 또 장교들이 그렇지만. 지금도 그렇다. 병사들은 짐이 과다하다고 불평만 터뜨릴 뿐 이 작전의 전술적 가치를 모른다. 요동성을 떠난 이후 요충마다 들어서 있는 성과 보루를 볼 때마다 그들은 이 위대한 작전의 의미를 절감했다. 그걸 생각하면 자다가도 웃음이 나올 정도였다. 고구려의 방어망은 그들이 눈으로 보지 않았다면 믿기 어려울 정도로 짜임새 있고 견고했다. 성들은 삼각편대를 이루듯 여러 성이 서로 엄호하고 지원하도록 구성되었다. 그러므로 한 성이 공격당하면 주변 성에서 당장 병력을 지원하거나 공격군의 후방이나 측면을 교란하도록 되어 있다. 그런데 이 성들이 하나같이 대단한 요새들이었다. 처음 고구려 땅에 도착했을 때 산세가 험하다는 건 인정했지만 본국에서 벽돌로 쌓은 성의 모습에만 익숙해져 있던 그들의 눈에 돌로 투박하게 쌓아올린 고구려의 성들은 그렇게 견고해 보일 수가 없었다. 원래 돌무더기는 어느 한 쪽만 허물어지면 같이 무너진다. 그러니 포차로 집중사격을 하거나 혹 큰비가 와서 돌과 돌 사이에 채워넣은 흙이 쓸려 내려가면 저절로 무너지는 데가 생길 것이라고 생각했었다.

그러나 산성은 의외로 단단했고 투석기로 때려도, 비가 와도 허물어지지 않았다. 나중에 들으니 고구려 사람들은 흙에 소금을 섞어 돌 사이에 채우기 때문에 겨울에 얼었다가 녹거나 비가 와서 물이 흘러도 터지거나 흘러내리지 않는다고 했다. 성도 투박하게 돌을 쌓아올리기만 한 것 같지만, 중요한 부위는 정교하게 맞춰져 있고, 구조물이 장력을 받아 옆으로 밀려나가나 무너질 우려가 있는 곳마다 보완공사를 해 두었다. 내부를 들여다보면 돌을 그냥 쌓은 것이 아니라 돌을 삼각형으로 쪼개서 톱니바퀴처럼 맞물려 가며 쌓았다. 이런 축성법이 가능했던 이유는 이 일대의 암석이 모두 가공이 쉽고, 돌에 켜가 있어서 벽돌처럼 쉽게 떼어지는 석회암인 덕택이었다(반면 한반도의 성들은 거의 화강암을 사용한다. 화강암은 다이아몬드 다음으로 강한 암석이지만 너무 단단해서 이런 정교한 가공은 어렵다).

소문대로 고구려군은 수성전에 아주 강했다. 전군이 3개월 동안 한 개의 성도 떨어뜨리지 못했다. 그러니 이런 성들을 모조리 떨어뜨리려면 몇 년이 걸릴지 알 수 없는 일이었다. 그렇다고 100만 대군을 북방에 몇 년씩 붙잡아 두었다간 내란이나 반란이 일어나고 말 것이다.

전황이 교착 상태에 빠지자 수군은 작전을 바꾸었다. 이 작전은 절묘했다. 정말로 이 세상에서 중국군에게만 가능한 전술이었다. 그들은 한순간에 고구려가 정성들여 가꾸어 놓은 방어망을 무력화시키고, 지금 그들의 수도인 평양으로 진군하고 있는 중이다. 고구려는 이런 전술도 있다는 사실은 꿈에도 생각지 못했으리라. 징집병이 너무 많다고, 짐이 너무 무겁다고 병사들은 불평이 대단하지만 그 모두가 희생을 줄이고 싸우지 않고 승리를 얻기 위함이었다. 중국군만이 가능한 이 위대한 작전이 아니었더라면 수많은 공성전에서 병사들이 얼마나 희생되었겠느냔 말이다. 전쟁은 곧 끝날 것이다. 지금 아홉 길로 나누어 행군하는 수군은 압록강 하구에서 다시 집결하여 35만의 병력으로 평양을 칠 것이다.

1 피할 수 없는 전쟁

통일중국과 고구려와의 첫 대결은 수나라가 통일을 이룬 10년 만인 598년에 벌어졌다. 수나라와 고구려의 관계는 처음에는 별 문제가 없었다. 아니 없어 보였다. 6세기 말 중국은 남북조시대로, 화북과 강남의 두 왕조가 대립중이었다.

북조	북위(386)		동위(534)	북제(550)	북주(577)	수(581)	수 통일(589)
			서위(534)	북주(556)			
남조	송(420)	제(479)	양(502)		진(557)		

6세기의 동북아시아 판세

남조와 북조 중에서 고구려와 물리적으로 맞닿은 쪽은 북조의 왕국들이었다. 평강왕 시절 고구려는 남쪽의 진나라와 우호를 맺었다. 고구려와 진나라의 공조체제는 북조의 국가들을 긴장시켰지만, 중국 내전기에 그들이 고구려와 싸울 여력이 없었다. 힘이 안 되니 미소를 지을 수밖에. 북제와 북주, 수나라는 거듭 고구려왕을 요동군공으로 책봉했다. 요동에 대한 고구려의 패권을 인정하고, 침공하지 않을 테니 괜히 남조와 결탁해서 일을 벌이지 말아 달라는 의미였다.

하지만 그것은 믿을 수 없는 호의였다. 과거 요동태수 공손연과 위나라의 관계도 그랬다. 삼국항쟁기 촉과 오와 싸우기 바빴던 위나라는 공손 씨의 요동패권을 인정하고 우대했다. 공손 씨는 오나라와 동맹을 맺었다 끊었다 하면서 위나라로부터 얻을 것을 다 얻어냈다. 자신은 약아빠진 처신을 한다고 만족했던 모양이지만, 그러다가 위나라에게 멸망당하고 말았다.

한나라와 위나라는 고구려가 태자하 동쪽 산악지대에 박혀 있을 때도 고구려를 위험국가로 간주하고 가만 내버려두지를 않았다. 광개토왕 이후 고구려는 요하와 천산산맥으로 진출해 훗날 수당전쟁의 격전지가 되는 천리장성 라인을 확보하고 이곳의 요새들을 강화했다. 중국의 왕조는 절대로 이런 강력한 국가가 요동을 차지하고 있는 현실을 용납할 수 없었다. 단지 지금은 중원의 통일이 급하므로 참고 있을 뿐이었다.

남북조의 대립이 오래 지속되었다면 고구려의 역사도 달라졌겠지만, 581년 수나라가 북방을 통일하면서 힘의 균형이 급격하게 북조로 기울었다. 고구려는 다급하게 수나라에 사신을 보내 우호를 촉진하고, 진나라와의 왕래를 줄였다.

수나라를 건국한 양견(수 문제. 수 양제의 아버지)은 황제가 되기 전에는 북주北周의 승상이었다. 북주는 지금의 내몽골 지역 음산산맥에 설치한 군사도시인 무천진 군벌들이 연합해서 세운 나라다. 내몽골이란 위치가 말해주듯이 이곳은 중국의 최변방으로, 무천진 군벌들은 거의가 한족이 아닌 선비족이었다. 나중에 당나라를 건국한 이연도 무천진 군벌로, 수나라 황가와는 외사촌 간이다.

선비족에는 탁발부 · 우문부 · 모용부가 있었다. 선비족은 몽골족 계통이지만, 우문부는 인도 · 유럽계였다는 설이 있다. 그래서인지 우문부 사람들은 특별히 체격이 크고 코가 높았다고 한다. 그러니 무장으로서 두각을 나타낸 것도 당연한데, 이 우문 씨가 세운 나라가 북주였다.

양견의 아버지 양충은 북주의 개국공신이었다. 양견의 딸은 선제의 황후가 되었다. 선제가 사망하고 어린 정제가 즉위하자 그는 황제의 후견인이 되어 황제를 허수아비로 만들고 북주의 실권을 완전히 장악했다. 그러자 우문 씨의 일가인 위지형, 사마소관, 왕겸 등이 동시에 반란을 일으켰다. 양견은 한때 위기에 몰렸으나 극적으로 이를 진압했고 정제로부터 양위를 받는 형식으로 황제로 즉위하여 수나라를 세웠다.

589년 수나라는 마침내 중원을 통일했다. 문제의 둘째 아들 진왕 광光과 그의 후견인이던 양소楊素는 52만 대군을 끌고 진나라 수도 건안을 함락했다. 진나라의 황제는 우물에 숨었다가 잡혀 처형되었다. 천하를 통일하자 수나라는 당장 고구려에 대한 태도를 바꾸었다. 고구려도 사태 변화를 예상하고 있었다. 진나라가 망했다는 소식을 듣자마자 고구려도 바로 군대를 조련하고 군량을 비축했다.

수 문제는 교서를 보내 고구려가 말로만 신하라고 하면서 정성과 예절을 다하지 않는다고 비난했다. 이 교서에 요하의 넓이가 장강에 비교하면 얼마에 불과하며 고구려 인구가 진나라 인구의 몇 분의 일에 불과한지 아느냐는 문구가 있다. 문장은 유치하지만 상황은 심각했다.

마침 고구려는 평원왕이 사망하고 맏아들 영양왕이 즉위한 참이었다. 즉위 후 9년 동안 영양왕은 수나라에 매년 사신을 보내며 전쟁을 막아 보려고 애썼다. 그러나 598년(영양왕 9년) 드디어 전쟁이 터진다.

지금도 그렇지만 중국의 역사책은 자신들이 먼저 침공했다고 하는 법이 없다. 중국은 평화를 사랑하는 나라라고 한다. 수나라의 침공도 고구려가 말갈족 만여 명을 동원해서 요서를 약탈한 데 대한 대응이었다고 한다. 영주 총관 위충韋沖이 고구려와 말갈의 연합군을 격퇴했고, 이 보고를 받은 문제가 격노해서 고구려 침공을 명령했다는 것이다. 그러나 요즘도 그렇지만 강대

수나라의 1차 침공 상황도

국이 주변국을 침공할 때는 꼭 이런 구실을 찾는다. 말갈족의 침공이 없었다고 해도 수나라는 고구려를 침공했을 것이다. 말갈의 침공이 사실이라고 해도 만 명이나 되는 대규모 침공이 아니라 언제나 있는 작은 습격이었을 가능성이 높다.

598년 음력 6월, 문제는 30만 대군을 요동으로 발진시켰다. 문제의 다섯째 아들인 한왕漢王 양諒과 왕세적王世積이 지휘관인 행군원수였다. 왕세적은 엄청난 덩치에 거의 알콜 중독에 가까운 술꾼이었지만, 문제가 아주 신뢰하는 장수였다. 수나라 건국 직전에 발생한 위지형의 난에 종군해서 많은 전공을 세웠고, 진나라를 정복할 때도 진나라군을 대파하고 약 10명의 태수들로부터 항복을 받았다.[1]

바다로는 주라후가 지휘하는 해군이 평양을 목표로 산동반도의 동래에서 발진했다. 주라후는 항복한 진나라의 장수인데, 북방 군대는 해전에 약하므로 남조의 장군을 고용했던 것이다.

이 야심찬 침공은 싸워보지도 못하고 수나라의 참패로 끝났다. 육군은 북경을 지나 임유관을 넘어섰지만, 홍수를 만나 군량 보급이 제대로 진행되지 않았다. 만리장성을 넘자 전염병까지 돌아 왕세적마저 쓰러졌다. 주라후의 해군도 폭풍을 만나 회군했다. 전투 한 번 없이 홍수와 전염병으로 수나라 군대는 10에 8~9명을 잃었다.[2]

전투가 없었던 탓에 이 1차 침공은 그동안 별로 주목을 받지 못했다. 하지만 전술적으로는 의미가 높다. 동원한 병력이 30만인데, 나중에 당나라에서 계산한 고구려 침공의 적정 병력이 30만이었다. 육로로 요동성을 향해 진격하고, 수군은 산동반도를 출발해서 대동강 하구로 상륙하는 양동작전 역시 이후 전쟁에서 교범이 되었다. 무슨 일이든 한 번에 성공하기는 힘들고, 시행착오가 필요하다. 이런 대규모 작전은 특히 그렇다. 2차 세계대전 당시 최초의 상륙작전, 최초의 공정작전은 하나같이 참담하게 끝났다. 그러나 그것이 거대한 성공의 시작이었다. 수나라는 고구려의 지리와 방어전술에 대해서도 많은 정보를 수집하고 연구를 거듭한 것이 분명하다. 이 자산이 그대로 수나라와 당나라로 전승되었다.

2 무모한 황제

고구려 정복전에 시동을 건 문제는 제법 영웅 소리를 들을 만한 인물이었다. 그는 과감하고 결단력 있고 자제력과 사명감도 있었다. 황제가 된 후에는 사치를 금지하고, 엄격하게 자신과 황실을 단속했다. 중국사에서 고전이 된 제도들—율령과 과거제, 부병제, 균전제, 직전법 등은 일반적으로 당나라의 제도로 알려져 있지만, 실제로는 거의가 북위에서 창안된 제도들이다. 이 제도

수 문제

를 중국 현실에 맞게 바꿔서 정착시킨 사람이 문제다. 수나라가 일찍 망한 탓에 이 제도들이 당나라에서 꽃을 피웠던 것이다. 수나라가 좀더 오래 존속했더라면 문제는 중국사에서 빼놓을 수 없는 빛나는 황제로 자리잡았을 수도 있다.

그러나 문제는 가족 관리에 심각한 문제가 있었다. 그리고 그것이 자신의 공적을 모두 날려 버린 원인이 되었다. 부인 독고황후는 강력한 부족 출신으로 황제 못지않은 권력을 쥐고 황제를 흔들었다. 중국에는 역대로 공처가가 많지만 문제는 그 중에서도 유난스러워서 후궁조차 들이지 못했다. 그래도 황제답게 바람은 피웠는데, 어느 날 황후에게 들켰다. 그러자 황제는 밖으로 뛰쳐나가 말에 오르더니 무작정 달리기 시작했다. 황제가 탄 말은 달리고 달려 궁을 벗어나고 도성을 벗어나 어느 산 속에까지 들어가서야 멈췄다.

자식들도 하나같이 문제아였다. 태자 양용은 방탕했고, 둘째 양광은 무능한데다 음흉했다. 문제는 독고황후가 아이들을 망쳤다고 한탄했다. 양광은 태자가 모후의 눈 밖에 난 것을 알고 모친 앞에서는 검소하고 점잖은 척하며 모후의 눈에 들기 위해 노력했다. 정황을 눈치챈 신하 양소가 그의 참모로 붙었다. 양소의 힘을 빌어 양광은 진나라 정복군의 사령관이 되었고, 원정에 성공해서 명성이 높아졌다. 마침내 형을 폐위시키고 자신이 태자가 되었다. 그러나 문제는 양광을 믿지 못했던 것 같다.

독고황후가 문제보다 먼저 사망하자 양광의 태자 지위가 위태로워졌다.

독고황후의 죽음으로 비로소 자유를 얻은 문제는 성격이 변했고, 미인 후궁도 들이고, 태자를 다시 양용으로 바꾸려는 생각까지 하게 된다. 양광이 문제의 후궁과 간통하려 한 것이 빌미가 되었다는 설도 있다. 그러나 이 의도를 눈치챈 양광은 양소의 도움을 받아 병든 아버지를 살해하고 604년에 황제로 즉위했다. 이 사람이 제2의 진시황이라고도 불리는 수 양제다.

양제는 곧잘 진시황에 비교되지만 정작 두 사람은 닮은 면이 없다. 원조 폭군인 진시황은 공식 역사책에서는 맹렬한 비난을 받았지만, 사석에서는 찬사도 많이 받았다. 누가 뭐라고 해도 그 넓은 중국 대륙이 유럽처럼 여러 나라로 쪼개지지 않고 하나의 제국으로 유지되게 한, 즉 중국을 영원한 강대국으로 만든 사람이 진시황과 그를 보좌한 법가(상앙·이사·한비자)다. 이 하나만으로도 그의 모든 폭정의 허물을 덮고도 남는다. 그러나 양제는 진정한 폭군이자 무능한 황제였다.

시안(西安)의 소안탑   소안탑은 지금은 시안의 관광명소가 되어 그 자리에 시립역사박물관이 건립되어 있다. 그런데 이곳이 수 양제가 황제가 되기 전에 살던 집터였다는 사실을 아는 사람은 드물다. 당나라 중종도 이 집에서 살다 황제가 되었다. 두 명의 황제를 배출한 집터라 나중에 사찰로 기증해 절이 되었고 소안탑이 세워졌다.

이런 두 황제를 연결하는 공동의 업적이 하나 있다. 대운하다. 오늘날까지도 중국의 강북과 강남을 연결하는 중국경제의 대동맥이 된 대운하는 진시황이 착공해서 양제가 준공했다. 진시황 때 시작한 운하는 그 후로도 오랫동안 개착되었다. 그러나 중간 중간이 끊겨 장안에서 강남의 항주까지 완전하게 개통되지는 못했다. 문제가 이 운하를 연결하는 사업을 시작해서 상당수를 연결했지만 완전하게 마무리하지는 못했다. 양제는 즉위 후 바로 대운하 개통에 착수해서 6년 만에 대운하를 완벽하게 개통시켰다. 이렇게 말하니 운좋게 마무리만 한 것 같지만, 이 마무리도 매월 100만 명 이상을 동원한 대역사였다.

중국의 대운하 오늘날에도 화물선이 운행되면서 중국경제의 큰 축을 담당하고 있다. 오른쪽 지도는 수대에 개통된 운하다.

대운하 개통에서 양제는 추진력을 보여주었다. 대운하의 개통은 중국역사에서 손꼽히는 획기적인 사건으로, 운하의 경제적 가치는 금액으로 환산할 수 없을 정도로 크다. 중국의 정치중심지와 강남의 경제중심지가 연결되고, 중국의 경제가 비로소 하나로 연결되었다.³

운하를 완공하자 양제는 거대한 전용선을 운하에 띄우고 강남까지 순항을 했다. 용선龍船이라고 불린 이 배는 길이가 600m에 높이가 30m였다. 선실은 4층으로 세우고, 2층과 3층에만 120개의 방을 두었다. 총 승선 인원은 800명이었다. 너무 커서 자력으로는 항해가 불가능한 배라 운하 양쪽에서 인부들이 밧줄로 잡고 끌었다(다른 배들도 운하에서는 이런 방법을 사용하기는 한다).

이 정도면 양제도 조금은 칭찬을 받아야 할 것 같은데, 전혀 그렇지 못하다. 양제는 비장한 결단력이나 추진력이라는 말로는 도저히 설명할 수 없을 정도로 무모하고 무정했다. 대운하를 개통할 때도 100만 명 단위의 사업 세 개를 동시에 추진했다. 605년 양제는 장안에서 동쪽으로 250km 정도 떨어진 낙양을 동쪽의 수도, 즉 제2의 수도로 건설하는 사업을 시작했다. 장안은 서쪽 국경에 너무 붙어 있고, 너무 건조하고 사방이 꽉 막힌 분지여서 여름에는 숨이 막히게 더웠다.

낙양은 장안 못지않은 유서 깊은 도시라 동도東都 조영사업 역시 명분은 충분했는데, 지나친 추진력이 문제였다. 장안 수준의 궁궐과 도시를 뚝딱 건설해 냈는데, 공사에 동원된 사람이 월 200만 명이 넘었다. 돌궐족을 방어하기 위해 장성을 쌓는 데도 100만 명이 동원되었다. 이 정도면 추진력이 아니라 조급증이라고 해야 하지 않을까 싶다. 그리고 이 세 가지 백만의 사업이 끝나자마자 200만을 동원하는 고구려 원정을 시작했다.

문제가 고구려를 침공했을 때, 백제와 신라도 기회를 놓치지 않고 고구려를 침공했다. 백제의 위덕왕은 수나라에 사신을 보내 아예 합동공격을 제안했다. 그러나 문제의 침공은 고구려의 털끝 하나 훼손하지 못하고 끝났다. 화가 난 고구려는 수나라와 싸우기 전에 먼저 백제와 신라를 눌러 놓기로 했다. 603년 고구려군이 남하해 북한산성을 점령했다.

놀란 신라는 진평왕이 직접 군대를 인솔하고 북한산성으로 달려갔다. 고구려군은 예상을 깬 신라의 신속한 대응과 대군을 보고 싸움을 포기하고 후퇴했다. 이 사건은 약간 충격적인데, 고구려가 정말 사정이 좋지 않았거나 신라, 백제가 강해지긴 한 것 같다. 고구려는 위세를 보이기는커녕 도리어 자신들의 약점을 드러내고 말았다. 수나라와 긴장이 높아지면서 고구려는 신라, 백제에 돌릴 여력이 없었다.

고구려는 돌궐을 끌어들여 수나라에 맞서는 공동전선을 펼치려는 시도도 했다. 그러나 돌궐족 일부는 수나라에 투항했고, 이 시도도 수나라에 누설되었다. 고구려 사신이 비밀리에 돌궐의 계민가한啓民可汗을 만났는데, 하필 그때 양제가 행차해서 두 나라의 만남을 눈치챘고, 이 사건이 고구려 원정의 구

북한산성 현재의 북한산성은 조선 후기에 축성한 것이다. 고구려와 신라가 싸운 북한산성은 이곳이 아니라 보다 시내 중심에 가까운 곳이었다고 추정하기도 한다.

연천 당포성 전경 백제의 석두성이 있었을 것으로 추정되는 당포성은 하천과 깎아지른 듯한 하안단구를 이용해 축조한 삼국시대의 요새다.

실이 되었다고 한다.[4]

　607년 드디어 양제는 고구려 침공을 거론하기 시작했다. 전쟁이 임박하자 고구려는 과감하게 또다시 남쪽으로 병력을 투입해서 백제와 신라를 짓눌렀다. 이번에는 603년의 실패를 교훈 삼아 제대로 된 군대를 보냈던 모양이다. 고구려군은 백제의 송산성과 석두성을 공격해 남녀 3천 명을 사로잡는 전과를 올렸다. 송산성과 석두성은 개성과 연천이라고 보기도 하는데, 그렇다면 이 시기에 백제가 한성을 탈환하고 임진강 라인까지 진출했다는 셈이 된다. 고구려의 공세가 백제군의 공세에 대한 반격일 수도 있고, 두 성이 다른 지역일 가능성도 있다.

　608년 2월에는 신라의 북쪽 변경을 습격해 남녀 8천 명을 사로잡고, 신라의 우명산성(함경남도 안변)을 탈취했다. 이 공세로 40년 전 진흥왕에게 빼앗겼던 함경도 지역을 다시 탈환했다. 석두성이 연천이 맞다면 고구려는 임진강에서 안변-원산 라인 즉, 삼국시대에 가장 오래되고 보편적인 국경선을 복구한 셈이다. 신라와 백제는 힘의 차이를 절감해야 했고, 고구려는 수나라와 싸울 준비를 마쳤다.

611년 3월 양제는 직접 지금의 베이징 외곽인 탁군에 나가 전쟁준비에 착수했다. 침공군의 규모는 전 중국의 자원을 동원하는 역사상 유례가 없는 어마어마한 것이었다. 중국 전역의 지형과 문화에 맞추어 특화된 정예병을 차출하고 물자를 할당했다.

그래도 제일 고생한 곳은 한국과 가까운 산동이었다. 병력이 제일 많이 차출되었고 조선소가 건설되었다. 주된 전장은 육지였지만 전쟁의 성패는 바다에 달려 있었다. 이 대병력의 보급을 육송으로는 감당할 수가 없었다. 양제는 산동반도의 동래에서 전선 300척을 건조했다.

양자강과 회하 이남 즉 운하와 무역이 발달한 강남 지방에서는 선원 1만 명과 노수弩手 3만 명을 차출했다. 해군의 전체 병력은 이보다 많았던 듯하지만, 강남 지방에서 해군의 최정예 병력을 조달한 것이다. 노弩는 육전과 해전에서 보편적으로 쓰이는 무기였지만 해전에서는 사격전이 특별히 중요하고, 흔들리는 배에서 노를 발사하려면 수전에 익숙해야 했다.

영남 지방(광동·광서)에서는 창병 3만 명을 차출했다. 산악지방인 옥저

노수(弩手) 『무비지(武備志)』　　　삼국시대의 창병

가 긴 창을 사용하는 창병이 특기였듯이 중국이나 한국이나 산악지대에서는 아무래도 보병인 창병이 발달했던 것 같다.

무역과 상업이 발달한 하남, 회남, 강남 지역에는 전투용 수레 5만 양輛이 할당되었다. 이 수레를 이용해서 하북 고양에서 천막 등의 군수품을 싣고 탁군으로 모였다. 7월에는 양자강과 회하 이남의 인부와 선박을 동원해서 강남과 산동 지역에 보관한 군량을 탁군으로 운송했다.

612년 1월 드디어 출정 준비가 끝났다. 탁군에 집결한 병력은 113만 3천 8백 명이었다. 전 군을 24군으로 나누고, 1군마다 상장上將과 아장亞將을 두었다. 1군의 편성은 기병 4단, 보병 4단이었다. 단의 지휘관은 편장이고, 단마다 갑주와 깃발, 복장의 색깔이 달랐다. 기병은 1단이 10대로 4단은 40대였다. 보병은 20대가 1단이 되어 보병 4단은 80대였다. 1대가 100명이었으므로 기병 1단은 1천 명, 보병 1단은 2천 명이다. 따라서 1군의 병력은 기병 4천 명, 보병 8천 명이었다.

이 24군의 병력을 합치면 28만 8천 명이다. 100만 병력의 25%밖에 안 되지만, 이 병력은 전투병의 수다. 군마다 따로 치중대(수송대)가 전투병 수만큼 편성되었다. 그 외에 중간에 보급기지도 두어야 하고, 이를 위한 경비병과 병참부대도 있어야 하므로 총 113만이 된 것이다. 이들 외에 군량을 나르는 인원은 이들의 두 배가 되었다고 한다.

수군의 편제

단 위		지휘관	병 력	편성(병력)
24군			288,000명	
1군		상장, 아장	12,000명	기병 4단(4,000명) 보병 4단(8,000명)
단	기병	편장	1,000명	10대
	보	편장	2,000명	20대
대		?	100명	

이 엄청난 군대가 한 번에 출발할 수 없으므로 하루에 1군씩 출발시켰다. 군마다 40리씩 간격을 두어 전 군의 길이는 960리에 뻗쳤고, 40일 만에야 출동이 다 끝났다. 이와는 별도로 수 양제를 호위하는 어영군 6군이 또 있었는데, 이들의 행렬만 80리였다고 한다. 천리면 딱 경부고속도로 길이니, 명절 때 경부고속도로를 빼곡히 메운 귀성차량 행렬을 병사로 치환하면 이 원정군의 규모를 짐작할 수 있다.

평양까지의 진군로는 24군을 좌우로 나누어 12군씩 진로를 할당했다. 다만 12군이 똑같은 길로 간 것은 아니고 몇 개의 군이 각각 한 방면을 맡고, 다시 길을 나누어 진군한 것 같다.

이런 대군은 중국 역사에서도 초유의 병력이었다. 중국 사람들은 걸핏하면 100만 대군 운운하지만 이때까지는 10만을 넘어가는 군대도 매우 드물었다. 『삼국지』에서 조조가 형주와 오나라를 공격할 때 80만 대군이라고 허풍을 쳤지만, 실제 병력은 20만이었다. 형주에서의 전투와 전염병으로 손실을 입어 적벽대전을 치를 때는 15만이 되지 않았던 것 같다.

그러나 수나라의 백만 대군은 허풍이 아니었다. 이 병력 외에 군량을 운반하는 데 동원된 인원은 배가 넘었다. 그러니 대외적으로는 2백만 대군이라고 자랑한 것도 양제로서는 자제한 것이다. 조조식의 허풍이라면 5백만 내지는 8백만이라고 할 판이었다.

이 당시 중국의 인구를 정확히 알 수는 없지만 백만이라고 하면 어림잡아 전체 중국 인구의 2.5~3.8%에 해당한다. 고구려가 망할 때 호구가 69만 호라고 했다. 이 호구수는 백제의 76만 호보다도 적어 신빙성에 문제가 있다. 그리고 1호가 과연 몇 명의 인구를 포함하는지도 모른다. 그러나 크게 잡아 백만 호라고 하고 1호마다 청소년에서 노인까지 포함해서 남자가 5명씩 있었다고 해도 전 남성 인구는 5백만, 좀 적게 잡아 80만 호에 1호당 남자 3명으로 잡으면 240만 명이다. 그러니 2백만이 아니라 백만이라고 해도 이 병력의 규모는 상상을 초월하는 것이다.

  하지만 대군이라고 다 좋은 건 아니다. 대군은 대군 나름대로의 약점이 있다. 바로 병참과 시간이다. 군대가 출정하면 비용이 엄청나다. 원정거리가 길어질수록 비용은 기하급수적으로 증가한다. 그러므로 장기전으로 갈 수가 없다. 비용도 비용이지만 전 인구의 2% 이상이 지금 국경을 벗어나 타국에 와 있다. 참고로 현재 우리나라의 군 병력은 60만이다. 이 숫자는 인구비례를 무시하고 순 병력수로만 따져도 세계 5위 안에 든다. 그런데 60만은 1970년대 인구가 3천만일 때를 기준으로 해도 전 인구의 2%에 해당한다. 그러니 전 인구의 2~3%를 원정에 동원했다면 현재의 한국군 전 병력을 해외로 파병하는 수준이다. 재정 부담도 엄청나지만, 이 정도면 중국 국내의 군사력도 텅 비었다는 이야기가 된다. 지금처럼 소식망이 빠르지 않던 시대니까 한 1년은 버티겠지만 이런 상태가 2~3년 계속되면 반란이 나든가 주변의 이민족이 치고 들어올 것이다.

3 그들만의 전술

  그러면 수 양제는 왜 이런 위험을 불사하고 대군을 동원했을까? 고구려 원정을 계획하는 중국 수뇌부의 고민은 요동 지방에 구축해 놓은 고구려의 방어망이었다. 이 방어망은 이중 삼중으로 구성되고 성들이 서로 엄호하도록 설계되어 있었다. 이 많은 성을 공략하자면 상당한 병력과 시간이 필요했다. 성을 함락하면 버리고 떠날 수는 없고 충분한 수의 수비대를 주둔시켜야 한다.

  나중에 당나라에서는 고구려 정복에 필요한 적정 병력을 30만으로 산정했다. 백만보다는 적은 숫자지만 이 30만도 해외에 장기적으로 주둔시켜 둘 수 있는 병력이 아니다. 기왕에 단기전을 해야 한다면 가능한 최대의 병력을 동원하여 전쟁을 빨리 끝내려고 생각했던 것일까? 그래도 적정 수준인 30만에 비해 백만은 너무 많다.

양제는 폭군이라 막무가내로 대군을 동원한 것일까? 아무리 폭군이라도 그 밑에 재상도 있고 장군도 있는데 그럴 수야 없다. 그들도 작전을 세우고 거기에 맞춰서 동원 병력을 구상했을 것이다.

백만을 동원할 때 수나라는 숫자에 걸맞는 작전계획이 있었다. 성을 하나하나 돌파하고 나가는 것이 아니라 한꺼번에 통과해 버리는 작전이었다. 그 방법은 고대로부터 현대에 이르기까지 세계를 통틀어서 오직 중국만이 할 수 있는 작전, 바로 인해전술이다.

인해전술이라고 하면—사실 인해전술이란 용어는 잘못된 것이다—포탄과 총알을 온몸으로 받으며, 전우의 시체를 넘고넘어 앞으로 달려드는 그런 전술로 알고 있다. 원래 인해전술이란 용어 자체가 그런 뜻으로 만든 용어다.

중공군의 병력이 엄청나고, 인명 손실을 각오하고 무식하게 밀어붙인 것은 사실이지만, 그것은 중공군 전술의 외형만을 본 것이다. 실제로 그렇게 무모하고 말도 안 되는 전술은 있을 수 없다. 정말 그런 작전이 가능했다면 중국군은 세계에서 제일 용감한 군대이거나 바보집단—하긴 둘은 동의어라고 하는 사람도 있다—이라고 해야 할 것이다. 우리가 인해전술이라고 부르는 것은 사실 중국에서는 지극히 고전적이고 오랜 역사적 연원을 가진 전술이다.

필자가 대학생일 때 우연히 한국전쟁에 관한 책 하나를 구한 적이 있다. 한국전쟁에 참전한 미 해병대의 전사 담당관이 쓴 책이었다. 한국전쟁 전반에 관한 분석이 아니라 현역 장교였던 저자가 미 해병대의 전투 기록을 정리한 책이었는데, 이 책에서 저자는 인해전술을 부정한다. 그리고 중공군 전술의 실체와 그에 대한 대응 방법까지 자세히 기록해 놓았다.[5]

소위 인해전술이란 일종의 포위전이다. 그냥 포위하여 압박하는 것이 아니라 적을 넓게 포위하여 보급망을 차단한다. 다음에는 길목마다 혹은 적군의 사이 사이로 대부대를 내려보내 적을 잘게 쪼갠다. 보급줄을 끊어 적을 지치게 하고 적을 분열·고립시켜 전력을 약화시키는 작전이다. 이 전술을 수행하려면 은밀한 기동이 필수적인 기술이다. 중공군 병사들은 장비는 열악했지만, 1920년대부터 군벌전쟁과 중일전쟁으로 단련된 군대라 기도비익과 은밀기동은 세계 최고 수준이었다. 그 실력으로 수십만 명이 미군에게 들키지 않고 후방으로 파고들었다. 오죽하면 그들을 '그림자 없는 유령'이라고 불렀을까?

워낙 병력이 많아 칭칭 감고 있으므로 한두 군데 쳐서 내몬다 해도 보급로는 회복되지 않고, 이리저리 치고 다니다 보면 더욱 쪼개지고 분산될 수밖에 없다. 군이라는 게 둘로 분열되면 전력이 1/2로 떨어지고 넷으로 분열되면 1/4로 떨어지는 것이 아니다. 포병과 보병, 전투부대와 수송대가 분리되었다고 생각해 보라. 분열된 부대는 전력 자체를 상실한다. 여기에 보급마저 안 되면 설상가상이다. 중국군은 상대를 이렇게 만든 후에 하나씩 공격해서 각개격파를 한다. 중일전쟁 때의 팔로군이나 한국전쟁 때의 중공군이 모두 이 전술로 큰 성공을 거두었다.

다만 마지막 단계로 적을 향해 최후의 공격을 가할 때는 병력을 있는 대로 동원해 한판 승부를 벌였다. 워낙 병력이 많다 보니 온 산과 들판이 사람으로 덮였다. 중공군의 돌격을 경험한 참전 용사들은 중공군의 돌격을 이렇게 묘사했다. "산과 들판이 통째로 일어나 움직이는 것 같았다", "산과 들이 모두 사람으로 메워졌는데, 포탄이 떨어지면 잠깐 구멍이 생겼다가 금세 메워졌다."[6]

그러나 이 전술이 20세기 들어서 중공군이 처음 창안한 전술이 아니다. 인해전술에 대한 또 하나의 오해는 무기나 장비, 작전 능력이 열악하고 머릿수만 많은 군대가 사용하는 전술이라는 생각이다. "약한 적은 집중 강타하고, 강한 적은 분열시킨다"는 것은 굳이 손자를 들먹일 필요도 없는 병법의 기본이다. 문제는 이 법칙을 어떻게 실현하느냐 하는 것인데, 유사 이래 세계 최대의 인구를 유지해 온 중국에서는 적이 강하든 약하든, 자신들의 장점인 월등한 병력을 활용해서 이 원칙을 실현하는 방법을 개발해 온 것이다.

서기 7세기 요동에서 수나라군이 채택한 작전도 기본적으로는 이와 다르지 않았다. 그들이 돌격해 오는 장면 역시 크게 다르지 않았을 것이다. 1월에 출발한 원정군은 2월에 요하에 도착하여 처음으로 고구려군과 대치했다. 요하 어디인지는 알 수 없으나 무려라에서 지금의 랴오양 시로 추정되는 요동성으로 통하는 길목 어디였다. 고구려군은 수비의 이점을 살려 유리한 지점에 진을 쳤다. 강의 하안단구나 강가에 솟아오른 고지에 진을 쳤을 것이다.

세계 최강의 궁수를 거느린 군대가 높고 가파른 곳에서 내려다보고 있으니 그 아래서 도하작전을 펴기란 쉽지 않다. 그러나 이때의 중국군은 세계 최고 문명권의 군대다. 고도한 문명권 군대의 특징이자 장기는 뛰어난 공병술이다. 그들은 세 개의 부교를 만들어 강에 설치했다. 현재의 요하를 보면 의외로 그렇게 넓지 않다. 눈으로 보아서는 정확하지 않지만 서울에서 보는 한강의 절반 정도로 보인다. 그래도 다리를 놓기에는 역시 길이가 만만치 않다. 게다가 당시의 요하 유역은 지류가 많고, 개간이 안 된 진흙뻘이라 200리 정도가 사람이 살 수 없고, 통행하기도 힘든 진창이었다고 한다.

이런 곳에 중국군은 부교를 강에서 직접 설치한 것이 아니라 안전한 곳에서 만든 후 강으로 운반해와 사다리 놓듯 걸쳤다. 정확히 어떻게 만들어서 어떻게 걸쳤는지는 모르지만 그 기술은 인정해 주어야 한다.

고구려군으로서는 기겁할 일이었지만 신속하게 부교를 놓은 지점으로 이동했다. 수군도 다리를 건너 돌격해 왔는데, 불행하게도 측정이 조금 잘못 되어서 다리가 3미터 가량 모자랐다. 그러나 선봉에 선 용사들은 두려워하지

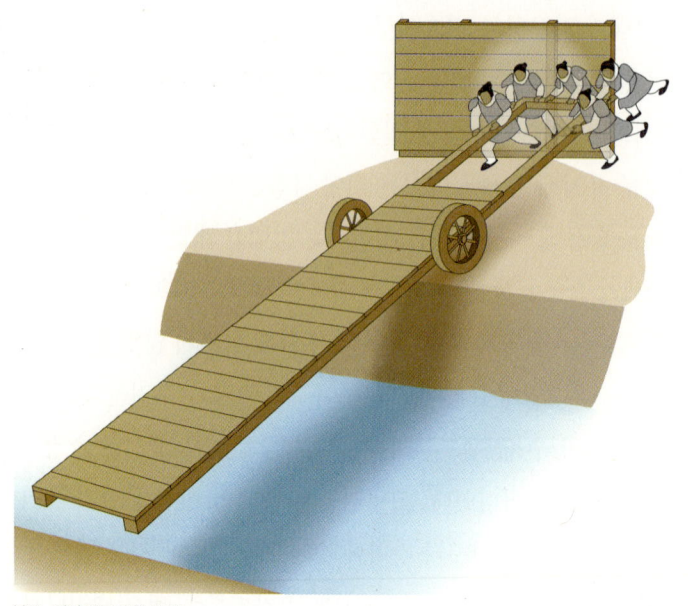

부교 임시 가교의 한 형태

않고 강으로 뛰어들었다. 공성전에서든 도하작전에서든 영웅의 역할은 적군 속에 뛰어들어 공간을 확보하는 일이다. 위험도는 대단히 높지만 대신 포상도 분명해서 살아남은 사람은 대뜸 관직이 몇 단계는 올라간다. 옛날 전쟁에서 "어느 전투에서 성에 일등으로 올랐다"라는 명성처럼 영광스러운 것은 없다. 물론 대개의 경우 그 용사는 일등으로 오른 사람이 아니라 살아남은 첫 번째 사람이란 표현이 정확할 것이다. 수비 측에서도 최고의 용사들이 이 지점에 포진할 것이므로 용사 중의 용사가 아니고서는 이 최초의 접전에서 살아남기 힘들다.

　이날 수군의 선봉에 선 장수는 좌군 제1군의 지휘관인 우둔위 대장군 맥철장麥鐵杖이었다. 그는 수나라 백만 대군 중에서도 돌격대장으로 최고의 명성을 얻고 있던 장수였다. 『수서』에 실린 그의 전기에 의하면 맥철장은 무술이 탁월하고, 성품이 소탈하고, 노는 것과 술, 친구 사귀기를 좋아하고, 친구 간에 의리를 중시하는 사람이었다고 한다. 이런 설명을 들으니 떠오르는 이

미지가 있다. 암흑가를 미화하는 영화나 드라마의 주인공이 늘 이런 모습이다. 이 진리는 천 년 전에도 변함이 없었던 듯하다. 그 다음의 내용을 읽어 보면 젊은 맥철장은 주먹세계의 용사요 강도였다. 그의 특기 중의 특기는 달리기였다. 그는 말처럼 빠르게 그리고 멀리 달렸다고 한다.

젊은 시절, 관아의 하급직원으로 취직한 그는 퇴근 후에 백 리 밖에 있는 성까지 달려가서는 성벽을 넘어 강도짓을 했다. 그의 주 수법은 민가에 불을 지르고 그 혼란을 틈타 물건을 훔치는 방법이었다. 강도질 중에서도 가장 악질적인 방법이다. 그리고는 다시 아침까지 백 리를 달려 돌아와 멀쩡하게 출근을 했다.

이 위험한 재능이 난세에는 쓰임을 받았다. 수나라의 통일전쟁 때 양소의 군대에 종군한 그는 전투 때마다 선봉에 서서 최초로 성에 오른 용사라는 명예를 여러 번 받았다. 마침내는 까막눈에 법규 한 구절도 모르면서 태수로까지 승진했다. 태수가 되자 그래도 공부를 해서 나중에는 법규도 좀 외우고 제대로 다스려 보려고 노력도 했다고 한다.

고구려 원정이 개시될 때는 그도 나이가 들고, 부와 명예도 얻었을 때였지만 자고로 남아란 아녀자의 손이 아니라 전쟁에서 죽어야 한다는 말을 남기고 선봉을 자원했다. 그의 이런 행동에는 함께 참전한 자기 자식들을 보호하려는 목적도 있었던 것 같다. 그는 이 도강작전의 선봉에 서면서 자식들에게 자신의 죽음으로 얻게 될 작위와 포상을 잘 누리라는 말을 남겼다.

요하 전투에서 맥철장이 이끄는 수나라 돌격대는 난관에 봉착했다. 3미터의 물과 비탈이 지옥의 늪이 되어 그들을 가로막았다. 3미터라지만 물 속에서는 행동이 대단히 느려지므로 수군은 육지로 치면 10미터 이상 되는 개활지에서 대형을 이루지 못한 상태로 언덕 위의 고구려군에게 돌격하는 형세가 되었다. 고구려군은 지형의 이점과 단병접전을 마다하지 않는 용맹성으로 언덕 비탈에서 수군의 전설적 영웅 맥철장과 부하 낭장 전사웅錢士雄과 맹차

孟叉를 쓰러뜨렸다. 첫날 접전은 고구려군의 대승리였다.

그러나 수나라군은 패전중에도 다리를 회수하여 후퇴하는 알찬 전력을 보여주었고, 이틀 만에 다리를 고쳐 만들었다. 다시 동쪽 언덕에서 벌어진 전투에서 수나라 용사들은 교두보 확보에 성공했던 것 같다. 치열한 접전이 벌어졌지만 일단 교두보를 확보하면 숫적으로 우세한 수나라군은 순식간에 병력이 불어난다. 고구려군은 이날 크게 패하여 만 명 넘는 손실을 입었다.

이 승리로 양제는 요하 동쪽의 요충인 무려라武厲邏를 확보하고 이곳을 통정진으로 삼았다. 양제는 직접 조서를 내려 사면령을 내리고 요하 동쪽 지방에 대해 10년간 조세를 면제한다는 통 큰 인심을 썼다.

다음 전투지는 요동성이었다. 요동성의 위치는 이설이 있기는 하지만 지금의 랴오양遼陽이라는 설이 우세하다. 이곳은 주변에서 언덕을 보기 힘든 평원으로 요동성은 산성이 아니라 강을 끼고 세운 사각형의 평지성이었다. 지금의 랴오양은 대도시가 되어 성의 흔적도 없는데, 지금의 랴오양 백탑이 있는 부근으로 추정하고 있다. 해자가 있었다고 하는데 백탑 옆으로 흐르는 강을 이용했을 것이다. 이곳은 산성이 아닌 평지성이었음에도 한나라 때부터 상당히 크고 견고한 요새였다.

고구려군은 성벽에 의존하지 않고 과감하게 성 밖으로 나와 수나라 대군

랴오양 백탑

랴오양은 요동 지방의 요지로 오랫동안 이 지역의 중심도시였다. 과거 요동성이 있었다고 추정되는 랴오양의 중심부에 지금은 백탑이 서 있다. 조선시대에 이곳을 지나던 사신들의 기행문에 의하면 이 탑을 을지문덕이 세웠다는 이야기가 돌았다고 한다. 그러나 이 탑은 나중에 이 지역을 통치한 거란족이 세운 전탑(벽돌탑)이다. 사면에는 매우 정교한 불상이 조각되어 있다.

에게 도전했다. 고구려군에겐 옛날 광개토왕 때 후연을 몰아내던 기백과 승리의 기억이 남아 있었던 것 같다. 수나라군이 대군이라지만 숫적 우위라는 것도 적정 규모가 있다. 군대의 행군로가 천 리에 뻗었다지만 진도 수십 킬로가 넘었을 것이다. 그러니 숫자상 100만 vs 1만이라고 해도 100대 1로 싸우게 되지는 않는다.

만약 100명이 한 명에게 한꺼번에 달려든다고 가정해 보자. 아무리 겹겹으로 포위해도 한 사람에게 한 번에 달려들 수 있는 최대수는 4~5명이다. 자연지형에서 벌어지는 집단 간의 전투에서는 그 숫자도 힘들다. 기껏해야 2대 1, 3대 1의 싸움이다.

그러므로 그 이상이 한꺼번에 덤비는 것은 무모하고 비효율적이다. 그렇다면 병력의 우위란 별 소용이 없는 것일까? 그렇지 않다. 병력의 우위를 효과적으로 사용하는 방법은 한꺼번에 덤비는 것이 아니라 여러 조로 편성해서 교대로 돌아가며 덤비는 것이다. 백병전은 결국은 체력전이다. 아무리 용맹한 군대도 지치면 제대로 싸울 수 없다.

하지만 그렇기 때문에 수가 적은 군대도 한두 번은 이길 수 있는 기회가 있다. 한두 부대만 상대하고 치고 빠진다면 공격도 가능하다. 고구려군도 이런 판단 아래 수나라군을 공격했을 것이다. 대등한 숫자로만 싸운다면 단병접전에는 자신감이 넘쳤다는 이야기다.

그러나 수나라군도 강했다. 백만 대군을 동원하고도 패했다는 사실 때문인지, 숫자만 많았지 질적으로는 형편없는 군대였다고 쉽게 단정하는 글들이 많다. 하지만 그건 정말 이상한 오해다. 수나라군은 힘없는 농민을 강제로 징집해서 머릿수만 채운 그런 군대가 아니라 실전으로 다져진 군대였다.

수나라군의 지휘부를 보면 장군들의 직위가 비슷하다. 그러나 실질적으로 최고사령관 역할을 한 사람은 우중문于仲文과 우문술宇文述이었다. 두 사람을 같은 '우'씨 집안 사람으로 혼동하는 분도 있는데, 두 사람은 성씨만이 아니라 배경·성향·개성이 완전히 다른 사람이다.

　우중문은 북주의 귀족가문 출신으로 문관이었다. 그가 동군東郡 태수로 있을 때 위지형의 반군이 쳐들어왔다. 그는 협력을 거부하고 60여 기의 기병을 거느리고 적진 돌파를 감행했다. 이 탈주극은 아주 극적이어서 그를 호위하던 기병의 70~80%가 전사했으나 그는 기적적으로 탈주에 성공했다. 화가 난 반군은 그의 세 아들과 딸 하나를 토막을 쳐서 죽인 후에 그 시체를 우중문에게 보냈다. 양견(수 문제)도 이 참혹한 우송물을 보고 눈물을 흘렸다고 한다. 이 사건으로 그는 토벌군에 투신했는데, 지휘관으로서의 재능이 드러나 계속 반군 토벌에 종사하게 되었다.

　그는 재치가 있어서 계략을 잘 사용했다. 고구려 원정 때도 압록강으로 진격하면서 오골성에 일부러 식량을 쌓아 두고 떠났다. 고구려군이 식량을 노리고 습격하자 떠난 줄 알았던 수나라군이 되돌아와 고구려군을 격퇴했다는 일화도 있다.

　양제는 왕자 시절에 우중문의 재능을 알아보고 문제에게 부탁해서 그를 군사고문으로 삼았다. 고구려 침공 때도 양제는 장군들에게 우중문의 계략을 따르라는 지침을 내렸다.

　반면 우문술은 정통 무관으로 양제의 집안과 같은 선비족에 무천진 군벌 출신이다. 원래 성은 파야두破野頭였지만, 북주를 세운 우문 씨로부터 성을 하사받았다. 어려서부터 군인의 길을 걸은 그는 우중문과 마찬가지로 반란군을 평정하면서 두각을 나타냈고, 남조 정벌과 돌궐 원정에도 종군했다. 그도 역시 수 양제가 진왕일 때 포섭되어 심복이 되었다. 독고황후에게 뇌물을 바쳐 태자를 진왕으로 교체하는 계획을 입안하고 이 음모를 진두지휘한 사람이 바로 그였다. 이 공으로 그는 양제의 최측근이 되었다.

　이들 외에 24군의 장수들은 거의가 돌궐과 토욕혼 원정에 참전한 검증된 장수들이었다. 열전에 실린 약력을 보면 다들 전투 경험이 풍부하고, 지휘·

관리에 뛰어난 지장형과 실전형인 맹장형의 장군이 적절히 섞여 있었다. 맹장형의 장수들은 접경지역인 감숙성 출신이나 선비족이 많고, 돌궐과 토욕혼 전선에서 전투 경험을 쌓았다. 특히 맹장으로 소문난 사람들은 거의가 양소 부대 출신이었다.

이들의 면면을 좀더 구체적으로 살펴보면 다음과 같다.

수나라군의 지휘관과 진격로[7]

좌군	제1군 육군 누방도鏤方道 우둔위 대장군 맥철장麥鐵杖
	제2군 육군 장잠도長岑道 좌익위 대장군 우문술宇文述
	제3군 수군 해명도海冥道 우익위 대장군 내호아來護兒
	제4군 육군 개마도蓋馬道 좌둔위 대장군 토만서吐萬緖
	제5군 육군 건안도建安道 미상
	제6군 육군 남소도南蘇道 좌후위 대장군 단문진段文振
	제7군 육군 요동도遼東道 좌효위 대장군 형원항荊元恒
	제8군 육군 현도도玄菟道 우둔위 장군 신세웅辛世雄
	제9군 육군 부여도扶餘道 좌광록대부 왕인공王仁恭
	제10군 수군 조선도朝鮮道 금자광록 대부 주법상周法尙
	제11군 육군 옥저도沃沮道 우익위 장군 설세웅薛世雄
	제12군 수군 낙랑도樂浪道 우익위 대장군 우중문于仲文
우군	제1군 수군 점제도黏蟬道 우어위 호분낭장 위현衛玄
	제2군 수군 함자도含資道 좌무위 장군 최홍승崔弘昇
	제3군 수군 혼미도渾彌道 광록대부 이경李景
	제4군 수군 임둔도臨屯道 미상
	제5군 육군 후성도候城道 섭좌무위 장군 번자개樊子蓋
	제6군 수군 제해도提奚道 미상
	제7군 육군 답돈도踏頓道 우효위 장군 사상史祥
	제8군 육군 숙신도肅愼道 태복경 양의신楊義臣
	제9군 수군 갈석도碣石道 우무후 장군 조효재趙孝才
	제10군 수군 동이도東暆道 전 조군태수 어구난魚俱難
	제11군 수군 대방도帶方道 미상
	제12군 육군 양평도襄平道 우어위 장군 장근張瑾

이들의 면면을 좀더 구체적으로 살펴보면 다음과 같다.

좌군 4군 지휘관 토만서는 선비족으로 만주의 북쪽에 위치했으며, 선비족의 선조인 오환족의 근거지였던 대군代郡 출신이다. 돌궐족과의 전투에서 명성을 날렸고, 양제의 진왕 시절부터 심복이 되었다. 양제가 즉위하자 문제의 고구려 정벌을 지휘했던 한왕 양이 반란을 일으켰다. 토만서는 양소 휘하에 종군해서 이 반란을 격퇴했다. 고구려 원정에도 선봉을 자원했으나 회원진에 주둔하라는 명령을 받아 후방에 배치되었다.

좌군 6군 단문진은 북해 출신으로 조부와 부친이 모두 주州의 장관인 자사를 지낸 귀족가문이었다. 어려서부터 힘이 세고 담력이 뛰어났다. 그는 강직하고 좌절을 모르는 용사로 내전기에 돌궐, 티벳 등 남북의 강적들과 싸우며 많은 전공을 세웠다. 양제는 그를 병부상서로 발탁했고, 소중하게 대우했다. 토욕혼 원정에는 양의신 등과 함께 참전해서 승리를 거두었다. 이때도 수나라군의 병력은 대단해서 진영이 길이만 300여 리였다. 대군을 지휘해 본 경력과 장거리 원정의 경험에서 제일 앞서 있었던 장군으로 고구려 입장에서는 가장 위협적인 인물이었다. 그러나 원정 도중에 병에 걸려 군중에서 사망했다.

좌군 9군 왕인공은 감숙성의 천수 출신이다. 천수는 실크로드로 이어지는 교통과 상업의 중심지다. 조부와 부친이 다 자사를 역임했다. 왕인공은 어려서부터 기마와 궁술을 열심히 익혔다. 양소를 따라 돌궐 전역에 참전했고, 내전에서도 공을 세웠다. 한왕 양의 반란 때도 양소 휘하에서 참전했다. 이 공으로 대장군이 되고, 여주자사가 되었다. 아주 유능한 실전형 장군으로 고구려 원정에 빠짐없이 종군했으며 패전을 모르는 지휘관으로 최고의 명성을 얻는다.

해군인 좌군 10군의 지휘관 주법상은 여남의 안성 출신이다. 수나라 장수 대부분이 북방 출신인데, 여남은 중부 지역이다. 조부와 부친은 다 주나라의 자사를 역임했다. 어려서부터 군인의 자질이 있어서 병서를 탐독했다. 주나라 시절 부친이 사망하자 부친의 군대를 물려받아 전공을 세워 자사로 승진했다. 나중에 수나라에 투항했고, 반군 소탕전에서 두드러진 전공을 세웠다. 이광사의 반란을 진압할 때는 수나라 최고 장수였던 왕세적보다도 더 큰 공을 세웠다. 토욕혼 원정에 종군해서 청해 고원에서 싸웠고, 돈황태수가 되어 변방을 지켰다. 그는 판단력이 정확하고, 전술에 능해서 매복, 포위, 습격, 돌격 등 각 상황에 적절한 전술을 선택하는 능력이 탁월했다. 고구려 원정에 참전한 장수 중에서 최고의 전술가 중 한 명이었다.

좌군 11군의 설세웅은 하동 출신이다. 부친은 자사를 지냈고 문제 시절 운하 공사에 종사하다가 사망했다. 설세웅은 어려서부터 전쟁놀이를 하면 땅에 성을 그리고 공성과 수성전을 지휘하며 놀았다. 명령을 어기면 바로 매질을 해서 아이들이 무서워했다고 한다. 양제 휘하에서는 토욕혼 원정과 돌궐 원정에 참가했다.

우군으로 가면 1군 지휘관 위현은 낙양 출신이다. 주나라 무제에게 발탁되어 식읍 4천 호를 받고 익주총관장사가 되었다 이후 계속 승진해서 수도 시장인 경조윤을 역임했고, 양제 즉위 후에는 형부상서가 되었다. 우중문처럼 그도 문관이지만 반군 진압에 참여하면서 군 지휘관으로도 명성을 얻었다. 그러나 실전 능력보다는 통치·관리 능력으로 공헌한 듯하다. 고구려 원정에서도 그는 맨 후방에 위치하여 점령 지역의 통치와 보급, 후원을 맡았다. 3차 원정부터는 참전하지 않고 황제를 대신해서 수도를 지켰다.

우군 3군의 이경은 감숙성 천수 출신이다. 부친은 자사였다. 긴 머리를 휘날리며 싸우는 용사로 완력과 궁술이 뛰어났던 그는 제나라, 진나라 정복전에서 돌격하여 적진을 함락시켰다. 이후 요동, 돌궐 전역과 한왕 양의 토벌전에 참전했다. 그는 겨우 수천의 병력으로 3만의 한왕군과 마주쳤다. 하필 부대가 자리잡은 곳도 제대로 된 성채가 아닌 부실한 진지였다. 그러나 그는 이 진지에서 10배는 되는 한왕군의 맹공을 막아냈다. 이후 티벳 원정에 종군, 청해 고원에서 토욕혼을 격파했다. 그는 수나라 장군 중에서도 눈에 띄는 용장으로 부하를 잘 선발하고 부대를 잘 다스려, 거란이나 말갈 같은 이민족에게도 신망이 높았다. 고구려 원정에서는 양제의 거의 유일한 승리였던 무려라 공략전에서 수훈을 세웠다. 3차 출병에서도 회군중에 수나라군을 추격해 온 고구려 대군을 격파하는 공을 세웠다.

우군 5군을 맡은 번자개는 노강 출신이다. 그의 집안도 대대로 자사를 역임했다. 양제와 함께 진나라 정복에 참여했고, 그 공으로 진주자사가 되었다. 그는 고구려 원정에서는 별다른 공을 세우지 못했다. 전투보다는 행정·관리 쪽에 재능이 있었던 것 같다. 양제가 회군하면서 그에게 탁군태수를 맡겼고, 3차 출정 때는 낙양 수비를 맡겼다. 양현감이 반란을 일으키고 낙양으로 진군했을 때, 그는 위급한 상황에서 필사적으로 싸워 낙양을 지켰다.

우군 7군의 사상은 삭방 출신이다. 문무에 모두 재능이 있었다. 진나라 정벌 때는 왕세적의 휘하로 들어가 해군을 지휘했다. 선봉으로 진나라군을 격파하고 강주를 수복했다. 돌궐 원정에도 참여해서 전공을 세웠다. 한왕 양의 반란 때는 한왕의 부하인 장군 기량纂良과 하북에서 반란을 일으킨 여공리를 격파했다. 두 군대 모두 훈련이 부족하고 지휘관은 무능한 군대이기는 했지만, 사상은 이런 적의 사정을 명확히 파악하고 적의 전술을 예측하여 침착하고 적절하게 대응함으로써 큰 승리를 거두었다. 이후 난적인 돌궐과 토욕혼 원정에서도 전공을 세웠다. 고구려 원정에서는 뚜렷한 행적이 보이지 않는데, 전황이 불리하여 돌아왔다고만 되어 있다. 이 패전으로 평민으로 강등되었으나 다시 지금의 베이징 부근의 연군 태수로 복귀했다.

우군 9군은 해군이다. 조효재는 감숙성 서북부에 위치한 장액, 주천 출신이다. 감숙성 출신답게 기마와 궁술에 뛰어났다. 한족의 기준에서 보면 성격이 포악하고 품위란 걸 모르는 인물이었다. 하지만 전쟁에서는 여러 번 공을 세워 문제에게 등용되었다. 양제가 태자가 되자 경호 책임자가 되어 거의 평생 이 직을 수행했다. 전투 지휘관으로도 능력이 있었다. 토욕혼에서 우연히 적과 조우했으나 신속하게 대처해서 승리를 얻었다. 그는 해군과는 인연이 없는데, 이상하게 고구려 원정에서는 해군 지휘관이 되었다. 그래서인지 고구려 원정에서는 별다른 활약을 못했다. 하지만 처벌은 받지 않았다. 그것이 양제와의 친분 때문인지, 큰 패전을 당하지 않았기 때문인지는 확실하지 않다. 양제 말년에는 양제의 난정을 간언하다가 눈 밖에 났다.

중국 통일전쟁 때 양제가 지휘한 군대는 52만이었다. 그들의 전쟁터는 강남에서 북쪽의 돌궐까지 중국 전역을 포괄했고, 온갖 종류의 군대와 싸워 본 경험이 있었다. 수나라의 장군들은 이 전쟁을 통해 검증하고 선발한 장군들이었다. 그들 외에 중급 장교와 무사들 중에도 뛰어난 전사와 실전 경험이 풍부한 용사들도 많았다고 보아야 한다.

몇 번의 충돌에서 고구려군은 승리를 거두지 못했다. 생각 외로 적군이 강하다는 사실을 안 고구려군은 요동성으로 들어가 수성전으로 전환했다. 고구려로서도 제국 군대의 위력을 실감한 셈이었다.

현재 랴오양에는 요동성의 흔적조차 없지만, 평안남도 순천에서 발견된 고분 안에 요동성도가 간략하게 그려져 있다. 요동성은 직사각형 성으로 내성과 외성의 이중구조로 된 성이다. 모퉁

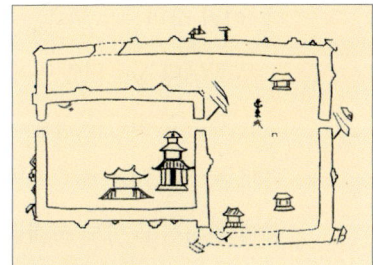

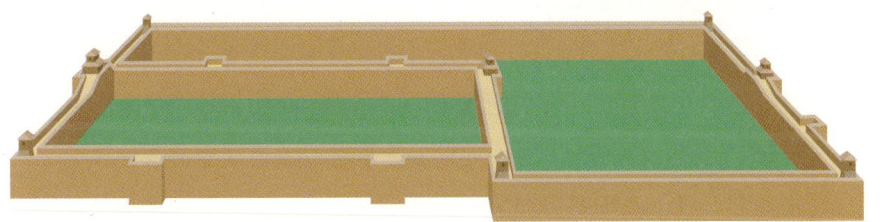

요동성 상상도 중국 랴오양 시 박물관에 있는 고성(古城)의 모형을 토대로 한 그림. 위의 평안남도 순천시 용봉리 요동성총 벽화에 나오는 요동성 모습과 일치한다.

이에 누대를 세우고, 성벽 중간 중간에 치를 세웠다. 평면도 상으로 보면 특별한 구조는 보이지 않는다. 전형적인 평지성이며 기본에 충실한 교과서적 성이라고 할까? 그러나 특별하고 이상한 시설이 성의 방어력을 결정하는 것은 아니다. 성이 비록 기본적인 구조만 갖추고 있다고 해도 성벽이 높고 튼튼하고, 그곳을 지키는 군대의 전투력과 의지가 확고하고, 물자와 장비를 착실히 갖추고 있다면 그 성을 함락시키기는 쉽지 않다.

고구려군이 농성작전으로 전환함에 따라 전투의 양상은 공성전으로 바뀌었다. 옛날 영화에서 성을 공격하는 장면을 보면, 성벽 위에서는 돌과 화살이 빗발치고, 공격군은 사다리를 놓고 그 위를 기어오른다. 그런데 진짜 그렇게 무모하고 용감한 공격이 가능할까? 그런 공격법이 존재하기는 하지만 그것은 성벽이 낮고 수비군도 취약한 작은 전투에서, 또는 화공이나 일제사격으로 성벽의 수비대를 몰아낸 다음에나 가능하다.

본격적인 공성전에서는 수비 측이든 공격 측이든 많은 장비가 동원된다. 공성 측의 기본 장비로는 포차, 충차, 공성퇴, 공성탑, 사다리차를 들 수 있다. 이런 장비들은 고대 중국은 물론 고대 중·근동의 이집트, 아시리아에서도 일찍부터 사용되었으며, 동서양을 막론하고 구조나 형태도 다 비슷하다.

포차는 투석기를 말한다. 돌을 날려 성벽을 파괴하거나 성벽 위의 적군과 방어무기를 소탕한다. 수비 측에서도 포차는 유용했다. 성벽 위나 성 안쪽 광장에 설치하고 서로 포격전을 벌였다. 포차의 발달사도 꽤 흥미진진하다. 서양에서는 지렛대의 원리를 이용한 기계식 투석기가 발달했고, 중국에서는 오직 인력에 의존해서 사람들이 밧줄을 잡아당겨 날리는 포차를 애용했다.

현대전과 마찬가지로 포격은 전술 목표에 대한 타격 외에 수비대를 지치게 하고, 전투 의지를 약화시키는 데도 유용했다. 대표적 방법이 성안의 민가를 향해 무차별 포격을 하는 것이다. 이런 포격은 야간포격이 특히 유용했는데, 로마군은 포탄에 검은 칠을 해서 보이지 않는 포탄을 쏘아보냈다.

한국과 중국에서는 인력을 이용해서 던지는 투석기(포)가 발달했다.

충차 복원모형

충차는 성벽이나 성문을 파괴하는 장비다. 끝을 뾰족하게 깎은 커다란 통나무를 밀고 가서 부딪히는 장면은 영화에도 자주 등장한다. 이를 공성퇴라고 하는데, 끝부분에 쇠를 씌우기도 했다. 중·근동과 로마, 서구에서 좀더 고급스럽게 만들 때는 쇠나 청동으로 만든 숫양의 머리 모양을 끝에 장착하기도 했다. 영어로 공성퇴를 숫양이란 의미인 'Ram'이라고 한 것도 여기에서 기원했다.

그러나 영화처럼 그냥 병사들이 밀고 가다간 성문에 도착하기도 전에 몰살될 것이다. 그래서 나무로 사방을 막은 장갑차를 만들고, 그 속에 공성퇴를 설치했다. 병사들은 그 속에서 수레와 공성퇴를 밀고 목표지점에 접근해서 성벽이나 성문을 부수었다.

위에서 돌을 떨어뜨리거나 불로 공격하면 충차쯤은 쉽게 파괴할 수 있을 것 같지만 그게 그렇지 않다. 여기저기 있는 복원모형들을 보면 거의 판자로 장갑을 만들어서 나약해 보인다. 실제 전투에서는 통나무로 만든다. 돌을 떨어뜨려도 통나무가 상당히 강해서 쉽게 부서지지 않고, 거기에다 미리 충분히 물기를 먹여 두면 불도 잘 붙지 않는다. 충차 안에 물탱크를 두고, 아예 소화병을 별도로 배치하기도 했다. 그리고 장갑을 이중으로 하고, 지붕 부분을 삼각형으로 만들어 떨어지는 돌을 미끄러뜨렸다. 그래도 계속 손상을 입긴 했을 텐데 전투는 충차가 먼저 부서지느냐, 성벽이나 성문이 먼저 부서지느냐의 싸움이었다.

공격 측은 충차를 차례로 투입하고, 수비 측은 부서진 부분을 막고 보수하며 버텼다. 뚫린 성벽을 임시로 막는 데는 통나무, 쇠사슬, 가죽으로 엮은 바리케이드 등을 사용했다. 물론 이런 장비들은 미리 제작해 두었고, 성벽 안쪽에 참호나 함정을 파서 성벽이 뚫리더라도 적군이 쉽게 돌입하지 못하도록 했다.

그러나 최상의 수비전술은 적이 성벽에 접근하지 못하게 미리 막는 것이었다. 이를 위해 성벽 밖에도 여러 가지 장애물을 설치한다. 하지만 뭐니 뭐니 해도 최고의 수비시설은 해자다. 해자는 성벽 주변에 빙 둘러 판 참호로 물을 채운 해자와 물이 없는 마른 해자가 있다.

성문을 부술 때는 공성퇴로 때려 부수기도 하지만 성문은 대개 나무로 제작하므로 화공도 효과적인 방법이었다. 그래서 특별히 화공용 충차를 만들기도 했다. 기름과 장작을 적재하고 성벽에 부딪혀 불태우는 것이다. 그러나 수비 측도 화공에 대비해서 성문 앞면에 철판을 대거나 성문과 별도로 창살 모양의 셔터를 만들어 이중문을 만든다. 공격군이 기름불을 사용하므로 물만으로는 소화가 불가능하다. 그러므로 미리 성문에다 젖은 진흙을 발라두기도 한다. 이처럼 성문 파괴작전도 꽤 복잡한 단계와 공정을 거쳐야 한다.

땅을 파서 성벽을 무너뜨리거나 안으로 들어가는 방법도 있었다. 이것도 동서양에서 널리 사용한 고전적인 전술이다. 여기는 두 가지 방법이 있다. 하나는 적이 보는 앞에서 참호처럼 긴 토굴을 파면서 계속 진군해 들어간다. 이때 적군의 공격으로부터 땅을 파는 병사들을 보호하기 위해서 마치 갱도처럼

해자 물을 뺀 상태의 마른 해자(상, 일본 오사카 성)와 물이 채워진 해자(하, 몽촌토성)

두차 공격 차 안에 토사운반용 작은 차량을 배치한 장갑차인 두차를 이용해 성벽 밑에 접근한 병사들이 땅을 파고 굴착한 토사를 후방으로 배출하는 모습

참호 위쪽으로 통나무로 보호 천정을 만들었다. 다른 하나는 아예 땅 속으로 토굴을 파서 성벽 밑에까지 들어가 성벽을 무너뜨리는 방법이다. 황토가 주토양인 중국에서는 이 방법도 상당히 많이 사용했다. 수비 측에서는 대나무를 꽂거나 항아리를 박아 진동과 소리를 탐지했다. 예민한 진동과 소리를 잡아내기 위해 장님들을 동원하기도 했다고 한다. 하지만 우리나라에서는 토질이 암반이라 이런 공격법이 발달하지 않았다.

사다리차는 중국에서는 운제雲梯라고 불렀다. 사다리차에도 여러 종류가 있다. 사다리를 밀고 가는 병사나 사다리를 타고 오르는 공격군을 보호하기 위해서 사다리 밑이나 중간에 방을 만들어 궁수를 배치하기도 하고, 삼면 혹은 사면에 가죽과 나무로 장갑을 두르기도 했다. 부가하는 시설이 많아질수록 운제도 커지고 무거워지므로 바퀴 수도 많아진다. 중국에서는 사다리차의 크기를 바퀴의 수에 따라 사륜·육륜·팔륜 차로 구분했다.

사다리차(운제) 복원모형

그러나 뭐니뭐니 해도 최고의 공성구는 공성탑(siege tower)이다. 한문으로는 누차樓車라고 쓰는 이 공성구는 충차·사다리차·공성퇴를 결합한 것이다. 초대형 사다리차이므로 공성탑은 바퀴도 여럿 달아야 한다. 중국 기록에는 주로 팔륜누차라고 나오는데, 꼭 바퀴가 8개라는 의미가 아니라 바퀴가 많은 대형 사다리차라는 의미다.

충차는 높이가 낮아 방어력이 집중되는 성문이나, 성벽이 제일 두꺼운 아래 부분을 공격해야 하고, 위에서 쏟아지는 적의 공격을 받아야 한다는 단점

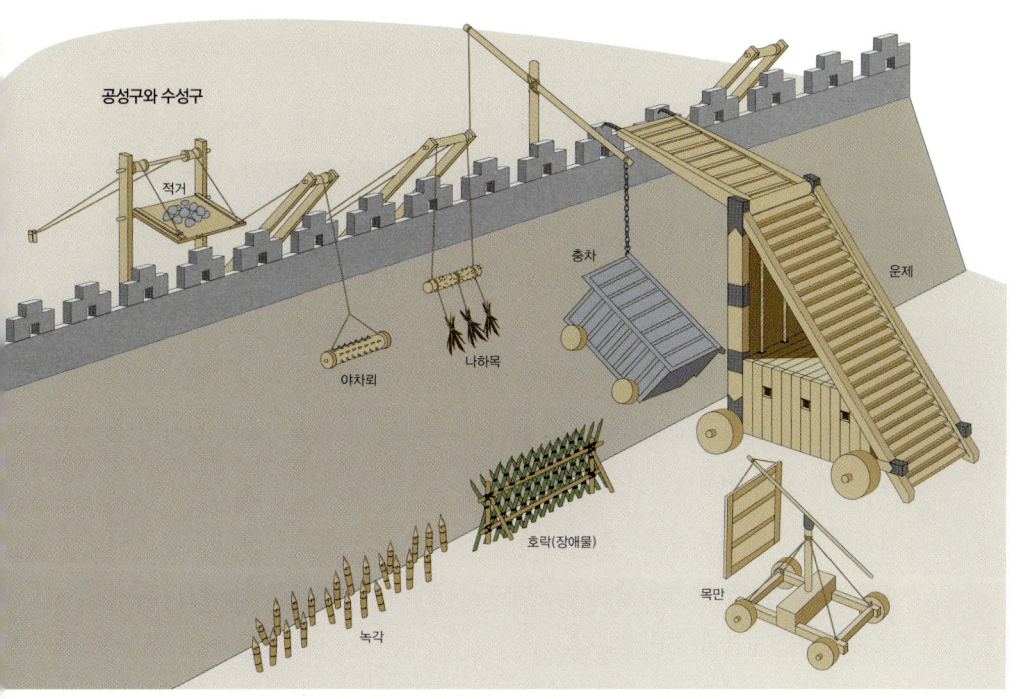

이 있다. 사다리차는 성벽과 대등하게 혹은 높은 곳에 궁수들이 화살로 엄호하고 공격하는 장점이 있지만 사다리를 타고 오르는 병사들이 무방비로 노출된다는 문제가 있다. 그래서 사다리 끝에 방패 같은 것을 대기도 했는데, 아무래도 보호력이 떨어진다. 이런 약점을 개선해서 공성탑은 거대한 망대와 같은 것으로 앞과 좌우의 삼면, 혹은 사면에 장갑을 두른다. 장갑은 나무로 만들지만 적의 화공을 방어하기 위해 소가죽을 덧대었다.

그 내부에는 여러 층을 둔다. 맨 꼭대기에는 성벽으로 돌출한 널판을 두어 사다리를 타고 올라온 병사들이 널판을 가로질러 성벽 안으로 바로 뛰어들 수 있게 했다. 그

당차 복원모형

아래층이나 중간 부분에는 공성퇴를 설치해서 성벽의 위나 중간 부분을 부순다. 층층마다 궁수가 있으므로 성 안의 병사와 대등한 높이에서 혹은 그보다 높은 곳에서 엄호사격을 할 수 있다. 바퀴를 달아도 커서 움직이기가 쉽지 않으므로 그 안에 도르래를 설치하여 사람들이 밧줄을 끌어당겨 이동시키기도 했다.

거대한 공성전에서는 이런 누차를 중심에 두고 주변에 보다 작은 사다리차를 보조 공격용으로 배치하기도 했다. 공성탑과 운제를 이용해 성벽에 교두보를 확보하거나 방어선이 뚫린 곳이 생기면 영화처럼 병사들이 사다리를 사용해 병력을 집중적으로 신속하게 투입한다. 공격 측은 이때 깃발을 세워 성벽 위에 교두보를 확보했음을 알린다. 깃발을 본 병사들은 신속하게 그곳으로 몰려들어 돌파구를 넓힌다.

그러나 이것만으로도 충분하지 않다. 공성탑이든 충차든 보다 풍부한 엄호사격이 필요하다. 게다가 공성탑이나 사다리차가 성벽에 접근했다고 해도 성벽 위에 교두보를 확보하려면 상당한 병력을 신속하고 집중적으로 투입해야 한다. 그러려면 공성탑이나 사다리차에 한 번에 실어보내는 병력으로는 충분치가 않고, 공성탑이나 사다리차 뒤에서 가능한 한 가까운 곳에서 후속부대가 대기해야 한다. 그러나 성벽 바로 밑에서 후속부대가 무방비 상태로

수원성 노대 방어용 쇠뇌를 설치하는 장소다.

대기할 수는 없다. 그래서 공격 측에서는 모래 포대나 흙으로 거대한 방호벽이나 토산을 쌓는 작전을 펴기도 했고, 앞에서 말한 공성용 참호나 갱도를 병용하기도 했다.

이렇게 얘기하면 생각보다 공성전이 쉽게 느껴진다. 그러나 자물쇠와 열쇠의 관계처럼 공성구를 만들면, 거기에 해당하는 수성구도 따라서 탄생한다.

충차나 사다리차를 파괴하는 효과적인 수단은 불이나 돌이 아니라, 갈고리였다. 갈고리로 걸어 쓰러뜨리는 것이다. 일단 쓰러지면 다시 세우기도 힘들고 사다리차나 공성탑은 넘어지면 그 자체의 무게 때문에 파괴되었다. 수비 측에서도 충차를 만들어 사다리차와 공성탑을 파괴하는 데 사용하기도 했다. 수비용 충차는 당차라고 했는데, 커다란 창을 그네처럼 매달아서 타종하듯이 쳐서 사다리차를 파괴했다.

나무판이나 기둥에 그물을 엮은 방탄막을 성벽에 세우거나 지붕처럼 차양을 친다. 방탄막의 보호 아래 성벽 위에는 강력한 쇠뇌를 설치하는데, 쇠뇌는 정확도가 높아서 사다리차나 공성탑에 강력한 타격을 줄 수 있었다. 화공에 대비하여 거리마다 소방시설을 준비한다.

성문으로의 접근을 방어하기 위해서는 성문 보호시설 외에도 마창이라고 하여 나무판에 창을 꽂은 바리케이드나 마름쇠를 설치하기도 했다. 성문이

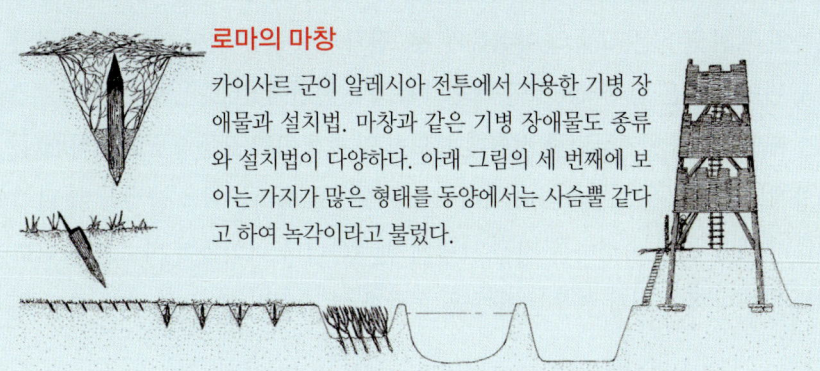

로마의 마창

카이사르 군이 알레시아 전투에서 사용한 기병 장애물과 설치법. 마창과 같은 기병 장애물도 종류와 설치법이 다양하다. 아래 그림의 세 번째에 보이는 가지가 많은 형태를 동양에서는 사슴뿔 같다고 하여 녹각이라고 불렀다.

파괴되더라도 적이 진입할 수 없도록 성 안에 다시 함정이나 참호를 파는 것도 기본적인 방법이었다.

이외에도 다양한 무기와 전술이 사용되었는데, 무엇보다도 이런 장비와 전술을 사용하는 병사와 주민들의 투지와 능력을 무시할 수 없다. 부서진 성벽은 나무판·밧줄·가죽으로 대어서 막고, 화살과 포의 공격 속에서 공사를 감행해야 했다. 부서진 곳을 막고, 그곳으로 밀려드는 적군의 결집을 막는 것이 수비의 관건이었다.

요동성 전투에서도 이런 모습들이 빠짐없이 연출되었을 것이다. 불과 돌과 화살이 난무하는 전투가 오래 계속되었다. 그러나 중국에서도 감탄할 정도로 고구려군의 수성 능력은 대단했다. 요동성은 3개월 동안의 공격에도 끄떡없이 버텼다.

중국의 사서에서는 양제가 일선에 있는 장군에게 재량권을 부여하지 않았기 때문에 요동성을 함락하지 못했다고 변명했다. 요동성은 여러 번 항복을 제의했는데 그때마다 수나라의 장군들은 공격을 중지하고 양제에게 허락을 구해야 했다. 이를 알아챈 요동성은 성이 함락될 듯하면 항복 협상을 걸어 시간을 끌고, 그 사이에 힘을 회복하곤 했다고 한다.

독재자는 아랫사람을 믿지 못한다. 폭군 양제의 독재자적 행태가 수나라의 실패 원인이 된 셈이다. 그런데 수나라는 요동성뿐 아니라 고구려의 방어선에 있는 여러 성들도 동시에 공략했으나 한 개의 성도 뺏지 못했다. 중국 측의 패인 분석은 그들의 아쉬움일 뿐, 전적으로 옳은 것이 아니다. 패인의 첫 번째 요인은 뭐라 해도 고구려군의 용기와 선전이었다.

6월이 되자 지지부진한 전황에 분노한 양제가 직접 요동성으로 행차했다. 양제는 장수들을 소집하더니 어마어마한 협박을 했다. "처음 출정할 때 너희들이 내가 직접 출정하는 것을 그렇게 반대하더니 너희들이 바로 이따위로 목숨을 아끼며 대강 싸우는 행동을 들킬까 봐 그랬던 것이다. 내가 여기 온

수 양제

이유는 단 하나, 이런 행동을 적발하고 너희들의 목을 베려고 온 것이다."

그러나 양제의 협박에도 성은 요지부동이었다. 상황이 이렇게 되자 시간에 쫓긴 수군은 과감한 시도를 한다. 전군을 공성군과 공격군 두 부대로 나누었다. 공성군은 현재 포위하고 있는 성들의 포위를 지속한다. 단 이들의 임무는 성의 함락이 아니라 성의 병력을 제자리에 묶어 두는 것이다.

공격군은 9군으로 나누어서 고구려의 수도인 평양으로 직행한다. 중간의 성은 무시해 버린다. 9군이 각기 다른 길을 택하는 바람에 각 통로의 고구려군은 서로 분산된 채 자기 통로에 고정되어 버렸다. 원래 고구려군의 전략은 만약 적군이 공성을 포기하고 바로 진군하면 고구려군이 서로 연합하여 그들의 배후를 공격하고 보급을 끊는 것이었다. 그러나 수나라군이 35만의 대병력을 9개로 나누어 모든 통로로 일시에 진출시키는 바람에 고구려군이 모두 현재의 위치에서 꼼짝할 수가 없게 되었다. 여러 통로의 고구려군이 개별적으로 적군을 저지하는 것은 무리였다. 그래도 일부 부대가 수나라군의 보급대열을 기습하는 게릴라전을 펴기는 했지만 행군 자체를 저지할 수는 없었다. 난공불락을 자랑하던 고구려의 방어선이 엄청난 인해전술로 한순간에 무력화되었다. 이것이 백만 대군의 진정한 힘이었다.

한 가지 부언하고 싶은 이야기는 한국전쟁 때 참전한 중공군의 수와 요동성에서 출발한 직공부대의 병력이 비슷했다는 점이다. 그러나 인구비례를 감안하면 10배가 넘는 규모였다. 그리고 이 시대는 중공군에게서 미군을 구해준 대포와 항공기, 네이팜탄도 없었다. 고구려군은 오직 활과 돌과 육탄으로 이들을 막아야 했다.

다만 중간의 고구려성들을 그대로 둔 채 진군하는 것이기 때문에 아무리 백만 대군이라도 9군에게 지속적인 보급선을 유지해줄 만한 병력까지는 없었다. 그래서 병사들이 식량과 장비를 모조리 짊어지고 가야 했다. 우문술 부대는 노하진瀘河鎭(소능하 하류 요서의 금주錦州)과 회원진懷遠鎭(현재의 랴오닝 성 베이친 현 남쪽 석산진石山鎭)에서 출발했는데, 병사 한 명마다 100일치 군량, 방패, 갑옷, 창과 옷감, 무기에 텐트까지 할당량으로 떨어졌다. 100일치 군량은 사람만이 아니라 말의 식량까지 포함한 분량이었다.

조선시대 기록에 의하면 군사 1인에게 배당하는 하루 급식량이 부식 빼고 쌀 3되였다.[8] 이 기준에 의하면 10일치 분량은 3말, 100일이면 30말이다. 옛날 1석은 15말이므로 30말이면 1.5석이다. 중국의 1석 개념이 좀 달랐을 수도 있지만, 옛날 기병은 종을 거느리고, 말먹이까지 가지고 가야 한다. 이들의 식량까지 포함하면 대략 3석이 된다. 그런데 1.5석이든 3석이든 사람이 지고 갈 수 있는 무게가 아니다. 옛날 1석은 80kg으로 1.5석이면 120kg, 3석이면 240kg이다. 아마도 종자와 말먹이까지 포함해서 기병 1명에게 할당된 식량이 3석이고, 그것을 종자와 나누어 지고, 말에도 싣고 하면서 분담했는데, 이것을 1명이 다 짊어졌다는 의미로 와전된 듯하다. 그러나 식량 외에 개인 장비만 해도 20kg 이상은 되기 때문에 나누어 짊어진다 해도 감당하기 힘든 무게였다. 그나마 이 엄청난 수량도 평양에 도착할 때까지만의 식량이었다. 돌아올 식량은 대동강 하구로 상륙할 예정인 내호아의 함대를 만나 얻어야 했다.

4 위험한 여름

수나라의 갑작스런 전술 변화는 고구려를 충분히 놀라게 했다. 압록강에서 평양까지 오는 길목에도 정주의 백마산성, 철암성, 영변의 철옹성 등 이선 방어선이라 할 수 있는 많은 산성들이 있다.

그러나 요동의 방어망처럼 주밀하지는 않았고 병력도 부족했던 것 같다. 이 시점에서 고구려에게 남은 방법은 최대한 시간을 끌어 적의 식량을 바닥내고, 대동강을 거슬러오는 해군을 저지하여 두 부대의 합류를 좌절시키는 것뿐이었다.

고구려는 병력을 둘로 나누었다. 한 부대는 수상 을지문덕의 지휘 아래 압록강으로 올려보내고, 하나는 영양왕의 이복동생 건무가 인솔해서 내호아를 막게 했다. 각 부대의 병력은 알 수 없는데, 양쪽 다 결사대라고밖에 할 수 없는 수준이었다. 어느 한쪽이라도 무너지면 평양은 끝이었다.

을지문덕군은 압록강에서 수나라군과 대치했다. 여기서 고구려군은 다시 항복 협상을 벌였다. 요동에서 고구려의 기만전술에 여러 번 당한 바 있던 수나라는 고구려에게 진정 항복할 생각이 있으면 국왕이나 수상이 직접 찾아오라는 요구를 한 것 같다. 놀랍게도 고구려는 이 조건을 수락했다. 양제는 그들이 오면 진중에 구금하라는 밀지를 내렸다.

정말로 을지문덕이 수나라군의 진영을 방문했다. 중국 기록에는 정탐을 위해서 왔다고 했지만, 오직 정탐을 위해서 일국의 수상이 그런 위험한 모험을 감행할 수는 없다. 고구려의 진정한 목적은 시간끌기였다. 시간 잡아먹는 데는 회의와 협상처럼 좋은 게 없다. 고구려도 그만큼 다급했고, 어떻게 해서든 적을 지연시켜야 했다. 요동방어선이 인해전술로 붕괴되는 바람에 후방의 병력을 끌어올릴 시간이 필요했을 수도 있다. 을지문덕에 대해서는 여러

평이 있지만 필자로서는 이때의 용기를 그의 최고의 미덕으로 쳐주고 싶다. 우리 역사에는 상전을 위해 죽은 부하나 나라를 위해 희생한 소민은 많아도, 국가와 백성을 위하여 자신을 희생한 지도자, 자신의 권리와 특권 못지않게 자신의 의무와 책임에도 충실한 그런 정치가는 정말 찾기 힘들기 때문이다.

을지문덕이 찾아오자 우중문은 그를 체포하려 했다. 비겁한 수를 쓰더라도 이 전쟁을 빨리 끝내야 했던 것이다. 그러나 수나라군 진영에 위무사로 종군했던 상서우승 유사룡이란 도덕군자가 끝까지 체포에 반대했다. 할 수 없이 우중문은 을지문덕을 돌려보냈다. 하지만 곧 이 결정을 후회했다. 전령이 빠르게 달려가 을지문덕에게 다시 의논할 일이 있으니 돌아오라고 말했다.

을지문덕

을지문덕은 살수대첩을 끌어낸 영웅임에도 불구하고 그의 정체는 미스터리에 빠져 있다. 전쟁 당시 을지문덕의 지위도 분명하지 않고, 을지가 성인지 존칭인지도 확실하지 않다.

을지문덕에 대한 기록이 전혀 없고, 우리가 알고 있는 기록은 측에서 서술한 기록이 전부이기 때문이다. 『삼국사기』에 수록된 을지문덕 전기에는 그의 조상을 모르고, "자질이 침착하고 날쌔며 지략과 술수가 뛰어나고 글도 알고 지을 줄 알았다"고 평했는데, 이 문장도 무슨 비장의 기록을 보고 적은 것이 아니고, 수와의 전쟁 기사에 묘사된 내용을 보고 『삼국사기』 편자가 내린 평가다.

송나라의 역사가인 사마광이 저술한 『자치통감』에 을지문덕을 위지문덕(尉支文德)이라고도 했다는 내용이 있다. 이 기록에 착안해서 을지문덕이 선비족의 한 지파인 위지(尉遲) 씨 출신으로 고구려로 귀화한 인물이라고 보는 견해도 있다.9 그러나 고대의 정치와 사회구조로 보아 선비족의 귀화인이 야전지휘관이나 정부의 고급관리가 될 수는 있어도 을지문덕 같은 재상급 인물이 되기는 힘들다. 그러므로 을지문덕은 고구려의 왕족이나 왕비족 수준은 되는 인물이거나 최소한 을파소나 명림답부와 같이 5부의 귀족 출신 인물이었을 것이다.

을지문덕 동상   서울 어린이대공원

그러나 을지문덕은 이 말에 속지 않고 압록강을 건너 돌아가 버렸다.

이때 수나라군은 이미 식량부족으로 고통을 받고 있었다. 많은 병사들이 과도한 하중을 이기지 못해 밤에 텐트 바닥에 식량을 파묻었다. 행군 한 달도 못 되어 식량이 부족해지기 시작했다. 이렇게 되자 수나라군 수뇌부 사이에도 의견이 갈렸다. 우중문은 과감하게 평양까지 진공하자고 주장했고, 우문술은 회군해야 한다고 보았다. 두 사람은 각기 양제의 오른팔과 왼팔 같은 사람들이었다. 하지만 그렇기 때문에 더욱 사이가 좋지 않았을 것이다. 두 사람이 팽팽하게 맞서자 우중문이 지휘권이 양분되어 효율적인 작전을 수행하기 곤란하다고 양제에게 호소했다.

양제는 우중문의 말에 넘어가 우중문에게 전권을 부여했다. 이때 양제는 요동성 서쪽에 있는 육합성에 있었는데, 육합성은 진짜 성이 아니고 양제가 건설한 임시 거처였다. 꼭 요즘 영화 촬영 세트 세우듯이 장막과 판자로 성을 만들었다. 진짜 성처럼 중앙에는 양제가 거처하는 전각도 건설했다. 둘레가 8리에 성벽과 성벽 상단의 요철까지 외형은 완벽하게 갖추었고, 네 귀퉁이에는 누각까지 올렸다. 멀리서 보면 진짜 성과 구분이 가지 않아 고구려 사람들이 신의 조화라고 했다고 한다.[10] 고구려의 항복 교섭을 의논하고 작전 지휘권을 확정하느라 압록에서 요동의 육합성까지 사절이 오가야 했다. 가뜩이나 식량도 부족한데, 수나라군은 압록강변에서 이렇게 시간을 허비했다.

고구려군은 적에게 식량이 부족하다는 사실을 간파하고 싸움을 자주 걸고 일단 싸움이 시작되면 바로 도주하는 방식으로 최대한 시간을 끌면서 적을 피곤하게 만들었다. 작전 결정은 우중문이 내렸지만 실전 지휘는 무관 출신인 우문술이 총괄했던 것 같은데, 우문술은 같은 선비족 출신 장군인 양의신을 선봉으로 세웠다. 이 무렵의 전투에서 양의신 부대는 하루에 일곱 번 싸워 일곱 번 모두 이기는 전과를 거두었다. 회군을 주장하던 우문술도 이 승리로 적잖게 마음이 바뀌었다. 수나라군의 눈에 고구려의 저항은 용기는 가상하지만 도저히 실력이 안 되는 그런 상황으로 보였다.

자신들의 처지도 곤궁하지만 고구려군도 이미 저항 능력을 상실했다. 평양까지만 가면 평양성은 쉽게 떨어질 것이다. 평양성에는 당연히 비축해 둔 식량이 있을 것이고, 내호아가 이끄는 해군이 보급물자를 싣고 올 것이다. 둘 중 하나만 있어도 식량 문제는 해결할 수 있다. 마침내는 우문술까지도 이렇게 판단했던 것 같다. 그는 승세를 타고 고구려군을 몰아붙여 평양에서 30리쯤 떨어진 산에 진을 쳤다.

그런데 고구려군의 지연전술은 뜻하지 않은 수확을 얻어냈다. 먼저 대동강 하구로 상륙했던 수나라의 해군이 육군을 기다리다 못해 조급해져 버린 것이다. 좌익위대장군 내호아來護兒가 지휘하는 해군은 총 5만으로 전문적으로 배를 다루는 선군과 하역부대, 그리고 선단 방어를 위한 전투병력으로 구성되었다. 내호아군은 평양에서 약 60리 떨어진 지역에 상륙했다. 강변에는 이들을 환영(!)하기 위해 건무가 지휘하는 고구려군이 대기하고 있었다. 양군은 상륙지점에서 충돌했으나 이번에도 수나라군이 크게 승리했다. 이때 고구려군의 병력은 알 수 없지만, 역시 고구려군의 병력은 열세였던 것 같다. 요동 전투에서도 그랬지만 정규전에서는 상대하기 벅찰 정도로 수나라의 전력은 강했다.

고구려군이 쫓겨 후퇴하자 흥분한 내호아는 정예병 4만을 뽑아 바로 평양성을 함락시키려 들었다. 부총관이던 주법상周法尙이 육군과 합류해서 공격해야 한다고 만류했지만 내호아는 듣지 않았다. 내호아는 승기를 놓쳐서는 안 된다고 생각했을 것이다. 더욱이 백만 원정군이 이루지 못한 승리를 자신이 홀로 이룬다는 유혹을 이겨내기도 힘들었다.

평양성은 상당히 강한 요새다. 평양의 모란봉과 을밀대는 지금은 관광지로 유명하지만, 원래는 성의 지휘소와 망대다. 성은 대동강과 강변의 절벽을

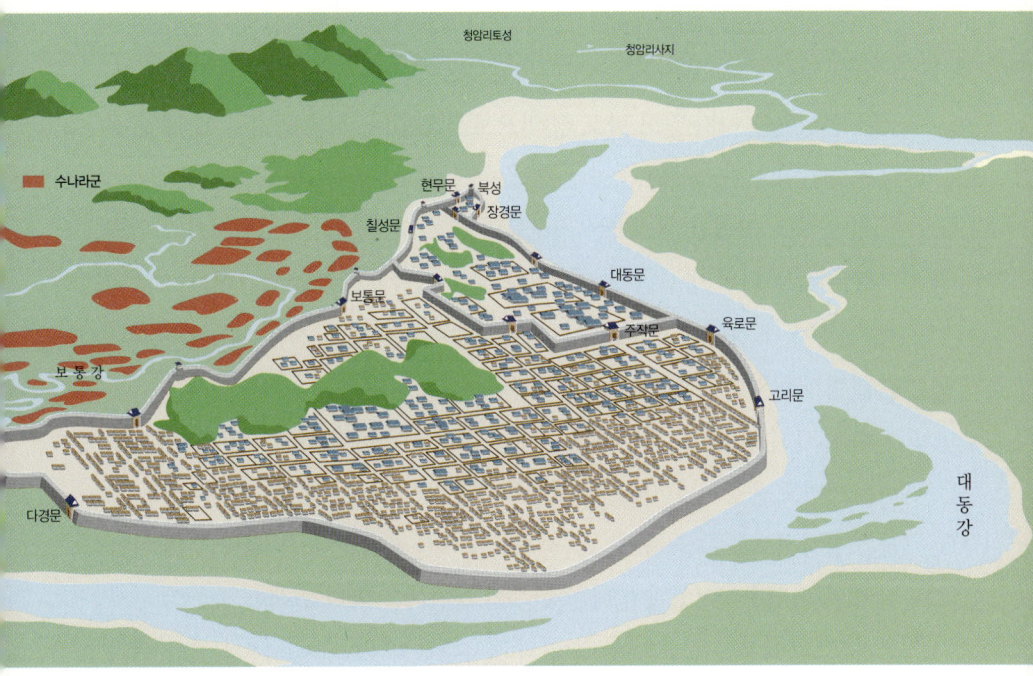

수나라군의 평양성 침락

끼고 지어 성벽의 1/3은 강가 절벽 위에 있다. 성벽은 외곽을 두른 나성과 외성, 내성으로 이루어진 삼중구조인데, 나성은 토성인데다가 너무 넓어 전투에서는 별 쓸모가 없다. 외성과 내성은 석축이었다.

하지만 고구려군은 요새 평양성 안에서 수성전을 펼 수는 없었다. 수성전으로 버티다간 눈 앞에서 내호아와 우중문군의 합류를 허용할 것이기 때문이다. 우중문이 도착하기 전에 내호아군을 반드시 격멸시켜야 했다. 이를 위해 고구려는 비장의 고육책을 썼다. 어쩌면 강변에서의 패배부터가 세심하게 준비된 작전이었는지도 모른다.

내호아군이 육박하자 고구려군은 군대를 성 안의 빈 절에 매복시켜 두고 소수 병력만 출전해서 교전하다가 성(외성) 안으로 달아났다. 내호아는 도망치는 고구려군을 바짝 추격했다. 평양성의 수비대는 후퇴하는 고구려군을 받아들이기 위해 성문을 열었는데, 수나라군이 바로 붙어 따라온 탓에 성문을 닫을 틈이 없었다. 적어도 내호아의 눈에는 이런 상황으로 보였다. 수나라군은 공성전을 하지 않고 바로 성 안으로 진입했다. 성을 공격할 때 제일 신나는 순간이 이런 경우다.

성 안으로 진입한 내호아는 병사들의 전투 의욕을 더욱 고취시키기 위해 그랬는지, 아니면 방심해서 그랬거나 원래가 탐욕스러운 집단이라 그랬는지, 전투가 채 종결되지도 않았는데 병사들에게 약탈을 허용했다. 약탈자로 변한 병사들은 마구잡이로 흩어졌다.

바로 그 순간 절 안에 매복해 있던 고구려군이 튀어나왔다. 왕의 아우 건무는 아마도 중장기병이었을 결사대 500기를 끌고 선두에서 수군을 쳤다. 그들은 결사적으로 수군 속으로 돌격하여 적진을 휩쓸었다. 이 날 건무의 활약이 얼마나 영웅적이었던지 다른 민족의 칭찬에는 극히 인색한 중국의 사서까지 "그의 효용이 절륜하여 500명의 결사대로 내호아군을 패퇴시켰다"면서 마치 그의 결사대 홀로 4만 군대를 쳐부순 것처럼 서술해 놓았다.

평양성 안의 거리는 피바다로 변하고 내호아는 겨우 달아났다. 살아서 함대까지 돌아온 병사는 4만 중에서 불과 수천 명이었다. 내호아는 바로 대동강 하구로 후퇴했다. 고구려군은 패주하는 내호아를 포구까지 추격했으나 주법상이 수비진영을 갖추고 기다리고 있어 공격하지 못하고 물러났다. 그만큼 평양성의 고구려군도 병력이나 전투력이 완전하지 않은 상태였다. 그러나 전력을 상실한 내호아는 후퇴했고, 다시 강을 거슬러 들어올 엄두를 내지 못했다.

건무의 비장한 작전으로 고구려군은 작전의 제1단계를 성공시켰다. 이 전투는 이상할 정도로 우리 역사에서 주목받지 못했는데, 수당전쟁을 통틀어 가장 극적이고 비장한 승리였다.

얼마 후 수의 육군이 힘들게 힘들게 평양 근교 30리 지점까지 왔다. 식량은 이미 중간에 떨어졌다. 내호아 부대를 애타게 찾았으나 종적이 없었다. 시체와 부러진 깃발, 전투의 흔적은 남아 있었을 테니까 그들도 내호아군이 패해서 달아났다는 사실까지는 알았을 것이다. 그러나 무전이 없던 시대라 그들이 어디에 있는지 알 수가 없었다. 아마도 양 군은 서로 연락을 취하기 위해 필사적으로 노력했을 것이다. 특공대를 파견하거나 주민을 매수하여 정보를 캐내려고도 했을 것이다. 하지만 고구려도 그만큼 필사적이었다. 두 군대가 합류하면 감당할 수 없는 사태가 벌어지기 때문이다. 고구려군의 방해작전은 성공해서 양측의 접선은 실패했다.

내호아가 패전하면서 고구려군의 전략은 적이 스스로 후퇴하기를 바라는 지연작전에서 섬멸작전으로 바뀌었다. 평양 근교에 주둔하고 있는 수의 진영에 다시 고구려의 사신이 와서, 회군하면 고구려왕이 친히 요동에 있는 양제의 막사까지 가서 항복하겠다는 전갈을 전했다. 이건 속임수가 아니라 후퇴할 명분을 주었으니 빨리 돌아가라는 반협박이었다. 을지문덕이 우중문에게 주었다는 오언시 "신통스런 계책은 천문을 뚫었고, 묘한 계산은 지리에 통했도다. 싸움에 이겨 이미 공이 높으니, 만족하고 돌아가시지"라는 시의 의미 역시 역설적으로 이해해야 한다. 물론 말처럼 고이 보내주겠다는 뜻도 아니었다. 고구려군은 이미 요격을 준비하고 있었다.

수나라 지휘부는 약이 올랐겠지만 어쩔 수가 없었다. 식량이 떨어진 그들은 더 이상 싸울 능력이 없다. 피차간에 다 알고 있는 사실이었지만 높은 귀족들끼리는 이렇게 점잖고 우회적인 표현으로 의사표현을 하는 법이다.

후퇴하는 수군은 방진을 치고 행군했다. 방진은 사각형의 대형이라는 뜻인데, 가운데에 보급품을 실은 수레와 비전투요원을 넣고, 전투부대가 사면을 에워싸는 진형이다. 적에게 포위되었을 때, 적진을 횡단하거나 항상적으로 적의 기습에 노출되어 있을 때 방진이 유용하다. 수비대형으로서는 괜찮지만 방진을 치고 행군하기가 쉽지 않다. 소크라테스의 제자로서 페르시아 내전에 참전했던 크세노폰이 자신의 경험을 기록한 종군기 『아나바시스進軍記』에 수나라군이 겪었던 상황과 똑같은 경험이 소개되어 있다.

크세노폰은 기원전 401년 페르시아 내전에 1만 명의 그리스 용병대와 함께 참전했다가 고용주인 키루스가 전사하는 바람에 페르시아 내지에서 고립되어 버렸다. 그리스 용병단은 페르시아 측에 전투를 포기하고 조용히 철수하겠으니 안전하게 보내달라고 협상을 걸었다. 페르시아는 이 제안에 동의했다. 그러나 어느 날 페르시아 측에서 그리스 군 지휘부를 초청하더니 이들을 몰살시켜 버렸다. 남은 그리스 용병대는 크세노폰의 지휘 아래 페르시아 군과 적대적인 부족들이 우글대는 아르메니아를 횡단해서 흑해 해안까지 도달하는 긴 장정을 시작한다. 이때 사용한 대형이 방진이었는데, 이 대형으로 이동하기가 쉽지 않았다.

> 헬라스 인들은 적군이 따라올 경우 정방형은 불리한 대형이라는 것을 깨달았다. 왜냐하면 길이 좁아지거나 산이나 다리 때문에 어쩔 수 없이 정방형의 양쪽 날개가 오그라들게 되면 (방진의 외벽을 형성하던) 중무장 보병들은 도리없이 대열에서 밀려나 한 곳에서 복작거리면서 (즉 방진이 해체되고 외곽을 보호해야 할 중장보병과 내부에 있어야 할 비무장 요원이 뒤섞여) 혼란에 빠져 힘겹게 행군할 수밖에 없었기 때문이다. 따라서 이렇게 무질서해져서는 당연히 중장보병은 쓸모가 없었다. 게다가 양쪽 날개가 다시 펴지면 앞서 대열에서 밀려난 자들은 어쩔 수 없이 사방으로 흩어져 양쪽 날개의 중앙은 비게 되고, 그렇게 되면 그곳에 있다가 그런 일을 당하게 되는 자는 적군이 바짝 따라오면 사기가 떨어지게 마련이다. 그리고 또 군대가 다리나 그 밖의 다른 통로를 지나야 할 때마다 저마다 서로 먼저 건너려고 서둘곤 했는데, 그것은 적군에게 공격의 좋은 기회를 주었던 것이다.[11]

크세노폰은 뒤늦게 6개의 100인대를 조직하고, 좁은 길이나 다리에서 이들이 적절히 위치를 잡아 대형을 보호하도록 훈련을 시켜 이 문제를 해결했다. 말은 쉽지만 방법은 꽤 복잡했다.

100명으로 구성된 100인대 6개를 만들어 백부장을 임명했다. 50인대와 25인대의 대장도 임명했다. 이런 식으로 행군하자 행군 중에 날개가 오그라들면 최후미의 대장들이 날개들을 방해하지 않기 위해 뒤에 처져서 날개들을 뒤따라가다가 정방형의 날개가 펴지면 중앙을 메우곤 했다. 중앙이 비교적 좁을 때는 6열 종대로, 넓을 때는 12열 종대로, 아주 넓을 때는 24열 종대로 메웠다. ……(이 방법을 사용한 이후로) 어떤 통로를 지나거나 다리를 건너야 할 때도 그들은 더 이상 혼란에 빠지지 않았다.

크세노폰은 방진의 통제에 성공했지만 그의 군대는 약 1만 정도로 수나라 병력의 1/30에 불과했다. 또 페르시아의 경장기병과 보병들은 그리스의 중장보병대에게 감히 정면승부를 걸지 못했다. 이것이 그들이 생환할 수 있었던 결정적 원인이다. 그러나 고구려에는 굶주린 수나라 병사를 압도하는 우수한 중장기병과 중갑보병이 있었다.

『삼국사기』(원래는 『자치통감』의 기록이다)에서는 이때의 상황을 고구려군이 사면에서 수군을 초격抄擊했다고 표현했다. '초'란 노략질하다, 집어내다라는 뜻이다. 이것은 사방에서 동시에 대규모로 공격한 것이 아니라 소부대가 전후좌우 앞뒤를 가리지 않고 계속 기습공격을 가했던 정황을 표현한 것 같다.

계절도 음력 7월이니 지금의 8월쯤에 해당하는 그야말로 무더위가 끔찍한 시기였다. 가뜩이나 지치고 굶주린 판에 고구려군은 틈만 나면 덤벼들어 괴롭히고 있다. 일반 병사들로서는 빨리 이 악몽에서 벗어나고픈 생각뿐인데, 방진을 치고 나가니 행군 속도는 더디고, 가파른 산비탈을 수색하며 나가야 하는 병사들은 잡목에 찢기고 발이 부르텄으며 체력은 고갈되었다.

수군은 방진을 치고 후퇴할 정도로 아직은 건제建制를 유지하고 있었으나 병사들은 체력적·정신적으로 극한 상태에 몰려 있었다. 겉으로 보면 견고한 건물 같지만 실상은 철근과 골조를 다 빼낸 파괴 직전의 건물과 같은 상태였다고 할 수 있다. 이 건물을 무너뜨리기 위해 필요한 것은 단 한 번의 결정적인 충격이었다.

고구려군이 선택한 결정적 장소는 살수였다. 살수의 위치에 대해서는 여러 설이 있다. 중국측 사료에서 시대에 따라 강의 명칭이 자주 변하기 때문이다. 하지만 수나라군이 압록수와 살수를 건넌 뒤에 평양성에 도달했다고 하고, 내호아는 패수에 상륙해서 평양성으로 진격했다는 기록으로 보면 이때의 살수는 청천강, 패수는 대동강이 분명하다.

살수대첩에 관한 오래된 오해는 고구려군이 상류를 막았다가 수나라 군사가 강을 건널 때 둑을 터뜨려 수나라군을 수장시켰다는 이야기다. 그러나 이 것은 후대에 생긴 이야기다. 『삼국사기』에는 이런 내용이 없다. 그리고 현실적으로 불가능하다. 강에서 적을 수장시킬 정도의 물을 내보내려면 댐 하나는 쌓아야 한다. 그게 이 시대의 토목기술로는 가능한 공사가 아니다. 수량 여하를 떠나서 강의 본류를 막는 자체가 가능했을지도 의문이다.

가능했다고 하더라도 쌓을 시간이 없다. 댐을 건설하지 않고 통나무나 소가죽을 이용해서 약간 막았다가 터뜨리는 방법도 있다. 그정도 수량으로 얼마나 타격을 줄 수 있을까? 또 그런 방법으로 강물에 들어가 있는 수군을 공격했다고 해도 효과가 생각처럼 크지 않다. 수나라군이 도하한 장소는 청천강 하류가 아니다. 이 시대의 물동량으로 보아 30만 대군을 날라줄 배가 청천강 유역에 비치되어 있었을 리 없다. 그들은 강폭이 좁은 중·상류로 와서 부교를 놓거나 여울목으로 건넜을 것이다. 당연히 도주할 때도 수나라군은 중·상류 지역으로 갔을 것이다.

이런 곳을 건널 때 30만 대군이 한꺼번에 물에 들어가지도 않는다. 여울목으로 건너려면 좁은 종대로 건너야 하고, 부교를 놓아도 마찬가지다. 보급품과 장비는 별도로 뗏목을 설치해서 건넌다. 그러므로 한 번에 강에 들어간 병력이 그리 많을 수가 없다. 게다가 어느 나라 군대든 군이 행군할 때는 사방으로 수색대를 돌리고 첨병을 세운다. 정찰 기병은 최소한 40km 이내로 운용하는 것이 정상이다. 수나라군이 지치고 배고파 그렇게 하지 못했다고 해도, 도하작전은 언제나 기습의 우려가 있으므로 최소한 사방에 경계병은 세운다. 그러므로 강을 막으려면 관측되지 않는 먼 곳에서 막아야 하고, 강물이 흘러 내려오는 데는 시간이 걸린

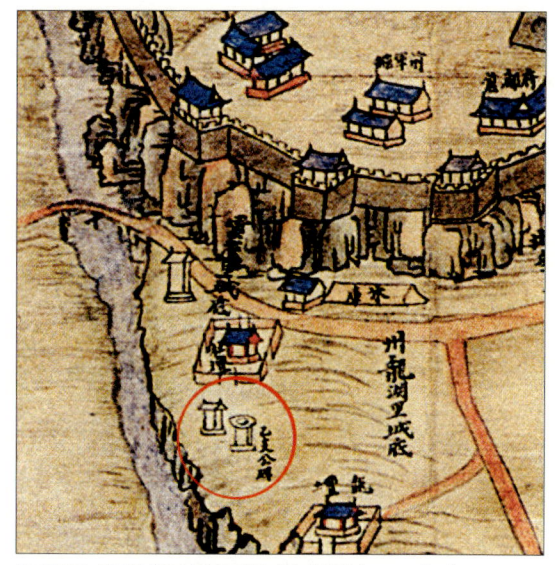

을지문덕비 안주성 성문 아래에 조선후기에 세워진 것으로 보이는 살수대첩을 기념한 을지문덕비가 서 있다.

다. 미처 피하지 못한 병사들이 희생되었다고 해도 수공으로 30만 대군을 궤멸시키거나 전투력을 약화시킬 만한 타격을 주기는 어렵다.

고구려군이 결정적 타격 지점으로 살수를 택한 이유는 댐을 쌓아 두었기 때문이 아니라, 도하작전 동안에 병력이 분리된다는 전술 원칙에 의거한 것이다. 이는 수나라군도 뻔히 아는 사실이었지만 그렇다고 도하하지 않을 수도 없었다. 장기판에서도 말의 이동 범위를 미처 보지 못해서 죽는 것은 하수에 속한다. 고수의 게임은 한수 두수 앞을 보고 판을 몰아가, 알면서도 피할 수 없는 상황을 만들어 낸다. 살수의 경우도 그런 것이었다.

고구려군은 수나라군이 반쯤 도하했을 때, 즉 병력이 둘로 분리되었을 때 후군을 공격했다. 1/3이나 1/4쯤 남았을 때가 아니라 절반의 병력을 공격한 것을 보면 수나라군의 상황이 그만큼 열악했고, 고구려군은 자신감이 넘쳤다는 이야기다.

지금껏 고구려군은 대형을 갖추고 싸우는 평지의 정규전에서는 수나라군을 이겨보지 못했다. 하지만 이때 수나라군은 지칠 대로 지쳐 있었다. 이날

군의 후위를 맡은 부대는 우둔위장군 신세웅辛世雄의 부대였다. 다른 장수에 비해 신세웅은 거의 기록이 없는데, 위험한 상황에서 후위를 맡은 것을 보면 9군 지휘관 중에서는 지위와 경력이 떨어졌거나 젊었거나, 아니면 책임감 있고 믿을 만한 장수였음이 분명하다. 신세웅은 대오를 정돈하고 고구려군을 기다렸다.

공격해 온 고구려군의 전위를 이끈 장군이 누구였는지는 알 수 없다. 사실 이 전쟁은 여러 명의 영웅을 탄생시켰다. 요하 전투에서 고구려군이 밀리자 후퇴를 거부하고 앞으로 달려들었던 용사도 있었을 것이고, 건무가 지휘한 평양성 전투에서도 선봉에서 적진에 돌진하여 산화한 영웅도 있었을 것이다. 고구려군의 전술도 을지문덕의 창안이 아니라 다른 장수나 어떤 참모의 건의였을 가능성도 있다.

그러나 오직 을지문덕과 건무만이 영웅이 된 것은 이 전황을 전해주는 기사가 하나같이 중국측 기록인 탓이다. 그들로서는 최고 지휘관급 이외에는 이름을 알 만한 장수가 거의 없었던 것이다.

이날 살수 전투에서도 우리는 살수에서의 공격을 건의한 장수나 선두에서 수나라 진형으로 돌격한 용사, 고구려의 선두부대를 지휘한 장군이 누구인지를 알지 못한다. 다만 고구려군이 분전하여 신세웅을 전사시켰다는 사실을 알 뿐이다. 좌군 1군 사령관이었던 맥철장 이후 두 번째로 군 사령관이 전사했다.

신세웅 부대가 붕괴하자 수나라군은 공황 상태에 빠졌다. 자신들이 얼마나 형편없이 약화되어 있는지 눈으로 보게 된 것이다. 이제 그들의 전우와 대형이 더 이상 자신을 지켜줄 수 없다고 깨달은 병사들은 대형, 즉 통제와 명령을 거부하고 제멋대로 도주하기 시작했다. 당연히 이는 연쇄 반응을 일으켜 수나라군을 공황 상태로 만들었다.

기록에 의하면 수나라군은 살수에서 압록강까지 밤낮으로 하루를 달려 도

백암성의 하얀 성벽 돌과 주변

주했다고 한다. 부대고 대형이고 무시하고 마구 달아났다는 이야기다. 요하를 건넜던 9군 중에서 무사히 돌아온 부대는 형부상서였던 위문승의 1군뿐이었다. 위문승의 부대만 생환한 이유도 그들이 특별히 잘 싸워서가 아니라 그들이 최후방에 주둔하면서 요동 동쪽 지역을 위무하는 역할을 맡았던 덕이었다. 출동한 병력 30만 5천 명 중에서 요동성으로 돌아온 자는 겨우 2천 700명이었다. 다만 실종된 30만 2천 명이 한꺼번에 살수에서 전사한 것은 아니다. 압록강까지 추격당하는 과정에서 살해되거나 포로가 되었던 것이다.

위문승과 달리 고구려의 영토 안에서 도주하던 수나라 부대는 하나씩 하나씩 추격하는 고구려군에게 포위되어 섬멸되었다. 생존자 중의 한 사람인 설세웅薛世雄의 경험을 보면, 그의 부대는 백석산이라는 곳에서 고구려군에게 겹겹으로 포위되었다. 백석산의 위치는 알 수 없지만, 만주에서 백석, 백암은 보통 석회암을 지칭하는 말이다. 그렇다면 백암성이거나 같은 석회암 지대인 천산산맥 일대의 어느 곳일 가능성이 높다. 즉 그의 부대는 천산산맥만 넘으면 되는 안전지대에 거의 다 와서 고구려군에게 포착된 것이다.

설세웅은 방진을 치고 버텨 보았으나 고구려군은 돌격해 들어오지 않고 빙 둘러 화살을 퍼부었다. 날아오는 화살이 하늘을 가릴 정도였다. 전멸의 위기에 봉착한 그는 몸을 가볍게 하기 위해 갑옷을 벗어던지고, 경기병 200명만 끌고 돌파를 강행하여 겨우 살아왔다. 양제는 이를 장하게 여겨 패전의 책임을 묻지 않았다.

최고의 전투지휘관이었던 왕인공은 보다 위험한 후미에 있었다. 신세웅이 전사한 후 그는 대단한 분전을 해서 유일하게 고구려군을 패퇴시켰다는 명성을 얻었다. 수군을 엄호하고 시간을 벌기 위해 영웅적인 사투를 벌인 것 같다. 그러나 수나라군을 구하지도 못했고, 그의 부대도 거의 살아서 돌아오지 못했다. 아마 한두 번 고구려군을 막아내다가 궤멸된 것을 가지고 고구려군을 무찔렀다고 표현했을 것이다. 최고 훈장을 받은 장수들의 공로가 이정도였으니 다른 부대의 상태가 얼마나 끔찍했을지는 족히 상상할 수 있다.

보통은 부대고 편제고 다 무시한 채 도주하다가 마구잡이로 살해되거나 항복했던 것 같다. 자랑스런 고구려의 철기병들은 이 추격전에서 말 그대로 제 세상을 만났을 것이다. 그들도 분노하고 흥분했을 테니까 고구려 측의 기록이 남아 있었다면, 날이 저물어 병사들이 진으로 돌아오는데 말과 인간이 모두 피를 뒤집어써서 아귀 같은 모습이었다는 서술을 발견할 수 있을지도 모른다.

사실 수군은 워낙 대군이라 대오를 잃지 않았으면 아무리 지쳐 빠졌더라도 고구려군에 그렇게 쉽게 몰살당할 수는 없다. 그러나 이렇게 적을 심리적·물리적으로 압박해서 스스로 붕괴하도록 하는 것이 바로 전쟁에서 최고의 기술이다. 이런 것은 한두 번의 기묘한 전략으로 달성할 수 있는 것이 아니다. 오케스트라의 지휘와 같이 수많은 요소와 부대와 인물을 시기적절하게 조화시키고 사용함으로써, 그리고 군의 편제, 군기, 병참, 훈련, 연락체계,

지휘관의 능력, 사병의 사기 등 모든 요소가 받쳐 줌으로써 가능한 것이다. 고구려는 살수의 일전으로 수를 이긴 것이 아니라 요하에서 평양에 이르는 긴 전쟁에서 승리한 것이다.

5 자멸의 길

고구려는 100만 대군을 물리쳤다. 그 이전에도 그리고 21세기인 지금까지도 이런 규모의 전쟁은 없었다. 그러나 위험하고 아슬아슬한 승리였다. 그럴수록 승리의 쾌감은 더욱 짜릿한 법이지만 이번에는 그 기쁨을 오래 누릴 수가 없었다. 상대가 거의 이성을 상실했기 때문이다.

그렇게 큰 손실을 당하고 6개월도 되지 않아 양제는 다시 침략 준비에 착수했다. 양제는 이렇게 말했다고 한다. "고구려 같은 보잘것없는 오랑캐가 높은 나라를 업신여긴다. 지금 바다를 뽑고 산을 옮기는 일도 할 수 있는데, 이깟 오랑캐쯤이야." 그러나 속으로는 긴장했는지 나름으로는 꽤 반성을 했다. 이번에도 친정이었지만 제멋대로였던 지난 원정과 달리 장군들에게 재량권을 부여했다.

613년 정월에 전국에서 용사를 모집하여 이들에게 효과驍果라는 벼슬을 주고 군에 편입시켰다. 지휘부도 지난번 원정 때의 평가를 바탕으로 재구성했다. 평민으로 만들었던 우문술을 복귀시켜 군 지휘권을 맡기고, 살수의 패전 때 능력을 발휘한 왕인공과 설세웅을 발탁했다. 다만 패전의 책임을 가장 크게 뒤집어쓴 우중문은 양제의 총애를 회복하지 못했다. 그는 관직을 삭탈당하고 집에 머물다가 얼마 못 가 울화병으로 죽었다. 그때 나이가 69세였다.

을지문덕을 살려준 유사룡은 처형당했다. 패전의 책임을 가장 크게 져야 할 사람은 우중문이 아닌 내호아였다. 그러나 의외로 그는 복귀하여 이후로도 끝까지 고구려 원정에 종군한다. 이는 이해할 수 없는 인사조치인데, 수 양제의 반성의 한계였다.

3월쯤에 출발한 수나라군은 4월에 요하를 건넜다. 전술적으로도 좀더 위험하고 깔끔하게 진행되었다.

장군들이 재량권을 부여받은 덕분에 전투는 더욱 역동적이며 격렬하게 진행되었다. 용장 왕인공은 선봉이 되어 북쪽 신성을 쳤다. 왕인공은 신성 앞에서 수만 명의 고구려군과 교전하여 승리했다. 패배한 고구려군은 성에 들어가 고착되어 버렸다. 이로써 수나라군 진공로의 좌측 어깨부가 안정되었으며 부여와 국내성에서 오는 고구려 주력군을 견제할 수 있게 되었다.

중군은 요동성으로 진공했다. 요동성에서는 다시 격전이 벌어졌다. 수나라군은 공성탑, 사다리차, 충차 등 모든 공성구를 동원했고, 땅을 파서 성 밑으로 굴을 뚫었다. 이 전술은 돌이 많고 산성 위주인 우리나라 지형에서는 별 효과가 없는데, 요동성은 토질이 한반도와 달라서 효과가 있었던 모양이다.

공격법이 있으면 수성법이 있는 법. 요동성의 고구려군은 그때그때 맞춤 전술로 대응하며 버텼다. 치열한 전투가 20일 이상 진행되었고, 양측의 희생자는 막대했다. 모든 전술이 먹히지 않자 수나라군은 모래 포대로 너비 10미터의 벽을 쌓았다. 이를 어량대도魚梁大道라고 했는데, 중간에는 바퀴가 8개인 거대한 공성탑을 세워 보병을 엄호했다.

이것은 일종의 공격용 방호벽이다. '어량魚梁'이라고 한 것은 모래 포대로 쌓았으므로 물고기 비늘이나 그물처럼 보였기 때문일 것이다. '도道'는 길이란 뜻이지만 공성전에서 이렇게 쌓는 방호벽이나 토산을 중국에서는 '누도壘道'라고 불렀는데, 여기서 따온 말인 것 같다. '누도'라고 한 것은 이것이 기본적으로는 공격용 방호벽이지만 성벽에 근접하여 높게 쌓으면 성 안을 굽어보

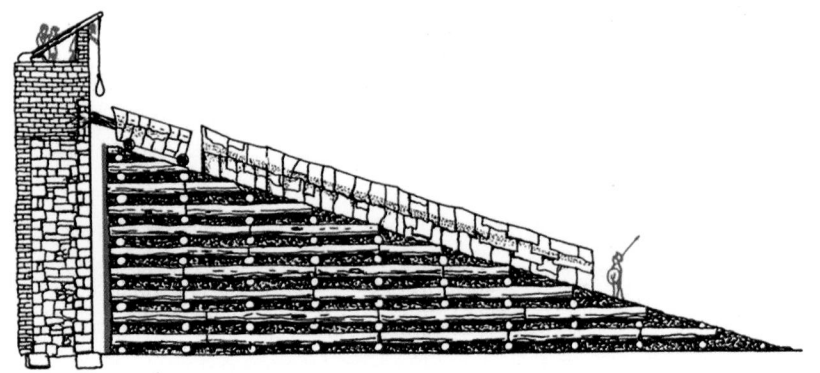
토산 건축 사례 나무와 돌로 경사로를 만들고 경사로에는 병사를 보호하기 위해 통로 형태의 방호벽을 세웠다.

는 망대도 되고, 이것과 성벽을 연결시키면 성 안으로 돌입하기 위한 길도 되어 주기 때문일 것이다. 간단히 말하면 성벽너머로 들어가는 고가도로를 건설하는 것이다.

어량대도가 완성되어 감에 따라 요동성의 함락 시간이 가까워져 갔다. 그러나 요동성이 문제가 아니었다. 요동성 공략 역시 이곳에 집중한 고구려 수비대를 묶어두는 방법이었다. 진짜 주력은 벌써 고구려 주방어선을 통과해서 평양으로 가는 가도상에 있었다. 설세웅을 먼저 2차 방어선의 거점인 오골성으로 침투시켰고, 우문술과 양의신이 다시 콤비를 이루어 직공부대의 주력을 이끌었다.

최고의 맹장인 왕인공과 설세웅을 주력군에 투입하지 않고 신성과 오골성으로 보낸 것은 주목할 부분이다. 지난번처럼 병력으로 도배하는 대신 군대의 질, 최고의 장수와 정예부대로 요동의 고구려군을 효과적으로 고착시켰다. 패튼이 말한 코를 붙잡고 엉덩이를 걷어차는 전술의 전형이다. 전술적으로 보면 이 3차 침공이 제일 완성도도 높고 모험적이며 위협적이었다. 개인적으로는 훗날 벌어지는 당 태종의 침공보다도 더 높은 점수를 주고 싶다. 아무리 강대국이라도 모험을 꺼리고 위험을 감수하지 않고 이기겠다는 발상은 위험하다. 수나라는 요동에서 진짜 전쟁을 벌였다.

우문술과 양의신은 압록강까지 진출했다. 그동안 고구려군은 효과적이고 집중적인 반격을 전혀 하지 못했다. 육군에게 식량을 전달할 내호아의 함대도 출항지인 동래로 집결하고 있었다. 내호아도 이번에는 실수를 하지 않을 것이다.

위기의 순간, 중국에서 급보가 날아들었다. 6월 3일 예부상서 양현감이 하남성 여양에서 10만 군중을 이끌고 반란을 일으켰다. 양현감은 양제가 황제 자리에 오르는 데 일등공신이었던 양소의 아들이다. 양제가 출전한 동안 양현감은 후방에서 군수사령관직을 맡고 있었는데, 양제에 대한 원성이 드높은 것을 보고 민중을 선동하여 반란을 일으켰다.

양제는 다 잡은 원정에 미련을 버리지 못하고 장안 수비를 맡겼던 위현에게 4만 병력으로 양현감을 막게 했으나 패배했다. 다급해진 양제는 군수품과 공성 장비, 텐트까지도 그대로 남겨둔 채 철군했다. 요동성의 고구려군은 양현감의 반란 소식은 몰랐기 때문에 눈 앞에 펼쳐진 어이없는 사태를 이해할 수가 없었다. 그들은 양제의 철군을 계략으로 의심하여 수나라군이 철수한 뒤에도 이틀 이상 성 밖으로 나오지 않았다고 한다. 뒤늦게 수나라군을 추격한 고구려군은 살수에서 했던 그대로, 요하에서 후위를 요격해서 수천 명을 살해했다. 반면『수서』에서는 수나라군을 추격해 온 고구려의 대군을 이경이 격파했다고 한다. 전쟁에서 승패란 스포츠처럼 기준이 있는 것이 아니어서 양측이 서로 자기가 이겼다고 서술했을 수도 있고, 대군이 격돌할 때는 부분적으로 승리하고 패배하는 경우가 있는데, 각자가 유리한 기록만 남겼을 수도 있다.

나중에 사정을 알게 된 고구려는 양현감이 성공하기를 애타게 바랐을 것이다. 그러나 양현감은 두 달을 넘기지 못하고 패망했다. 양현감에게는 이밀이라는 천재적인 야심가가 있었다. 이밀은 바로 요동으로 진군해서 양제가 인솔하는 고구려 원정군의 뒤를 치든가 장안으로 진격해서 수도를 장악하는 방안을 내놓았다. 그러나 이밀은 주군을 잘못 골랐다. 양현감은 더 쉽고 안전하고 허울뿐인 방법을 택했다. 장안 동쪽 250km 지점에 있는 제2의 수도 낙양으로 진군한 것이다. 낙양은 장안보다 방어가 취약했다. 성공하면 수도를 함락한 기분이 들 것이다. 그러나 방어에 취약해서 실속이 없다. 그나마 함락조차 시키지 못했다. 번자개의 필사적인 방어로 양현감은 수만에 이르는 인명 손실만 냈다. 여기에다 개활지인 낙양에 포진하는 바람에 장안에서 출동한 위현과 서둘러 귀국한 원정군 사이에 끼어 버렸다. 장안 분지로 들어갔더라면 험준한 함곡관과 화산을 이용해서 고구려 원정군을 저지할 수 있었을 것이다. 『삼국지』의 동탁이 괜한 낙양을 불지르고 장안으로 천도했을까? 하지만 후회해도 늦었다. 8월 1일 전장에서 돌아온 우문술, 내호아, 주법상의 군대가 양현감을 몰살시켰다.

그러나 양현감의 반란이 남긴 파문은 컸다. 건국 최고공신의 아들이 반란을 일으켰다는 사실 자체가 수나라의 체제가 극도로 불안한 상태임을 입증하는 것이었다. 이밀은 달아나 새로운 반군을 조직했고, 이를 계기로 전국 각지에서 농민봉기와 군웅들의 반란이 잇따랐다.

양제는 이런 위기에도 정신을 차리지 못하고 다음 해에도 고구려 원정 명령을 내렸다. 그러나 병사들이 제대로 모이지 않아 포기했다. 그런데 꼭 양제의 무모함을 탓할 일만도 아닌 것이, 중국이라는 나라는 너무 넓어서 나라의 반쪽이 내란에 휩싸여도 반대편에서는 그게 남의 나라 일처럼 느껴지는 모양이다. 이때 내호아의 수군이 먼저 출격해서 요동반도 끝에 있는 비사성을 함락하고 평양으로 진공하려고 했다. 양제가 원정을 포기하고 회군하라는 조서를 보내자, 내호아는 고구려도 이제 지쳐서 공격만 하면 떨어뜨릴 수 있는데, 왜 그 큰 희생을 치르고 여기까지 와서 그만두느냐고 화를 내며 조서도 제대로 받지 않으려고 했다고 한다. 그도 국내 상황의 심각성을 느끼지 못하고 있었던 것이다.

고구려도 힘들긴 힘들었던 모양이다. 고구려 정부는 양현감의 난으로 고구려로 망명해 왔던 병부시랑 곡사정을 잡아 돌려보내고, 왕이 몸소 수나라에 가서 조공하겠다고 약속하는 등 정전을 위해 상당한 성의를 보였다.

그러나 614년 이후 수나라는 급속한 혼란 속으로 빠져들었다. 각지에서 반란이 일어나자 양제는 천 명의 미녀를 이끌고 낙양을 떠나 절경으로 유명한 강소성 강도로 옮겨갔다. 낙양을 두고 수나라군과 반군 사이에 격렬한 전투가 벌어지고 장안 수비를 맡긴 외사촌 이연이 배신하여 당나라를 건국해도, 정작 양제는 사태를 아는지 모르는지 아니면 자포자기를 한 건지 주색에 빠져 살았다. 황당한 폭군이면서 이상한 양심은 있어서 화북 지방을 상실하자 자진해서 천자라는 호칭을 반납하고 남조의 왕으로 낮추었다.

618년 3월 양제의 평생 동지였던 우문술(그는 양현감의 난을 진압한 후 곧 병사했다)의 아들 우문화급宇文化及이 궁으로 들어왔다. 그의 입궐이 이상한 일은 아니지만 이번에는 달랐다. 군사를 끌고 들어왔기 때문이다. 최후의 순간에 양제는 자살하겠다고 요청했으나 우문화급은 그것도 용인하지 않고 양제의 목을 졸라 죽였다. 죽은 양제의 시신은 돌보는 사람이 없어 방치되어 있었는데, 후궁 하나가 평상을 뜯어서 그 판자로 관을 만들어 매장했다. 이때 그의 나이 50세였다. 묘하게도 고구려의 영양왕도 이해 9월에 사망했다.

고구려 원정에 종군했던 장군들도 대개는 비슷한 최후를 맞았다. 원정에서 살아 돌아온 맥철장의 아들들은 천하 제일의 용사로 꼽혔던 심광이라는 용사와 함께 우문화급을 습격했으나 정보 누설로 매복에 걸려 살해당했다. 내호아도 우문화급에게 제거되었다. 설세웅은 유력한 반군 지도자 중 한 명이었던 두건덕과 맞붙었다. 두건덕은 10만 농민군을 거느린 장수로 다른 반군 지도자와 달리 농민군 지도자로서 명성을 얻었다. 설세웅은 두건덕에게 패해 죽었다.

패전을 모르던 용장 왕인공만은 이번에도 능력을 발휘해서 맡은 고을을

굳건히 지켰다. 그러나 어느 날 왕인공의 첩과 간통한 부하가 수하를 거느리고 청사로 난입하여 그를 살해했다.

사상은 평민으로 강등되었다가 연군태수로 복직했다. 얼마 후 반군 세력 중 하나인 고개도가 연군을 포위했다. 사상은 수 양제에게 정이 떨어졌는지 병이라고 핑계하고 적극적으로 대응하지 않았다. 연군이 함락되자 고개도는 그를 등용하여 우대했는데, 고개도의 부하로 일하다가 병사했다. 사리판단이 정확했던 주법상은 양현감의 반란을 진압할 때도 큰 공을 세웠다. 그러나 다음 해에 임지의 병사와 주민들이 전란으로 고통받는 것을 보고 세상을 만나지 못했다고 한탄하고 병사했다.

이로써 수는 사실상 멸망했고, 약간의 혼란기를 겪은 후 당이 다시 천하를 제패했다. 위기의 순간으로 몰렸던 고구려는 다시 힘을 비축할 시간을 벌었으며, 수나라와의 전쟁에서 부족하고 실수했던 점을 보완하고, 제국 군대와 싸워보는 귀중한 경험을 체득했다.

영감은 실력 있는 기술자였지만 말이 너무 많고 잠버릇도 고약했다. 악몽을 꾸는 습관이 있어 숙소에서도 자다가 고래고래 소리를 지르는 통에 같은 숙소를 배당받은 몇 명은 수면 부족으로 일을 제대로 할 수 없다고 호소할 정도였다. 낮에도 늘 시끄러웠는데, 주변에 아무도 없으면 혼자서도 계속 중얼거리고 혼자서 무릎을 치며 읊조리기도 했다.

마음 같아서는 단체로 소원수리를 해서 영감을 다른 곳으로 보내버리고 싶었지만 그럴 수도 없었다. 상부에서 내려보내는 설계도는 처음 보는 신기한 기계가 많았다. 사다리차나 공성탑, 포, 충차 등 보편적인 기계들도 한 구석 어딘가가 달라도 달랐다. 대부분의 장인들은 전에 하던 대로 만드는 데 익숙해져 있어서 새로운 도면을 보고 원하는 제품을 만들어 내기가 쉽지 않았다. 거기다 관리가 어찌나 엄한지 치수가 조금만 틀리거나 부품이 제대로 구성되어 있지 않으면 당장 엄한 처벌을 받았다. 들리는 소문에는 황제가 직접 자를 들고 규격을 검사한다는 이야기도 있었다.

영감은 도면을 보면 기계의 구조와 특징을 잡아내고, 어디를 어떻게 바꿔야 하는지도 바로 알아내는 재주가 있었다. 잔소리가 많은 것도 절반은 그 재주 덕분이었다. 그러니 경험마저 일천한 젊은 장인들은 귀가 따갑고, 수면 부족에 시달려도 참을 수밖에 없었다.

공기가 끝날 시점이 다가오자 젊은이들 일부는 영감을 존경하게까지 되었다. 잠자리는 여전히 적응이 되지 않았지만, 영감의 악몽도 점차 줄어들었다. 정이 붙자 영감이 그러는 사연도 듣고 이해하게 되었다. 하지만 영감을 진짜로 좋아하게 된 이유는 영감이 젊은이들에게 확신과 위로를 주기 때문이었다. 작업이 끝나면 영감과 같은 늙은 장인은 집으로 돌아가고, 젊은 장인은 기계를 따라 고구려 원정에 종군하게 되어 있었다. 장인 중 절반은 30년 전 수 양제의 고구려 원정에서 아버지나 삼촌을 잃은 사람들이었다. 그때 태어나지도 않은 사람들도 그 땅에 가서 살아 돌아온 사람이 없다는 사실을 알고 있었다. 모두들 의기소침해 있는데,

제3장 최강의 군대

영감이 이번에는 우리가 승리한다고 장담을 했다.

　영감은 30년 전 수나라의 원정 때도 공성구 제작사업에 참여했었다. 그가 악몽을 꾸는 이유도 그때 동료와 친척을 모두 잃었던 탓이다. 하지만 이번에는 승리를 확신한다고 했다. 이유를 묻자 영감은 확신에 찬 어조로 이렇게 말했다. "그때는 규율과 기강이 엉망이었어. 식사도 좋았다 나빴다 했고, 제품 검사도 형식적이었지. 그러나 지금은 모든 것이 정확하고 엄격해. 그뿐인가, 이 목재를 봐. 모두가 최고급 주목과 괴목, 남방의 비자나무야. 이런 고급 목재에 수령과 건조 상태도 모두 우수하고 정확, 이런 고급 자재는 수나라 때는 중간에서 수도 없이 빼돌렸어. 그래서 같은 기계에 여러 목재를 섞어서 붙이기도 했지. 전장에 도착해 보니 그게 치명적이었어. 동이의 땅은 온통 산지고 땅은 돌투성이야. 기계들이 계속 불규칙하게 하중을 받는데, 약한 부분에 하중이 몰리면 그곳이 어이없게 부서지고 고장이 나는 거야. 하지만 지금은 보게, 두 달 동안 자재가 하루도 거르는 일 없이 정확하게 도착하고 있어.

　더욱 놀라운 건 말일세 이 도면들이야, 이 기계들은 고구려군을 대상으로 맞춤형으로 설계한 거야. 예전 원정 때 우리 포차는 아무 쓸모가 없었어. 고구려의 성벽을 하나도 부수지 못했지. 하지만 저 거대한 포차를 봐, 저 정도면 고구려의 성벽도 부술 수 있어. 고구려의 성은 산에 있어 성문으로 가는 길이 좁고 울퉁불퉁하지, 우리 충차는 성까지 밀고 가기도 힘들었고, 억지로 밀면 가다가 넘어지고 바퀴가 부러졌지. 이번 충차를 보게, 좁고 짧게 만들어서 좁은 비탈을 오르기 쉽게 했어. 대신 봉의 길이도 짧아져 타격력이 떨어지는 것을 감안해서 앞부분에 추를 달아 훨씬 무겁게 만들었지. 바퀴는 축을 빼고, 네 바퀴가 각자 움직이게 했네, 게다가 바퀴 연결방식을 이렇게 만들어서 바퀴가 빠져도 쉽게 교체할 수 있게 했어. 이런 군대와 이런 장비는 생전에 본 적이 없네. 수나라와는 비할 바가 아니야. 너무 염려하지 말게, 이번에는 우리가 쉽게 승리할 거야. 자네들은 살아서 돌아올 거네. 엄한 사고나 당하지 않도록 몸조심만 잘하게나."

1 중원의 영웅

당 태종의 상

626년 6월 4일, 당의 수도 장안에서 현무문의 변이라는 유명한 정변이 터진다. 고조의 둘째 아들 진왕 이세민이 입궐하던 태자 건성과 동생 제왕 원길을 습격해서 살해했다. 이세민은 부친 고조도 감금했다가 퇴위시키고 자신이 황제로 즉위했다. 바로 그가 중국 역사상 최고 황제이자 전쟁영웅인 당 태종이다.

전쟁뿐 아니라 내정에서도 태종은 큰 업적을 남겼다. 그가 확립한 제도, 과거제, 균전제, 부병제는 동양의 국가제도의 모범이 되었다. 정국 운영과 리더십에서도 탁월한 재능을 보였다. 그의 개혁정책과 리더십을 기술한 『정관정요』는 지금까지도 꾸준히 읽히는 동양 정치학의 고전이 되었다. 그런데 『정관정요』는 왜곡과 과장도 적당히 있고, 태종이 아닌 신하들의 입장이 반영되는 바람에 카리스마적 리더십이라는 부분에서 태종의 능력은 오히려 약화된 감이 있다. 넘치는 카리스마와 통찰력, 신하들을 꼼짝 못하게 휘어잡는 능력은 책의 내용보다 더 대단했던 것이 분명하다. 그리고 『정관정요』에 묘사된 모습보다는 훨씬 냉혹하고 무서웠다. 인륜을 하늘같이 존중하는 동양사회에서 형과 동생을 죽이고 동생의 첩을 강탈하고, 부친을 쫓아내고서도 그처럼 존경을 받은 사람은 그 외에는 없다.

태종은 천재적인 전략가이기도 했다. 이 집안이 무천진 군벌가라는 이야기는 앞에서 언급했다. 부친 이연(당 고조)도 장군 출신이지만 태종에 비하면 우유부단했다. 이연은 아들 삼형제에게 우군·중군·좌군을 나누어 맡겼지만, 내란기에 승리를 이끈 사람은 이세민이었다. 그는 19세 때 전장에 뛰어들어 언제나 열세인 병력과 불리한 상황에서 승리를 이끌어 냄으로써 중국 역사에서 기억되는 명장의 지위를 확보했다.

장군으로서 그는 적의 심리를 잘 파악하고, 참고 기다릴 줄 아는 신중함과 순간적으로 기회를 포착하면 폭풍같이 몰아치는 결단력, 한 번 약점을 잡으면 악착같이 물고 놓지 않는 승부 근성을 모두 갖추었다. 강적과 조우하면 진지를 강화하고 지구전을 편다. 지구전을 할 때는 지겹도록 질질 끌면서 적의 약점을 찾고, 적의 약점을 찾아내면 신속하고 날카로운 공격으로 단번에 승부를 갈랐다.

패주하는 적은 악착같이 추격하는 것으로도 유명했다. 승세를 잡으면 적이 다시는 재기할 수 없도록 완전히 궤멸시켜야 한다. 어느 때는 200리를 추격했는데, 하루에 여덟 번을 싸우고 이틀 동안 식사도 하지 않고 사흘 동안 갑주를 벗지 않았다.

당 태종의 육준도

당 태종이 중국을 통일하면서 탔다는 여섯 마리의 말을 조각한 것이다. 치열한 전투를 상징하기 위해 온 몸에 화살이 꽂혀 있는 말도 있다. 당 태종의 무용과 천하통일의 공로를 상징하는 것으로 태종의 능인 소릉 정상부에 두었던 것이다. 그 후 많이 유실되어 일부는 해외에 있다. 현재 시안 비림박물관에는 진본 일부와 모조품이 전시되고 있고, 원래 있던 소릉 정상부에도 복원품이 세워져 있다. 여섯 마리의 말은 하나같이 갑옷을 걸치지 않았는데 경갑기병을 중시한 경향을 잘 보여준다.

정확한 판단력, 지휘 능력과 전술은 가히 전설적이며, 부하와 군중의 마음을 사로잡는 카리스마와 연기력 역시 거의 고전이 되어 있다. 그런데 그의 장기였다는 '신속한 돌격과 악착 같은 추격'은 장점이긴 하지만 전쟁터의 상식으로 새로울 것까지는 없어 보인다. 이 '상식'을 '신전술'로 승화시켜 준 비결이 당군의 비밀병기인 경갑기병대였다. 당군은 기병의 속도와 기동력을 살리기 위해 장갑

기병 무장의 개량 기병의 갑옷이 매우 간편해졌음을 알 수 있다. 인형 말은 화려한 갑옷을 걸치고 있으나 실제로는 갑옷을 모두 벗겨 속도와 기동력을 높였다.

을 덜었다. 말의 갑옷은 다 벗겨 버리고, 기병의 갑옷도 철갑 사용량을 거의 절반으로 줄였다. 팔과 다리까지 내려오던 비늘갑옷은 사라지고, 철갑은 양 어깨와 미니스커트처럼 허리에서 엉덩이를 가리는 정도만 남겼다. 몸통도 철갑으로 전신을 에워싸는 대신 가죽옷을 입고, 가슴 부분에만 둥근 호심경을 대는 형태로 개량했다. 그 외 부분에도 가능한 한 무거운 철판보다는 가죽의 사용량을 늘려 무게를 줄였다. 과감하고 위험한 변신이었지만, 그 변화는 놀라울 정도로 성공적이었다. 후대에 약간 개량이 가해지기는 하지만 이 체제는 기병 무장의 원형이 되었다.

경갑기병의 출현은 중장기병이 상실했던 기병의 진정한 장점, 즉 속도와 기동성을 되살려준 선택이었다고 평가되고 있다. 중장기병보다는 경갑기병이 양성하기도 쉽고 비용도 절약되므로, 기병의 수도 획기적으로 늘릴 수 있다. 상대적으로 기병 수가 많은 북방민족의 부대와도 대등한 기병전을 펼치게 되었고, 기병부대의 단독전술이 가능해졌다.

기동력의 신장은 다양한 전술을 가능하게 했다. 기병을 이용한 장거리 기습과 철저한 추격전, 기병이 적진을 우회하여 측면이나 후면을 강타하면 보병이 정면으로 전진하여 적과 충돌하는 우회·협격 전술이 발달한다. 기병을 이용한 적의 보급로 차단작전도 위력을 발휘하게 되었다. 이로써 중국에서 중장기병은 한동안 전장의 주역에서 퇴장한다.

　기병 전술이 다양해짐에 따라 군의 전술 전체가 다양하고 복잡해졌다. 이것은 전투에서 기술과 지략, 지휘 능력, 전술 훈련과 부대 간의 협력체제의 효력이 배가되었음을 의미한다. 전쟁이 더욱 고도의 테크닉 싸움으로 진보한 것이다.

　태종이 이러한 장비 개량과 전술의 창안자는 아니었다. 이 진보의 최고 공로자는 이정李靖이다. 그렇다고 이세민의 공로를 평가절하할 필요는 없다. 지도자가 꼭 모든 것을 다할 필요는 없다. 지도자에게 가장 필요한 자질은 새로운 기술의 가치와 능력 있는 부하를 알아보는 안목이다. 이세민은 그런 능력이 있었고, 새로 배운 전술을 효과적으로 사용할 줄도 알았다. 이정도 수나라 장군으로 복무하다가 당군에게 잡혀 처형 위기에 놓인 것을 이세민이 구해서 부하로 삼았다.

병법과 전술의 대가 이정
그의 병법은 화약무기가 등장하기 전까지 중국 군대의 표준 전술이 되었다. 오른쪽은 이정이 태종 이세민과 병법에 관해 대화를 나누는 모습을 묘사한 부조로 『이위공문대』는 이 대화 내용을 책으로 기록한 것이다.

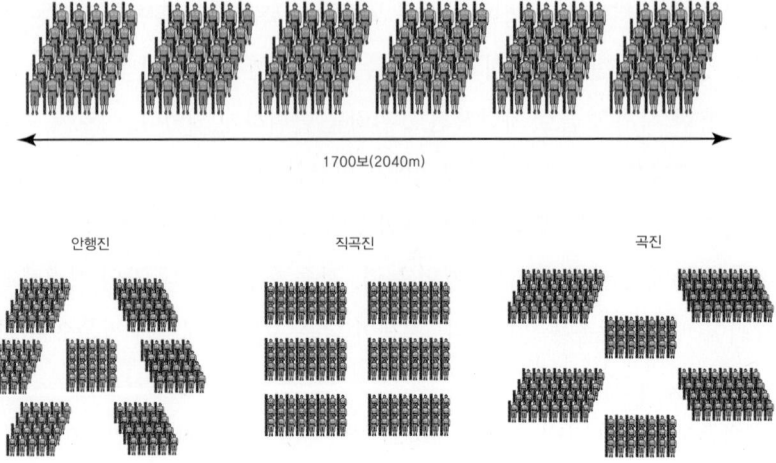

육화진법의 각종 진형

이정의 병법은 화약무기가 등장하기 전까지 중국 군대의 표준 전술이 되었다. 그가 이세민과 병법에 관해 나눈 대화를 기록한 『이위공문대李衛公問對』라는 책은 우리나라 무과에서도 필독서가 되었던 무경칠서武經七書(송나라 때 선정한 가장 중요한 7개의 병서)에도 수록되었다.[1]

이정은 보병전술도 획기적으로 개선했다. 그가 고안한 새로운 진법이 육화진六花陣이다. 이 진법과 부대 편성 방식은 이정의 병법을 정리한 『위공이정병법衛公李靖兵法』이란 책에 소개되어 있다. 육화진이란 이름에서도 느낄 수 있듯이 이전의 진법과는 차원이 다른 다양하고 효율적인 포메이션을 구사한다. 이 화려한 변신술을 위해 이정은 동서양을 막론하고 천 년 이상 준수되어 오던 전술의 기본 원칙에 과감하게 메스를 댔다. 보병의 기본 대형을 사각형에서 삼각형으로 바꾼 것이다.

고대 그리스의 팔랑크스를 위시해서 보병의 기본 대형은 언제나 사각형이었다. 첨진이라고 해서 삼각대형도 사용하기는 했지만 그것은 아주 특수한 상황에서나 잠깐 사용하는 것이었다. 대형과 대형이 충돌하는 보병전투의 기본 원칙은 전열을 쪼개서 안으로 파고들거나 모서리를 깨뜨리고 적의 측면을 감싸는 것이었다. 보병의 갑옷은 측면과 후면은 무방비 상태이므로 측면이 노출되면 대항할 방법이 없었다.

그런데 삼각대형은 기본적으로 측면을 노출하는 진형이다. 그래서 공격력에 자신이 있어서 짧은 시간에 적진을 송곳처럼 파고 들어갈 때나 사용할 뿐이었다. 이정은 이 위태로운 삼각형을 보병의 기본진으로 삼았다. 당연히 삼각대형으로 싸우지 않는다. 삼각형의 장점은 삼각형을 조합하면 사각, 원, 육각, 팔각 등 모든 도형을 만들 수 있다는 것이다. 즉 상황 상황에 맞추어 가장 적절한 대형을 빠르게 창출할 수 있다는 것이 삼각형의 장점이자 목적이다.

단점이라면 팔랑크스 형은 대형 그대로 충돌이 가능한 반면 삼각형은 특별한 경우를 빼고는 한 번 변신을 한 후에 전투에 임해야 한다는 것이다. 전쟁터에서 이런 매스게임을 펼치려면 엄청난 훈련을 해야 한다. 그러나 알고 보면 그것은 단점이 아니다. 다양한 포메이션 훈련은 또 하나의 중요한 결과를 낳는다.

나중에 백제와 고구려 전선에서 중요한 역할을 하는 장군 소정방도 이정 휘하에서 성장한 장수였다. 그가 이정을 따라 돌궐 원정에 종군했을 때의 무용담이다.

지금의 실크로드 지역에서 벌어진 전역에서 선봉부대를 이끌고 진군하던 그는 엄청난 눈을 만났다. 폭설이 내려 눈이 60cm 이상 쌓였다. 현지인인 돌궐족조차도 전투를 중단한 상황에서 장수들이 행군을 정지하자고 건의했다. 소정방은 듣지 않고 맹렬하게 병사를 몰아 진군했다. 눈과 추위를 뚫고 밤낮을 가리지 않고 행군한 그의 부대는 방심하고 있던 돌궐 진영을 급습, 대승을 거두었다.

이 이야기의 교훈은 뭘까? 소정방의 뚝심? 하면 된다? 역발상으로 적의 방심을 노려라? 아니다. 중앙아시아라고 하면 우리는 더운 지역으로 알고 있지만 고도와 위도가 높아 겨울에는 혹한이 몰아치고, 여름도 밤이 되면 춥다. 중국군은 따뜻한 지역에서 온 병사들이 많아 이 기후를 견디지 못한다. 그래서 한나라의 흉노 정벌 때는 원정이 1년 정도만 지속되면 버텨내는 병사가 없었던 것이다.

그러나 소정방 부대는 돌궐인들조차도 전투를 포기하는 혹한과 폭설을 헤치고 전진했다. 이것은 장수의 결단과 의지의 결과가 아니다. 복잡하고 힘든 훈련이 이런 작전이 가능하도록 병사들을 강하게 단련시켜 놓았던 것이다. 이것이 이정 병법의 진정한 장점이었다.

육화진에는 또 하나의 숨은 장점이 있다. 중국군이나 가능한 전술이라는 것이다. 육화진은 훈련이 필수이자 생명이다. 이런 훈련을 숙지하는 군대를 육성하려면 대단한 비용이 든다. 중국에서 병서를 구했어도 국가재정이 웬만큼 남아돌지 않으면 전쟁터에서 육화진법을 구현할 수 없다.

이런 군대와 이런 인물이 고구려 침공을 계획하고 있었다. 태종이 지휘하는 당군에게선 수 양제가 보여준 엉뚱한 실수나 혼란도 기대할 수 없었다. 고구려는 역사상 최강의 적을 만났다.

그런데 당과 고구려의 관계는 처음에는 평화스러웠다. 고조도 그렇고 태종도 그랬지만 그들은 즉위한 후 고구려와의 갈등은 접고 내치에 주력했다. 진짜 이유는 동쪽의 고구려보다는 서쪽의 돌궐과 티벳(토번, 토욕혼) 정복전이 먼저였다. 여기에는 세 가지 이유가 있었다. 첫째, 중국의 수도 장안은 서쪽에 치우쳐 있어서 일단 서쪽을 먼저 평정해야 동쪽으로 진군할 수 있었다. 둘째, 중국이 넓다 보니 주변 국가와 전쟁을 할 때는 전국에서 병력을 징집한다고 해도 인접한 지역에서 더 많은 병력과 물자를 내게 된다. 고구려와의 전쟁에서 제일 고통을 받은 지역이 산동인데, 세 집 건너 한 집마다 사망자가 있다고 할 정도로 희생이 커서 회복에 시간이 필요했다. 셋째, 약한 적을 먼

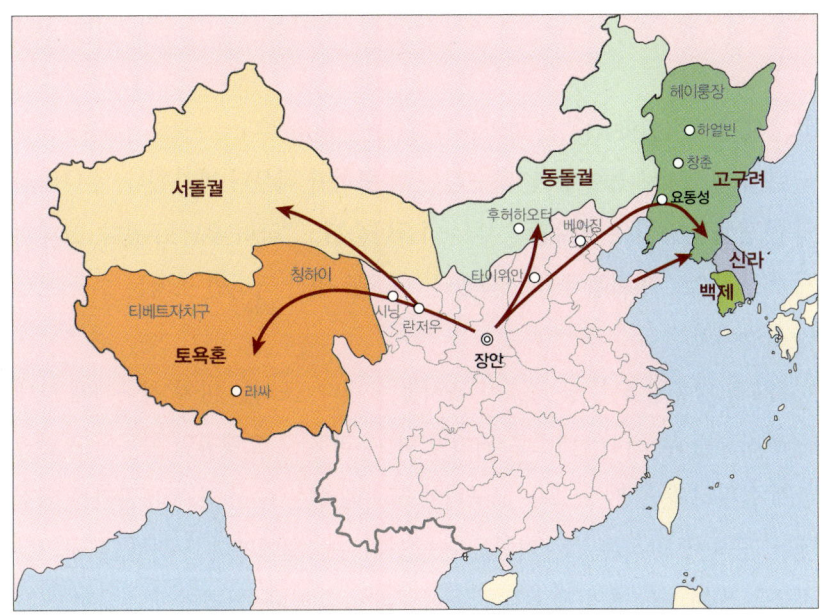

당의 팽창

저 치고, 국력을 총동원해서 제일 강한 적과 싸우는 것이 병법의 정석이다. 그래서 당은 돌궐 정복전이 끝나자 티벳을 제압했고, 그 다음에야 비로소 고구려로 눈을 돌렸다.

이 기간 동안 당은 고구려에게 열심히 미소정책을 폈다. 공정한 중재자 역할을 자처하며 삼국 모두와 평화 모드를 유지했다. 이 교묘하고 위선적인 정책 덕분에 삼국은 서로 당을 자기 편으로 삼으려고 달려들게 되었다. 서로 경쟁적으로 유학생을 보내 국자감에 입학시키고, 미녀를 바쳤다. 유학생 파견은 당의 선진문화를 흡수한다는 거시적 측면도 있었지만, 외교관을 양성하고, 당 조정에 인맥을 확보하는 싸움이기도 했다.

당이 미소를 지은 이유는 평화를 위장하기 위해서만이 아니었다. 당의 침공 위험이 없어지자, 삼국은 부담 없이 군대를 한반도 내부로 돌렸다. 이 싸움이 격렬했고, 서로 죽고 죽이며 원수가 된 덕분에 삼국이 동맹을 맺어 대당 연합전선을 구축한다는 발상은 까맣게 사라졌다. 오늘날 우리들은 쉽게 민족 공조를 이야기하지만 삼국의 전쟁과 원한은 이미 수백 년간 축적된 것이

제3장 최강의 군대

고, 7세기의 격렬한 전투는 돌아올 수 없는 선을 넘었다.

다시 고구려로 돌아오면, 고구려는 이 평화가 너무나 반가웠다. 수나라와의 전쟁에서 승리는 했지만 승부는 아슬아슬했고, 국력 부담도 컸다. 그래서 꽤 적극적으로 평화관계를 모색했다. 화해를 위한 극적인 조치는 수군 포로의 석방이었다.

622년(영류왕 5년) 당 고조가 조서를 보냈다. 조서는 마치 친구에게 보내는 편지처럼 부드러운 어조로 되어 있다. 우리 서로 오랫동안 화목하고 편안하게 살자고 운을 뗀 고조는 고구려에 생존해 있는 수군 포로의 반환을 요청했다. 중국에 잡혀온 고구려인들도 당연히 귀국시키겠다고 했다. 고구려는 전국을 뒤져 1만 명의 생존자를 찾아내어 송환했다. 남김없이 송환한 것은 아니었다. 641년에 당의 사신으로 온 진대덕은 여전히 고구려 곳곳에서 살고 있는 수군 포로들을 만날 수 있었다. 그래도 1만 명이면 고구려로서는 대단한 성의를 보인 것이다. 이 시대의 관행에 따르면 포로들은 대부분 고구려의 장군과 참전용사들의 노예가 되어 살고 있었을 텐데, 그들을 송환하려면 국가는 상당한 보상을 해주어야 했다. 또한 보상을 받았다고 해도 그정도의 노예를 내놓았다는 것은 국가의 화해정책에 대한 사회적 지지도도 상당히 높았다는 말이 된다. 일부는 고구려에서 결혼하고 가정을 꾸몄다든가 하는 이유로 귀국을 포기한 사람도 있었을 것이다.

포로 교환이 끝나자 고조는 보답으로 영류왕에게 상주국이라는 훈작을 내렸다. 이때는 조금 남발이 되어서 디플레가 되기는 했지만, 상주국은 춘추전국시대부터 있어 온 작위로 나라에 기둥이 되는 수준으로 큰 공을 세운 사람에게 내리는 명예로운 작위였다.

이후 양국의 교류는 확대되었다. 예나 지금이나 친선관계의 확대는 문화·종교·학문에서 시작한다. 고구려는 당의 국학에 유학생을 입학시켰고, 가장 중국적인 종교인 도교를 수입했다. 624년 당나라는 도교의 도사와 천존

중국 장안 국자감에 두었던 문묘의 정문 현재는 비림박물관 입구로 사용되고 있다.

상, 경전까지 보내주었다. 고구려는 노자 강의를 개설했고, 국왕이 친히 그 강좌에 참석했다.

평화 무드에 고무된 고구려는 과감하고 무리한 투자도 했다. 628년에 당에 고구려 지도를 보냈다. 군사적으로 중요한 부분을 지우거나 고쳐서 보냈을 가능성이 크지만 그 의미는 컸다.

631년에는 당의 사신이 와서 수나라 전사자의 해골을 묻어 주고, 위령제를 지냈다. 당시 고구려에는 수나라와의 전쟁을 기념해서 세운 경관景觀이란 것이 있었다. 당의 사신이 보고 분노해서 당장 허물 것을 요청했다고 한다. 좋은 풍경이란 뜻인 '경관'이 무엇이었는지는 알 수 없으나 많은 분들이 수나

고구려와 당의 문화교류

왼쪽은 도교의 영향을 보여주는 것으로 고구려 덕흥리 고분 벽화에 그려진 깃발을 든 오녀도(위)와 쟁반을 든 오녀도(아래)다. 오른쪽은 중국 장안 여산의 도교사원에 있던 노자상으로, 현재는 시안의 비림박물관에 전시되어 있다.

라군 전사자의 해골탑이나 그 비슷한 것으로 추정한다. 해골탑이란 게 좀 끔찍하고 야만적으로 보이기는 하지만 옛날이란 사실을 기억하자. 해골이 아니라 노획물일 수도 있다. 고대 그리스에도 승리한 국가가 전승총을 세우는 풍습이 있었는데, 시체가 아니라 노획한 무기와 장비를 모아 세웠다. 고구려는 당의 항의를 겸허하게 수용하여 경관마저도 헐었다.

하지만 이 모든 행위는 위장이자 기만이었다. 고조나 태종이나 만주와 고구려를 그대로 놓아둘 생각은 전혀 없었다. 유화정책을 쓰는 중에도 당 조정에서는 고구려 정복에 대한 논의가 계속되었다. 다만 양제와는 수준이 다른 진정한 정치가였던 태종과 그의 신하들은 전쟁 이전에 사회를 안정시켜 국력을 회복하려고 했을 뿐이다. 따지고 보면 고구려로서는 더 큰 위기였다.

고구려도 경계심을 늦추지는 않았다. 평화는 적국의 자비가 아니라 아군의 힘에 의해서만 성립하는 법이다. 631년부터 647년까지 16년 동안 고구려는 북쪽의 부여성에서 신성, 요동성을 거쳐 요동반도 남단의 비사성까지 천리장성을 쌓아 방어 태세를 더욱 확고히 했다.

하지만 이는 소수 사람들의 걱정이고 사회 전반으로는 평화 분위기가 확산되어 갔다. 614년 수의 마지막 침공 이후 30년 이상 평화가 지속되고 있었다. 교류는 사회 각 분야로 확대되고, 오고가는 사람들이 많아졌다. 아무튼

내몽골의 장성 흔적 석성인 중국의 만리장성과 달리 토성이었던 천리장성은 지금 그 흔적을 찾아볼 수 없는데, 아마도 몽골의 이러한 장성과 유사하였을 것이다.

당은 수와는 다르다는 생각을 할 만도 했다. 특히 640년(영류왕 23년) 고구려 세자의 입조는 양국 관계의 절정을 보여주는 사건이었다. 중국에서 왕이나 세자, 혹은 왕자에게 친히 입조할 것을 요구한 것은 장수왕 이전으로 거슬러 올라간다. 왕이나 세자의 입조는 위험부담도 크지만 그만큼 상징성도 높다. 고구려는 항상 이를 거절했고 이것이 양국 충돌의 빌미가 되곤 했었는데, 이 해에 드디어 이루어진 것이다.

1970년대에 미국과 중국 정상이 서로 양국을 방문했을 때 온 세계가 떠들썩했고, 그때 중국에서 팬더를 선물로 보내는 바람에 지금까지도 팬더가 중국 정부의 우호교린의 징표가 되었다. 1970년대에는 미국이나 중국이 상대방 원수를 인질이나 포로로 붙잡을 위험이 없었는데도 그정도였으니, 600년대에 세자의 조공이 의미하는 상징성은 더한 것이었다. 그야말로 냉전의 종식이었다.

태종은 세자를 붙잡아 두거나 협박하는 치졸한 짓은 하지 않고 후하게 대접했다. 그리곤 다음 해에 세자의 조공에 대한 답례사절까지 보냈다. 답례사절로 온 진대덕의 행차는 여유와 평화 그 자체였다. 그는 지나가는 곳마다 관광과 유람을 하고 사람들을 만났다. 간혹 방문지에 살고 있는 수나라 포로를 만나 사는 이야기도 들었다. 기록에는 항상 관원에게 예물을 후하게 주며 유

람을 부탁했고, 이 예물에 넘어간 관원들이 가고 싶은 곳을 골고루 다니도록 편의를 제공했다고 한다. 그러나 고구려 측에서도 부족한 것이 없도록 잘 대우하라는 지령이 있었을 것이다.

옛날 높은 사람의 관광이란 엄청난 수하와 호위행렬, 의장대, 악단, 기생을 데리고 겸하여 잔치까지 질탕하게 벌이는 게 정상이다. 마치 요즘 올림픽 성화를 봉송할 때 성화가 방문하는 도시마다 성화 방문 환영행사와 축제가 벌어지듯 진대덕의 행차는 가는 곳마다 잔치 한마당이었다.

중국 사신의 행차를 성화 봉송에 비유하면 기분 나빠하실 분이 있을지도 모르겠다. 하지만 그것은 정확한 비유다. 성화 봉송은 히틀러 정권이 개최한 베를린 올림픽 때 창안한 작품이다. 그리스에서 채취한 성화가 유럽 대륙을 달려 베를린까지 가는 동안 독일의 올림픽 기록영화 촬영팀은 유럽 각 국의 주요 도로망을 샅샅이 찍어 군사령부에 바쳤다. 그때의 기록영화도 영화사에 길이 남는 명작이었다고 하니 두 마리 토끼를 다 잡은 셈이다. 하여간 사람들이 고대 축제의 부활을 보며 흥분하고 기뻐하는 사이에 제3제국의 수뇌부는 그 필름을 보며 게르만 제국의 설계도를 그리고 있었다.

진대덕의 행차도 이와 전혀 다르지 않았다. 평화의 사절로 국빈 대접을 받으며 고구려를 여행한 진대덕은 귀국하여 태종에게 고구려에 대한 종합보고를 올렸다. 이때 진대덕의 정체가 드러나는데 그의 직책이 병부 산하 직방사職方司의 낭중郎中(종5품 관직)이었다. 이 직방사는 오늘날로 치면 국제정보기관이다. 진대덕의 직책인 직방낭중의 임무는 중국에 오는 각 국의 사신단을 만나 그들로부터 정보를 캐내고, 지도나 보고서로 작성하는 것이었다.[2]

당은 제대로 된 전문가를 사신으로 보냈다. 진대덕이 채취한 정보는 나중에『고려기』라는 책으로 남겼을 정도로 방대한 양이었다.『고려기』는 전해지지 않지만 당나라의 장초금이 쓴『한원』이라는 책의 주에 일부가 소개되어 있다. 내용은 대부분 고구려의 지세와 성에 관한 이야기다. 그 외 관제와 5부족

에 관한 이야기가 약간 수록되어 있다.³

태종은 진대덕의 성과에 크게 만족했다. 그의 보고를 받는 자리에서 자신의 솔직한 심정을 밝혔다.

> 내가 군사 수만을 내어 요동을 치면 고구려는 반드시 전력을 기울여 [요동을] 구원할 것이다. 이때 수군을 따로 보내어 [산동반도의] 동래에서 해로로 평양에 가서 수륙 양군이 합세하면 평양을 취하기는 어렵지 않다. 그러나 산동의 고을들이 아직 회복되지 않았으므로 그들을 수고롭게 하고 싶지 않다.(『신당서』 권220, 열전145, 동이 고려)

이 구상은 수나라의 2, 3차 침공전술과 유사하다. 이미 수나라의 전술을 철저히 검토하고 전술 구상을 마쳤음에 틀림없다. 그런데 이 발언에는 태종이 고구려 정벌을 감행하지 못하는 이유도 드러나 있다. 중국이 전력을 기울여 고구려를 침공한다고 해도 중국 전역에서 물자와 인원을 고르게 징발할 수는 없다. 수송 수단이 발달하지 않았던 시절이라 너무 먼 곳에서 징발하면 운송 비용이 더 들기 때문이다. 그러므로 고구려 정벌에 나서게 되면 아무래도 중앙과 동부 지역의 부담이 커진다. 그 중에서도 산동이 특히 심했다. 수양제의 원정 때도 산동은 군사기지요 보급창 노릇을 했다. 그래서 양현감의 반란을 위시하여 수 말의 농민반란은 대개가 산동이 진원지였다.

수 양제 때 동원한 200만은 적게 잡아도 전 국민의 5%가 넘는 인원이었다. 그러니 산동의 실제 부담률은 훨씬 높았을 것이다. 만약 산동 인구의 10%로 잡으면, 한 가구당 남자가 3~4명이라고 가정할 때 세 집에 한 집꼴로 고구려 원정의 종군자나 희생자가 있었다는 얘기다. 여기에 반란의 희생자까지 더하면 이래저래 옆집이나 일가 친척 중에서 희생자 없는 집이 없었을 것이다. 그러니 그 상처가 아물려면 전후에 태어난 아이가 청년이 될 때까지 한 세대는 족히 지나야 했다.

태종은 중국인다운 끈기로 근 20년을, 고조 때부터 따지면 30년 이상을 기다렸다. 기왕에 기다리면서 괜히 고구려의 경계심을 자극할 필요는 없었으므로 기분 좋게 유화책을 쓰고 덤으로 007작전까지 성공시켰다.

준비는 끝나고 스위치를 누를 시점만 남았다. 그러나 천하의 당 태종이 이 상황에서도 결행을 망설였다. 조준경에 눈을 대고 있으면서 막상 방아쇠를 당기는 것은 망설이는 형세였다. 당장이라도 터질 것 같던 선전포고의 순간이 하루하루 넘어가더니 4년이 훌쩍 지났다.

2 다섯 자루의 칼

장안에서 태종이 선전포고문을 뒤적이고 있는 동안 고구려에서도 거구의 한 사나이가 바쁘게 움직이고 있었다. 주변 사람들은 그가 출정 준비로 바쁘다고 생각했다.

당나라와 해빙 무드가 조성되면서 고구려에는 새로운 고민이 생겼다. 자고로 권력의 근원은 군사력이다. 부족, 귀족이 자기 영지의 군대를 거느렸던 고대에는 자기 군대의 힘이 곧 권력의 크기였다. 그런데 고구려가 평양으로 천도하자 수·당의 침입으로부터는 좀 안전해졌지만, 전선의 군대와 수도의 군대가 분리되었다. 국내성 시절에는 이런 일이 없었다. 전쟁이 나면 국왕과 국내성의 귀족들에게는 자기 영지가 바로 전쟁터가 되었다. 그러나 고구려가 요동을 점령하면서 최전선은 서진했고, 수도는 남진했다.

군사력과 정치권력 간에 이상한 균열이 생겼다. 국내성 서쪽은 세계 최강의 군대와 대치중이다. 게다가 그들은 지금까지 고구려의 건국과 승리를 이

끌어 온 집단이었다. 하지만 그들은 권력의 중심과는 멀어져 갔다. 반면 안전한 후방에서는 새로운 수도를 중심으로 새로운 권력집단이 생겨났다. 아니 그들은 이미 놀랄 정도로 강해졌다.

어느 날 왕과 유서 깊은 가문의 원로들은 평양성 동부에 기반한 연씨 가문이 4대째 총리격인 대대로에 취임하려 한다는 사실을 깨달았다(단 대대로는 임기직이어서 대대로를 연씨 가문이 독점한 것은 아니다). 게다가 이 네 번째 세습자는 선조와는 비교도 되지 않을 정도로 강하고 자신만만했다.[4]

허겁지겁 귀족들이 단결해서 연개소문의 대대로 취임에 반대하는 목소리를 높였다. 그러자 연개소문은 머리 숙여 여러 사람에게 사과하고, 자신이 대대로가 된 후에 일을 잘못하면 쫓아내도 후회하지 않겠다고 서약했다. 한국 정치사에서도 몇 번 발생한 집권 후에 재평가를 받겠다는 약속 같은 거다. 원래 거만하던 사람이 머리를 조아리면 더욱 감동을 주는 법이다. 게다가 동서고금을 막론하고 이상하게 귀족들은 이런 어린애 같은 승리감에 약하다. 뿌듯해진 귀족들은 연개소문의 취임을 허락했다.

하지만 이런 약속이 지켜질 리 만무했다. 갈등이 재현되었다. 반대파들, 아마도 국왕과 계루부를 중심으로 한 전통 귀족들이었다고 생각되는 그들은 이전의 어린애 같은 실수를 반성하고, 현실적인 대안을 찾아냈다. 연씨 가문과 가문의 병력도 국경방어에 참여하라는 요구를 내건 것이다. 그들이라고 내내 후방에 있지는 않았겠지만, 그들은 보다 높은 차원의 참여를 요구했다.

642년(영류왕 25년) 영류왕은 연개소문에게 천리장성 축조 감독을 맡겼다. 당과 해빙 무드가 지속되고는 있지만 국방은 튼튼할수록 좋은 법이고, 국가 간의 우호란 강자 사이에만 성립하는 것이다. 연개소문으로서는 거역할 수 없는 명령이었다. 거부하면 그는 후방에서 권력만 노리는 비겁자라는 비난을 피할 수 없게 된다. 천리장성행은 연개소문에게도 이익이다. 야심이 있다면 국방의 선봉에 서야 하지 않겠는가? 영류왕이 연개소문에게 이렇게 말했을 수도 있다.

『신당서』는 이것이 죽음의 함정이었다고 말한다. 이미 영류왕을 중심으로 그를 제거할 계획이 마련되어 있었다는 것이다. 천리장성의 축조 감독으로 부임하게 되면 국왕과 전통 귀족들에게 충성하는 군대의 한복판으로 들어가게 된다. 연개소문도 자기 병력을 인솔하고 가겠지만, 국경의 전 부대를 당해낼 수는 없다.

운명의 순간에 연개소문은 이 명령을 받아들였다. 그리고 정말로 열심히 출정을 준비하기 시작했다. 추수가 끝난 10월 연개소문은 평양성 남쪽 즉 대동강변에서 성대한 출정식을 개최했다. 원래 10월은 전통적으로 축제의 계절이다. 그와 맞물려 개최된 행사였는지도 모르겠다. 연씨 가문은 술과 음식도 최대한 준비했다. 그리고 모든 귀족에게 초대장을 보냈다.

조직에서 승진이나 포상을 놓고, 귀족과 신분이 낮은 사람이 대립하면 거의 대부분 귀족이 승리한다. 그러나 쿠데타나 내전과 같이 생사를 건 대결이 벌어지면 거의 대부분 귀족이 패배한다. 귀족 간의 싸움에서도 전통적이고 고상한 귀족집단과 신흥세력이 맞붙으면 대부분 전통적 귀족집단이 진다.

그 이유는 알고 보면 어렵지도 않다. 고귀하고 쉽게 살아온 사람들은 일단 악착 같은 싸움의 경험과 승부 근성이 부족하고, 무엇보다 집중을 못한다. 승부에 집중하지 못하고 이것저것 온갖 것을 다 챙기려고 한다. 가진 것이 많은 탓이다. 체면과 권위, 화려한 문벌과 인맥, 재산, 이전에 그들을 지켜주고 승자로 만들어 주던 모든 요소가 이때는 독이 된다. 이런저런 사정을 고려할 것이 너무 많고, 다음 일이 걱정이 된다. 결국 계획이 복잡해지고, 판단은 흐려지고 결단은 늦어진다. 그러나 가진 것이 없고 인맥도 없는 사람은 단 한 가지 승리에 전념한다.

연개소문의 싸움에서 이런 비유는 어울리지 않는 듯하다. 연개소문도 최고위 귀족이다. 하지만 신분의 차이가 기계적으로 승부를 결정하지는 않는다. 조선의 태종이나 당 태종처럼 최고위 신분에서도 승자는 나온다. 관건은 이 귀족의 덫에 매이느냐 그렇지 않느냐의 여부다.

영류왕도 내호아와의 전투 때 대담한 결단을 내렸던 전사였지만, 세월과 지위의 변화를 이겨내지 못했던 모양이다. 그 결과는 죽음이었다. 열병식장은 피로 물들었다. 현장에서만 100여 명의 대신이 살해되었다.[5] 막료와 경호원을 합하면 사망자는 10배가 넘을 것이다. 『일본서기』는 이 정변의 피해자가 180여 명이라고 했다.[6] 이것은 고위 인사의 수일 뿐이고 실제로 경호원, 시종, 그리고 나중에 숙청된 가족과 친척을 합하면 살해된 사람은 10배, 20배가 넘을 것이다. 그 중에는 연개소문의 일족으로 보이는 연씨도 있었다.[7]

살육이 끝나자 연개소문의 동부군은 성 안으로 진입했다. 일부는 창고와 무기고로 달려갔을 것이고, 주력은 성의 중앙

강화도 고려산 연개소문 집터와 오련지 강화도에는 연개소문이 이 지역에서 태어났다는 전설이 있다. 사진은 연개소문의 집터가 있었다는 화점면 점골(우측의 산등성이). 위의 작은 사진은 연개소문이 말에게 물을 먹인 곳이라는 전설이 있는 오련지다.

경주 황남대총 남분 출토 장식대도
5세기, 길이 77.4cm. 새끼칼이 6자루나 부착되어 있다. 연개소문의 다섯 자루의 칼도 혹시 이런 모양을 하고 있었던 것은 아닐까?

이나 동쪽 을밀대 쪽으로 치우쳐 있었을 궁전으로 진입했다.[8] 영류왕은 탈출하지 못하고 살해되었다. 연개소문은 영류왕의 시체를 토막내어 도랑에 버렸다. 그리고 영류왕의 조카를 찾아 왕으로 세웠다. 그가 보장왕이다.

연개소문 자신은 대막리지라는 새로운 관직을 만들어 취임했다. 원래 고구려의 최고 관직은 대대로고, 그 아래가 막리지다. 하지만 대대로는 귀족회의의 위원장 같은 것으로 임기가 3년이었다. 반면 막리지는 임기가 없고, 맡은 임무가 병권이었다.[9] 대막리지는 북한 김정일의 공식 직함인 국방위원장격이라고 할 수 있다. 나중에 권력이 확고해지자 그제야 태대대로에 취임했다. 이때는 아무도 임기를 문제 삼지 않았다.

연개소문은 인상적인 수염을 지닌 위엄 있는 용모의 소유자였다. 체격도 당당했다. 평소에 다섯 자루의 칼을 차고, 말을 타고 내릴 때는 부하를 밟고 내렸다는 일화는 유명한 이야기인데, 폭군적 이미지와 카리스마와 추진력을 겸비한 인물이라는 인상을 준다.

연개소문에 대해서는 평가가 분분하다. 민족의 영웅으로 보는 견해도 있고, 고구려의 분열을 초래한 독재자로 보기도 한다. 그러나 알고 보면 연개소문 개인에 대해 우리가 알 수 있

● 영웅 연개소문

연개소문을 영웅시하는 견해는 단재 신채호로부터 시작되었다. 신채호는 『조선상고사』에서 연개소문이 젊은 시절부터 중국 정복의 뜻을 품고 중국의 내부 사정을 알기 위해 중국을 유람했으며, 중국에서 많은 사람을 만나 복잡 미묘한 인간관계를 맺고 616년에 중국에서 귀국했다는 이야기를 소개하고 있다. 마지막으로 신채호는 연개소문의 업적을 찬양하면서 동아시아의 전쟁사 속에서 유일한 중심인물이라는 헌사를 남겼다.[10]

이 '동아시아 전쟁사의 유일한 중심인물'이라는 찬사는 오늘날에도 이런저런 글에서 많이 채용되고 있다. 듣기에는 상당히 멋있는 말인데, 찬찬히 생각해 보면 의미가 애매모호하다. 이 말에는 상당히 중의적인 의미가 숨어 있다. 사대주의를 증오했던 신채호는 중국 중심의 역사를 우리 중심의 역사로 바꾸어야 한다는 의지가 투철했다. 그래서 정작 전쟁을 일으키고 주도한 당 태종 같은 이도 주변 인물로 밀려난다.

그러나 다음의 의미가 더 중요하다. 단재는 몰락한 국가를 구할 영웅을 고대했고, 좌절한 국민에게 희망을 주기 위해 영웅상을 창조했다. 그렇다고 해서 낙후된 조선의 현실을 그대로 두고 무조건 외세를 배척할 수도 없었다. 영웅은 제국주의와 싸워야 하지만 선진국의 문물 역시 수입해야 했다. 그렇게 해야 우리가 독립을 되찾을 수 있고, 문명 선진국이 되어 동아시아의 중심국가도 될 수 있다. 연개소문이 중국을 유람했다는 설정에는 이런 배경이 깔려 있다. 하지만 중국에서 무엇을 배워 왔다면 사대주의자들이나 일본의 근대화를 배우자고 해서 친일파로 비판받는 개화파와 무엇이 다를까? 여기서 '동아시아 전쟁사의 유일한 중심인물'이 다시 한 번 위력을 발휘한다. 중국에서 배웠어도 연개소문은 역사의 중심에 있다. 중국에 유학했지만 중심은 연개소문이다. 이게 무슨 말인가? 중심인물이란 기준과 근거가 뭐냐가 중요한 것이 아니다. 그가 역사의 중심에 있다는 선언이 중요하다. 그것이 신채호의 민족 자존심의 표출이다. 그래서 신채호는 연개소문에게 '동아시아 전쟁사의 유일한 중심인물'이라는 솔직히 이해하기 힘든 타이틀을 붙였고, 이 말은 수많은 사람에게 그 의미를 떠나 감정적인 기쁨을 주었다.

하지만 단재의 학설을 이제는 냉정하게 볼 필요가 있다. 연개소문의 쿠데타에 대해서도 신채호는 중국을 막고 남쪽(신라·백제)으로 진격하자는 영류왕과 남쪽을 방어하면서 북진을 하자고 주장한 연개소문과의 갈등이 원인이었다고 보았다.[11] 이런 견해에서 영류왕을 대당온건론자로, 연개소문을 대당강경론자로 보는 견해가 파생했다. 하지만 연개소문이 강경론자 내지는 주전론자가 된 근거는 그가 집권했을 때 전쟁이 발발했다는 사실뿐이다.[12]

는 정보는 을지문덕과 별로 다르지 않다. 다만 연개소문 시대의 전쟁이 을지문덕 때보다 훨씬 길었고, 상황이 복잡하게 전개된 탓에 정황과 추정의 여지가 많아졌다.

오랫동안 유력했던 견해는 연개소문의 쿠데타가 당나라에 대한 강경론과 온건론의 대립으로 인해 발생했다는 것이다. 이 견해의 바탕에는 강경론은 자주적이고, 온건론은 굴종적이라는 식민지적 사고가 은연중에 깔려 있다. 그러나 그렇게 볼 만한 근거는 어디에도 없다. 영류왕이 당나라에 순종하자고 주장한 징조도 없다. 고구려가 당나라의 기만전술에 현혹된 인상을 주기는 하지만, 천리장성 축조에서 볼 수 있듯이 국방을 소홀히 하지도 않았다. 국방정책은 강경론이고 교류와 화해는 온건책인 것도 아니다. 강한 제국을 상대하는 외교에서 정책의 겉모습만으로 강경과 온건으로 쉽게 이분한다는 자체가 불가능하다.

연개소문은 강한 리더였다. 그의 집권으로 고구려가 좀더 강인해지고, 전쟁 의지가 확고해졌을 수도 있다. 의사결정과 명령체제도 이전의 귀족연합체제에 비해서는 빠르고 분명했다.

하지만 그것이 전부는 아니다. 현대까지도 우리 사회를 지배하고 있는 이상한 이론의 하나가 독재정권이 전쟁에는 유리하다는 환상이다. 독재정권이 다른 것은 몰라도 군사력은 강하게 한다는 생각은 의외로 널리 퍼져 있다. 그러나 그것은 무서운 오해다.

사회가 전제적, 독재적, 혹은 경직될수록 전쟁을 수행하는 데는 치명적인 약점이 커진다. 연개소문 정권의 예를 들어보자. 연개소문은 최고위 귀족을 200명 가까이 살해했다. 그러니 군의 장교와 최고의 용사들은 다 그들 수하에 분산되어 있었을 것이다. 이럴 경우 군의 장교와 하사관층을 이루는 그들의 자제와 수하 무사들, 그 귀족이 양성한 부대는 당장 요주의 대상이 된다.

당시 군대는 정부가 장수를 임명하면 장수가 휘하의 무사와 사병을 거느리고 참전하는 형태였다. 그러니 실제 전투력의 근간을 이루는 하급 장교와 무사들까지도 숙청되었을 것이다. 후속 숙청의 희생자 수는 기록이 없지만 그 규모는 엄청났을 것이다. 이때보다는 훨씬 인도적이었던 조선시대에도 거물급 정치인, 특히 군무에 오래 관여한 정치인을 숙청하게 되면 그와 관련 있는 무사들은 남김없이 찾아서 죽이거나 쫓아냈다.

이것은 당장에 군의 인사와 군대 편성의 왜곡을 낳는다. 우수한 군대와 지휘관이 변방으로 밀려나고, 역전의 용사가 군에서 떠나가고, 엉뚱한 부대와 인물이 그 자리를 메울 수도 있다.

물론 이렇게 반문할 수도 있다. 연개소문이 귀족세력을 숙청했기 때문에 귀족제의 그늘에 가려 있던 우수한 인재들이 신분을 뛰어넘어 등용될 수도 있지 않았겠는가? 그럴 가능성도 있다. 그러나 혹 연개소문이 그런 원대한 뜻이 있었다고 해도 그의 정권은 정상적인 정치를 할 수가 없었다. 연개소문 시대에 기존의 지배질서를 대체할 새로운 사회세력이 존재했다고 보기는 어렵고, 권력을 탈취하는 과정이 지극히 무리한 것이었기 때문이다. 게다가 전투를 지휘할 수 있는 능력 있는 군인은 하루아침에 만들 수 있는 것이 아니다. 연개소문 정권은 권력의 수직이동이 아닌 그저 약간의 경사가 있는 수평이동이다. 정치적 숙청은 무능한 장군을 퇴출시키고, 새로운 인재를 발굴하기도 하지만, 그보다 더 많은 무경험의 지휘관과 새로운 측근인사도 불러들인다.

연개소문 역시 자기 아들들을 포함한 일가 친척과 수하에게 정부와 군의 요직을 맡겨야 했다. 그의 아들들은 아주 어린 나이에 고관이 되었다. 게다가 지방에서는 연개소문 정권에 저항하는 반란이 일어났다. 그 중 하나가 안시성이었고, 연개소문은 안시성을 공격하다가 적당히 타협을 했다. 그런 곳이 안시성 한 곳만이 아닐 것이다.

3 전쟁 전야

당 태종이 고구려 침공을 결심하고도 마지막 결단을 내리지 못하고 있는데, 연개소문의 쿠데타가 터졌다. 당나라로서는 더할 나위 없는 호기였다. 그러나 이 상황에서도 태종이 꾸물거렸다. 이해하기 힘든 일이지만, 고구려에서 벌어진 내전에 가까운 분란이 태종에게 헛된 기대를 주었던 것 같다. 그러나 아무리 그래도 이렇게까지 어부지리에 집착을 보이는 태도는 예전에는 볼 수 없었던 모습이었다.

그만큼 당 태종에게도 고구려는 강하고 부담스러운 상대였다. 지정학적 요인도 컸다. 당나라의 수도 장안은 중국의 서북쪽 끝에 치우쳐 있다. 요동은 중국의 반대편 끝이다.

고구려가 거의 내란 상황까지 갔는데도 당이 침공할 기미를 보이지 않자 고구려는 정말로 안심이 되었던 모양이다. 연개소문은 군대를 남으로 돌려 신라를 침공했다. 정변으로 어수선해진 국내 정세를 전쟁으로 일신해 보려는 의도라고 볼 수도 있으나 이런 해석은 지나치게 음모론적이다. 남쪽을 안정시켜 놓아야 당나라와의 전쟁에 전념할 수 있다고 생각했을 수도 있다. 그러나 지난 수백 년간의 경험으로 볼 때, 과도한 공격은 대당전쟁에 투입할 전력을 낭비시킬 것이 분명하다. 고구려가 백제와 신라를 단기간에 멸망시킬 가능성은 없었다.

신라쪽 기록에 의하면 이 공세는 백제와의 연합공세였다. 그렇다면 고구려는 일단 신라를 소백산맥 안쪽으로 다시 밀어넣고, 백제와 한강 유역을 두고 최종 승부를 가리게 된다. 이는 장기적인 전략 구도를 지닌 공세로서 대당전쟁을 염두에 둔 예비 공세일 수는 없다. 연개소문은 당나라의 태도를 보고 당이 고구려를 침공할 능력이 없다고 확신했던 것 같다. 그는 직접 남쪽으로 종군해서 신라를 무섭게 몰아쳤다.

643년 9월 연개소문의 대공세에 당황한 신라가 다급하게 당나라에 구원을 요청했다. 고구려와 백제의 연합공세로 신라는 40여 성을 빼앗겼고, 당나라와 통하는 유일한 항구인 당항성도 함락 위기에 몰렸다. 그러나 이때도 당나라는 신라의 요청에 응답하지 않았다. 심지어 고구려의 정변에 대해서도 시비를 걸기는커녕 사신을 보내 보장왕을 고구려왕으로 인정한다는 조서를 보냈다.

그 이전인 3월에는 고구려의 요청에 따라 도사 8명과 노자 도덕경을 고구려로 보냈다. 도사 파견 요청은 연개소문의 제안이었다. 묘하게 우리나라에서는 유교와 불교는 흥성했지만, 도교는 자리를 잡지 못했다. 연개소문은 이

중국의 도교사원 여산 명성궁

사실을 지적하면서 유·불·선(도교)을 공평하게 부흥시키고 싶다고 말했다.

그런데 도교의 도입에는 당나라와의 우호개선 외에도 정치적 이유가 있었던 것이 분명하다. 연개소문 세력은 처음부터 불교계와 관계가 좋지 않았던 듯하다. 이것도 그의 정변과 관련 있는 것으로 보이는데, 신라의 황룡사와 백제의 미륵사를 보아도 불교는 언제나 왕실과 긴밀한 관계에 있었다. 고구려도 평양 천도에 앞서 광개토왕이 평양에 7개의 사찰을 세운 사례가 있다. 높은 스님은 거의 왕족과 고위 귀족이었고, 상당수는 숙청당한 귀족들과 혈연관계였을 것이다. 그렇다고 불교를 말살할 수는 없으므로 도교를 융성시켜 타 종교의 세력을 누르고, 종교계에 친연개소문 인사를 포진시키려고 했던

것이다. 당나라가 도사를 보내자 보장왕(실제로는 연개소문)은 절을 빼앗아 도교 사원으로 바꾸었다.

644년 봄, 사농승 상리현장이 사신으로 고구려에 왔다. 연개소문은 남쪽에 가서 신라의 2개 성을 공략하고 있었다. 사신 영접을 위해 연개소문은 잘 나가던 진군을 보류시키고 평양으로 돌아와야 했다. 가뜩이나 화가 나는 참에 상리현장은 고구려와 백제에게 신라 공격을 중단하라는 조서를 내놓았다. 만약 거부하면 내년에 군사를 내서 고구려를 침공하겠다는 엄포까지 적혀 있었다. 연개소문은 단호하게 거절했다. "고구려와 신라의 분쟁은 오래된 것이다. 예전에 우리가 수나라의 침공을 받을 때 신라는 그 틈을 이용해서 우리 땅 500리를 빼앗았다. 그 땅을 돌려주기 전에는 전쟁을 그칠 수 없다."

조서의 엄포와는 다르게 상리현장은 마치 형님 같은 말투로 설득을 시작했다. 과거사는 과거사다. 지금 고구려가 차지하고 있는 요동도 중국의 군현이었다. 지금 당나라도 이것을 문제 삼고 있지 않는데, 고구려만 옛 땅을 고집하느냐. 서로 현실을 인정하고 현재의 상태에서 평화를 누리자 뭐 이런 논지였다.

이 구차해 보이는 설득, 조서의 위협적 말투와 상리현장의 맏형 노릇을 해보려는 애처로운 태도 사이의 불일치는 연개소문에게 당나라가 고구려를 침공할 여력과 의지가 없다는 확신을 다시 한 번 심어준 듯하다. 연개소문은 들은 척도 않고 공세를 계속했다.

다음 해 장엄이 다시 중재 사절로 오자 아예 토굴에 가둬버리고 남진을 재개해서 신라의 10개 성을 빼앗았다. 많은 분들이 연개소문의 이러한 행동에서 반사대주의, 자주적 영웅의 기개를 보지만, 그것은 적국에 대한 오판의 결과일 뿐이다. 정말로 당나라와 일전을 각오하고, 그 사전 작업으로서 신라 침공을 했다면 목표를 달성하기까지는 더더욱이 당나라에 대해서는 여우 같은 외교를 펼쳐야 하지 않았겠는가? 그러나 장엄을 가두지 않았어도 이미 때는 늦었다. 상리현장이 장안으로 돌아가는 동안 당나라는 침공 준비를 마치고 있었다. 장엄이 올 때는 군대가 북경으로 집결하고 있었다.

4 출정

645년 3월 말경에 당나라군이 요동에 도착했다. 수군은 비사성을 향해 출항했다. 수군의 진로는 산동-대동강 직항 루트와 산동에서 비사성으로 간 뒤 해안선을 따라 남하하는 두 경로가 있었다. 대동강 직항 루트는 단도직입적이지만, 바다와 기후 사정에 따라 항해가 지연될 위험이 있고 육군과 수군이 통신 두절 상태로 진군해야 한다. 수나라가 실패한 진정한 이유가 이것이었다. 그래서 수나라도 3차 침공부터는 비사성 루트를 택했다. 산동반도에서 비사성(다롄)으로 가는 항로는 아주 안전했고, 계절과 기후의 영향도 거의 받지 않았다. 해안선을 따라가면 육군과 수군이 서로의 진로를 확인하며 행군하는 수륙병진이 가능하다.

산동성에 과부하를 주어 농민반란을 유발한 실수도 피하기 위해 전쟁물자도 전국에 분담시켰다. 새로 발주한 전함 400척을 강서성의 홍주洪州(현재의 난창南昌), 요주饒州(현재의 포양波陽), 강주江州(현재의 주장九江)에 할당했다. 강서성은 내륙으로 바다가 없지만, 바다 같은 양자강을 끼고 있어 지금도 내륙 수운의 중심지이며 강가에는 조선소도 있다. 무엇보다 이 지역은 곡창인 강남 지역의 곡물을 수집하기가 편했다.

이어서 형부상서 장량張亮을 평양도행군대총관平壤道行軍大總管으로 임명했다. 그의 임무는 평양으로 행군하는 것이 아니라 항해하는 것이었다. 장량은

이적의 묘 중국 산시 성 시안에 있으며, 현재는 당 태종의 소릉을 기념하는 소릉박물관으로 사용되고 있다. 비 뒤로 보이는 가운데 봉우리가 이적의 묘다. 오른쪽은 이적의 초상

평민 출신으로 대단히 약삭빠른 인간이었다. 그는 고구려 전쟁을 내내 반대했는데, 태종이 전쟁을 결정하자 바로 전쟁에 자원했다. 태종은 전쟁에는 이런 기회주의자도 필요하다고 생각했던 것 같다. 적어도 이런 눈치형 인간은 내호아 같은 무모한 실수를 하진 않을 것이다. 수군 함선은 총 500척, 수병은 강서성과 안휘성의 군사 4만에 수도권인 장안과 낙양에서 모집한—정예 무사로 추정되는—군사 3천을 더했다.

 장량의 함대와 별도로 군량 수송선단이 하나 더 있었다. 책임자는 소경少卿 소예로서 황하 이남의 여러 주에서 군량을 징발, 수송하게 했다.

 육로는 수군보다 복잡했다. 일단 군단이 여러 민족으로 편성되었다. 만주의 토착민족인 거란족, 해족奚族, 말갈족을 선발대로 삼았다. 지휘관은 당 고조의 외종손인 영주營州(요령성 조양) 도독 장검이었다.

 최정예 부대는 당군 정예 6만과 난주와 하주의 돌궐 기병이었다. 지휘관은 태종이 이정 다음으로 신뢰하는 장수 이적李勣이었다. 이적은 산동성 조주曹州 출신으로 본명은 서세적이다. 이씨를 사성받아 이세적이 되었고, 황제인

힐리가한과 당 태종 629년 진왕이던 이세민은 장안 교외에서 돌궐의 맹주 힐리가한과 동맹을 맺었다. 그러나 얼마 후 힐리가한은 당 태종에게 철저히 궤멸당해 포로가 되었다.

이세민의 이름 '세'자를 피해 이적으로 개명했다. 무장으로서 그의 경력은 이정에 못지않다. 수말 혼란기에 그는 17세의 나이로 적양翟讓이란 군도에 투신했다. 순식간에 지도자가 된 그는 자신들을 토벌하러 온 2만의 수군을 격퇴했다. 그 후 혁명가 이밀의 휘하로 들어가 수나라 최고 명장 왕세충을 격파하고, 한때 20만 명을 거느렸다. 마침내 우문화급이 직접 그를 토벌하러 왔으나 성을 지키다가 멋진 계략으로 역습을 가해 우문화급마저 격퇴했다.

이밀이 패망하자 당나라에 귀순했다. 이정과 함께 돌궐 원정에 참전해서 군장 힐리가한頡利可汗을 격파하고 힐리가한과 포로 5만을 생포했다. 이 전투는 대돌궐전에서 제일 빛나는 승리였다.

이적은 이정만큼 천재적 면모는 없었지만, 이정의 전술을 잘 수행했고 통솔력과 군의 경영, 전략적 상황을 분석하는 능력이 뛰어났다. 무엇보다 당왕조와 임무에 대한 충성심이 확고했다. 이정이 고구려 원정에는 참전하지 않았던 반면 그는 고구려 원정에 처음부터 끝까지 종군한다.

이적의 돌격대장은 예부상서 강하왕江夏王 도종道宗이었다. 태종의 조카인 그는 17세에 진왕 이세민의 휘하에서 전쟁을 시작했다. 황제의 조카라는 높은 신분에도 불구하고, 저돌적이고 겁을 상실한 기병돌격으로 현란한 전과를 올렸다. 힐리가한 추격전에서 마지막에 힐리가한을 사로잡은 장수가 도종이었다.

티벳 원정 때는 모든 장수가 추격을 중지하자고 하는데도 단독으로 부대를 끌고 추격에 나섰다. 티벳 군이 티벳 고원의 험악한 지형을 배경으로 결사항전을 벌이자, 겨우 1천 기만을 이끌고 산 뒤쪽을 돌아 넘어 티벳 진영을 습격하여 적을 붕괴시켰다.

고구려 원정을 시작할 때, 당 태종은 영주도독 장검에게 정찰을 맡겼다. 장검은 지역병인 거란족·해족·말갈족으로 구성된 군대를 거느리고 있었음에도 불구하고 차마 요하를 건너 고구려 땅으로 들어갈 엄두를 내지 못했다. 그러자 도종이 정찰을 자원했다. 겨우 기병 100기를 차출한 그는 20일 거리를 행군해 들어가 10일 동안 적의 지형을 정탐하고 돌아오겠다고 장담하고는 정말로 그렇게 했다. 고구려군이 퇴로를 차단하자 사잇길로 빠져 탈출에 성공했다. 태종은 그의 용기에 감탄해서 금 50근과 비단 1000필을 하사했다.[13]

이들 외에도 전반적으로 당나라군 진영에는 수나라군보다도 우수한 장수들이 많이 포진했다. 하지만 제일 위협적인 장수는 태종 자신이었다. 당군이 장안을 출발해서 낙양에 도착했을 때 태종은 낙양에 살고 있는 전 의주자사 정천숙을 자문격으로 호출했다. 정천숙은 수 양제를 따라 고구려 원정에 참전한 경험이 있었다. 정천숙은 원정에 회의적이었다. 요동은 너무 멀어서 군량 수송이 어렵고, 이 동쪽의 오랑캐들은 수성전을 잘해서 함락시키기 어렵다고 말했다. 보통 군주 같으면 이미 군대가 출정한 마당에 무슨 불길한 소리냐며 화를 내거나 처벌했을 것이다. 더 덜 떨어진 리더는 논쟁을 벌인다. 그러나 불세출의 황제는 이렇게 말했다. "지금은 수나라와 다르다. 공은 단지 나를 따르기만 하라."

수나라와 다르다. 자신은 수 양제와 다르다는 확신이 괜한 자부심이 아니었다. 태종은 준비하는 자세부터 달랐다. 어느 전쟁에서나 중요하지만 고구려와의 전쟁에서 더욱 필요한 병과가 하나 있다. 바로 공병이다. 고구려의 수성

직접 말을 돌보는 당 태종 수 말의 반란군을 이끌던 당시를 묘사한 것으로, 말갈기를 세 개의 매듭으로 딴 것은 그가 황제 아래인 제후(왕. 제후는 황제의 다음 신분으로, 황제 아들은 왕으로 임명했다)의 신분임을 상징한다.

술에 대한 대책이 공병이었다. 옛날이나 지금이나 선진 군대의 장점은 재력과 물자, 그리고 기술력이다. 공성전에 대비해서 그는 양제보다 더욱 철저하게 공성구를 준비했다. 영주 서남쪽에 있는 안라산에 작업장을 건설하고 기술자를 모아 공성구를 제작했다. 현상 응모도 했던 모양으로 자체 제작한 기구와 아이디어를 바친 사람이 헤아릴 수 없이 많았다. 실전 경험이 풍부했던 태종은 몸소 자를 들고 기계의 구조와 크기를 점검하고, 개량하기까지 했다.

이제 45세의 장년이 된 태종은 특유의 제스처와 세심함, 탁월한 조직관리 능력을 맘껏 발휘했다. 병사들 앞에 등장하는 그의 모습은 병사들을 사랑하고 그들의 고통을 이해하여 조금이라도 그 고통을 덜어주고자 노력하는 황제였다. 출정을 떠나면서 그는 태자에게 승리하여 돌아올 때까지 외투를 새 옷으로 갈아입지 않겠노라고 약속했다. 시종하는 내시도 겨우 10명에 불과했다. 황제는 활과 화살을 메고, 직접 군장을 꾸렸고, 그 모습으로 병사들 앞에 나타났다. 그들과 함께 행군하면서 웬만한 시내는 병사들과 함께 말을 타고

옷을 적시며 건넜다. 육합성을 짓고 거주하던 양제의 태도와는 질적으로 달랐다.

호통치며 책임추궁만 하던 양제와 달리 태종은 모든 결정은 자신이 내리고 책임도 자신이 졌다. 대신 신하들에겐 언로를 열어 놓아 자유롭게 의견을 개진하게 했다. 그렇다고『정관정요』의 신화처럼 어떤 비판이라도 감내하는 바다같이 넓은 마음의 소유자는 아니었다. 태종의 열린 귀는 인격이 아니라 정치감각과 리더십의 소산이다. 어쨌든 이런 능력으로 그는 부하에 대한 통제력과 인망을 함께 확보했다.

전쟁은 어느 정도는 긍정적인(?) 역할도 한다. 태풍이 바다 밑의 유기물을 헤집어 순환시키듯이 사회의 활력과 탄력성이 부족했던 시대에 전쟁은 대규모 군수산업을 일으켜 대상인과 청부업자에게 부와 정계의 인연을 늘릴 기회를 마련해 준다. 떡값은 고물을 뿌려 조선 기술자, 장인, 대장장이 등에게도 한 뭉치의 일감이 간다. 군주를 잘못 만나면 제 값을 못 받지만 보통은 그들에겐 호경기가 열린다.

기회는 귀족과 부자에게만 가는 것이 아니다. 신분, 가문, 지역, 학벌 등등 출세에 제한이 많은 중세사회에 전쟁은 영웅을 만들고 벼락출세의 기회를 준다. 대원정이 있을 때마다 전국 각지에서 수많은 무사들이 자원입대를 한다. 그들의 꿈은 아메리칸 드림보다 더 위험하고 성공할 확률이 낮지만 그래도 수천 명의 젊은이들이 불나방처럼 군문으로 달려온다.

그들을 바라보는 장군들의 심정은 착잡할 것이다. 장군들은 누구도 거역할 수 없는 운명적인 통계를 안다. 노르망디 상륙작전 전야에 아이젠하워 장군은 공수부대 장병을 사열했다. 총사령관을 맞은 병사들은 밝고 자신에 찬 모습을 보여주려고 노력했지만 정작 총사령관은 그 젊은이들의 얼굴을 똑바로 쳐다볼 수 없었다고 회고했다. 그들 중 반 이상이 적진 후방에서 사살될 운명임을 알고 있었기 때문이다.

그래도 그들의 꿈을 깨뜨릴 수는 없다. 그들은 전쟁에서 가장 유용하고 필요한 사람들이기 때문이다. 40년 전 요하의 강물 속으로 뛰어들어 비탈을 기어올라 고구려군의 진지로 돌격하던 젊은이들, 요동성에서 사다리차 끝의 널판에 서서 고슴도치 가시 같은 고구려군의 창의 장벽에 온 몸으로 부딪히던 용사들이 다 그들이었다. 어떤 전쟁이든 영웅을 창출하지만 한 명의 영웅 뒤에는 수천 명의 죽음이 있다는 사실을 그들은 알까?

하지만 지원자들의 입장에서 보면 세상의 모든 일이 마찬가지다. 모험은 위험부담이 있기에 매력이 있고, 어느 분야에나 한 사람의 성공자 뒤에는 실패자들의 거대한 무덤이 있기 마련이다.

하여간 그때도 전국에서 응모자들이 넘치듯이 들어왔다. 그 중에 두 사람의 설씨가 있었다. 한 사람은 지금의 산시 성 지산稷山 현인 강주降州 용문龍門 출신인 설인귀薛仁貴였다. 무술이 뛰어나고 활 솜씨도 천하무적이었다. 이 지역은 중국과 유목민족의 접경지대로 유목민족의 영향인지 중국의 무사와 장군에는 이런 접경지대 출신들이 많았다. 그러나 가난하고 관직도 없는 농사꾼이었다. 고구려 원정이 발표되었을 때 그는 부모의 상중이었는데, 부인이 이번 기회에 한번 출세해 보라고 등을 떠밀어 입대시켰다. 역사책에는 부친상을 당해 고민하는 그에게 부인이 "기회는 자주 오는 것이 아니니 이때 당신의 재주를 펼쳐 보라"고 말했다고 이 장면을 좀더 우아하게 표현했지만, 오죽 사는 게 힘들었으면 부인이 남편에게 전쟁에 나가라고 권했을까 싶다.

또 한 사람 설계두薛罽頭는 신라인이었다. 설총으로 대표되는 설씨는 왕족인 김씨 바로 아래 서열의 귀족가문이었다. 설총이 임나 출신이라고 기록되어 있어서 가야인일 수도 있다. 설계두는 삼국항쟁이 가열되던 시기에 성장기를 보냈다. 무용에 자신이 있던 설계두는 장군이 되겠다는 야망을 품었으나 신라는 진골 출신이 아니면 장관이나 장군이 될 수 없었다. 그는 신라보다는 훨씬 개방적이었고 대전쟁이 벌어지고 있는 기회의 땅 중국으로 밀항했다.

그때가 621년이었다. 그러나 불행하게도 이해에 당나라는 중국을 거의 평정했고, 고구려와도 평화 모드로 전환해 버렸다. 중국에서 그가 무엇을 하며 살았는지는 알 수 없다. 돌궐이나 티벳 원정에 종군했을 가능성도 있으나 꿈은 이루어지지 않았다. 차라리 전란에 시달리는 신라에 남아 있었더라면 용맹을 떨칠 기회가 훨씬 많았을지도 모른다. 그의 허탈함을 아는지 모르는지 세월은 허무하고 야속하게 흘러갔다.

644년이 되어서야 당의 고구려 원정이 시작되었다. 이 순간을 기다린 지 24년 만이었다. 신라를 떠날 때의 나이가 20세였다고 해도 벌써 44세의 장년이 되어 있었다. 군인으로서는 정년이 다 되었지만 뒤늦게라도 찾아와준 기회에 감사하며 군문에 응모했다. 그는 실력을 인정받아 과의果毅라는 관직을 받았다. 딱 이렇게 응모한 용사들에게 주는 하급 장교직이었다. 현장에서 실력 발휘를 한 번 해보라는 의미였다.

5 4월의 기습

전쟁이 시작된 장소는 수나라 침공 때와 동일했다. 당군은 포크처럼 세 갈래 길로 들어왔다. 북쪽의 신성, 중앙의 요동성, 남쪽의 건안성이다. 문을 파괴하려면 문 가운데에 있는 손잡이 부분을 타격하는 것이 아니라 문과 벽의 연결 부분인 양쪽의 경첩을 깨야 한다. 요동성이 문의 손잡이라면 신성과 건안성이 문의 경첩이었다.

이 세 길의 폭은 국내성에서 의주까지 즉 한반도의 북쪽 국경인 압록강의 길이와 비슷하다. 주력인 중군은 요동성-오골성을 지나 의주를 거쳐 평양으

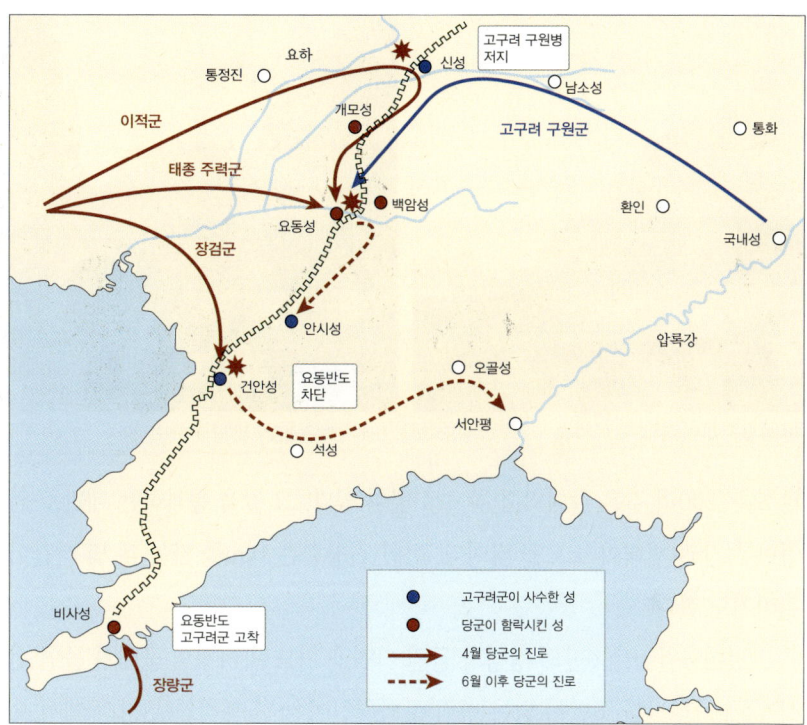

645년 당군의 고구려 기습도

로 직진한다.

좌우군은 양쪽 어깨가 되어 중군을 엄호한다. 좌군은 신성을 격파하고, 고구려 북부 지역에서 오는 지원군을 차단한다. 우측인 요동반도는 발해만을 향해 뿔 모양으로 돌출해 있다. 우익이 건안성을 확보하고 행군하면 뿔의 뿌리 부분을 절단하듯이 지나가게 된다. 즉 요동반도에 있는 고구려군이 중군의 측면을 습격하지 못하도록 반도 안에 고립시킨다. 마지막으로 산동반도에 출격한 해군이 뿔의 끝인 비사성에 달라붙어 요동반도의 고구려군을 물고 늘어진다.

전술 개요는 이런데, 이 작전을 실현하는 방법에서 당군은 보다 정교하고 노련했다. 당군의 주력이 처음 모습을 드러낸 곳은 요하 강변의 회원진이었다. 이 건너편에 요동성과 안시성이 남북에서 노려보고 있다. 고구려도 이쪽으로 병력을 모았다. 그러나 고구려는 아직 여유가 있었다. 회원진에서 요하

비사성 입구 비사성은 고구려 이후에도 계속 요새로 이용되었다. 현재의 성벽은 중국식 성벽으로 복원한 것이다.

로 오는 200리 길은 갈대와 진창으로 덮여 있다. 그 길을 통과하는 데만도 엄청난 시간과 체력이 소모될 것이다. 심한 진창길은 1km를 가는 데 몇 시간이 걸리기도 한다.

그런데 4월 1일, 6만의 정병과 돌궐 기병을 거느린 이적의 군대가 돌연 신성 앞에 나타났다. 6만이 넘는 병력이 회원진이 아닌 통정진(무려라)에서 요하를 건넜다. 고구려군이 응전 태세를 갖출 시간도 없었다. 강하왕 도종이 선봉을 맡아 수천 명을 거느리고 신성을 급습했다. 절충도위 조삼량은 겨우 10여 명의 기병을 거느리고 성문으로 돌격했는데, 성에서는 맞받아 나가 싸우는 자가 없었다. 그만큼 당황했고, 싸울 준비를 갖추지 못했던 것이다.

며칠 후에는 영주도독 장검의 만주군이 요하를 건너 남쪽의 건안성을 쳤다. 비사성 앞에는 장량의 해군이 나타났다. 이렇게 좌우익군이 먼저 남북의 고구려군을 봉쇄하자, 비로소 중군이 요하를 건너기 시작했다.

당군은 수나라군처럼 대병력을 몰아 자신들의 진격로를 예고하며 나아가는 비효율적인 기동을 하지 않았다. 당군은 부대를 작게 나누고, 예상 진격로와 공격지점을 교란하고, 부대가 나아가는 방향과 공격하는 성과 도착하는 시간을 각기 달리함으로써 전쟁 상황판을 아주 복잡하게 만들었다. 인공위성은 고사하고 무전도 없던 시절이다. 적군 병력이 어디로 이동하고 있으며 언제 어떤 병력이 어디로 도착하는가는 전투의 성패를 좌우하는 중요한 요소였다.

　전략의 천재가 지휘하는 군대답게 당군의 전술적 배치와 운영은 뛰어나서 고구려군은 완전히 교란되고 말았다. 『삼국사기』에서 "우리 성들이 크게 놀라 모두 문을 닫고 스스로 지키었다"라고 간략하게 표현한 것은 바로 이런 상황을 말한다. 당군의 진로를 파악하지 못했으므로 고구려는 섣불리 어느 성의 병력을 보강하거나 이동시킬 수가 없었고, 각기 자기 위치에 고정되고 말았다. 요동 방어망의 삼각 편성과 협력체제는 기능을 상실했다. 언제나 첫 번째 전투가 벌어지던 요하의 강언덕조차 무저항으로 내주고 말았다. 수 양제가 오직 머릿수로 해결하려고 했던 효과를 당군은 머리의 양이 아니라 질로 이루어냈다.

　이 기회를 틈타 당군은 신속하게 방어망의 여러 성을 각개격파했다. 수나라와의 전쟁에서 한 번도 함락된 적 없던 불패의 성들이 위기에 빠졌다. 건안성은 장검의 부대를 맞아 고전했다. 건안성은 현재의 가이저우 시 청석령에 위치한 고려성산성으로 보고 있다. 이곳의 옛 지명이 건안주다. 산성의 둘레는 약 5km, 주봉의 높이는 308m다. 성문이 3개, 수문이 1개, 4개의 망대가 있다. 성 안에는 아무리 가물어도 마르지 않는 좋은 우물 5개가 있다. 건안성에서 고구려군은 수천 명이 전사했다. 그러나 당군도 예상치 못한 사태를 만났다. 건안성의 고구려군이 큰 희생에도 불구하고 건안성을 지켜냈던 것이다.

　이적과 도종의 기습을 받은 신성도 성에 고착되었지만, 용케 성을 지켜냈다. 당군은 실력을 발휘해서 서전에서 고구려를 놀라게 했다. 그러나 거기까지였다. 더욱이 기습적 공세라는 표현이 무색하게 건안성과 신성 전투에서 태종이 한탄했다고 할 정도로 희생이 너무 컸다. 신속하게 양쪽 견부를 확보하기 위해 맹공격을 퍼부었던 것 같다. 그러나 고구려군은 혈전 끝에 성을 지켜냈다. 당군이 얻은 성과는 요하의 무혈 도하였다. 당 태종이 자기는 수 양제와 다르다고 큰소리를 쳤지만, 그 차이도 고구려의 성벽을 넘지는 못했다.

비사성의 주봉 뒤의 안테나가 솟아 있는 곳이다.

1라운드의 전황은 완전 성공도 완전 실패도 아니었다. 그런데 시간이 갈수록 전황은 점점 더 격렬하고 혼돈스러워졌다. 당 태종조차도 불길함을 느끼던 순간에 급보가 날아들었다. 기회주의자 장량이 난공불락의 요새 비사성을 함락시켰다. 비사성은 다롄 시 외곽 진 현金縣에 있다. 현재 명칭은 대흑산성大黑山城이다. 뤼순, 다롄은 철광과 석탄의 산지면서 청일전쟁과 러일전쟁 때 모두 격전이 벌어졌던 요동 최고의 전략 요충이다. 지금도 중국의 해군기지가 이곳에 있다. 당나라군의 입장에서도 육군의 진격을 엄호하고, 평양으로 가는 해로를 개통하기 위해서는 다롄을 반드시 확보해야 했다.

이 다롄 항을 굽어보고 있는 비사성은 산 자체가 하나의 자연요새다. 필자는 이곳을 보기 전에는 이런 지형은 영화에서만 존재한다고 생각했었다. 성의 남쪽은 바다로 떨어지는 수직 절벽이다. 높이는 정확히 모르겠지만 정상에서 보면 발 아래 한참 밑에서 새들이 날아다닌다.

걸어서 올라갈 수 있는 통로는 서쪽에만 있다. 먼저 벽처럼 늘어선 바위절

비사성 서문에서 정상으로 오르는 길 사방이 수직 절벽으로 둘러싸인 협곡이다.

벽 사이로 난 좁은 오솔길을 따라가야 한다. 이 절벽 위쪽에서 수비병이 겹겹이 늘어서 돌과 화살을 날린다고 생각하면 끔찍하다. 이 통로를 지나면 다시 바위 틈으로 난 좁은 길을 따라 절벽을 올라가야 한다. 바위절벽을 올라가는 중에도 길이 굽이굽이 감기고, 절벽에는 층층이 돌기가 있어 굳이 성벽과 치를 쌓지 않아도 이 접근로를 삼면 사면에서 이중 삼중으로 공격할 수 있다.

정상부로 올라서면 그 아래 평야와 협곡, 산과 구릉 사이로 난 모든 길이 완벽하게 감제되어 사방 수십 킬로미터 이내 적의 움직임을 손안에 넣은 듯이 볼 수 있다.

비사성 정상에서 내려다본 성문 성문에서부터 올라오는 길과 주변의 도로가 한눈에 들어온다.

이 난공불락의 요새가 한 달도 버티지 못하고 5월에 함락되었다. 전투 상황에 대해서는 기록이 없다. 하지만 기회주의자 밑에 훌륭한 장수가 있었다. 『당서』에 의하면 정명진程名辰이 군사를 이끌고 밤에 도착하고, 부총관 왕대도王大度가 제일 먼저 성에 올랐다고 간략하게 기록했다. 그리고 성이 함락되면서 남녀 8천 명이 죽었다고 한다. 이것이 한 줄기 단서다. 남녀 8천 명이 있었다는 것은 이 성에 주변의 민간인이 피난해 들어와 있었음을 말해준다. 그런데 민간인까지 포함한 수가 8천이라면 병력이 많지 않았다는 말이 된다.

　비사성은 천혜의 요새지만, 낭떠러지 절벽이 주봉을 중심으로 꽤 긴 곡선을 이루고 있다. 이것이 비사성의 유일한 약점인데 성 전체를 수비하려면 상당히 많은 병력이 필요하다. 당군의 급습으로 민간인까지 비사성으로 들어왔지만 훈련된 수비대가 부족했다. 병력이 부족하면 방어선에 빈틈이 생긴다. 정명진은 밤을 이용하여 이 빈틈을 파고 들었다. 민간인을 남녀 불문하고 8천 명이나 죽였다는 것도 야간전투가 빚어낸 참상이 아니었을까?

　비사성 함락은 당군을 다시 고무시켰다. 신성과 건안성 공격은 실패했어도 중군이 방해받지 않고 요하의 난코스를 통과할 수 있게는 해주었다. 이제 진짜 싸움, 요동성 공격이 남았다. 요동성을 반드시 함락해야 진입로가 열린다.

　그런데 요동성 공격을 앞두고, 최정예 부대인 이적군이 요동성이 아닌 신성에 가 있었다. 이것이 좀 이상했는데, 아니나 다를까 이적군이 신성을 버리고 급거 요동성으로 회군했다. 신성 함락에 실패한 이상 좌익의 불안을 감수하고, 요동성의 신속한 함락에 집중하겠다는 의도다. 이것은 상당히 중요한 결단이었다. 신성을 향해 국내성에서 발진한 강력한 고구려 지원부대가 다가오고 있었기 때문이다. 이적군이 신성 함락에 성공했다면, 그들은 신성을 거점으로 고구려 지원부대를 효과적으로 저지하면서 최정예 부대를 요동성 공격에 돌릴 수 있었을 것이다. 그러나 신성 공략에 실패한 이상, 야전에서 고구려군을 상대하는 것보다 주력과 합류해서 요동성에 주력하는 것이 안전하고 성공 확률도 높았다.

다들 그렇게 생각했는데, 이적군이 갑자기 방향을 바꾸더니 요하를 다시 건너 신성의 바로 후방에 위치한 개모성을 함락시켰다. 고구려는 1만 명과 양곡 10만 석을 잃었다(『자치통감』에는 포로가 2만이라고 했다). 순식간에 신성이 다시 위험해지고, 지원군의 진로가 차단되었다.

고구려 구원군은 깜짝 놀랐고 고민에 빠졌다. 당장 신성을 구하기 위해서도, 고구려 우익 전선(당군으로 보면 좌측)을 안정시키고 요동성으로 가는 통로를 열기 위해서도 고구려군은 급히 개모성이나 신성으로 가야 했다.

이 정신없는 전투 상황에서 고구려군 지휘부의 회의나 결정 과정을 보여주는 자료가 남아 있지 않다는 것이 너무나 안타깝다. 고구려의 기록이 남아 있었다면 신성과 개모성으로 오던 고구려의 장수들은 현 위치에서 대기하며 이적군을 기다려야 할지 아니면 전진해야 할지를 두고 망설였다고 증언하고 있을 것이다.

보통의 전략가라면 신성 공격에서 큰 타격을 입고도 다시 돌아와 신성 후방에 위치한 개모성을 함락시켰다면 이적군이 요동성으로 되돌아갈 것이라고는 생각지 못할 것이다. 그들은 이적군의 목적이 국내성을 위협하거나 당군의 좌측 견부를 확보하는 것이라고 확신할 것이다.

만약 그렇다면 국내성 구원군이 섣불리 요동성으로 진격하는 것은 대단히 위험했다. 이적군이 고구려군의 뒤를 돌아 국내성을 공격할 수도 있고, 고구려군의 측면이나 후방을 기습할 수도 있다. 따라서 고구려군은 요동성을 바로 진격할 것인지, 아니면 먼저 개모성에서 이적군을 몰아내야 할지를 결정해야 했다.

그 망설임이 이적이 바란 것이었다. 이적은 개모성을 포기하고, 다시 군대를 남쪽으로 급회전시켜 요동성으로 남하했다. 고구려 방어선에 한 방을 먹이고, 고구려의 지원군을 신성으로 유도한 뒤 자신들은 가운데로 집결해 요

당 고종의 능 건릉 세 개의 봉우리와 능선을 연결해 조성한 능 묘역은 황제의 능원 중에서도 최고 걸작으로 꼽힌다. 이 공사를 담당한 사람이 바로 염입덕이었다. 그는 죽은 후에 소릉 묘역에 배장되었다.

동성을 집중강타한다. 현대의 전술가들이 보아도 찬탄을 금치 못할 기동전의 정수였다.

전황이 이렇게 전개되는 동안 당나라 중군이 요하 도하를 시작했다. 좌우익이 고구려군의 공격 위험을 제거했지만, 요하의 소택지는 만만치 않았다. 진창이 너무 심해 사람과 말이 통과할 수가 없었다. 당 태종이 거느린 또 한 명의 재주꾼으로 토목공사의 대가였던 장작대장將作大匠 염입덕이 흙을 덮어 도로를 개설했다.

염입덕의 도로공사로 진군은 재개되었지만, 중군의 진격이 예상보다 느려졌다. 당군의 정교한 기동계획이 마지막에 차질을 빚었다. 그뿐 아니었다. 대담한 고구려군은 이적의 계략에 걸리지 않고, 망설임 없이 요동성을 향해 달렸다. 당나라 중군과 이적군, 고구려군 사이에 절박한 경주가 시작되었다. 누가 먼저 도착하느냐에 따라 요동성의 운명이 결정될 것이다.

1착으로 도착한 부대는 이적군에서 튀어나온 강하왕 도종의 돌격대 4천이었다. 이 병력으로는 요동성 공격이 불가능하다. 당군 주력이 진입하다가 먼저 도착한 고구려군에게 습격 당하는 위험을 방지하기 위한 선발대였을 것이다.

2등은 고구려군 주력 4만이었다. 도종 부대가 위험에 빠졌다. 도종의 참모들은 고지로 올라가 진지를 구축하고 버티자고 했다. 기병돌격에 관한 자신감으로는 당 태종 못지않았던 도종은 "적은 수가 많으니 우리를 깔볼 것이고, 멀리서 와서 피곤할 테니 그들을 치면 반드시 이길 것이다"라고 말하고 고구려군을 향해 돌진했다. 도종의 말은 좀 상투적인데, 기동성과 접전지역에서의 우위만 확보하면 적이 아무리 많아도 치고 빠지거나 일부를 함몰시킬 수 있다. 카이사르의 『갈리아 원정기』를 보면 만 명이 넘는 갈리아 군이 공격해 올 때 카이사르는 겨우 몇 백 명 되지 않는 게르만 기병대를 서슴없이 출동시켰다. 전술적으로 통제가 되지 않은 갈리아 보병은 이 작은 공격에 쉽게 동요하고, 기병에 유인되어 체력을 한 번 소모하고 만다. 이것이 카이사르의 노림수였다.

기병공격이 멋있고, 대담하고, 극적인 순간을 창출하는 것은 철갑이 아니라 이 기동성 덕분이다. 그래서 이정이 경갑기병을 당군의 주력으로 키운 것이다. 기병전술은 현대전에서 기갑전술로 부활했는데, 패튼과 롬멜같이 명석하고 대담한 전술가들은 기갑부대의 목표는 기동력에 기반한 전술적 승리며, 장갑을 위해 기동력을 희생해서는 안 된다고 주장했다.

그러나 상대는 기동전에 관한 한 더 오랜 경험과 능력을 지닌 고구려군이었다. 도종 휘하에 있던 마문거라는 도위는 좀더 솔직한 말을 남기고 돌격에 가세했다. "강한 적을 만나지 않고서야 어떻게 용사임을 증명할 수 있겠느냐!"

그 강한 적은 예상보다 훨씬 강했다. 도종의 기병대가 고구려군과 부딪히자 바로 밀렸다. 여기서 기병돌격과 기동의 관계를 설명한 이유는 도종의 패전이 결코 고구려군의 병력이 많았던 탓이 아님을 말하기 위해서다. 돌궐과 티벳 기병을 유린했던 당나라 최강의 기병부대도 고구려군에게는 상대가 되지 않았다. 도종과 함께 있던 요동도행군총관 장군예가 먼저 밀려 후퇴했다.

겁에 질려 아예 진격하지 않았다는 설도 있다. 도종은 흩어진 당군을 겨우 수습하여 고지로 올라갔다.

운명의 추가 고구려를 향해 완전히 넘어오려는 찰나에 엉뚱한 사건이 발생했다. 고구려군이 해이해졌는지, 적군 진영을 약탈하느라고 그랬는지, 아니면 도주하는 당군을 쫓다 보니 넓게 흩어지고 전열을 재정비하는 데 시간이 걸렸기 때문인지는 몰라도 대형이 많이 흐트러졌다. 노련한 장수로 적의 빈틈을 놓치지 않기로 유명한 도종은 패배하여 쫓기는 와중에도 투지를 잃지 않았다. 산 위에서 방어전투를 준비하던 도종은 고구려 진의 빈틈을 발견했다. 도종은 용사 수십 명을 선발해서 고구려 진영으로 돌진해 들어갔다. 그는 좌충우돌하며 고구려 진영을 휘저었다.

그래도 이 공격은 공세적 방어전술이지 고구려군을 패배시킬 정도는 아니었다. 하지만 승전으로 전열이 흐트러지고, 도종에게 기습까지 당한 그 순간에 하필 이적의 군대가 도착했다. 처음부터 이적군이 있었더라면 고구려군은 이 정도로 진을 흐트러뜨리지는 않았을 것이다. 원래 전투의 기본이 기병으로 구성된 결사대나 돌격대가 측면으로 돌진하여 대형을 무너뜨리면 주력이 진격하여 타격하는 것인데, 당군의 패전과 지연도착이 절묘하게 그런 상황을 연출한 결과가 되었다. 고구려군은 대패하여 사망자만 천여 명에 달하는 손실을 입고 패주했다.

이 패전으로 요동성은 구원의 희망이 사라졌고, 이적과 태종의 부대를 각개격파할 수 있는 절호의 기회를 놓쳤다. 얼마 후에 태종의 주력도 요하를 완전히 건넜다. 태종은 요하의 부교를 철거해서 병사들에게 물러설 곳이 없으며 이기지 않고는 돌아가지 않겠다는 의지를 다시 한 번 과시했다.

요동성에 도착한 태종은 도종을 포상하고, 용감하게 돌격했던 도위 마문거를 중랑장으로 특진시켰다. 그리고 도망쳤던 장군예를 처형했다.

요동성 공격이 시작되었다. 공격의 첫 작업은 해자를 메우는 것이었다. 태종이 몸소 말을 타고 지휘하자 시종들도 흙을 메고 해자로 달려갔다. 공성작전은 이적이 맡았다. 첫 공격은 포격. 보병이 진격하기 전에 적진을 포격하는 전술은 화약무기가 나오기 전부터 사용되었다. 다만 대포가 아닌 포차, 즉 투석기에 의한 포격이었을 뿐이다. 포차는 일렬로 세워 한 지점에 집중사격을 한다. 고구려군이 신라의 북한산성을 공격할 때 포차 30대를 일렬로 세웠다는 기록이 있는데, 이때 병력은 1만이 되지 않았던 것 같다. 당군의 병력을 그 10배로 가상하면 무려 300대. 장비가 좀더 풍부했을 것이라고 가정하면 400대 이상이 되었을지도 모른다.

그런데 투석기로는 한 지점을 공격한다고 해도 정밀하게 한 점을 타격하기는 어렵다. 투석기로 날리는 포탄도 강력한 추진력으로 발사하는 것이 아니고, 포탄의 궤도도 직선이 아닌 포물선이다. 따라서 포탄이 성벽을 직격하지 못하고, 사선으로 떨어지며 성벽에 부딪히거나 성벽 위로 떨어진다. 이런 타격 방식으로는 성벽을 허물기가 쉽지 않다.

그러므로 투석기에 의한 포격은 성벽도 성벽이지만 누각, 탑, 쇠뇌, 당차 등 성벽 위의 방어시설과 장애물을 파괴하는 데 일차적인 목적을 두기도 한다. 포격은 수비군을 성벽에서 밀어내는 데도 아주 효과적이다. 수비군을 밀어낸 틈을 타서 공성군이 성벽 아래로 공성구를 이동시키거나 성벽을 기어오를 여유를 가질 수 있었다. 오늘날 포병이 전진하는 보병의 앞으로 탄막사격을 해주어 보병의 진격을 엄호하는 것과 같은 이치다.

수비 측도 그냥 당하지는 않는다. 이때의 포차는 명중률이 떨어지므로 공격군의 바로 앞선을 때리는 현대의 탄막사격과 같은 정교한 포격을 할 수는 없었다—이런 포격은 제1차 세계대전 때나 가능해진다. 그래서 수비 측의 입장에서 보면 포격과 보병의 공격 사이에 다시 전열을 정비할 수 있는 시간적 여유가 있었다.

중국의 성은 벽돌을 많이 사용하므로 아무래도 건물의 구조가 좀더 세밀

성벽 아래쪽에 만든 대피용 벙커 중국 난징 성

한데, 성벽 아래쪽에 커다란 벙커를 만든 성도 있다. 포격이 시작되면 병사들을 이곳에 대피시켰다가 포격이 그치면 바로 성벽 위로 올려보냈다.

우리 성에는 그런 것은 없다. 대신 성벽 바로 아래에 참호를 파거나 성벽 위에 통나무를 세우고 그물을 덮어 투석기의 공격을 막았다. 고전적인 전쟁 영화에서 흔히 나오는 장면이 참호 속에서 흙먼지를 뒤집어쓰면서 적의 포격을 버텨내는 병사들의 모습이다. 옛날 전쟁에서도 나무 벙커 아래 웅크린 채 바윗돌의 공격을 버텨내고, 적의 투석기를 향해 쇠뇌와 화살을 날리는 장면은 그 못지않게 치열하였다.

그런데 이날 성벽 위의 고구려군을 놀라게 한 신무기가 등장했다. 지금껏 보지 못한 거대한 투석기였다. 40년 전 수나라 침공 때 수군의 공성구가 효과를 보지 못한 경험을 살려 당군은 강력한 포차를 제작했다. 이 신형 투석기는 300근이나 되는 거대한 돌을 무려 300보씩이나 날렸다. 당척으로는 1보가 1.8m이므로 300보면 무려 540m가 된다.

고구려군의 저항이 약화되자 당군은 당차(당차는 원래 수성구로서 커다란 창이나 충격기를 매단 무기다. 여기서는 램을 매단 공성탑을 말하는 듯하다)

를 성벽에 근접시켜 성벽 위의 누각과 방어시설을 부수었다. 성벽 소탕작전이 성공 조짐을 보이자 태종은 갑옷을 입고 1만여 기를 이끌고 이적의 공격대열에 합류했다.

마침 남풍이 강하게 불었다. 서남쪽으로 접근하던 당군의 사다리차가 성의 누각을 불살랐다. 불은 바람을 타고 성 안의 민가로 번져 대화재를 일으켰다. 이 화재로 사망한 사람만 만여 명이었다.

화재로 고구려군의 후방이 교란되어 지휘는 물론 교대·보급·병력배치 등이 제대로 이루어질 수가 없었다. 마침내 당군이 보병을 투입하여 성벽을 기어오르기 시작했다. 그래도 고구려의 용사들은 물러서지 않았다. 방어시설과 장애물이 파괴되자 그들은 방패를 일렬로 세우고 창으로 방아찧듯 적을 내려찍고, 돌을 굴리면서 끝까지 저항했다.

사다리차나 공성탑을 사용하여 성벽 위로 뛰어들 때 성벽 위에 교두보를 확보하느냐 내어주느냐가 전투의 승패를 좌우한다. 이때 공격군의 선봉은 당연히 특별히 선발한 최고 고수들이 맡는다.

과거 수나라와의 전쟁 때 수에 심광沈光이란 용사가 있었다. 그는 공성탑에서 성벽으로 걸친 널판을 타고 성벽으로 건너 들어가면서 고구려군과 충돌하여 혼자 10여 명을 죽였다. 그러나 더 칭찬해야 할 쪽은 고구려군이다. 이런 무시무시한 고수가 쳐들어와도 고구려 병사들은 밀집대형을 허물지 않고 끝내 심광을 창과 장대로 쳐서 떨어뜨렸다. 이날의 고구려군도 물러서지 않고 용감히 싸웠다. 이런 전투에서는 늘 적이 집중공격을 가하는 곳이 있고, 수비 측에서도 무너지는 곳이 있다. 적에게 교두보를 내어주지 않으려면 즉각 즉각 수비병력을 재배치하고, 이동시키고, 위험지역에 지원병을 투입하는 게 중요하다. 때로는 고수들로 구성한 특수부대를 편성해 두었다가 위험지역에 투입한다. 순간 순간의 상황 판단과 결단이 대단히 중요하다. 이것이 장군의 몫이다.

북쪽에서 본 태자하와 백암성 산 정상부에 비스듬히 쌓은 백암성의 성벽이 보인다. 이곳을 보려면 백암성 진입로로 바로 올라가지 말고 강을 따라 마을 밖으로 우회해야 한다.

그러나 이날은 방어시설과 장애물이 많이 파괴되었고, 화재로 인한 혼란으로 병력의 투입과 장비의 보충이 제대로 이루어지지 않았던 것 같다. 마침내 요동성이 함락되고 말았다. 그냥 읽으면 하루에 벌어진 일 같지만 12일 동안에 걸친 사투였다. 포로가 된 병사만 1만, 그것도 고구려가 신경을 써서 배치한 정예병이었다. 민간인 포로가 4만에 빼앗긴 곡식이 50만 석이었다.

요동성을 정복하자 태종은 기분 좋게 승리의 봉화를 올렸다. 승리의 불꽃이 순식간에 하남성 정주까지 이어졌다. 고구려 정복에 나서면서 태종은 하남성 정주로부터 요동성까지 수십 리마다 봉화대를 만들었다. 말로는 장안에 남아 황제를 대리하고 있는 태자에게 요동을 정복하면 봉화를 올려 승리를 알리겠다고 약속한 때문이라고 했지만, 자신의 건재를 과시함으로써 혹시나 있을 정치적 음모나 유언비어를 방지하자는 것이 진짜 목적이었다.

당군의 다음 목표는 요동성 약간 뒤쪽에 있는 백암성이었다. 여기서 잠깐 고구려의 주방어선인 천리장성 라인에 대해 설명할 필요가 있다. 대당 전쟁 당시 고구려의 서쪽 국경이자 방어선을 형성하는 자연지형은 요하와 천산산맥이었다. 고구려의 주 요새들인 비사성, 백암성, 안시성, 신성 등은 이 산맥

백암성에서 바라다본 천산산맥

을 따라 자리잡고 있고, 천리장성은 이 성들을 연결하는 장성이다.

이 라인이 중요한 이유는 이 산맥을 제외하고는 주변이 모두 평원지대여서 방어에 적합한 지형을 찾을 수가 없기 때문이다. 중국군이 진입하는 길목에 유일하게 남북으로 놓여 있는 산맥이 천산산맥이다.

백암성 성벽에서 본 성의 서북쪽 사면   바위가 깎여나간 곳과 멀리 보이는 하얀 부분이 다 석회암 채굴지역이다.

그런데 이 천산산맥이란 것이 우리나라의 산맥처럼 빈틈없이 이어진 산의 장벽이 아니다. 지평선이 보이는 평원 중간 중간에 산과 언덕의 중간쯤 되는 돌기들이 드문드문 엉성하게 솟아 있다. 억지 산맥이랄까? 산들은 점선, 일점쇄선이 섞이며 간신히 한 줄로 이어진다. 랴오양 일대는 거의가 석회암 지대라 지금 엄청난 채광이 행해지고 있는데, 얼마 지나면 이정도 산들은 모조리 파헤쳐져 흔적도 남지 않을 것 같다.

그러나 산을 따라가다 보면 그렇게 볼품없이 이어지던 산들이 제법 첩첩

내성에서 본 백암성벽과 전경

산중의 형세를 갖추는 곳이 있다. 이런 곳에 어김없이 고구려 산성이 놓여 있다. 그리고 이 산성들을 잇는 라인이 천리장성이다. 이것이 천리장성의 가치이면서 약점이기도 한데, 지금의 베이징에서 만주로 진입하는 과정에서 산성을 쌓을 수 있는 지형을 만나기만 하면 성을 쌓고 이들을 엮어 놓은 방어망이 천리장성 라인이다.

그 중 하나인 백암성은 오늘날 가장 잘 남아 있는 고구려 성이면서 영화에서나 나올 것 같은 멋진 요새다.

백암성은 태자하가 곡류하면서 만든 강변의 절벽 위에 서 있다. 삼면이 절벽이고, 출입구는 서남쪽뿐이다. 이 진입로에서 보면 산 전체의 모습이 둥근 접시를 45도로 기울여 놓은 듯하다. 이 둥근 사면의 테두리를 성벽이 빙 둘러 감고 있다. 안쪽 정상부에 사선으로 좌우로 횡단하는 내성을 쌓았다.

백암성의 북쪽 태자하를 바라보는 절벽 부분에 쌓은 성도 직선이 아닌 사선으로 되어 있다. 성벽을 비스듬히 쌓은 데도 이유가 있다. 성벽을 비스듬히 쌓으면 공격하는 쪽은 일직선으로 놓인 성벽에 비해 공격 면적이 길어지고, 측면 부대 간의 거리도 멀어지며, 공격부대 간의 상황 판단과 협력도 더 어려

백암성에서 내려다본 태자하 강변

워진다. 높은 쪽을 공격하는 쪽은 공격선이 길어져 아래쪽 성벽에 있는 수비대에게 측면을 노출하게 되는 단점도 있다. 그렇다면 공격 측으로서는 아무래도 동시 공격을 하기가 곤란하고, 낮은 쪽 성벽에 병력을 모아 공격해야 하므로 공격 전면이 좁아진다. 수비대는 한 지점에 방어 역량을 집중할 수 있다.

아래쪽을 공격하던 공격군이 성벽으로 진입했을 때도 공격군은 성벽을 따라 올라가며 수비군을 소탕해야 한다. 이때도 성벽이 경사져 있으면 공격군은 아래쪽에서 경사를 기어 올라가며 공격하게 된다. 반면 수비군은 성벽 위쪽에서 아래에 있는 적군을 공격할 수 있다. 고구려처럼 궁술이 뛰어난 군대에게 높은 곳이라는 위치는 더욱 가공할 파괴력을 선사한다.

정상부에는 지휘대를 두었다. 이곳에서는 주변의 전망이 완벽하게 감제되어 적군의 동향을 한눈에 파악할 수 있다. 현재는 찾아보기 힘들지만 성 안에 우물도 충분했다고 한다.

성은 간간히 치를 두고 있다. 백암성의 치는 아름답고 온전하게 남아 있는 자태로 고구려 성의 대표적인 모습이 되었다. 하지만 불행하게도 옹성과 치로 둘러싸여 제일 멋있는 구조를 형성했을 남문 주변은 완전히 훼손되어 흔

제3장 최강의 군대

백암성의 성벽 밖에서 본 모습과 안에서 본 모습 바깥쪽에서 본 모습은 매끈한 반면 안쪽 성벽은 돌이 뽑혀 나가 울퉁불퉁하다.

적이 없다. 남아 있는 성벽도 밖에서 보면 온전해 보이지만 실은 묘하게 훼손되었다. 성 아래 마을에서 성벽돌을 뽑아 자재로 사용했는데, 성벽 안쪽에서부터 뽑아 쓰는 바람에 바깥쪽은 멀쩡하지만 안쪽에서 마구 파먹혀 성으로 오르는 계단 등 내부구조는 완전히 사라졌다. 발굴을 하면 알 수 있겠지만, 눈으로 보아서는 성벽의 두께도 파악하기 힘들다.

백암성의 백암은 흰돌 즉 석회암이다. 석회암은 한자어지만 한국에서만 아는 용어다. 중국에서는 석회암을 백암이라고 한다. 건축용으로 사용할 수 있는 석재 중에서는 제일 무른 암석이다. 석회암보다도 강도가 낮으면 석재로 사용할 수가 없고, 너무 단단하면 가공하기가 힘들다. 석재 하나하나를 완벽한 수직과 수평으로 깎아내야 했던 이집트의 피라미드도 석회암을 사용했다. 백암산의 석회암은 켜가 있어서 보도블럭처럼 납작하고 편편한 사각형으로 쉽게 잘라진다. 여기에 한 번 더 힘을 가하면 삼각형으로 잘라진다.

고구려인들은 이 석재를 이용해서 성벽돌을 주사위 모양의 직육면체로 깎지 않고 삼각형으로 만든 뒤, 서로 톱니처럼 끼워맞춰 성을 쌓았다. 평평한 밑면이 바깥을 향해 있어서 곁에서 보면 성벽돌이 사각형이지만 안쪽으로는 삼각형 돌들이 껴맞춰져 있다. 이런 기법을 좀 투박하게 표현해서 개이빨식이라고 한다. 이런 축성 방식이 고구려의 전매특허는 아니었다. 하지만 이곳의 석회암은 한반도에 편만한 무식하게 단단한 화강암보다 가공이 쉬워서 이

둥글게 마감한 백암성의 치 하단 부분 고구려 성의 정교함과 미학을 보여주는 대표적인 본보기로 되어 있다. 오른쪽은 삼각형으로 쪼갠 백암성의 성벽돌

런 축성 방식을 더 용이하게 해주었다. 요동에 있는 고구려의 성벽이 특별히 정교하고 아름다운 모습을 띠는 것은 이 때문이다.

당군은 요동성을 함락한 후 곧장 고구려 국경 안으로 들어가지 않고, 천리장성 방어선을 따라 백암성으로 이동했다. 천리장성 방어선에 있는 주요 성들을 먼저 제압한 뒤에 방어선 안쪽으로 진군하려는 의도였다. 참호전에 비유하면 참호의 한 지점을 돌파한 뒤 바로 진격하지 않고, 참호를 따라 양쪽으로 전개하면서 먼저 참호의 병력을 소탕한다는 개념이다. 이런 식의 진격은 수나라 3차 공격 때 왕인공과 설세웅에게 미식축구의 측면 가드 역할을 시키며 전진하던 방식보다 더 신중한 방식이다.

이 전술상의 미묘한 변화는 매우 중요하다. 고구려 전역에서 당군의 최대 약점은 시간부족이었다. 장안에서 요동까지는 오고 가는 데만 근 1년 반을 소모하는 거리였다. 고구려 원정으로 황제는 수도를 2년이나 비우게 된다. 그것은 전쟁에서 패하는 것보다 더 위험한 모험이다. 그럼에도 불구하고 태종은 양제보다 더 차분한 전진 방식을 택했다. 결단력과 과감함이 트레이드

마크였던 당 태종답지 않다. 그도 나이가 든 것일까? 아니면 과거의 전설이 과장된 것일까? 이유가 무엇이든 천하의 당 태종도 주춤거릴 만큼 고구려의 땅과 군대는 강했다.

그래서 백암성 공격을 결정하고도 태종은 내심 초조했을 것이다. 원래 공성전이라는 게 시간 잡아먹는 괴물이다. 무리하게 공격하면 시간은 줄일 수 있지만 희생이 너무 커서 평양까지 가기도 전에 전력이 소진되거나 병사들의 불만이 폭발할 수가 있다. 신성과 건안성에서 이미 당군은 예상 이상의 피해를 보았다. 이때 태종에게 낭보가 전해졌다. 백암성주 손벌음孫伐音(또는 손대음孫代音)이 밀사를 보내 항복 의사를 타진해 온 것이다.

태종은 흥분했지만 조금 후에 비보가 들어왔다. 백암성으로 가던 소규모 선봉부대가 고구려군을 만나 패배하고 지휘관이 중상을 입었다. 큰 전쟁에서 소소한 패전은 언제나 있는 일이다. 그러나 태종이 기겁을 했다. 중상을 입은 지휘관이 계필하력이었다.

계필하력은 철륵족(돌궐의 지배를 받던 유목민족. 터키 계로 바이칼 호 부근에서 살았다) 추장이다. 용맹하면서도 신중하고, 전투와 전술 능력 모두를 겸비했다. 당나라의 지배를 받는 이민족이면서 당나라와 태종에 충성스러운 드문 장수였다. 훗날 태종이 사망하자 자신도 따라 죽겠다는 걸 고종이 극구 만류해서 죽지 못했다는 일화가 있을 정도다.

계필하력이 죽으면 태종이 가장 신뢰하고 뛰어난 야전 지휘관 한 명을 잃을 뿐 아니라, 철륵족이 통제 불능에 빠진다. 철륵이 당에 충성하는 것은 오직 계필하력 덕이었다. 철륵이 돌궐과 합세하면 당군은 당장 고구려 침공을 거두고 서쪽으로 달려가야 할 판이었다.

계필하력은 백암성으로 가다가 역시 백암성으로 가던 고구려군과 조우했다. 도종 부대보다도 더 강한 진짜 유목기병이었던 그들은 두려워하지 않고 고구려군과 부딪혔고, 계필하력은 고구려군 장수와 맞대결까지 벌였다. 그러나 철륵 기병도 고구려군에게 패했고, 계필하력은 고돌발이란 고구려 장수의 칼에 옆구리를 찔렸다.

놀란 태종이 자신의 어의까지 급파했지만, 한때 생명이 위독했다. 그러나 그는 기적적으로 회복했고 다시 전투에 나서게 된다. 고돌발 부대가 백암성에서 출전한 부대였는지, 백암성으로 가는 구원병이었는지는 확실하지 않은데, 후자일 가능성도 높다고 생각된다. 이처럼 여러 성에서 온 구원병이 백암성 수비대에 합세하면서 태종은 계필하력 못지않은 손실을 또 하나 입게 된다. 손벌음이 백암성을 통제할 수 없게 되었다. 아니면 원병으로 자신감이 생겼는지도 모른다. 하여간 손벌음의 항복 의사는 없던 일이 되어 버렸다. 분노한 태종은 병사들에게 백암성을 함락하면 약탈을 허용하겠다고 선언했다.

5월이 가기 전에 당군은 백암성 공격을 시작했다. 초여름의 태양 아래 새하얀 성벽과 푸른 태자하가 피로 물들었다. 병사들은 약탈을 허용한다는 황제의 약속에 흥분했고, 시간과의 싸움이라는 전황을 이해하고 있던 장수들은 솔선수범해서 병사들을 이끌었다. 돌궐의 칸으로 우위대장군이던 이사마李思摩는 성에 근접해서 공격을 지휘하다가 화살에 맞았다. 태종은 그의 상처에 입을 대고 피를 빨아냈다. 감동적인 스토리지만, 다른 장수들도 그처럼 싸우라는 무서운 암시다.

최강 이적의 부대가 당차를 앞세우고 돌격했다. 뒤에서는 투석기와 궁수가 돌과 화살을 비처럼 성 안으로 퍼부었다. 요동성에서와 마찬가지로 여기서도 대형 투석기가 고구려군이 세운 방어시설들을 여지없이 파괴했을 것이다. 전투는 달을 넘겨 6월까지 계속되었다. 6월이 되자 당 태종이 직접 백암성까지 와서 성의 서북쪽에 진을 쳤다. 서북쪽은 화보에 제일 잘 등장하는 백암성의 치가 있는 곳인데, 그 아래쪽은 지금은 거대한 석회암 광산이 자리잡고 있다. 이 사면은 남문 쪽보다 경사가 급하다. 그러나 북쪽과 동쪽은 강변을 내려다보는 수직 절벽이라 그나마 이쪽이 공격 가능한 지점이다.

손벌음은 다시 태종에게 부하를 보내 항복에 반대하는 세력 때문에 항복이 쉽지 않다는 사정을 설명하고 항복을 요청했다. 이때 백암성에는 주민은 1만 명이지만 병사는 2400명밖에 남지 않았다. 양측은 계략을 꾸몄다. 당군이 공격을 개시하자 손벌음은 자기 부하를 시켜 당군 진영에서 받아온 당나라군 깃발을 성 위에 세웠다. 깃발을 본 성 안 사람들은 그쪽 성벽이 당군에게 점거된 줄 알고 체념하고 말았다. 병력이 너무 적어 성벽이 뚫리면 사실상 저항이 불가능했던 것이다.

당군의 돌입 지점으로 알려진 백암성의 파괴된 성벽

백암성 서북쪽에 성벽이 둥글게 무너진 부분이 있다. 현지에서는 이곳이 당군이 성을 파괴하고 돌입한 지점이라고 한다. 백암성은 청나라 때까지도 사용되었기 때문에 수당전쟁 때 난 구멍이 지금까지 존재하기는 어렵다. 그래도 상징성은 크고, 당 태종이 서북쪽에서 공격했으므로 이 지역이 격전의 중심이었던 것은 틀림없다.

살아남은 자는 포로가 되었다. 포로 중에는 계필하력을 죽일 뻔했던 고돌발도 있었다. 태종은 충성스러운 부하의 복수를 위해 고돌발을 계필하력에게 보내 죽이도록

했다. 그러나 계필하력이 고돌발도 주군을 위해 싸웠을 뿐이며, 이런 용사는 죽일 수 없다고 반대했다. 태종은 고돌발을 석방했지만 성한 몸으로 보내주었는지는 알 수 없다.

전쟁을 하다 보면 항복하는 군대도 나오기 마련이다. 더욱이 4~5월 동안 건안성, 개모성, 요동성이 허무하게 떨어져서 고구려군도 자신감을 많이 상실했다. 설사 그렇다고 해도 이때부터 다른 성에서도 항복하자는 쪽과 반대하는 쪽 간에 갈등이 심하게 벌어지는 이상 기류가 감지된다. 요동성 전투 때도 내분이 벌어져 하급 수령인 장사長史 한 명이 부하에게 살해되는 사건이 있었다. 태종이 요동성 점령 후에 그를 후장하고 평양으로 이송까지 해준 것으로 보면 당군에게 항복하자고 하다가 살해된 게 아닌가 싶다. 그 가족이 하필 백암성으로 도망쳤고, 백암성주도 또 항복했다. 아무래도 이 투항파들 간에는 공통점이 있어 보인다.

이때 성의 수비대는 토착병만이 아니라 다른 성에서 온 지원군과 중앙에서 온 부대도 있었다. 그래서 성주가 군대의 지휘권을 일원적으로 장악하지 못했다. 이들이 단순히 지원병일까? 아니면 침공 전에 이미 수비대 구성에 변화가 발생하고, 성주의 권력에 제한이 걸린 것일까? 후자의 경우라면 원인은 연개소문의 쿠데타밖에 없다. 연개소문도 지방의 성주와 지방 귀족세력들까지 다 제거하고 자기 사람으로 교체하지는 못했다. 대표적인 사람이 안시성 성주다. 그래도 안시성주는 끝까지 당군에게 저항했지만 연개소문 정권에 반감을 가진 세력 중에는 목숨을 바쳐 적과 싸워야 할 이유를 상실한 사람도 있었을 것이다.

또한 정치적 갈등이 심해지면 군 인사는 이질적인 세력들이 상호 견제하도록 편성할 수밖에 없다. 연개소문도 각 성주들의 성향을 알았을 터이므로 지원군을 파견할 때는 이런 사정을 고려했을 가능성이 높다. 갑자기 고구려군 내부의 지휘계통이 혼란스러워지고 심하면 한쪽을 살해하기까지 하는 사건이 벌어진 것은 이런 사정 때문이 아닐까 싶다.

이런 증거는 또 있다. 4월에 개모성이 이적에게 함락되었을 때 개모성에는 가시성加尸城에서 미리 파견되어 있던 증원병 700명이 있었다. 이들은 모조리 항복했는데, 한 술 더 떠서 당군에 종군해서 고구려와 싸우겠다고 자원했다. 당 태종은 만약 너희들이 종군하면 고구려 정부가 너희들 가족을 죽일 것이다, 나는 차마 그런 짓을 할 수 없다고 말하고 700명을 석방해서 돌려보냈다고 한다. 속마음은 그렇지 않아도 살기 위해 종군을 자원하는 경우도 있다. 그러나 이 가시성 파견병처럼 전체가 집단적으로 조국을 배신하는 경우에는 무슨 이유가 있다. 임진왜란 때 일본군 수천 명이 조선에 투항했다. 일본의 내부 사정에 어두웠던 조선 정부는 이 현상을 해석하지 못했는데, 그들은 대부분 일본 전국시대 때 도요토미 히데요시에게 정복당한 지역의 장병들이었다.

눈치 빠른 태종은 고구려의 내분에 크게 고무되었음에 틀림없다. 그는 백암성 앞 강가에 장막을 치고 기분 좋게 항복 의식을 거행했다. 심리전에는 대가였던 그는 손벌음을 그대로 백암성의 성주로 임명했으며, 백암성 주민 중 80세 이상 노인에겐 비단을 주고, 다른 성에서 파견된 병사들에겐 양식을 주고 무기도 주어 가고 싶은 데로 가라고 호의를 베풀었다. 약탈 약속도 당연히 취소였다.

그러자 장군 이적과 갑사 30여 명이 태종에게 와서 항의했다. 태종은 말에서 내리더니 그들을 향해 몸을 굽혀 사과하고 "군사를 풀어 사람을 죽이고 처자를 사로잡는 것은 내가 차마 못할 바다. 장군 휘하에서 공을 세운 사람은 내 재산에서 상을 줄 것이니 장군은 이 성을 용서해 주기 바란다"고 부탁했다고 한다.

태종의 인격을 있는 대로 과시하는 일화지만, 정말 그렇게 인도주의자였으면 애초부터 약탈 명령은 내리지 말았어야 했다. 그는 인도주의자가 아니라 철저하게 상황 분석에 따라 움직이는 인물이다. 지금 성마다 주전파와 주화파가 갈등하고 있다. 이런 때에 항복한 백암성을 약탈했다고 하면 주변 성들은 일시에 결사항전으로 태도를 바꿀 것이다. 고구려의 내분을 확인한 이상, 항복하지 않으면 처참한 꼴을 당한다는 공포보다는 설득이 훨씬 효과적이라는 판단이 섰을 것이다. 그리고 그것이 병사들에게도 더 이로운 것이라고 자위했을 것이다. 생명보다 소중한 약탈물은 없다.

6 주필산 전투

연승으로 사기가 오른 당군은 안시성으로 진군했다. 안시성까지 떨어뜨리면 요동반도에 쳐놓은 고구려의 일선 방어망은 완전히 뚫린다. 그 뒤로 건안성, 오골성이 있으나 성이 약하고 병력도 적었다. 그러므로 안시성만 떨구면 압록강까지, 잘하면 평양까지도 거의 직행이다. 당군은 고구려가 전력을 이 요동방위선에 투입했으므로 후방의 고구려군은 매우 약할 것이라고 예측했다. 그 예상은 틀리지 않았다. 그러니 안시성 전투는 당군으로서는 마지막 고비였다.

그래서 고구려도 전력을 안시성 전투에 투입한다. 북부욕살 고연수와 남부욕살 고혜진이 이끄는 15만의 고구려 지원병이 안시성 남방에서 모습을 드러냈다. 지원병 안에는 최소 5천 명 이상 되는 말갈병이 포함되어 있었다. 그들이 제일의 경계 대상이었다. 말갈군이 특별히 고구려보다 강해서가 아니라 이렇게 참전하는 이민족 부대는 대개가 특별히 선발하거나 고용한 전사집단이기 때문이다.

욕살은 여러 성을 관장하는 광역행정망의 책임자로 여겨지는데, 욕살이 관할하는 고구려의 광역행정망은 동서남북의 방위명을 딴 5부였다. 그러니 5부 중 남부와 북부의 병력을 총동원해서 요동으로 달려온 것이다.

최대의 결전이 다가왔음을 안 당군은 작전회의를 개최했다. 이 자리에서 태종은 전쟁의 클라이막스에 걸맞는 멋진 발언을 한다.

> "지금 고연수에게 방책이 있다면 세 가지다. 군사를 이끌고 바로 전진하여 안시성과 연결하여 진지를 구축하고, 고산의 험한 곳에 의지하여 성중의 양식을 먹고, 말갈병을 놓아 우리의 우마를 노략하면 이를 쳐도 갑자기 함락시킬 수 없고, 돌아가려면 요하의 진창이 장애가 되어 앉아서 우리를 괴롭힐 것이니 이것이 상책이다. 성중의 병사를 빼어 함께 밤에 도망함은 중책이다. 지능을 헤아리지 않고 와서 우리와 싸움은 하책이다. 경들은 보라. 저들은 반드시 하책으로 나올 테니 포로가 됨은 내 눈 안에 있다."

이것이 동양의 사서에서 즐겨 써먹는 제갈공명식 서술법이다. 위대한 전략가는 앉은 자리에서 상대를 꿰뚫고 내일의 전황을 예언한다. 물론 그의 예상은 척척 들어맞는다. 정말일까? 아니다. 태종이 정말로 자신의 예지만을 믿고 전황을 예측하고 행동했다고 하면 우리는 태종을 무책임한 지휘관이라고 비난해야 할 것이다. 그는 어떤 근거로 이런 예언을 하는가? 설사 그것이 맞았다고 해도 어떻게 수십만의 생명이 걸린 결정을 주관적인 예감으로 결정할 수가 있는가?

이런 서술법에는 함정이 있다. 결전을 앞두고 상대가 쓸 수 있는 전략을 짚어 보고 예상답안을 작성해 보는 것은 작전회의의 기본이다. 그런데 이런 결정을 내리게 된 판단 근거와 전후 발언을 생략해 버림으로써 합리적 결론을 신통력으로 바꾸어 버린 것이다.

그의 발언을 자세히 들여다보면, 고구려군의 행동에 대한 태종의 예측에는 합리적 근거가 있었다. 그가 두려워한 상책과 중책에는 공통점이 있다. 두 계책 모두 고연수군과 안시성 수비군의 합동작전을 전제로 한다. 반면 하책은 고연수군의 단독작전이다.

태종은 연개소문의 쿠데타 이후 안시성이 연개소문 정권에 저항해서 연개소문이 친히 군사를 거느리고 성을 공격한 일이 있다는 사실을 알고 있었다. 그때의 전투에서 연개소문은 성을 함락시키지 못했고, 할 수 없이 안시성주의 권력을 그대로 인정해 주는 것으로 타협하고 말았다.

안시성군과 고구려 중앙군 사이에는 이런 불편한 관계가 있었다. 그러니 안시성군과 고연수군이 합세한다고 했을 때 한쪽이 상대방을 살해하고 지휘권을 박탈하는 일이 발생하지 않는다고 누가 보장할 수 있을까? 아무래도 두 부대는 연합작전을 펴기에는 서로 껄끄러운 관계였다. 백암성주도 항복했으므로 당 태종은 당시 고구려의 정세와 인맥에 대해 보다 상세히 알고 있었을 것이다.

또 하나 예상할 수 있는 문제점이 있다. 고연수군은 고구려가 거국적으로 징발한 대군이었다. 친연개소문파만으로는 이런 대군을 구성할 수 없었을 것이다. 따라서 그 내부에는 정치적 성향이 다른 여러 군대가 포함되어 있었다고 보아야 한다. 이런 군대일수록 장기전으로 가거나 전황이 불리해지면 갈등과 불신이 깊어진다. 누군가가 당군에 투항하거나 배신해 버린다면? 이것도 고연수가 속전속결을 택한 원인의 하나일 수 있다.

사서에는 고연수가 어리석어서 태종의 말마따나 하책을 택한 것처럼 적었다. 고구려 측에서도 대로對盧 고정의高正義가 상책에 해당하는 계책을 건의했으나 고연수가 듣지 않았다고 한다. 그러나 필자의 생각은 다르다. 태종이 말한 상책·중책·하책은 작전이라기보다는 전략에 가까운 범주의 내용들이다. 특히 상책은 특별하고 새로운 것이 아니라 고구려의 전통적인 전략이다. 요동방어망 자체가 그런 전략 개념으로 짜여진 것이었다.

그러므로 고연수가 상책을 거부한 것은 그 작전의 의미와 효과를 몰라서가 아니라 그 전술을 사용할 수 없는 사정이 있었기 때문이다. 그 사정으로는 식량부족, 전염병 등 여러 가지 원인을 추정해 볼 수 있지만, 연개소문의 쿠데타가 원인 중 하나였거나 전부였음은 틀림없다. 당군이 연개소문 정권이 서자 서둘러 출정한 것도 다 이런 이득을 바란 게 아니었겠는가?

하여간 태종의 바람대로 고연수는 하책을 택했다. 태종은 그들이 하책을 택하지 않을 것을 걱정해서 계필하력에 필적하는 아사나사이阿史那社尒 장군의 돌궐 기병 1천 명을 내보내 유인작전을 폈다. 첫 교전에서 돌궐군이 쉽게 패배하자 고연수는 확실히 걸려들었다. 그는 쉬운 승리에 고무되어 돌궐군을 격파하면서 전진해서, 안시성 동남쪽 8리 되는 지점에 진을 쳤다.

당군은 다시 작전회의를 열었다. 첫 의제는 전 군의 지휘권을 누구에게 맡기느냐였다. 군사 지휘도 잘했지만 원래는 문관으로 신중하고 생각이 깊었으며 태종의 손위 처남이기도 했던 장손무기가 기분 좋은 소리를 섞어 가며 옛날 거병 시절부터 해 오던 대로 역전의 명장인 태종이 지휘를 맡아야 한다고 말했다. 다른 사람이 지휘권을 맡을 때 일어날 수 있는 알력과 명령 불복종, 지연수행 등을 방지하기 위함이었다. 태종의 내심도 그랬을 것이다. 전면에 등장한 고구려군의 병력이나 기세가 만만치 않았기 때문이다. 전투에서 이긴다고 해도 당군의 손실이 크다면 원정을 지속하기 어렵게 된다. 당군으로서는 신속하고도 결정적인 승리를 거두어야 한다는 부담이 있었다. 고맙게도 고연수가 당군의 유인작전에 걸려 주어서 한 가지 과제는 해결됐으나 남은 한 가지 과제도 만만치 않았다.

나중에 주필산 전투로 알려진 이 전투는 양군 병사들까지도 이번 대전이 전쟁의 성패를 좌우하는 결전이라는 의식을 가지고 임했던 대회전이었다. 병사들은 장비를 점검하며 결전의 순간을 기다렸다. 그 대열 어딘가에 있었던 설인귀와 설계두도 기다리던 운명의 순간이 왔음을 직감했다.

고구려군은 안시성 동남쪽 8리쯤 되는 곳에 산을 의지하여 진을 쳤다. 당군은 북쪽 내지 서북쪽에서 진군해 왔다. 태종은 천자가 주둔했다고 해서 나중에 주필산이라고 명명한 북쪽 산에 자리를 잡았다. 그를 호위하는 병력은 겨우 4천이었다. 당군도 전력을 투입한 승부였다.

주필산 전투를 상세하게 복원하려면 기록과 현장 지형을 함께 비교하며 고찰해야 한다. 그런데 이 중요한 전투의 장소가 명확하지 않다. 주필산이라고 불리는 곳이 요양 교외에 있다. 지금의 수산首山인데, 러일전쟁 때의 격전지이기도 하다. 수산을 주필산으로 보는 견해는 오래된 것으로, 조선시대에 요양을 지나던 사신들이 주필산을 보며 안시성 전투를 회고하는 시를 남기곤 했다. 그러나 이곳이 주필산이라는 증거가 전혀 없고, 안시성이 영성자산성이라면 너무 멀리 떨어져 있다. 현재까지는 문헌기록만으로 이 전투를 복원할 수밖에 없다.

태종의 우측인 서쪽 고개에는 흑기를 펄럭이는 이적군이 진을 쳤다. 병력은 1만 5천, 당시 당군의 보병과 기병의 비율은 2대1 편제였으므로 보병 1만에 기병 5천 정도였다. 그리고 야음을 타서 장손무기와 우진달에게 1만 1천의 병사를 주어 고구려군의 눈에 띄지 않게 북쪽, 즉 뒤로 돌려 협곡에 매복시켰다. 기록으로 보면 고구려군의 후미로 돌아갔다는 뜻으로도 보이는데, 그런 진군이 가능했을 것 같지는 않다. 이적군의 뒤로 돌아서 매복했다가 고구려군이 진격하면 고구려군의 후미를 공격하는 포진이었을 것이다.

다른 부대의 사정은 알 수 없다. 전투에서 중요한 역할을 한 부대의 움직임만 서술했기 때문이다. 그런데 당시 당군의 표준 전법은 이정이 창안했다는 육화진이었다. 이 중에서 수비진형으로 사용한 진이 안행진雁行陣이다. 기러기 대형이라는 뜻을 가진 이 진형은 전면에 3군을 '八'자형 혹은 그 역인 'Ｖ'자형으로 포진시키고, 나머지 3군은 같은 형태로 뒤에 배치하는 형태였다. 고구려군이 선공을 했고, 주로 전투를 행한 부대가 이적의 우군과 중군이고 장손무기군은 몰래 뒤로 빼돌려야 했다는 상황으로 감안해 볼 때, 당군이 안행진을 사용했을 확률이 가장 높다고 생각된다.

당군이 어떤 진형을 사용했든지 간에 각 군의 기본 단위는 직사각형의 방진이었다. 이 방진의 내부는 여러 개의 대隊로 구성된다. 이 대의 특징은 전통적인 밀집보병 대형인 사각형이 아닌 삼각형이라는 것이다. 1대는 50명인데, 맨 앞에는 대두隊頭라고 하는 지휘관이 서고, 바로 뒤에 기수 1명과 기수 호위병 2명을 두었다. 그 뒤에 일반 보병이 5열로 섰다. 이등변삼각형 모양이므로 1열은 7명이고 그 뒤로 1열마다 1명씩 늘어 마지막 5열은 11명이었다. 그 뒤에 맥도陌刀라고 불리는 긴 칼을 든 부대장 1명이 서서 병사들을 감시했다. 맥도를 든 이유는 도망치는 병사는 현장에서 처형한다는 뜻이었다. 1열에서 5열까지의 길이, 즉 이등변삼각형 모양의 꼭지점에서 밑변까지의 길이는 약 30m 정도였다.

4천 명 중군일 경우 이런 쐐기형의 3개 대를 앞에 1대, 뒤에 2대식으로 세워 다시 큰삼각형을 이루었다. 이렇게 형성된 150명의 큰 삼각대형을 대대라고 했다. 부대의 맨 앞줄에는 5개 대대를 횡대로 세웠다. 이때 5개 대대가 차지하는 길이는 300~450m 정도였다. 이 1선 부대를 전봉대라고 했다.

이처럼 기본 대형을 삼각형으로 한다는 발상은 전쟁사에서 보기 드문 비범한 혁신 내지는 어처구니없는 정신 나간 짓이었다. 분명 후자의 견해를 지지한 장군이 훨씬 많았을 것이다.

삼각대형은 돌파작전에서 유용한 진형이다. 하지만 이것은 상대를 확실히 압도할 수 있는 아주 제한적인 경우다. 삼각대형은 원칙적으로 측면을 노출시킨다는 치명적인 약점이 있다. 사각대형을 찌르고 들어갈 때 사각대형이 양 측면을 감싸고 들어오면 꼼짝없이 측면이 노출된다. 게다가 수비는 전혀 불가능하다.

다들 이렇게 생각할 때 천재는 전혀 다른 관점에서 접근했다. 삼각대형이

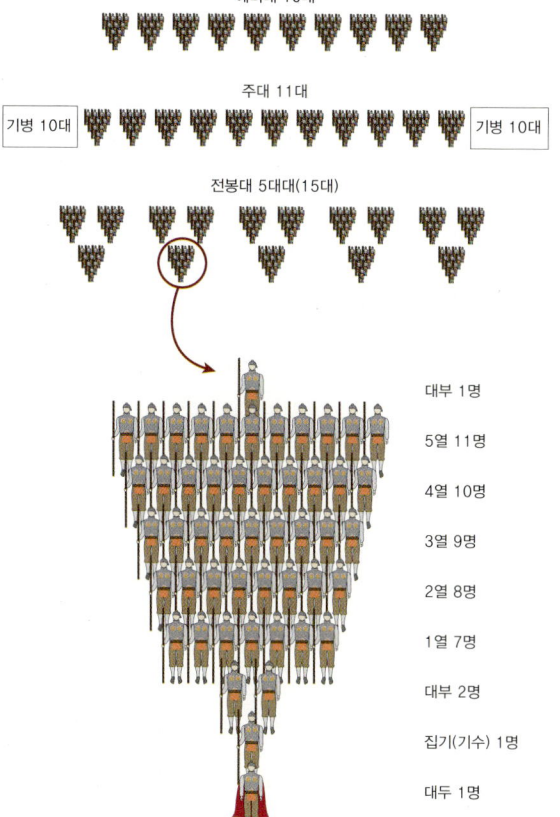

육화진의 중군 전투 대형

삼각형으로 싸우자는 것이 아니다. 이 삼각은 변화무쌍한 변화의 시작이자 근거다. 삼각형을 결합하면 사각, 원, 육각, 팔각 모든 도형을 만들 수 있다. 대형의 인원도 사각의 절반인 50명으로 줄였다.

　이것이 왜 천재의 발상일까? 중국군의 최고 무기는 무엇일까? 병력이다. 병력이란 장점을 활용하는 방법은? 거의가 인해전술이라고 답한다. 그래서 무조건 사각형을 크게 해서, 1대의 병력을 다른 나라보다 2배, 3배로 키우면 부대 단위의 기동성과 대응력은 뚝 떨어진다. 즉 인구라는 장점을 비효율적으로 활용함으로써 장점을 죽이고 병력 희생을 늘린다.

　병력 수라는 장점을 효과적으로 활용하는 방법은 반대로 병력의 단위를 줄여 대형의 가변성과 응용력, 병력 효율을 높이는 것이다. 그래도 단위병력을 반으로 줄이면 적에게 각개격파를 당하지 않을까? 이정은 병력의 우위라는 장점을 포기하지도 않았다. 삼각형을 1대로 하되 3개를 묶어 한 세트(큰 삼각형)로 구성함으로써 사각대형에 비해 병력 수도 1.5배 늘렸다. 이렇게 함으로써 병력 수는 진정으로 가공할 무기가 된다.

보통 사람은 전투에 앞서 가시적인 부분에서 장점을 찾는다. 병력, 무기, 지형을 비교하고, 자신의 장점을 어떻게 활용할까를 생각한다.

이정은—손자도 마찬가지지만—전술의 원칙은 효율성이라고 판단한 것이 틀림없다. 그리고 자신의 장점과 장기를 이용해서 어떻게 효율성을 높일까를 궁리한 것이다. 사고의 메커니즘이 달랐던 것이다.

마지막으로 삼각대형은 중장기병의 역할을 보병이 대신한다는 의미도 있다. 경기병의 공격만으로도 적군이 충분히 교란되고 약할 때, 중장기병 대신 보병이 바로 적진을 공격한다. 적이 충분히 약하다면 대형을 변경할 필요 없이 첨진 상태로 바로 진격해 적을 분쇄하고, 그렇지 않다면 필요한 대형을 갖추면 된다. 이때도 삼각형과 세분화된 대의 장점을 살려 대형의 크기와 모양을 융통성 있게 조절할 수 있다.

2선 부대는 주대駐隊라고 했다. 11대를 횡대로 세워 사실상 5열의 긴 횡대 대형과 비슷해졌다. 이 횡대의 양쪽에 각각 경기병 10대씩을 배치해 두었다. 전방이 아닌 2선 양 날개에 기병을 몰아 둔 것은 상황에 따라 적절한 기동전을 펼치기 위한 포진이었다. 현대 축구에서 후방의 풀백이 중간수비에도 가담하고 경우에 따라서는 기습적으로 공격에 가담하는 오버래핑을 노리는 방식과 같다.

기병 활용이 복잡해진 이유는 경기병대는 중장기병대처럼 충격돌파를 감행할 수 없기 때문이다. 대신 그들은 빠르게 움직이면서 적의 전형을 교란하고, 측면이나 적의 허점을 노려 공격했다. 그 외에도 기병은 그때 그때 상황에 따라 다양한 역할을 했다. 이 방식의 큰 장점은 기병의 기동력을 이용하여 전술을 다양화하고, 순간대처 능력을 높였다는 데 있다.

그렇다고 기병이 측면공격이나 교란작전에만 투입된 것은 아니다. 당군은 적진이 동요하고 헛점을 노출시켰을 때 기병을 집결시켜 적진을 돌파, 적의 심장부를 직격하는 전술도 자주 사용했다. 중장기병대가 막강한 장갑력으로 이 임무를 수행해 냈다면, 당의 경기병대는 속도와 팀웍을 이용한 다양한 교란작전과 전술 능력으로 이 임무를 감당해 냈다.

3선에는 예비대라고 할 수 있는 기병奇兵 10대를 두었다. 우리 말에서는 기마병인 기병騎兵과 혼동할 우려가 있어서 보통 유격병이라고 번역하는데, 참 곤란한 번역이다. 기병奇兵은 유격병 역할을 하기도 하지만 원래 역할이 게릴라전이나 기습을 의미하는 유격은 아니다. 기병(유격병) 개념은 정공법을 의미하는 정병正兵에 대응하는 의미로 기병이다. 역할을 고정시키지 않고 다양한 상황에 대비한다는 뜻이다. 역할로 보면 예비대에 가깝다고도 할 수 있다.

이정은 정공과 변형의 적절한 사용을 중시했다. 원론적으로는 누구나 이 말을 하지만, 당군 전체의 기동성과 변형성이 높아졌으므로 전술의 다양성과 창의력을 구상하고, 실현하는 능력 역시 비교할 수 없게 높아졌다.

예를 들어 보자. 이전 전쟁에서는 양군이 대치하면 먼저 사격전을 전개하다가 기병이 돌격해서 적진을 허물었다. 이정은 이런 정공법에서도 훨씬 정교한 전술을 사용했고, 기병과 보병의 합동전술을 개척했다.

먼저 보병이 적진 50~90m까지 전진한다. 이때도 바로 전진하지 않고, 전대와 주대, 뒤의 유격병이 앉았다 일어났다, 정렬했다 움직였다 하면서 차례로 기동한다. 중국 활의 표준 사거리가 60m이므로 50~90m 거리면 서로 간에 화살 사격권 내지는 유효사거리 바로 밖이다. 3열로 형성된 전대와 주대, 유격병의 간격은 18m밖에 되지 않아 수비 측에서 보면 어느 부대가 어디로 치고 들어올지 혼란스럽다. 적군도 제대로 된 정규군이라고 가정할 경우, 전부대가 동시에 진격해서 전 전선에서 정면으로 부딪히는 경우는 사실 없다. 양쪽 모두 강한 부대와 약한 부대가 있고, 돌파를 담당할 수준을 갖춘 정예병은 한계가 있다. 지휘관이 바보가 아닌 이상 이런 정예병들은 전 군에 골고루 흩어서 배치하기보다는 몇 개의 정예부대로 모아 히든카드로 사용하는 것이 정석이다. 문제는 그 부대가 누구며 어디를 노리느냐는 것이다.

폭발 직전의 대치 상황에서 뒤에 포진했던 양 날개에서 기마병이 치고 나온다. 보통은 이것이 정공법인데, 기마병도 90m까지 근접해서 정지한다. 다시 징 소리가 요란하더니 이번에는 뒤에 있던 유격병이 앞으로 나오고, 전대가 뒤로 물러선다. 기마병이나 유격병은 전대보다 수가 적으므로 적군 입장에서 보면 소수 정예부대가 수비 측의 일부 부대를 노리고 치고 나오는 것으로 보인다. 기병돌격과 보병공격은 방어방법이 다르므로 적군의 대형도 여기에 맞추어 움직일 것이다. 특히 90m까지 근접한 기병은 수초 안에 충돌할 수 있으므로 수비 측에서 준비한 예비대도 바쁘게 움직일 것이다. 이 과정에서 적진에는 혼란이 발생한다. 노련한 장군이라면 병력의 움직임을 보고, 수비대형의 약한 부분을 찾아낼 수 있다. 혹은 유격병의 전진을 공격으로 착각하고 흥분한 적장이 자신의 히든카드를 뽑아 공격으로 나가거나 보병대를 일제히 전진시킬 수도 있다. 수비대형이 움직이면 틈이 생긴다. 이 틈을 향해 기마병이 돌격하거나 유격병이 돌격할 수도 있고, 유격병이 미끼가 되고 2선의 정병이 다시 튀어나와 적을 공격한다.

이런 개념 역시 적군도 알고 있는 전술적 상식일 수도 있다. 그러나 기동력이 좋은 경장기병대를 다량으로 보유하고, 진법 즉 삼각형, 사각형, 원진으로의 변형, 합체와 분리, 1선과 2선 병력의 교체 등 각종 포메이션 변형을 수도 없이 훈련받은 보병을 갖춘 당군은 이런 싸움을 훨씬 유리하게 전개할 수 있다.

부대의 내부 구성을 보면 기병이 약 1/3, 보병이 2/3 정도였다. 경기병 전술에 따라 당군에서는 기병의 숫자가 대폭 증가했다는 말을 앞에서 했지만, 이렇게 함으로써 기병과 보병의 비율이 북방민족이나 고구려와 유사해졌다.

마지막으로 이 편제의 약점은 적군의 중장기병과 맞상대를 할 병종이 없다는 것이다. 이정은 궁수와 노수弩手에게 이 임무를 맡겼다. 궁수와 노수의 비율이 크게 높아졌다. 4천 명 중군일 경우에는 궁·노수가 각각 400명씩 해서 800명이 표준형이었다. 그러나 사정에 따라 최대 1/3 정도까지 늘리기도 했다.

작전과 부대배치를 결정한 후 태종은 고연수에게 사신을 보내 자신은 교전할 의사가 없으며 고구려가 신하의 예를 갖추면 점령한 성도 내놓고 돌아가겠노라고 말했다. 싸우지 말고 협상을 하자는 뜻인데, 고연수는 섣불리 이 말을 믿고 경계를 늦추었다. 그것은 일선에서 활동하는 전방 정찰부대의 활동을 정지시켰거나 부대의 전진배치를 늦추었다는 뜻일 것이다. 괜한 충돌을 일으켜 협상 분위기를 깨뜨리지 않으려는 배려였다. 그러나 그 덕분에 고연수는 장손무기군의 움직임을 완전히 놓치게 되었다.

한참 후 당군의 협상 제의가 거짓임을 알게 된 고구려군은 먼저 공격을 개시했다. 그들은 이적군의 수가 적음을 보고 서쪽 진영을 먼저 공격했다. 그들을 무너뜨리고, 태종이 있는 중군을 친다는 계획이었다.

수나라 말에 등장한 경갑병 제도가 이때 고구려군에게 도입되어 있었는지는 알 수 없다. 고구려군도 명광개를 입고 있었다는 기술로 보아 당의 새로운 갑옷제도를 도입한 것은 분명하나 전술체제까지 받아들였는지는 알 수 없다. 그러나 후대의 역사를 보아도 선비족·거란족·몽골족 등 중국 북방의 기마민족들은 중국과는 상황이 달라서 기본적으로 우수한 기병이 많고 상당수의 경기병을 보유했으므로, 중장기병 전술을 끝까지 포기하지 않았다. 그러므로 이때의 고구려가 당군의 갑옷과 경장갑 기병을 도입했다고 해도 그들은 중장기병대를 보조하는 부대로 존재했을 뿐, 중장기병을 아주 대체하지는 않았을 것이다.

고구려군의 병력이 15만이었다지만 이날 공격에 나선 부대의 수는 대략 5만~6만 정도였다고 추정된다. 전형적인 중장기병 중심의 체제였다면 전면에 보병과 궁병을 종대나 횡대 대형으로 두고 적을 포위하면서 양쪽, 혹은 한쪽에 중장기병 부대를 밀집시켜 돌격했을 것이다. 혹 중장기병이라기보다는 경기병이었을 가능성이 높은 말갈 기병을 당군이 좋아하는 우회 측면 공격부대로 사용했을 가능성도 있다.

전투 기록이 상세한 장면까지 보여주지 않으므로 이날의 전투 양상은 이정의 병서에 있는 당군의 전술에 기초해서 살펴볼 수밖에 없다. 물론 이런 방식에 대해 의문을 제기하는 분도 계실 것이다. 실제 전투는 수많은 돌발 상황과 실수로 점철된다. 현명한 장군이라면 꼭 전술 교본대로 싸우지도 않는다. 그러나 아무리 탁월한 임기응변과 예상을 뒤엎는 기지를 발휘한 전투라고 해도 어디까지나 기본틀 안에서의 응용이다. 장군들이 정석을 사용하는 이유는 사고가 경직되어서가 아니라 그것이 병사들이 가장 오랫동안 훈련받아 왔고 그만큼 가장 잘 싸울 수 있는 방식이기 때문이다.

고구려 기병이 돌진하자 당군 진영에서 궁·노수가 전방으로 튀어나왔다. 나머지 보병은 대기하고, 기병도 모두 말에서 내려 대기했다. 먼저 노수가 사격을 한다. 석궁은 기계 장치로 화살을 쏘는 것이므로 사거리가 길고, 노수의 팔 힘과 무관하게 일정한 파괴력을 가진다는 장점이 있으나 사격 속도가 너무 느렸다.

노수의 사격 개시 거리는 220m였다. 적이 90m 지점에 도달하면 궁수가 사격에 가담한다. 적이 돌격해 들어오는 속도가 있으므로 유효사거리인 60m 이내로 진입하기 전에 사격해야 한다. 적이 전방 30m 지점까지 진출하면 궁수와 노수는 모두 사격을 중지하고 대기중인 보병대형 뒤로 물러난다. 그렇다고 전투에서 이탈하는 것은 아니다. 궁수는 주로 2선인 주대로 돌아가 재배치되고, 노수는 석궁을 버리고 칼이나 곤봉을 들고 전봉대에 보병으로 배치된다. 다만 한 번 전투를 치렀고 후퇴하여 재무장할 시간이 필요하므로 전봉대 중에서는 최후미로 배치된다.

하지만 기병이 빠르게 돌격해 오고, 궁·노수가 급하게 후퇴하다가 혼란이 발생할 수 있다. 그러므로 궁·노수도 부대를 나누어 순서대로 전진하고 차례로 사격한다. 이것은 50명의 대隊 단위로 운영한 듯한데, 순서를 정하는 방식은 추첨이었다. 적이 근접하면 후퇴하고 다른 부대가 진출하여 사격에 가담하며, 만약 후퇴하는 부대를 적의 기병이 따라잡아 백병전이 벌어지게 되면 다른 부대가 전투에 가세하여 그들을 돕는다. 만약 적이 포위공격을 하는 중이고 일부가 방어선을 돌파한 상황이라면, 두 부대가 함께 기병을 대적하는 동안 남은 한 부대는 후퇴한 부대의 역할을 이어받아 진을 지키며 사격을 계속할 수 있을 것이다. 이정은 이 방식이 특히 적에게 포위되었을 때 유용한 전법이라고 해설을 달았다.

당군 진지로 진격하는 고구려 기병이 당군의 사격을 감당해야 하는 거리는 220m에서 30m 지점까지, 즉 190m 정도였다. 이 중 90~30m 지점까지 최후의 60m를 달리는 동안은 궁수도 사격에 가담하므로 당군의 화력이 두 배 이상으로 증가한다. 물론 거리가 가까워질수록 화살의 파괴력도 증가한다.

대략 200m의 거리를 중장기병이 돌파하는 데 걸리는 시간이 얼마나 되는지 조사한 자료는 찾아보지 못했다. TV프로에서 괜히 화약무기만 날려 보지 말고 이런 것이나 한 번 테스트해 보았으면 좋겠다. 말도 전력질주를 하면 그리 오래 뛰지는 못한다. 영국의 저명한 전쟁사가 존 키건은 15세기 중무장한 프랑스의 중세 기사가 영국 장궁의 사거리인 200~300야드(180~270m)를 주파하는 시간을 약 40초라고 보았다. 이들의 중량은 갑옷과 무구, 체중을 합해서 약 113kg(250파운드)이라고 상정했다. 기사가 전력질주하는 거리는 마지막 50야드 정도며 이때의 최고 속도는 19~24km다. 그리고 돌격하는 동안 영국의 궁수들로부터 다섯 번 정도 화살공격을 받을 것이라고 계산했다.[14]

노수의 사격 프로아사르(Froissart)의 연대기 중 1346년 크레시 전투도

중장기병의 무게나 궁수의 사거리는 고구려의 기병이나 궁수와 유사하다. 그렇다면 고구려군의 돌격 속도도 비슷하다고 생각된다.

석궁의 1발당 사격 속도를 7~10초로 잡으면 3~4회의 사격 기회가 있다. 화살은 글쎄, 빨리 쏘면 3초, 하지만 이것은 쉴 새 없이 뽑아 쏘는 속도다. 실제 사격은 개별사격이 아니라 궁수대가 동시에 쏘아야 하고, 발사 가능 횟수가 별로 많지 않으므로 속사로 갈기기보다는 횟수가 줄더라도 신중하게 조준해서 쏘아야 한다. 그러므로 말이 90m에서 30m까지 주파하는 시간은 6초 이내라고 보면 1~2발 정도밖에 쏠 시간이 없다. 따라서 고구려 기병이 집중 사격을 받는 횟수 역시 서구와 마찬가지로 석궁과 화살을 합하여 그저 다섯 번 정도 되지 않을까 싶다.[15]

사격은 직사가 아니고 곡사다. 그것도 앞으로 빨리 달려오는 기병을 향해 사격하는 것이므로 정확하게 맞추려면 화살 속도와 말이 달려오는 속도, 거리, 풍향 이 모든 것을 계산에 넣어야 한다.

요즘도 이런 사격은 컴퓨터가 대행해 준다. 예나 지금이나 현장에서 사수가 그걸 계산하며 사격을 한다는 것은 무리다. 그러므로 수비군은 미리 사격 개시점을 정해 두고, 기병대가 어느 지점에 왔을 때 어느 정도의 각도로 사격하도록 훈련시켰을 것이다. 그래도 팔의 길이, 활을 당기는 힘, 사격 각도나 이런 것이 다 개인차가 심하므로 명중률은 지극히 떨어진다.

따라서 이런 사격은 역시 대공사격과 마찬가지로 일제사격을 통해 화망을 구성하는 것이 제일 효과적이다. 화망을 구성하려면 구령에 맞춰 일제사격을 해야 한다. 그렇게 하면 사격 속도는 더 떨어진다. 어쩌면 궁수 같은 경우는 사수 한 명당 한 번밖에 사격할 기회가 없을지도 모른다. 그렇게 단 한 번 사격을 한 것이 빗나가 버리면 큰 일이고, 적의 기병 진형을 흔들어 놓으려면 가능한 한 지속적으로 화살이 쏟아지게 해야 한다. 그러므로 일제사격을 하려면 전원이 한 번에 사격하는 것보다는 2~3개 조로 나누어 차례로 사격을 하는 방법이 효과적이었을 것이다.

어쨌든 노수와 궁수의 사격을 도합 다섯 번으로 잡는다면, 고구려군이 태종의 중군으로 돌격한다고 할 때, 궁·노수가 각기 400명씩이므로 석궁 사격을 세 번으로 잡으면 400×3=1200발, 화살은 두 번으로 잡으면 400×2=800발로 도합 2천 발의 화망을 돌파해야 한다.

하지만 1만 5천의 이적군이 예전에 돌궐전에서 했던 대로 궁·노수의 비율을 1/3까지 높였다고 보면 궁·노수는 5천 명 정도다. 이 수는 중군의 거의 12배에 달하므로, 돌격해 오는 고구려군에게 약 20초 동안 퍼부은 화살은 2만 4천 발 정도 된다는 계산이 나온다. 그래도 결정적인 사격은 최후의 한두 번이고, 통상적으로는 이때가 기병의 전속돌격 시점이다. 어느 거리까지 어느 속도로 가서 어느 시점에서 돌격하는가는 전적으로 기병 지휘관의 판단과 병사들의 수준에 달려 있다.

사격 다음은 백병전이다. 궁·노수가 후퇴하면 고슴도치 같은 장창의 벽이 튀어나온다. 이적은 1만의 장창병을 동원해 고구려군의 충돌을 저지했다. 이것 역시 고전적인 방법으로 보병진 앞에 끝이 뾰족한 말뚝과 같은 장애물을 박고, 마름쇠를 뿌리고—이런 장비들은 전투 전에 충분히 확보해 두는 법

이다―창 끝을 땅에 박고 창병은 무릎을 꿇고 앉아서 창을 45도 각도로 세운다.[16]

창의 일차적 목표는 기수가 아니라 말이다. 세계 전사에서 중장기병과 장창 보병대의 충돌은 몇몇 전설적인 전투를 만들어 냈다. 그러나 동시에 의문을 던진다. 정작 결정적 순간의 상황과 기술, 즉 중장기병이 빽빽한 창날의 숲 앞에서 어떻게 대응하며, 어떻게 그 사이로 진입하는지는 전 세계의 누구도 적어 놓지 않았다. 순간적으로 말의 앞다리를 들며 멈춰 세울까? 미처 세우지 못해 말은 가슴을 찔리고, 기수는 낙마해서 살해되는 것일까? 말이 발로 땅을 차고, 하늘을 향해 콧김을 내뿜는 모습은 사나운 전마의 상징으로 묘사되곤 하는데, 그 모습은 보병에게 꽤 공포를 준다. 말에게 앞 발을 들고 말발굽으로 보병을 내리찍는 훈련을 시키기 때문이다.

그래도 격돌의 장면을 파악하기 어렵다. 이 싸움을 치킨 게임으로 이해하는 역사가들도 있다. 장창 보병이 스스로 틈을 허용하지 않는 한 기병은 절대로 보병을 돌파할 수 없다. 하지만 지축을 울리는 말발굽 소리, 함성, 창과 방패를 번쩍이며 달려드는 기마군단 앞에서 제자리를 지키고 있을 보병도 없다. 결국은 누가 충돌 직전까지 버티느냐가 승부의 관건이라고 한다.

그러나 양쪽이 모두 제대로 된 군대고 전투 경험이 풍부하다면 이렇게 단순한 배짱 싸움으로 승부를 낼 리가 없다. 상대가 말발굽 소리와 함성으로 엉덩이를 떼게 만들 수 있는 군대가 아니라면 중장기병대는 투창을 던지든, 화염을 뿌리든, 우리가 모르는 특별한 기구를 사용하든 적진에 구멍을 내기 위해 모든 수를 강구할 것이다. 말을 희생시키며 들이받는 방법도 대단히 비싸게 먹히는 방법이기는 하지만, 좋은 방법이 될 수도 있다. 기수가 기술적으로 낙마할 수만 있다면 말이다(실제로 일부러 찔릴 리는 없다고 생각한다). 말이 보병 쪽으로 넘어지고 창들이 부러지면 둘 이상의 기병이 돌진할 수 있는 통로가 열린다. 팀웍이 좋고 사전에 훈련해 둔 방법이 있다면 2열 3열에 포진한

중장기병의 돌격 장면 1525년 파비아 전투도

기사들은 이 기회를 놓치지 않을 것이다.

이런 식의 대규모 전투에서는 부대 운영의 묘와 타이밍도 중요하다. 스코틀랜드의 전설적인 영웅 윌리엄 월리스의 마지막 전투가 영국의 중장기병대와 스코틀랜드 장창 보병대의 대결이었다. 두 부대는 정말로 서로 충돌했는데, 영국 기병대는 '창의 숲'을 돌파하지 못했다―이 기록 역시 더 이상 구체적인 장면은 말해 주지 않고 있다―. 그러자 에드워드 1세는 궁수대를 진군시켜 창의 숲에 화살 세례를 퍼부었다. 궁수의 수와 사정거리에서 영국군이 스코틀랜드 군을 압도했다. 이 사격은 너무나 격렬해서 스코틀랜드 군의 유력한 지휘관 한 명이 전사할 정도였다. 궁수를 격퇴하려면 기병이 출동해야 했지만 스코틀랜드 기병은 장비와 병력 모든 면에서 너무나 보잘것없어서 감히 전장에 뛰어들지 못했다. 창의 숲이 화살 세례로 약화되자 기병대가 다시 돌진해서 이미 아수라장이 된 보병 대열을 뚫고 들어갔다.[17]

영국군과 마찬가지로 고구려군은 사거리와 위력에서 압도적 능력을 지닌 궁수를 보유하고 있었다. 그리고 뛰어난 궁수의 일부는 기병이었다. 중장기병이 당군의 사격을 몸으로 받아내는 동안 경기병 또는 보병 궁수들이 약속된 한 지점을 향해 사격을 퍼부을 수도 있었다. 중장기병대에게 필요한 것은 수비대형의 완전한 붕괴가 아니라 약간의 틈이다.

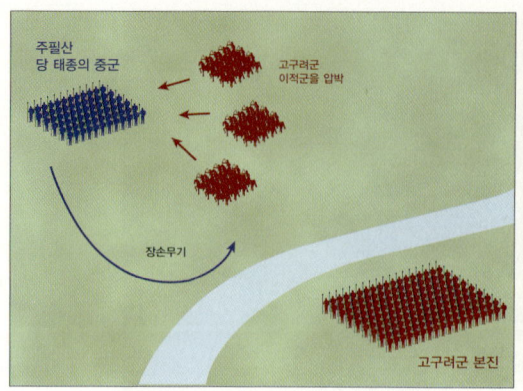 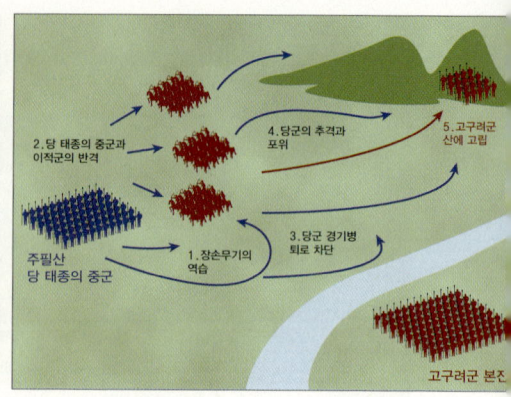

주필산 전투도

　이처럼 전쟁터의 양상을 상상하는 것은 자극적인 유혹이기는 하지만 더 이상의 내용은 우리가 알 수 없다. 유일하게 알 수 있는 전황은 당군의 강력한 신전술에도 불구하고 고구려군이 이적군을 붕괴 직전까지 몰아붙였다는 것이다. 전 전선에 걸쳐 이적군이 밀리기 시작했다. 한때 이적이 포위당하는 상황까지 갔고, 이 소식에 태종이 놀라 일어났을 정도였다. 그러나 전체 작전 구도로 보면 이적군은 미끼였다. 그는 고전했고 희생도 컸으나 파괴되지는 않았다.

　이적군이 상당한 위기에 몰렸을 때 협곡으로 돌아간 장손무기군이 비로소 목표지점에 도달했다. 초조하게 전황을 지켜보던 태종은 장손무기의 도착을 보자 북을 치고 나팔을 불어 역습 신호를 내렸다. 후미를 찔렸다는 사실을 깨달은 고구려군은 크게 놀랐다. 비로소 적의 작전을 간파한 고구려군은 병력을 나누어 당군을 막으려고 했다. 구체적으로 어떻게 대처했는지는 알 수 없으나 군을 셋으로 나누어 각 방향의 적군을 상대하려 한 것 같다.

　한쪽으로 공격하던 부대를 세 편제로 분할하는 일은 결코 쉽지 않다. 공격부대가 앞줄은 기병, 중간은 보병, 뒷줄은 궁병 이런 식의 단 세 줄로 구성되었을 리는 만무하다. 병종별로 여러 단위로 나누어 섞인다. 전투중에 이 중 상당수는 뒤섞인다. 이들을 다시 셋으로 나누려면 깃발을 흔들고, 작은 단위 부대, 독립부대에 다 전령을 보내 재구성을 해야 한다. 접전중에는 불가능하다는 표현이 옳을 것이다. 고구려군이 혼란에 빠졌다.

당군이 총공세로 돌아섰다. 주필산의 중군과 장손무기군이 공격을 개시하자, 이적군 만 명도 장창을 앞세우고 치고 나왔다. 보병을 돌격대형으로 편성하고 창을 앞세워 밀고 나온 것이다. 중장기병을 중국사에서 몰아낸 당군의 보병 돌격은 위력이 상당했다.

고구려군은 혼란에 빠지고, 삼면에서 동시에 공격을 받게 되었다. 게다가 당군의 경갑기병은 고구려의 중장기병보다 빨랐다. 한족이 북방민족과 똑같이 중장기병으로 싸우면 숫적으로나 질적으로 우수한 말과 기병을 보유한 북방민족에게 유리할 수 밖에 없다. 이정은 이에 대항하기 위해 말이 가진 또 하나의 장점, 즉 기동력에 주목했고 그 장점을 살리는 전술을 고안해 냈다. 629년에 행한 동돌궐 원정은 그동안 개발한 신기술의 종합편이었다. 특히 마지막 전투에서 경기병 부대가 적을 교란시키고 몰아세우면 보병이 한쪽을 맡아 적을 부수는 기병·보병의 협력전술을 보여주었다. 이때 기병을 지휘한 사람이 이정이고, 보병을 이끈 사람이 이적이었다. 그 외 고구려 원정에 참전한 장군 대부분이 이 원정에 종군하여 그 전투 어디선가에서 활약을 했다.

그러므로 고구려군의 혼란은 당의 경갑기병들에겐 더욱 좋은 기회가 되었다. 장손무기군이 뒤를 기습했다고 해도 예전의 군대처럼 우직하게 일직선으로 밀고 나오기보다는 기병대를 측면으로 선회시켜 고구려군을 더욱 분열시키고, 경우에 따라서는 고구려군의 중심부로 돌격시켰을 것이다.

여기까지가 장군의 역할이라면, 전투 현장에서 적의 중심으로 돌격해서 적군을 분할시키고 진형을 깨뜨리는 것은 기병 장교의 몫이다. 적의 용사를 거꾸러뜨리면 보통 50명, 100명 단위로 구성되는 단위부대 하나를 해체시킬 수도 있다. 그러나 적진 돌격은 그만큼 위험 부담이 크다. 적의 진형을 흩어 놓는 것은 아군의 주력부대가 정면대결에서 우위를 점하는 계기를 만들어 주지만, 그러기까지는 시간이 걸린다. 앞으로 나갈 때는 좋지만 너무 깊이 돌격하면 퇴로가 차단되거나 체력이 다할 수 있다.

여기서도 『삼국지』의 환상에서 벗어날 필요가 있다. 소설처럼 한 사람이 수십, 수백 명을 쓰러뜨릴 수는 없다. 인간의 체력에는 한계가 있다. 전력을 다하면 더욱 쉽게 지친다. 아마추어 레슬링이나 씨름을 보면 그 대단한 역사들조차 5분, 10분만 경기를 해도 서 있지 못할 정도로 지쳐 버린다. 격투는 생명을 걸고 벌이는 대결이다. 스포츠 경기와 달라 덤벼드는 상대가 누구며 실력이 어느 정도인지도 전혀 알 수 없으므로 무조건 전력을 다해 싸워야 한다. 더욱이 갑옷을 입고 무거운 창을 휘두르는 싸움이다. 상대도 실력 있는 용사라면 서너 명과 싸우면 체력이 소진될 것이다. 그렇기 때문에 적진 돌격이란 그만큼 위험 부담이 크고 말이 넘어지는 등 돌발사고도 많다.

이날 영웅이 되기로 결심했던 두 사나이, 설인귀와 설계두는 둘 다 선봉에서 적진 돌파를 강행했다. 설인귀는 극을 들고 안장 양쪽에 활을 걸고 출전했다. 주필산 전망대에서 지켜보는 황제의 눈에 띄기 위하여 전신에 흰옷을 입었다. 그는 가는 곳마다 고구려 장수를 쓰러뜨리고 부대를 허물었다. 위치도 잘 골랐는지 예상대로 그의 흰옷은 황제의 주의를 끌었다. 태종은 그의 활약을 보고 감탄해서 전투중에 그의 이름을 알아오게 하고 전투가 끝나면 바로 자신에게 데려오게 했다.

신라인 설계두도 고구려진 안쪽으로 깊숙이 파고들었다. 그는 황제의 눈에 띄지는 못했지만, 함께 싸웠던 모든 병사들이 그의 활약을 보았다. 전투가 끝난 후 병사들은 그를 그날의 최고 공로자로 뽑았다.

전투가 종료된 후 두 사람은 태종을 알현했다. 태종은 설인귀를 보더니 "나의 옛 장수들이 이젠 모두 늙었는데, 현재 아군 중에 효용이 경 같은 사람이 없다. 짐이 요동을 얻어서 기쁜 게 아니라 용맹한 장수를 얻어서 기쁘다"고 극찬을 하고 설인귀를 바로 유격장군으로 임명했다.

이후 설인귀는 고구려와 돌궐과의 전투에서 맹활약을 해서 대고구려전이 낳은 최대의 스타가 된다. 그의 입지전적인 출세는 조선 사람에게도 감동을 주어『설인귀전』이라는 소설까지 생겼다. 우리 입장에서 보면 그는 침략군이요, 그의 출세를 도와준 피는 다 우리 민족의 피건만 이 소설은 조선에서도 대히트를 쳐서 일세를 풍미한 군담소설의 원조가 되었다. 무속에서는 설인귀를 신으로 받들었고, 마침내 설인귀가 우리나라 사람이 되어, 거란전쟁 때 그의 영혼이 나타나 거란군을 저지했다는 전설까지 생겼다.

신라인 설계두도 태종 앞으로 불려 왔다. 하지만 그는 설인귀와 같은 극찬을 듣지 못했다. 들을 수가 없었다. 그는 너무 깊이 들어갔다가 빠져나오지 못하고 전사했다. 태종은 설계두가 신라인이라는 사실을 알고는 눈물을 흘리며 감격했다. 그의 소원이 장군이 되는 것이었다는 말을 듣고는 어의를 벗어 덮어주고 육장군으로 추증했다. 그는 이 일로『삼국사기』열전에도 실렸으나 그 이상의 영예는 누릴 수 없었다. 또한 설인귀가 이 땅에서도 추앙을 받은 반면 그는 간혹 반민족적 인물이라는 비난을 받았다. 무엇으로 이 아이러니를 설명해야 할지 모르겠다. 산 자와 죽은 자, 성공한 자와 묻힌 자의 차이일까?

사료가 전적으로 중국측 기록이라 당군이 쉽게 이긴 것 같지만 꼭 그렇지는 않은 듯하다. 고구려군은 역전을 했고, 말갈 기병대는 황제의 본진을 압박해 들어와 한때 태종을 위협했다는 기록도 있다. 그러나 결과적으로는 패배였다.

북쪽의 중군, 서쪽의 이적군, 남쪽의 장손무기군에게 협격당한 고구려군은 만 명의 희생자를 내고 동쪽으로 후퇴했다. 하지만 적이 퇴로를 비워 놨을 때는 이유가 있다. 동쪽에는 하천이 있어 퇴로가 막혔다. 다리가 있었지만 장손무기군이 먼저 점거하여 교량을 끊었다. 고구려군은 하천을 건너지 못하고 산으로 올라갔고, 당군에게 포위되어 고립되었다.

어쩌면 이날 전투의 백미는 이 부분이다. 이날 전투에서 희생된 고구려군의 수는 약 만 명이었다. 일부는 전선에서 흩어지거나 다른 방향으로 도주했을 것이다. 산 위의 고연수에게는 아직 3만 6천 800명의 병력이 남아 있었다. 후퇴에 성공해서 진을 재정비했더라면 다시 한 번 싸울 수도 있었고 태종이 두려워하던 장기농성전으로 갈 수도 있었다. 반면 당군은 반드시 이 전투에서 고구려군을 궤멸시켜야 했다. 태종이 항복막사를 미리 세워 두라고 한 것은 예언이나 자신감의 표현이 아니라 무언의 압력이었다.

예전부터 태종은 승기를 잡으면 집요한 추격전을 전개하여 한 번 싸움으로 적에게 회복 불능의 타격을 입히는 것으로 유명했다. 그러나 화북 평원지대와 달리 곳곳에 고구려군의 요새가 산재하고 안시성이 건재한 이 지역에서는 그런 추격전을 전개할 수가 없었다. 그래서 당군은 이번에는 추격하여 섬멸하는 대신 고구려군의 퇴로를 끊어 고립시켜 버렸다.

산으로 올라간 고연수는 꼼짝 못하게 되었다. 무엇보다 식량이 없었다. 그는 복병에게 당한 것보다 당군이 몰아간 대로 움직여 버린 사실에 더욱 통탄했을 것이다. 그러므로 이 부분의 완패는 시인해야 한다. 대군을 움직이고 운영하는 능력에서 이날의 고구려 지휘부는 노련한 당군의 상대가 되지 못했다.

고연수는 태종 앞에 나와 무릎을 꿇고 항복했다. 태종은 전투가 바라던 대로 끝나자 한 번 싸움으로 고구려를 깨뜨렸다며 말에서 내려 하늘에 감사를 올리고는 고연수에게 자부심 가득한 한 마디를 던졌다. "또다시 감히 천자와 전쟁을 하겠느냐?"

태종은 고연수 이하 군 간부 3천 5백 명을 가려서 중국으로 이송했다. 항복한 병사 3만 6천여 명 중에서 3천 5백 명을 빼냈으니 10명당 한 명 꼴이다. 소대장급에 하사관들까지, 다시 말하면 고구려군에서 전문 무사는 다 뽑아낸 것이다. 고구려로서는 엄청난 손실이 아닐 수 없다.

이들이 빠져나가면 남은 일반 병사들만으로는 사역부대는 구성할 수 있어도 전투부대를 구성할 수는 없다. 그래서 태종은 남은 자들을 모두 석방했다. 단 말갈병 생존자 3천 3백 명은 모두 땅에 파묻어 죽였다. 일설에는 그들이 황제의 본진에 육박하여 황제를 위협했기 때문이라고도 하는데, 이들은 일종의 특수부대로 거의 전원이 베테랑 전사였다. 말갈을 위협하여 더 이상 고구려와 당의 전쟁에 함부로 참여하지 못하게 하려는 경고의 의미와 말갈과 고구려를 이간시키려는 의도도 있었던 것 같다.

고구려군의 장비와 물자 손실도 엄청났다. 당군이 노획한 말이 3만 필, 소가 5만 두, 명광개가 5천 개, 기타 기계가 5천 점이었다. 이 통계는 『구당서』의 기록이다. 그런데 『신당서』와 그 후의 사서에는 전사자 수가 3만으로 기록되고 『삼국사기』에도 3만으로 기록되어 있다. 말과 소, 기타 장비에 대한 통계도 『구당서』가 가장 적고, 후대의 사서로 갈수록 두 배 이상으로 늘어나는 희한한 변화를 보인다. 그러나 이런 기록은 최초의 수치가 정확하다고 보아야 할 것이다. 다만 『구당서』에는 항복한 고연수군의 수가 고구려군의 총 병력이었던 15만 6천 8백 명으로 나와 있다. 이는 총 15만 명의 고구려군이 패했다는 사실과 포로의 수치를 혼동한 데서 온 것이라고 생각된다. 『신당서』에는 이 수치가 3만 6천 8백 명으로 교정되었다.

전사자 만 명과 포로 3만 6천을 합하면 4만 6천이 된다. 하지만 전사를 면한 전 군이 포로가 되었다고는 볼 수 없다. 이런 경우 패전중에 상당수의 이탈자가 있기 마련이므로 최초 공격에 투입한 고구려군의 수는 약 6만 이상은 되었을 것으로 추정된다.

이 패전은 고구려에 큰 충격을 주었다. 석황성石黃城, 은성銀城의 군사들이 다 성을 버리고 도망쳤다. 수백 리 사이에 인가가 다 비었다. 아마 요동성과 압록강 사이에 있는 성의 군사들이 이번 전투에 징발되어서 남은 병력이 없었던 탓이리라. 당군은 기세등등해서 주둔할 때도 참호나 망대를 세우지 않았고, 군사가 단기로 양식을 운반해도 고구려군 ― 아마도 주변의 작은 보루들에 배치한 고구려군이 아닌가 싶다 ― 이 감히 공격하지 못했다.

7 평양으로 가는 마지막 관문

당군은 승리 일보 직전까지 왔다. 전쟁을 종결시킬 마지막 작전회의가 시작되었다. 두 가지 안이 나왔다. 태종은 안시성에 주둔한 고구려군이 강하므로 안시성을 버려두고 이미 상당히 약화된 건안성으로 치고 내려가자고 했다. 그다운 발상이었다. 그러나 이적이 신중론을 제기했다. 안시성을 두고 내려가면 군량 수송로가 위험해진다. 안시성이 떨어지면 건안성은 쉽게 떨어질 것이다. 태종은 "공을 지휘관으로 삼았으니 공의 의견을 따라야 하지 않겠는가"라고 리더십의 교과서에 나올 만한 멋진 말을 남기고 자기 주장을 철회했다.

이제 안시성 전투가 시작된다. 이 유명한 성은, 명성이 무색하게 위치가 불확실하다. 요동방어선에 있던 성들 중에서 위치 비정을 두고 제일 논란이 많은 성이 안시성이다. 그것은 이 성이 지형적으로 두드러진 특성이 없는 반면, 사람들의 관심은 높아서 오랜 세월 동안 사람들이 단편적인 지식을 가지고 여기저기로 비정해 왔기 때문이다. 그러다 보니 안시성이라고 소문난 곳도 여러 곳이 되어 버렸다.

오늘날에는 해성시 영성자촌에 있는 영성자산성을 안시성이라고 보는 견해가 유력하다. 영성자촌은 해성시 동남쪽 도로변에 있는 마을로 현재도 군사적으로 중요한 지점이다. 성 밖 동남쪽에 작은 토산이 있는데, 그것을 당군이 쌓았던 토산이라고 보기도 한다. 다만 그것이 인공산인지 자연산인지는 아직 확인이 되지 않았다. 발굴조사를 하면 인공산 여부는 쉽게 판독할 수 있는데, 발굴허가는커녕 안시성 관광조차 쉽지 않다.

영성자산성은 ∩자형 산능선을 따라 쌓은 성이다. 성벽 위에서 전투의 흔적인 돌 포탄들이 상당히 많이 발굴되었고, 성벽에도 박혀 있다. 이 성도 올라서면 사방의 시야는 상당히 좋다. 둘레는 약 4km 정도다. 성은 너무 커도

안시성으로 추정되는 오늘날의 영성자산성 원경

좋지 않다. 방어선이 길어지기 때문이다. 적정 규모가 얼마라고 말할 수는 없지만 사각지대가 없고, 시야가 트여 적의 이동과 공격 방향을 미리 감지할 수 있으며, 성벽 아래쪽에 공간이 적고 경사가 가팔라서 공성군이 집결할 여유가 없는 곳이 좋은 성이라고 할 수 있다.

영성자산성이 엉성한 성이어서 안시성이 될 수 없다는 견해도 있다. 백암성처럼 바깥에서 안이 다 들여다보인다. 백암성 편에서도 고찰했지만, 이 일대의 산성들은 석회암 지대가 만들어 내는 독특하고 가파른 사면에 구축한

안시성주 양만춘

안시성을 사수한 영웅의 정체에 대해서 오랫동안 많은 사람들이 궁금해했다. 성호 이익李瀷은 『성호사설』에서 하맹춘何孟春이란 사람이 지은 『여동서록餘冬序錄』에 "안시성장은 곧 양만춘楊萬春이다"라는 기록이 있다고 했다. 하지만 하맹춘은 명나라 때 사람이라 이 역시 시대가 한참 처진다. 안시성 전투와 태종의 패배는 중국에서도 꽤 충격적인 사건이었다. 아마도 요동지방에서는 이 전투에 관한 전설이 당시부터 오랫동안 전해져 왔던 것 같고, 양만춘이란 이름도 그런 구전에서 채집된 것이 아닌가 생각된다.

한편 이 전투에서 태종이 날아오는 화살에 맞아 한쪽 눈을 잃었다는 전설도 전해진다. 이 전설 역시 확인하기는 어렵다. 다만 이 이야기 역시 꽤 오래 된 구전이다. 고려 말의 문신 목은牧隱 이색李穡의 시에도 "누가 흰깃 화살로 태종의 눈동자를 떨어뜨렸는지 알까誰知白羽落玄花"라는 구절이 있다.

경우가 제법 있다. 그 이유는 안이 보이는 구조가 치명적 약점이 아니기 때문이다. 우리는 안이 보이지 않는, 심지어는 바로 앞에 가기까지 성이 어디 있는지 보이지도 않는 한국식 산성에 익숙하다. 그러나 내가 적에게 보이지 않으면, 적을 쏠 수도 없는 것이 전장의 법칙이다.

한국식 산성의 조망이 아주 훌륭한 듯하지만 먼 곳은 보여도 전투가 벌어지는 현장, 성벽 바로 아래 비탈은 보이지 않는 경우가 허다하다. 한국전쟁 때 영미군의 불평이 이것이었다. 특히 중공군처럼 수로 밀어붙이는 군대와 싸울 때, 적이 산비탈에 붙으면 중공군은 시야에서 사라졌다가 20~30m 앞에서 다시 튀어나왔다. 중공군이 떼로 덤벼드는데, 사격 가시권이 너무 짧아서 정면으로 돌격해 오는데도 기관총으로도 다 쓸어버릴 수가 없을 정도였다고 했다.

안시성이나 백암성은 안이 들여다보이지만, 대신에 지휘소에서 성 안이 한눈에 감제되고, 적의 동향도 완벽하게 보이며, 사선에 장애도 없다. 그것은 커다란 장점이다.

7월에 안시성 공격이 시작되었다. 성의 저항이 맹렬하자 태종은 지금까지 써 온 인군의 탈을 벗고 성을 함락하면 약탈을 허용하고 성 주민을 다 죽이겠다고 선언했다. 주변의 성을 적당히 다 평정한데다가 북쪽의 신성 이외에는 강한 성이 남지 않았고, 무엇보다 시간이 얼마 없었다. 겨울이 오기 전에 평양으로 진군하여 평양을 공략하려면 남은 기간은 3~4개월밖에 없었다.

그러나 이 선언은 안시성군에게 오히려 결사항전의 의지를 북돋워 주었다. 백암성처럼 내분이 발생하지도 않았다. 과거 안시성주가 연개소문에게 반기를 들었기 때문에 이 성에는 중앙군이나 연개소문과 군대를 파견하지도 못했던 것 같다. 그것은 안시성 수비군이 이 지역의 토착병으로 구성되었으며, 그만큼 군의 단결력과 병사와 성 주민과의 유대감이 높다는 뜻이 된다.

항복한 고연수는 태종에게 안시성을 놔두고 평양으로 직공하라고 조언했

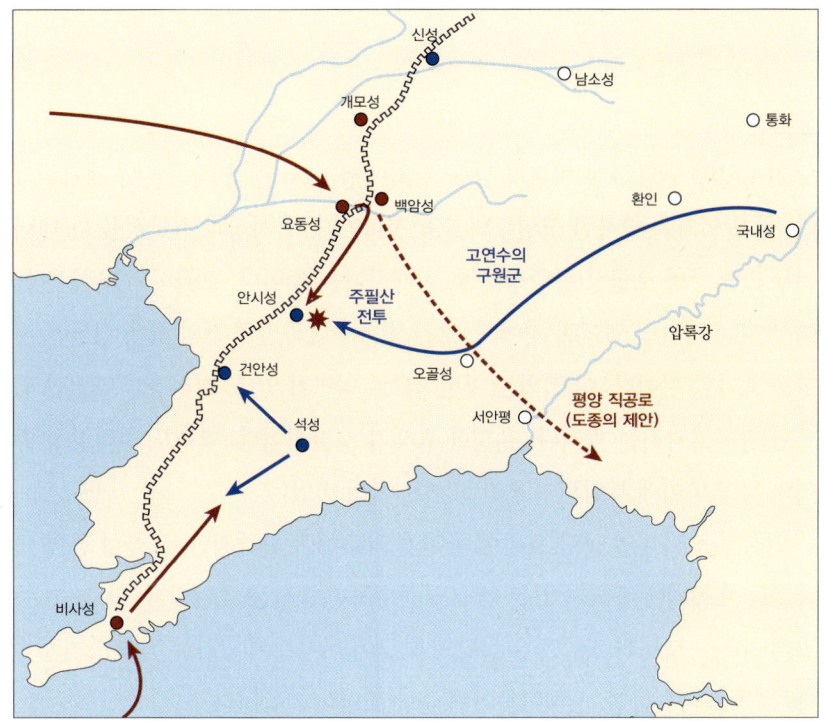

안시성 전투도

는데, "안시성 사람들은 그 집을 돌보고 아끼어 스스로 싸우니 빠른 시간에 함락시킬 수 없다"고 말했다. 이 말은 되새겨볼 가치가 있다. 안시성 사람들이라고 특별히 가정적이었을 리는 없다. 이 말은 안시성의 수비군은 바로 안시성에 집과 가족을 거느린 토착병을 주축으로 구성되어 있었다는 뜻이고, 그만큼 다른 성과 달리 내부 갈등이 없고 단결력이 강하다는 뜻으로 해석해야 한다.

방어전에서는 가족과 주종관계를 주축으로 하는 토착적 집단이 타지에서 온 부대보다 월등한 투지를 발휘한다. 살다 보면 별 사소한 자존심에 목숨을 거는 사람도 있지만 대부분의 사람들은 자기 목숨을 중시한다. 이 목숨을 내놓을 각오를 하려면 최소한 자신의 생명보다 귀중한 무언가가 있어야 한다. 태종의 약탈 선언은 장소를 잘못 골랐다. 부인과 딸을 겁탈하고 아이는 종으로 끌고 가겠다는 적과 싸우는 병사들만큼 항전 목표가 분명한 군대가 어디

있겠는가?

안시성이 단단하게 버티자 당군 진영에서 다시 평양 직공론이 제기되었다. 첫 발의자는 항복한 고연수와 고혜진이었다. 안시성과 건안성을 다 내버려두고 후방의 오골성(봉황성)으로 직행하자는 것이다. 오골성의 욕살은 늙어서 성은 하루면 떨어질 것이다. 오골성만 함락하면 중간의 작은 성들은 저항을 포기할 것이다. 이 건의는 지형적으로 일리가 있다. 천리장성 라인만 넘으면 압록강까지는 평지다. 유일한 요새가 오골성이다. 병력도 천리장성 방어와 평양 방어에 투입되어 중간 요새는 거의 비었다.

안시성을 놔두면 군량 조달에 불편을 감수해야 하겠지만, 오골성 등의 비축분과 요동벌에 흩어져 있는 양곡을 접수하면 군량을 조달할 수 있다. 이 주장에 찬동한 당나라 장수들은 장량의 수군이 비사성에 있다는 점을 상기시켰다. 그들을 이용하면 하루 이틀이면 군량 조달이 가능하다.

거의 결정이 나려고 할 때, 말 잘하는 장손무기가 반론을 폈다. 좋은 의견이지만 천자가 친정할 때는 조금이라도 위험한 계획을 세워서는 안 된다. 좀 돌아가더라도 확실하고 안전한 길로 가야 한다.

이 한 마디로 고구려는 구원을 얻었다. 이 정보를 들었다면 고구려는 장손무기에게 감사하고 또 감사했을 것이다. 그러나 정작 감사드려야 할 사람은 따로 있다.

첫 번째는 을지문덕 이하 과거 수나라와 전쟁을 치른 용사들이다. 육군이 보급선을 무시하고 평양으로 직공하고 대동강으로 들어온 해군과 만난다는 작전은 수 양제가 처음 사용했고, 태종도 전쟁 전부터 마음먹고 있던 작전이다. 아무리 멋진 승리를 거두어도 고구려의 요동방어선은 단기간에 뚫기가 어려웠다. 요동에서 평양까지의 보급로는 너무 길고, 이 지역엔 겨울이 빨리 닥치는데다 외지에서 장기간 주둔하기에는 병력이 너무 많았다.

이 문제를 극복하려면 역시 평양 직공작전이 최고였다. 하지만 진짜 망설인 사람은 태종이다. 사서에서는 시종일관 태종이 평양 직공을 주장했다고 하지만 정말 그랬다면 당군은 직공작전을 택했을 것이다. 그러나 천하의 태종도 주저했다. 여기서 수나라의 전철을 밟는다면 패배로 끝나지 않고, 당왕조가 붕괴할 수도 있다. 그도 이 부담을 이겨내긴 힘들었던 것이다. 장손무기의 발언은 사실은 태종의 심정을 대신한 말일 수 있다. 그는 태종의 처남이었고, 언제나 이런 역할을 잘했다.

피할 수 없는 증거가 하나 있는데, 주필산 전투 전에 도종이 틈을 봐서 평양 직공작전을 건의한 적이 있었다. 정예 기병 5천만 주면 자신이 길을 뚫고 남하하겠다는 것이었다. 이 말이 겨우 5천으로 고구려를 정복하겠다는 뜻은 아니다. 천리장성의 성들에 붙잡혀 시간을 버릴 것이 아니라 자신이 고구려군을 달고 내려가 싸움터를 남쪽 벌판으로 옮기고, 안시성과 건안성을 포기하고 당군의 남하가 가능한지 고구려의 후방 방어력을 자신이 직접 확인하겠다는 것이다.

하지만 태종은 묵묵부답이었다. 도종은 머쓱해져 물러났다. 장안에 돌아간 후 고구려 전역을 복기하면서 그때 도종의 말을 들었더라면 승리했을 것이라는 지적이 나왔다. 이 말을 한 사람이 장손무기였다. 그리고 한 번도 자신의 전략이 잘못되었다고 사과한 적도 없다. 이것은 장손무기도 직공이 옳다고 생각했고, 직공 반대가 자신의 생각이 아니었다는 증거다. 그러자 태종은 당시 머리속이 복잡해서 그 말을 미처 듣지 못했다고 변명했다. 하지만 이 작전은 출정 전부터 구상했던 방안이다. 태종은 계속 이 작전을 실행에 옮길 것인지 망설였다. 선배들이 역사에 남긴 과업이 고구려를 살린 것이다.

또 하나는 신성과 건안성 병사들의 분전이다. 당 태종의 침공으로 모든 성이 떨어지고 오직 안시성 하나가 살아남아 태종의 진격을 막았다는 이야기는 매스미디어적인 과장이다. 당군은 요하를 건넌 후 목표로 했던 성을 딱 절반만 함락시켰다. 돌파구가 너무 불안정했다. 장손무기가 직공론에 반대한 유력한 근거도 신성과 건안성의 건재였다.

당군이 건안성만 점령했어도 안시성은 건안성과 요동성 사이에 끼어 버린다. 태종의 말처럼 당군의 뱃속에 있는 처지가 된다. 이런 상황에서 수비대를 출격시켜 성을 비우고 당군의 보급로나 후방을 습격하기는 어렵다. 건안성과 신성이 버티는 바람에 당군은 피해갈 수도 있었던 안시성에 묶이고 말았던 것이다.

어쨌거나 직공론이 좌절되는 바람에 안시성 사람들은 다시 전투에 휘말려야 했다. 격렬한 공방전은 9월까지 3개월 동안 지속되었다. 비교적 구체적으로 서술한 요동성 공략전과 달리 안시성 전투는 전반부의 전투 기사가 아주 소략하다. 그리고는 갑자기 다음 일화가 등장한다.

> 태종이 성중에서 닭과 돼지의 울음소리가 나는 것을 듣고, 이적에게 이르되 "성을 포위한 지가 오래되어 성 안에서 밥 짓는 연기가 날로 미약해지는데, 지금 닭과 돼지 소리가 시끄러우니 이는 반드시 군사들을 잘 먹여 밤에 우리를 습격하려는 징조다. 마땅히 군사를 엄히 하여 대비하라"고 하였다. 이날 밤에 고구려군 수백 명이 줄을 타고 내려왔는데, 당주가 이 소식을 듣고 친히 성 아래까지 와서 급히 치니 고구려군의 전사자가 수십 인이요, 수백 명이 포로가 되었다.

옛날 사서의 전쟁 기사는 독특한 패턴이 있다. 승리했을 때는 반드시 승리했다고 표현을 한다. 패전했을 때는 승리든 패전이든 언급하지 않고 누구를 사로잡았다거나 어느 전투에서 누구를 구했다거나 하는 식으로 일회성 미담만을 기록한다. 영웅 설인귀의 전기도 꼭 이렇게 되어 있다. 안시성 전투의 전반부 기록이 이 에피소드 하나뿐이라는 것은 초반 공격에서 내세울 만한 무용담은 이것 하나뿐일 정도로 참담한 실패를 거듭했다는 뜻이다.

성을 공략하는 데는 장기전술과 단기전술이 있다. 장기전술의 대표는 포위전이다. 많은 분들이 포위전은 그냥 둘러싸고 버티면 이기는 쉬운 전술인 줄 안다. 그러나 공격군이 대군일 경우, 공격군에게도 이는 굉장한 부담이 된다. 3만 군대를 10만 군대가 포위할 경우 전쟁 비용은 공격군이 세 배가 된다. 원정군은 식량과 보급품을 멀리서 날라 와야 하므로 실제로는 다섯 배, 일곱 배가 넘어간다. 전쟁에는 군사력 못지않게 경제력도 중요하다. 금고가 비면 전쟁에서 진다. 설사 이긴다고 해도 비용을 생각하면서 싸워야 한다. 패배보다 무서운 것이 파산이다.

당군은 이런 무모한 포위전은 시도할 수 없다. 다른 장기전술은 거대한 공사를 벌이는 것이다. 성 밑으로 파고드는 지하갱도를 뚫거나 성벽 아래쪽까지 공성로를 만든다. 영화에는 몰래 파는 비밀통로만 나오지만, 몰래 파는 게 아니고 광산갱도처럼 나무와 흙으로 위를 덮어 가면서 기존 무기로는 파괴할 수 없는 튼튼한 갱도를 판다. 그게 성을 뚫고 들어오면 성의 안팎을 관통하는 직선도로가 뚫린다. 성 밖에 인공성을 쌓거나 토산을 쌓는 것도 고전적인 방법이다. 그 성이 완성되면 수비 측의 성벽은 더 이상 방어시설이 되어 주지 못한다.

하지만 두 번째 방법도 만만치 않게 시간을 잡아먹는다. 어떻게 해서든 시간을 절약해야 했던 당군은 공성구를 동원한 직접공격 쪽을 택했다. 요동성은 이 공격을 받고 12일 만에 떨어졌다. 하지만 안시성은 3개월 동안 끄떡도 하지 않았다.

진정으로 강한 군대란 어떤 군대일까? 여러 의견이 있겠지만, 병사 한명 한명이 자신에게 떨어지는 순간의 의무, 자신의 목숨과 바꾸어야 하는 그런 의무를 피하지 않는 군대가 그 중 하나임은 분명하다. 이건 필자의 견해가 아니라 예전에 읽은 미 해병대 전사에서 강조하던 내용이다.

이 정의는 안시성의 병사들에게도 해당된다. 전투 장면에 대한 기록은 전혀 없지만 당군에게 함락당하지 않았다는 사실 자체가 이를 증명한다. 성을 지켰다는 것은 성벽을 지켰다는 것이고, 수비병이 성벽에서 물러나지 않고 육탄으로 적의 진입을 저지했다는 것이다.

공성전에서는 수비 측이 절대 유리할 것 같지만 그렇지도 않다. 상대는 세계 최고의 재력과 물량, 건축술로 무장한 부대다. 충차나 사다리차는 쇠뇌와 화살을 날리며 다가와서 성벽과 사다리차 사이에 널판이나 사다리를 연결한다. 그것은 오늘날 탱크가 자기 앞으로 다가오는 것만큼이나 위력적이다. 널판이 누구 앞으로 놓이는가도 조마조마한 일이다. 그것이 연결되면 보통 병사로는 상대할 수도 없는 무서운 용사가 선두에서 건너온다.

수비 측에서도 그를 상대할 장수나 위급한 지역에 투입하기 위한 특수부대를 편제해 둔다. 그러나 이 과정도 매우 치열하고 여러 대가 동시에 다가오므로 어느 쪽이 먼저 닿을지 알 수 없다. 그러므로 수비 측에서는 일단 널판이 연결된 다음에 상황을 봐서 무사를 투입할 수밖에 없다. 이 짧은 시간 동안 수비 측에서는 일반 병사가 그들을 상대해야 한다. 그에게는 죽음의 선고다. 그가 도망치면 수비대형에 구멍이 뚫리고 양 측면의 병사들도 연쇄적으로 도망할 것이다. 이 공간으로 용사 서너 명이 뛰어들어 생존하면 돌파구가 확보되는 것이다.

수비 측에서도 성벽을 이중으로 두거나 탑·누각을 두어 이런 곳을 저격하는 이중 삼중의 조치를 한다. 사다리차나 충차를 파괴하는 방법의 하나는 장대를 들고 대기하다가 그것들이 가까이 왔을 때 성벽과 사다리차 사이에 장대를 끼우거나 여럿이 장대로 밀어서 넘어뜨리는 것이다. 밀어 넘어뜨리려면 그것이 최대한 근접해야 효과가 있다. 그러나 장대를 끼우거나 밀려면 적의 사수에게 몸을 노출해야 한다. 널판을 막거나 장대를 끼우는 짧은 동작 하나하나가 병사 한명 한명의 생명을 요구한다.

어느 집단이나 의무감과 희생정신이 강한 인간과 이기적인 인간이 있다. 공격이 반복되면 그 1분 동안의 의무를 회피하지 않았던 용감한 병사들은 하나 하나 전사하고, 결국은 약하고 겁많은 병사들의 비율이 높아진다. 공성군이 지속적으로 전투를 계속하는 것은 수비군을 지치게 하는 목적도 있지만 이들의 비율을 줄여 나가는 목적도 있다.

그러나 3개월이 지나도록 안시성은 약하고 비겁해진 모습을 드러내지 않았다. 그 사이에 당군도 많은 사상자를 내고 장비 손실을 입었다. 마침내 당군은 단기전술을 포기하고 장기전술로 전환했다. 성의 동남쪽에 커다란 토산을 쌓기 시작했다. 안시성군도 공사를 방해하기 위해 집중공격을 가했을 것이다. 당군도 충차와 포차를 공사장 부근에 집중 배치하여, 성벽을 하루에 6~7차례씩 지속적으로 공격하여 수비군의 기세를 눌렀다. 병서에 의하면 토산 축조에는 최소한 3개월은 걸린다고 했다.[18] 당군은 그만한 시간이 없었으므로 60일 동안 연인원 50만을 동원하여 철야로 공사를 계속했다. 공사 책임자는 도종이었다.

마침내 토산이 완성되었다. 산 정상은 성벽보다 높이 솟았고, 정상부에만 수백 명이 주둔할 수 있는 규모였다. 앞서 수나라군의 어량대도를 설명하면서 이런 진지를 누도甬道라고도 부른다고 했지만, 이런 토산의 정상부에는 나무와 소가죽으로 집을 지어 병사를 보호하고(가죽은 화공에 대비하기 위한 것이다) 병사들이 장기간 거주할 수 있는 시설까지 마련하는 게 보통이었다.

성벽과의 거리가 수장이라고 했는데, 1장이 3m 정도니까 대략 10~30m 정도였을 것으로 생각된다. 이제 최후의 공격부대를 편성하여 돌격할 일만 남았다.

최후 공격을 준비하려고 했는지, 잠시 쉬려고 했는지 도종이 자리를 비우면서 부장 부복애에게 토산의 수비를 맡겼다. 마침 이때 비가 내려 산의 일부가 허물어지면서 성벽을 덮쳤다. 토사의 무게로 성벽도 함께 무너져 산과 성이 저절로 연결되었다. 당군으로서는 거저 얻은 기회였는데, 하필 토산의 수비 책임자였던 부장 부복애가 무단이탈해서 자리에 없었다. 아찔한 위기의 순간에 고구려군 수백 명이 역습을 가해 거꾸로 산을 점거해 버렸다. 당군은 토산의 탈환을 시도했으나 완전한 역전의 기회를 잡은 고구려군이 호락호락할 리가 없었다. 그들은 정상 주변부를 깎아내리고 참호를 두르고 불을 질러 당병의 접근을 막았다. 당군은 3일 밤낮으로 공격했으나 토산을 탈환할 수가 없었다.

도종은 무릎으로 기어와 사죄를 했다. 태종은 펄펄 뛰었지만 엎질러진 물이었다. 음력 9월, 이미 계절은 가을이 짙어지고 있었다. 사기가 떨어지고 식량이 다한 그들로서는 안시성을 버려두고 내지로 진공할 수도 없었다. 태종은 실패를 인정하고 발길을 돌렸다. 무거운 발걸음을 요하의 진창이 다시 붙들었다. 태종은 장손무기를 시켜 1만 명을 동원해서 풀을 베어 길을 메우고, 물이 깊은 곳에는 수레로 다리를 놓았다. 그래도 요하의 지류를 다 건너기 전에 폭풍과 눈보라까지 몰아쳐 많은 군사가 목숨을 잃었다.

고구려는 승리를 거두었지만, 타격이 너무 컸다. 요동, 현도, 개모, 백암성 등 방어선의 주요 성들 10개가 함락당했다. 중국에 사로잡혀 간 호구만도 7만 명이다. 귀족들은 관직을 받았지만 평민들은 중국인의 노비가 되었을 것이다. 병력 손실도 20만이 넘었다.

특히 고연수의 패전으로 15만 군대가 무너지고, 간부 3천 5백 명이 당으로 끌려갔다. 고연수는 패배의 충격을 이기지 못해 장안으로 가는 도중에 사망했다. 이 패배는 연개소문 정권에 적지 않은 부담을 주었다. 군의 중추를 이루는 친연개소문파 장교들이 대거 포로가 되었다. 거국적인 동원이니만큼 정적의 자제들도 상당수 참가했을 텐데 그들은 이 엄청난 패전의 원인을 정권의 잘못된 인사 탓으로 돌렸을 것이다. 그들의 눈으로 보면 비정상적인 집권과 비정상적인 인사가 낳은 비극이었다.

연개소문은 이 위기를 버텨냈지만, 그가 추진하던 개혁이 있었다면 보수세력에게 양보를 해야 했을 것이고, 반대로 편협한 독재체제를 구상하고 있었다면 자기 정권을 지키기 위해 더욱 무리하고 편협한 조치를 취해야 했을 것이다. 고구려는 연이은 위기를 극복해 냈으나 내적 위기는 심화되고 있었다.

8 막다른 골목

태종은 충격적인 패배에도 불구하고 고구려 정복을 포기하지 않았다. 647년 2월 당군이 다시 침공했다. 이적이 요동도 행군총관, 손이랑이 부총관을 맡았다. 그러나 인물의 위상에 비해 병력은 겨우 3천이었다. 원정의 부담을 줄이기 위해 병력도 영주의 현지 병력을 동원했다.

당은 수나라처럼 무모하게 다시, 또다시 이런 식으로 덤벼들지 않았다. 당은 전술을 바꿨다. 대군을 파병하는 대신 소부대를 자주 출격시켜 고구려를 지치게 한다. 당군이 오면 고구려는 주민을 거두어 성에서 농성해야 한다. 농성하는 동안에는 농토를 돌볼 수 없다. 그런데 농사란 절기마다 해야 할 작업이 있다. 농성 기간이 10일만 넘어가도 큰 손실을 본다. 고구려는 굶주리고 지칠 것이다. 더욱이 당의 출병 명분은 연개소문의 쿠데타였다. 장기전에 싫증이 난 사람들은 연개소문을 더욱 원망하게 될 것이다. 그때 대군을 동원해서 진짜 승부를 낸다.

다만 신하들은 이런 식으로 장기전으로 가자고 주장했지만, 태종은 고구려가 지쳐 떨어질 때까지 이런 식으로 싸울 마음은 없었던 것 같다. 고구려 원정의 실패는 그의 일생의 치욕이자 망신이었다. 처음 장안을 떠날 때만 해도 자신은 수 양제 따위와는 다르다는 말을 몇 번이나 했던가? 출정 직전에 장안

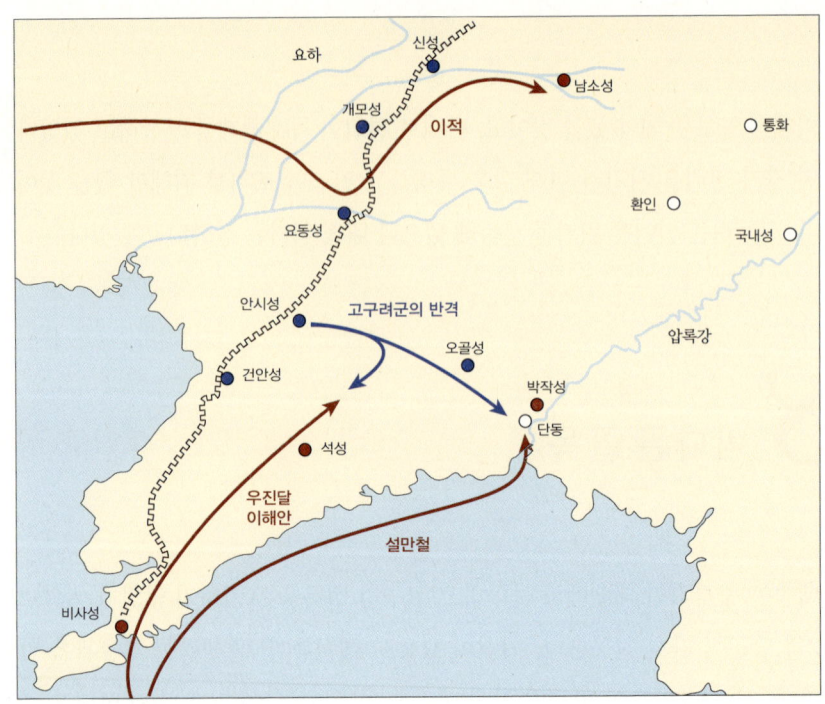

647년 이적과 우진달의 고구려 침공

의 노인들을 모아 놓고 그대의 자제들을 무사히 데려올 테니 나를 믿고 자식을 맡겨 달라는 안 해도 될 이벤트까지 했다. 그러나 절반이 넘는 병사들이 요하의 진창에 또 뼈를 묻었다. 이 망신과 충격을 견디기 어려웠을 것이다.

그래서 647년의 침공은 단순 소모전보다는 적극적 의도를 지니고 진행되었다. 지난번 침공 때 당군이 실패한 주 원인은 포크의 양쪽(신성과 건안성)을 공략하지 못한 것이었다. 그래서 천리장성의 북쪽과 남쪽을 괴롭혀 먼저 이 지역의 삶과 전투력을 고갈시키려고 했다.

5월에 이적은 기병으로 추측되는 부대를 이끌고 신성으로 진격했다. 그러나 소모전인 만큼 신성을 직접 공격하지 않고 신성 뒤쪽 혼하와 소자하가 나누어지는 교차로에 위치한 남소성 주변을 돌아다니며 마을과 농토를 불태웠다. 할 수 없이 고구려군도 성 밖으로 나와야 했다. 이적은 남소성 부근에서 고구려군과 전투를 벌였고, 남소성의 나성을 불질렀다. 당 태종의 침공 때 고연수 등이 알려주었던 사실이지만 고구려의 전력은 천리장성에 집중되어 있

박작성 원경과 성 아래의 강변 압록강과 하중도 사이가 얼마 되지 않는다. 강폭이 너무 좁아서 주민의 월경을 막기 위해 하중도에는 철책이 둘려 있다.

어 그 뒷선의 성들과 군사력은 상대적으로 약했다. 당군이 2선으로 침투해도 그렇게 멀리 들어가는 것은 아니었기 때문에 퇴로나 보급로를 끊는 전술도 별 효과가 없었다.

첫 번째 탐침이 성공하자 이번에는 남쪽을 찔렀다. 좌무위대장군 우진달과 우무위장군 이해안에게 군사 만 명을 주어 산동반도에서 해로를 이용해 요동으로 상륙하게 했다. 7월 우진달군이 비사성으로 상륙해 석성(요령성 개현 동북쪽 석성산으로 보고 있다)으로 파고들었다. 요동반도는 이등변삼각형 형태인데, 이 삼각형의 중심부쯤 된다. 천리장성이 딱딱한 껍질이라면 안쪽은 여린 과육이라는 사실이 다시 한 번 증명되었다. 우진달은 석성에 도달하기까지 무려 100여 차례를 싸웠다. 그만큼 많은 읍과 마을, 소규모의 고구려 요새를 불태우며 돌아다녔다는 의미다. 석성마저 점령한 우진달은 안쪽으로 더 파고들어 삼각형의 밑변 가까이로 접근했다. 그제야 비로소 만여 명의 고구려군이 당군을 가로막았다. 그러나 이해안 부대에게 패해 3천 명의 희생자를 냈다. 하지만 당군의 진격도 이 전투로 인해 저지되었다.

이적과 우진달이 짜릿한 성공을 거두자 태종의 의욕이 되살아났다. 그는 바로 하남성 송주(현재의 상구)에 조선소를 세우고, 강남 12주의 장인을 징발해서 수백 척의 배를 건조했다.

648년 우진달과 이해안을 설만철薛萬徹과 배행방裵行方으로 교체했다. 병

력은 3만으로 늘렸고, 산동반도의 출항기지인 봉래시 동북쪽 섬에 오호진烏
湖鎭을 설치해 또 병력을 모았다. 4월에 오호진의 장수 고신감이 상륙해 역산
易山(또는 갈산曷山이라고 했다. 위치는 알 수 없다)에서 고구려군 5천 명을 깨
트렸다. 그날 밤 고구려군이 당군이 상륙한 항구를 습격해 배를 파괴하려고
했으나 고신감이 미리 대비해 둔 복병에게 걸려 대패하고 말았다.

해로를 이용해 고구려의 2선, 3선 지역을 공략하는 실험적 작전이 의외로
큰 성공을 거두었다. 1만~2만 단위의 야전에서 고구려군이 거듭 패했다. 고
구려가 이 전술에 대처하려면 천리장성에 배치한 정예군사를 후방으로 빼돌
려야 했다. 당군은 경첩을 타격하지 않고도 성문을 약화시키는 새로운 방법
을 찾았다.

648년 9월 당나라는 더욱 대담하고 치명적인 실험을 시도한다. 우진달을
대체한 설만철은 당이 그동안 아껴 놓았던, 이런 작전에 적격인 장수였다. 그
는 돈황 출신으로 형 설만균과 함께 수 말의 내전기에 당군에 투신했다. 두
형제의 종군기는 소수의 기병을 이끌고 적진을 휘젓는 이야기로 가득 차 있
다. 형제는 이세민의 숙적이던 두건덕의 대군으로부터 두 번이나 낙양을 지
켜냈는데, 2차 공세 때는 결사대 100명을 끌고 땅굴로 나와 두건덕군의 배후
를 습격해서 패주시켰다.

이세민이 형과 동생을 죽이고 황제가 된 '현무문의 난' 때 설만철은 태자
편에 속해 있었다. 태자 일행이 현무문에서 함정에 빠졌다는 소식을 듣자 설
만철은 현무문으로 달려가는 대신 소수 병력을 끌고 이세민의 진왕부(그때
이세민은 진왕이었다)로 돌격했다. 허를 찌르는 이 돌격에 이세민 쪽 사람들
이 사색이 되었다. 그러나 이세민군의 태자 살해가 조금 더 빨랐다. 설만철은
살아 남은 10여 기의 기병을 끌고 남산으로 도망쳤다. 이세민은 그를 설득해
서 부하로 맞았다.

힐리가한과의 전투, 철륵족 설연타 정복, 토욕혼(티벳) 정벌에 참여해서

박작성 성문 지금은 중국식 명칭인 호산성이라고 현판이 붙어 있다. 중국은 동북공정의 일환으로 이 성을 만리장성의 동쪽 종점이라고 주장하고 있으며, 성을 복원할 때도 산에 남아 있는 고구려 양식 성벽을 무시하고 만리장성 모양(오른쪽 사진)으로 축조했다.

그때마다 비슷한 무용담을 만들었다. 소수의 기병으로 적과 충돌해서 휩쓸고 나오는 데는 그를 당할 자가 없었다. 태종은 자기 휘하에 명장은 이적과 도종, 설만철 셋뿐이라고 말한 적도 있다. 그리고 이적과 도종은 크게 승리하지 못하더라도 패배도 당하지 않는데, 만철은 대승 아니면 대패라고 평했다. 그의 문제는 모자라는 머리였다. 용맹스럽기는 하지만 지혜가 부족해서 돌격대장으로는 괜찮지만 한 군을 총지휘하거나 한 지역을 통치하기에는 부족했다.[19]

설만철을 가장 명확히 설명해 주는 일화는 그의 열전에 있다. 태종이 사망한 후 설만철은 방현령의 역모에 연좌되어 처형되었다. 형장에 끌려나온 그는 무장답게 죽고 싶으니 한 칼에 목을 쳐 달라고 부탁했다. 고의인지 힘이 부쳤는지 집행인이 내리친 칼이 목을 절단하지 못하고 상처만 냈다. 그러자 설만철이 "어찌 힘을 쓰지 않느냐"고 호통을 쳤다. 결국 세 번 만에 그의 목이 떨어졌다.[20]

이런 장수가 처음으로 고구려 전쟁에 등장했다. 설만철 부대는 우진달보다 더 깊숙이 내려와 압록강 하구로 상륙해서 박작성으로 진격했다. 박작성은 지금의 단동 동북쪽 압록강변에 있는 호산성으로 보고 있다. 이 산은 산이 없는 압록강변에 포탄의 탄두처럼 불쑥 튀어나온 바위산으로 주변 지역을 감제하는 제일의 요충이다. 그러나 박작성의 진짜 가치는 그 아래의 나루다. 강폭은 넓지만 하중도가 발달해서 지금도 북한과 중국 사이가 가장 좁은 곳으로 꼽힌다. 박작성 성문 아래 강과 하중도 사이는 물건을 던지면 받을 수 있을 정도로 가깝다.

당군이 박작성 서쪽 40리 지점에 나타나자 고구려 주민들이 놀라 달아났다. 그러나 이 지역의 수장인 고구려 장수 소부손所夫孫은 달아나지 않고 방어선을 폈다. 그의 병력은 만 명에 불과했지만, 3만의 원병이 박작성으로 달려오는 중이었다. 고구려군이 합세하기 전에 설만철은 유격병을 파견해 소부손 진영(『구당서』에는 대행성이라고 했는데, 축성 진지가 아니라 야전 진지를 의미할 수도 있다)을 습격했다. 소부손은 용감하게 저항하다가 전사했다.

소부손을 격파한 뒤 설만철은 원군은 개의치 않는다는 듯, 박작성으로 진군해 성을 포위했다. 박작성은 바위 절벽과 강으로 둘러싸인 요새라 공격이 쉽지 않았다.

당군이 고전하는 사이 고구려의 장수 고문高文이 오골성과 안지성(안시성인 듯)에서 징발한 3만 대군을 인솔하고 도착했다. 고구려군은 2개 진으로 나누어 배치했는데, 박작성 주변은 산이 없으니 평야에서 야전을 펼쳤을 것이다. 설만철은 앞뒤로 적을 맞았지만, 대담하게 군을 둘로 나누어 각각 고구려군을 격파하고 박작성마저 함락시켰다.

설만철의 활약은 태종의 기대를 충족시키고도 남았다. 해로를 통해 군대를 천리장성 후방으로 투입하고, 천리장성의 수비대를 끌어내 고구려군에게 유리한 산성전이 아닌 당군에게 유리한 평원에서 야전을 펼치는 전략은 위력을 증명했다.

설만철이 돌아오자 태종은 장손무기와 의논해서 오래 끌 것도 없이 다음 해에 다시 고구려 정복을 추진하겠다고 결심한다. 고구려에서 들어오는 첩보도 고무적이었다. 계속된 전란으로 요동의 농토는 황폐해지고 많은 백성이 도망쳤다. 이 상황에서 연개소문이 축성 사업을 강행하자 그에 대한 원성이 높아졌다는 것이다.

태종은 전략도 새로 짰다. 전후 상황으로 보면 대략 이런 구상이었다. 정예 주력을 해로로 수송해서 천리장성 후방에 투입한다. 육로는 아마도 영주를 거점으로 지역병을 동원해서 천리장성으로 보낸다. 앞뒤로 공격을 받은 천리장성의 고구려군은 그 자리에 고착되거나 후방으로 침투한 당군을 잡기 위해 요동벌판으로 내려와야 할 것이다. 그 벌판에서 고구려군을 격파하고, 평양으로 진격한다.

이 작전을 위해서 태종은 대규모 선박의 건조사업을 지시했다. 그러나 수나라 때부터 계속된 원정으로 산동, 하남, 안휘, 강서, 절강 지역은 더 이상 전쟁준비를 감당할 수가 없었다. 결국 한참 내륙인 촉 지방, 즉 지금의 쓰촨 四川 분지에 선박 건조를 맡겼다. 여기서 선박을 건조해 지금의 삼협댐을 지나 양자강을 따라 배를 내려보내 산동반도까지 보냈다. 큰 전함은 길이가 300m, 폭이 150m나 되었다.

선박이 마련되자 공성구와 장비도 산동의 오호진에 집적했다. 촉 지방까지 이용한 데서 알 수 있듯이 태종의 고구려 정복은 중국의 전 지역과 물자를 동원한 총력전이었다. 이 거대한 물량작전에 맞서야 하는 고구려의 고통이 어땠을지, 그리고 이 긴 항전이 얼마나 대단한 것인지를 말해 준다.

세기의 재대결을 눈앞에 둔 649년 5월, 태종이 52세를 일기로 갑자기 사망했다. 하필 그의 전역을 뒷받침해 준 명장 이정이 오랜 투병 끝에 사망한 지 8일 만이었다. 죽음에 직면해서야 태종은 요동전쟁을 중지하라는 조서를 내렸다.

그날의 행진은 보기 드문 규모였다. 잘 무장한 병사들과 커다란 장비들이 월천교를 넘어 궁성 앞으로 행군해 지나갔다. 그들의 가슴에는 적색, 녹색의 반달 모양 군장이 달려 있다. 그 표식은 이 병사들이 신라의 최정예 군단임을 말해 주고 있었다. 궁성 앞에서 그들은 국왕의 전송을 받았다. 큰 키에 엄청난 거구인 왕의 모습은 언제나 병사들에게 신뢰와 위엄을 주었다. 그 신비감과 존경심을 상징하듯 허리에 찬 커다란 황금빛 요대는 햇빛을 받아 금빛과 오색의 광채로 그의 몸을 감싸고 있었다. 체격에 걸맞게 왕은 젊은 시절에는 직접 전투에 참가해서 힘을 과시하기도 했다. 신병들은 고참 병사들로부터 그때의 무용담을 적지 않게 들었다. 그러나 그 거구의 왕도 이제는 노쇠해져 있었다. 예순이 넘은 왕은 서 있기가 힘들었고, 허리에 찬 요대의 무게도 예전 같지 않았다. 그러나 그 무게보다도 더 왕을 짓누르는 것은 그와 자신의 왕국을 조여 오는 운명의 무게였다.

백제는 서쪽에서 옛 가야의 영토를 향해 치고 들어오고, 고구려는 북쪽에서 그와 그의 왕국을 압박하고 있었다. 갑자기 그의 조부 진흥왕이 개척해 놓은 영토가 너무나 크고 부담스럽게 느껴졌다. 진흥왕이 세운 감격스러운 비를 자신도 두 개만 보았고, 북쪽 산악지대에 있다는 비들은 보지도 못했다. 궁정의 노신들은 그들이 가 본 고개, 그 좁고 험악한 산길과 그 앞에 놓인 절벽과도 같은 산들, 무서운 추위와 술맛에 대해 이야기하곤 했지만, 그 땅은 이미 국경 밖의 전설이 되었다.

그래도 신라는 지금까지 잘 버텨 왔다. 자신도 그 정도면 나라를 잘 다스려 왔다고 생각했다. 넓어진 영토에 맞추어 인재를 파견하고, 전쟁에 대비해

제4장 서라벌의 선택

여러 개의 군단을 새로 편성하고, 지방에 배치했다. 정적을 탄압하지 않고, 소외받던 가야계 사람들도 최대한 중용했다.

 그러나 평생을 이어온 업적이 한순간에 위기에 처했다. 고구려가 생각지도 않게 수나라를 격퇴하고, 도리어 수나라가 망해 버리면서 고구려가 다시 남진을 시작한 것이다. 백제는 백제대로 신라를 향해 무섭게 달려들기 시작했다. 진평왕은 왕국의 능력을 정확히 알고 있었다. 신라는 두 나라를 동시에 상대할 능력이 없다. 문제는 상대도 그것을 알고 있다는 사실이다. 백제와 고구려는 약속이나 한 듯 신라의 약점을 물고 늘어졌다. 한쪽이 병력을 모아 대규모 공세를 벌이면, 다른 쪽이 기회를 놓칠세라 달려들었다. 결국 서라벌에 비축해 둔 중앙군단까지 동원하게 되었다.

 진평왕의 머릿속에 며칠 전 있었던 회의가 떠올랐다. 백제의 이번 공세를 막기 위해서는 신라 국경의 2개 군단과 중앙군단까지 출동시켜야만 한다. 그러나 이 틈을 타서 고구려가 남한강 상류지역으로 치고 내려오면 막을 방법이 없다. 전투에서 승리하더라도 우리 측 희생이 크면 역시 다음에 이어질 고구려의 공세를 저지할 방법이 없다. 회의가 여기까지 진행되자 더 이상 아무말도 하지 않았다. 그것이 의미하는 바가 명확했기 때문이다.

 "구원은 하되 싸우지는 말라"는 희한한 명령이 그런 사정으로 탄생했다. 지휘부의 장수들은 깊은 한숨을 토했다. 거대한 뱀에 감긴 것처럼 신라는 서서히 조이고 말라 가고 있었다. 신라는 버티고는 있으나 타개할 방법이 없었다. 진평왕은 문득 자신이 너무 오래 살았다고 생각했다. 10년만 덜 살았어도 나락으로 굴러떨어지는 왕국의 운명은 보지 않았을 것 아닌가?

1 서동요

성왕의 전사는 백제에 커다란 타격을 주었다. 왕자 시절 신라 공격에 앞장섰고, 성왕보다 더 적극적이었던 위덕왕은 더 큰 충격을 받았다. 위덕왕은 패배에 대한 죄책감으로 출가해 버릴까 하는 생각까지 했다. 근래 위덕왕이 부여 능산리 고분에 성왕의 능과 성왕의 명복을 비는 사찰을 건립한 것이 확인되었다. 그가 출가하겠다고 한 것도 이 절과 관련이 있는 것 같다. 신하들의 만류로 100명을 대신 출가시키는 것으로 이 소동이 끝났지만[1] 정치적 타격은

능산리고분군과 능사

능산리고분군은 부여의 나성 동쪽 벽을 끼고 바로 바깥쪽에 있다. 1992년부터 2008년까지 발굴이 진행되어 이 고분군과 부여 나성 사이에서 위덕왕이 세운 절터(능산리사지)와 목탑지가 발굴되었다. 이곳에 성왕의 묘가 있다고 추정되고 있으며, 절은 성왕의 명복을 빌기 위해 세운 것으로 추정되고 있다. 능사는 이 절의 유적을 재현하여 백제문화단지에 건립한 것으로 중문-탑-금당의 일직선 가람배치와 거대한 5층목탑 등을 볼 수 있다. 오른쪽의 〈창왕명석조사리감〉은 능산리사지 목탑 심초석에서 발굴된 것. 능산리고분에 성왕을 추모하는 절을 세우고 목탑을 세울 때 창왕의 누이인 형공주가 공양한 것으로 사리함에는 창왕(위덕왕) 13년(567년)이라는 날짜가 표기되어 있다(국보 288호).

왕흥사지 『삼국사기』에는 법왕 2년(600년)에 창건했다고 했으나 2007년에 사리함에서 발견된 명문에는 577년 2월 15일에 위덕왕이 죽은 왕자의 명복을 빌기 위해 절을 세우고 사리 3개를 묻었다고 기록되어 있다(원래는 2개를 묻었는데 신의 조화로 3개가 되었다고 한다). 법왕 2년은 왕흥사가 완전히 완공된 시기일 수도 있다.

그런 식으로 회복되지 않았다.

왕은 백제의 군대와 귀족을 몰살시킨 죄로 귀족들의 눈치를 보아야 했다. 왕자 시절에는 병사들과 함께 전장을 누비던 패기만만한 용사였지만 막상 왕이 되자 그의 치세는 오히려 조용하고 종교적인 분위기로 흘러갔다. 그는 백마강 건너편에도 왕흥사를 세워 죽은 이들의 명복을 빌었다.

분위기는 침울했지만, 백제는 위기를 더 이상 확대하지 않고 잘 진화했다. 신라는 그 사이에 고구려 공략에 주력해서 함경도까지 진격해 올라갔고, 고구려는 남쪽 영토가 파먹히는 와중에도 돌궐과 북제, 북주를 견제하기에 여념이 없었다.

위덕왕이 다시 예전의 모습을 되찾은 것은 즉위한 지 24년이 지난 577년이었다. 마침 신라는 576년 8월에 진흥왕이 죽고, 지소태후(진흥왕의 모친)와 사도태후(진흥왕의 왕비)가 대립하는 모습을 보였다. 새로 즉위한 진지왕은 진흥왕의 둘째 아들로 형인 동륜태자가 보명부인과 사통하다가 개에게 물려 사망하는 바람에—아마도 신라 왕실 역사상 최고의 스캔들이었을 것이다—왕위를 물려받았다. 진지왕도 형인 동륜 못지않은 난봉꾼이었고, 왕이 되

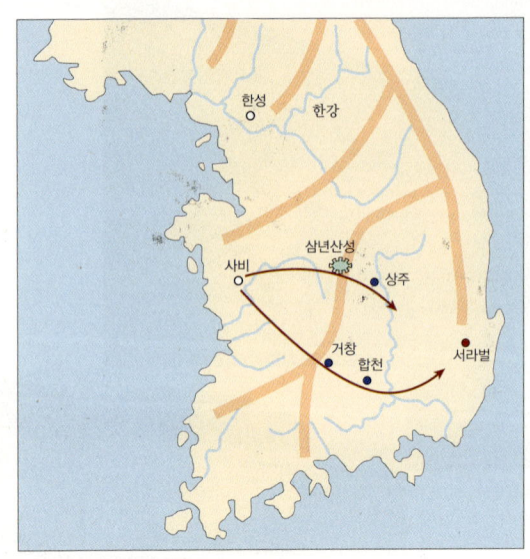

577년 백제의 신라 공격 추측도

기 위해 사도태후와 미실과 밀약을 맺은 탓에 지소태후의 분노를 샀다. 신라의 정계가 복잡해졌다. 자나 깨나 신라에 한이 맺혔을 위덕왕이 이 순간을 놓칠 리 없었다.

577년(위덕왕 24년) 백제군이 신라의 측면을 찌르고 들어갔다. 25년 전 백제군은 옥천-보은 선에서 저지되었던 악몽이 있다. 그 악몽을 피해 이번에는 보은과 추풍령을 지나 일선군(선산) 북쪽, 지금의 상주와 구미 사이까지 진격했다. 보은과 삼년산성의 신라군단을 격파한 것인지, 다른 길로 우회해서 진격한 것인지는 알 수 없지만, 이 전투 후 양국이 다투어 이 루트 주변으로 성을 쌓는 것을 보면 새 길을 개척한 것 같다. 백제군이 여기까지 진출하자 신라는 서라벌의 중앙군을 출동시켰다. 지휘관은 사다함의 연적이었던 미실의 남편 이찬 세종이었다.

이때 미실은 세종도 차 버리고 진흥왕의 후궁이 되어 있었다. 세종은 미실을 상전으로 섬겼다. 그래도 법적으로는 세종이 남편인지라 진흥왕과 약간 껄끄러운 관계가 진행될 때는 세종을 전선으로 내보냈다. 사다함의 악몽이 떠올랐겠지만 순진하고 착한 세종은 군말없이 전쟁터로 나갔다. 세종도 사다함과 마찬가지로 정치놀음에는 어울리지 않는 사람이었다. 대신 단 한 건의 소송도 그릇 판정한 일이 없다고 할 정도로 아주 양심적이고 친절해서 아랫사람에게 인기가 좋았다. 사다함과 다른 점은 장군으로는 부적격자였다는 것이다. 하지만 그의 인망 덕에 도움을 받아 전쟁도 잘 헤쳐나갔다. 정치는 미실이, 군사 분야는 문노가 뒤에서 해결해 주었다.

일선군 북쪽에서 벌어진 오랜만의 대전에서 신라가 또 승리를 거두었다. 위덕왕에게 3천 7백 명이 전사했다는 비보가 날아들었다. 이 전투 후 신라는 백제의 새로운 침투로를 막기 위해 내리서성內利西城(충북 영동군 이산면으로 추정한다)을 새로 축조했고, 백제가 침공한 길을 역으로 치고 나갔다. 신라군은 알야산성까지 도달했는데, 알야산성은 전북 익산시 낭산면에 있는 낭산산성으로 보고 있다. 『삼국사기』 지리지에 백제의 알야산현을 경덕왕 때 야산현으로 개명했다는 기록이 있기 때문이다(야산현은 고려 때 낭산현으로 고친다). 이때 신라가 익산을 점령했다고 보기는 어렵다면서 알야산성에 대한 침공 기사를 오기로 보는 견해도 있는데,[2] 그럴 필요는 없지 않나 싶다.

알야산성 점령은 오래 가지 않아 578년 백제가 탈환해서 체면을 세웠다. 새로운 길을 따라 서로 펀치를 주고받은 양국은 부리나케 서로 성을 쌓아 이 루트를 봉쇄했다.

군사적으로는 또다시 낭패를 보았지만 위덕왕은 외교전에서 성공을 거두었다. 581년 양견이 수나라를 건국했다. 위덕왕은 그 전부터 양견의 즉위를 예측한 듯 577년부터 북주와 외교를 강화했고, 수나라를 세우자 기다렸다는 듯이 돈독한 관계를 맺었다. 589년에 수나라가 진나라를 멸망시켰을 때, 이 전역에 참전한 듯한 수나라의 군함 한 척이 제주도로 표류해 왔다. 위덕왕은 그 배를 대단히 후대하고, 아예 사신을 딸려보내 천하통일을 축하했다. 수나라의 천하통일은 곧 수나라와 고구려의 전쟁이 임박했다는 의미였다. 위덕왕은 절호의 기회가 왔음을 감지하고 수나라에 공을 들였다.

그러나 이상하게 수나라는 백제와 거리를 두었다. 589년의 축하사절에 대해서도 문제는 백제를 생각하는 척하면서 교류를 거부했다.

> 백제 왕이 마음씨가 순수하고 지극함은 짐이 잘 알고 있다. 그러나 (백제와 수나라가) 오고가는 것이 어려워서 풍랑을 만나면 곧 손상을 입거나 파선하게 된

다. 비록 서로 거리가 멀다고 하나 얼굴을 맞대고 말하는 것 같으니 자주 사신을 보낼 필요가 있겠는가. 지금 이후부터는 매년 별도로 조공할 필요가 없고 짐도 사신을 보내지 않겠다.(『삼국사기』 권5, 백제본기 위덕왕 36년)

598년 문제가 고구려를 침공하자 백제는 다시 사신을 보내 고구려 공격을 자원했다. 하지만 수나라군이 회군하는 바람에 이 동맹은 성사되지 않았다.

위덕왕은 일본과의 교류도 성왕보다 더 크게 확대했다. 지금까지 일본과 천황 이야기가 여러 번 나왔지만 이때의 천황이 통합일본의 지배자였다고 보기는 어렵다. 천황이라는 명칭이 있었기나 했는지조차 의심스럽다. 일본은 수십 개 이상의 나라로 쪼개져 있었다. 히미코나 긴메이欽明 천황은 이 중에서 유력한 왕국의 지도자였고, 여러 왕국의 이야기가 하나로 합쳐졌을 가능성도 있다. 그러나 6세기 말부터 아스카 지역에서 진짜로 강력한 왕국이 성장해서 제대로 된 국가를 만들고 일본 문명의 중심에 서기 시작한다. 이 개혁을 주도한 인물이 쇼토쿠聖德 태자다.

쇼토쿠의 주변에 있는 인물은 온통 한국인(일본에서는 도래인渡來人이라고 한다)이었다. 일단 아스카 자체가 한국의 지형을 꼭 빼닮은 한국인 이민자들이 세운 도시였다. 당시 일본 정국을 주무른 최고 귀족이 백제계 귀족인 소가蘇我 씨였다. 소가 씨 중에서도 전성기를 누렸던 인물이 소가노 우마코다. 그는 불교 수용에 누구보다 적극적이었고, 그 정책을 지원하듯 성왕은 승려를 대거 일본으로 파송했다.

위덕왕 때인 578년 쇼토쿠는 오사카에 사천왕사를 창건했다. 이것이

아스카의 괴수
아스카 지역에는 이런 특이한 모습의 조각들이 여기저기 흩어져 있다. 왕족과 귀족의 정원을 장식했던 조각들로 추정되고 있다.

일본 아스카의 풍경 얕은 야산과 구릉, 산비탈 아래쪽에 세운 마을과 그 아래로 펼쳐진 평야는 한국의 농촌 풍경과 꼭 닮았다. 흔한 풍경 같지만, 이후 1500년 이상 일본의 중심지가 되는 나라, 교토, 오사카, 도쿄 일대는 넓은 평원지대로서 마을의 입지나 주변 풍경이 아스카와는 전혀 다르다. 아스카 왕국의 건설자들이 나라-오사카 일대의 평야지대를 버려두고 내륙 산악지대로 들어와 한국과 정경이 유사한 이곳 아스카에 국가를 세운 이유는 바로 이들의 고향이 한국이었기 때문이라고 보고 있다.

오사카의 사천왕사 전경

일본 최초의 사찰이다. 이 절은 지금까지 남아 있는데, 절의 건축을 주도한 사람이 백제 기술자들이었다. 그리고 이들이 만든 회사가 기네스북에 세계에서 제일 오래된 회사로 등록된 곤고구미金剛組다. 이후 곤고구미는 호류지法隆寺, 도다이지東大寺의 재건과 보수에 참여했으며, 사찰 건축 및 보수를 담당하는 전문회사가 되어 현재까지 명맥을 이어오고 있다.

588년 위덕왕은 은솔恩率(백제의 관등. 좌평, 달솔 밑의 제3위의 관등) 수신首信 등의 관원과 승려 혜총惠聰, 영근令斤, 혜식惠寔, 영조율사聆照律師 등 9명의 승려, 박사와 화공을 보냈다. 역사상 최대 규모의 파견이었다. 불교 수입

제4장 서라벌의 선택

을 적극 지지했던 소가노 우마코는 승려들을 불러 계를 받는 법을 물었고, 박사들에게는 학생을 붙여 주었다. 그리고 593년 아스카에 있던 쇼토쿠 태자는 자신의 저택도 사찰로 바쳤다. 이 절이 담징의 금당벽화가 있는 호류지(당시 명칭은 호코지法興寺였다)다. 백제는 불교만이 아니라 도교도 전래해 주었다. 602년 백제에서 관륵이 도래하여 방술서를 전했다.[3]

592년에 쇼토쿠의 고모가 스이코推古 천황으로 즉위하자 쇼토쿠는 섭정이 되었다. 그런데 그가 본격적인 개혁을 시작하는 시점이 597년 위덕왕의 아들 아좌태자가 일본에 상륙한 직후다.

아좌태자는 쇼토쿠의 스승이 되었다고 전해지는데, 두 사람의 만남은 백제와 일본 관계, 고대 한일교류사에서 절정의 사건이라고 할 수 있다. 아좌태자의 도일 3년 후인 600년부터 쇼토쿠는 수와 당에 사신을 보내 중국의 문화와 제도를 적극적으로 수입하기 시작했다. 이 사신은 14년 사이에

쇼토쿠 태자상 백제 아좌태자의 작품으로 전한다. 나라 현 호류지에 보관되다가 1949년에 소실되었다.

다섯 차례나 파견되었다. 603년 관등을 정하고, 604년에는 일본 최초의 성문법인 17조의 율령을 제정, 반포했다. 그 외 역사를 기록하고 문화를 장려함으로써 일본에 진정한 국가를 세운 건국의 아버지가 된다.

그런데 정작 백제의 입장에서 보면 아좌태자의 도일이 백제와 일본 교류의 절정인지 배신인지가 모호하다. 아좌태자 이하 많은 도래인들, 특히 백제

계 인사들이 일본의 획기적 변화를 주도하고 있었음에도 불구하고 정작 백제와 일본의 관계는 이상하게 전개되었다. 여자인 스이코가 천황이 될 수 있었던 이유는 592년 소가노 우마코가 자객을 보내 스슌崇峻 천황을 암살한 덕분이었다. 문제는 스슌 천황이 살해당한 이유가 신라 공격에 너무 집착한다는 것이었다. 백제인을 선조로 두고 백제와의 교류에 전념했던 소가노 우마코가 스슌 천황의 복수전에 제동을 걸었다. 쇼토쿠와 소가 씨의 집권은 일본에 살고 있는 백제계 인사들이 모국의 전쟁에 휘말리기보다는 자신들의 세계에 집중하겠다는 의미였는지도 모른다. 이 미묘한 시기에 아좌가 백제에서 와서 쇼토쿠 세력에 합세했다.

그런데 아좌태자가 도일한 다음 해에 위덕왕이 사망했다. 왕위는 아들인 아좌태자가 아닌 위덕왕의 동생 혜왕에게로 넘어갔고, 이후 백제 왕위는 위덕왕이 아닌 혜왕의 후손이 장악하게 된다. 이 두 가지 사실을 종합해 보면 아좌의 도일은 일종의 정치적 망명이거나 아좌태자가 왕위계승에서 밀려난 결과가 아니었을까 하는 생각도 든다. 아니면 아좌는 소가 씨를 설득해 일본

호류지

이 절은 원래 쇼토쿠 태자의 저택으로서 그가 태자가 된 후 절로 바꾸었다. 이 절과 거대한 목조 5층탑, 많은 불상들의 제작에 백제에서 온 장인들이 참여했다.

● 무왕과 선화공주

무왕은 그 유명한 〈서동요〉의 주인공이다. 법왕의 아들이라고 하지만 『삼국유사』에서는 어린 시절에는 궁에서 자라지 못하고 시골에서 모친과 함께 살면서 마를 캐어 생계를 이을 정도로 곤궁한 생활을 해야 했다고 한다. 그는 거지 복장을 하고 신라의 수도 서라벌에 가서 마을 아이들에게 나누어 주고, 이들을 통해 진평왕의 딸 선화공주가 자신과 사통했다는 노래를 퍼뜨려 선화공주와 결혼했다. 그때 퍼뜨렸다는 노래가 향가 〈서동요〉다.

무왕이 원수인 신라의 공주와 결혼한 것은 신라 왕실의 힘을 빌릴 만큼 자신의 처지가 열악했다는 말이 된다. 이렇게 결혼한 그는 사비를 버리고 왕실의 근거지를 익산으로 잡았다. 지금 익산에 남아 있는 거대한 미륵사지는 그가 세운 것이다. 그는 왜 사비가 아닌 익산에 신라의 황룡사보다 더 큰 절을 세웠을까? 덕분에 무왕이 백제 수도를 익산으로 옮겼다는 설도 유력하게 제기되고 있다.

익산 지역의 발굴이 진행되면서 익산 천도설은 날이 갈수록 힘을 받고 있다. 반면에 서동과 선화공주의 로맨스는 실체를 의심받게 되었다. 2009년 미륵사지 서탑의 해체·보수 공사중에 사리함이 발견되었는데, 그 함 안에서 미륵사가 무왕 왕후의 발원에 의해 639년에 완공되었다는 기록이 나왔다. 문제는 그 왕후가 선화공주가 아닌 백제의 명문가인 사택적덕의 딸이라는 것이다. 그래서 서동과 선화공주의 러브스토리는 백제가 망한 후 미륵사 승려들이 미륵사의 보존을 위해 지어낸 이야기라고 추정하기도 한다.

그러나 미륵사에는 이 탑 외에도 2개의 탑이 더 있었다. 그 중 하나는 선화공주가 세운 탑일 수도 있고, 무왕의 왕비도 여러 명이었을 수 있다고 보는 학자도 있다. 그래서 선화공주 전설은 아직 희망을 남기고 있다. 다만 이 두 탑은 흔적도 없이 사라져 진상은 영원히 낭만적인 미스터리로 남을지도 모른다.

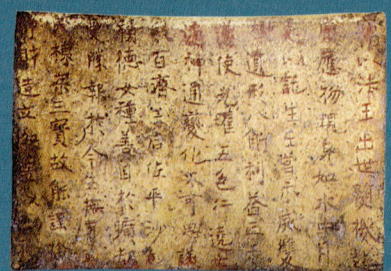 

익산 미륵사지 미륵사탑 금제 사리 봉안기 (앞면과 뒷면)

의 협조를 얻기 위해 도일했지만, 소가 씨는 이를 거부하고, 백제에서도 위덕왕이 사망하면서 위덕왕과 아좌의 반대파가 집권했던 것일까?

위덕왕이 죽으면서 백제는 혼란에 빠졌다. 혜왕과 법왕은 모두 재위 2년을 넘기지 못하고 사망했다. 그런데 일본과의 협조는 물 건너갔지만, 신라 공격이라는 위덕왕의 꿈이 갑자기 부활했다. 601년 왕위에 오른 법왕의 아들 무왕은 즉위하자마자 신라를 향해 맹공을 퍼붓기 시작했다.

2 진화하는 위기

602년 가을 백제군이 아막성(모산성)을 포위했다. 신라는 수천 명의 정예 기병을 보내 아막성을 구원했다. 구원은 성공했지만, 이 전투는 신라 측에서는

익산 왕궁리사지와 왕궁리 5층석탑
무왕이 성장한 곳이며, 무왕이 궁을 세웠다고 알려진 왕궁리. 이 설을 뒷받침하듯이 최근에 대형 건물지가 발견되었다. 현재도 발굴이 진행되고 있다.

정신이 번쩍 들 만한 사건이었다. 아막성은 현재의 전북 남원시 운봉이다.[4] 지금껏 옥천-보은 루트를 이용하던 백제군이 지금의 88올림픽고속도로를 따라 치고 들어온 것이다.

　이때까지 백제군이 왜 이쪽 루트를 사용하지 않았는지는 알 수 없다. 일단 웅주와 사비를 보호하기 위해서는 논산과 익산 방면에 단단한 방어선을 쳐야 하고, 천도 후 한성 회복과 고구려 방어에 주력하다 보니 남쪽으로 병력을 돌릴 여유가 없었기 때문이 아닌가 싶다. 그러나 수나라가 고구려 침공을 시작함에 따라 고구려가 남쪽으로 병력을 돌릴 여유가 없어졌다. 그리고 신라가 진흥왕 때 한강 유역을 점령하고 함경도까지 치고 올라오는 바람에 고구려와 국경을 마주하고 있는 적은 백제가 아닌 신라가 되어 버렸다. 무왕은 이 전술적 이점을 노려 수나라에 사신을 보내 수의 고구려 공격을 응원하는 한편, 북쪽에 집중한 병력을 남쪽 전선으로 돌렸다.

　사태를 파악한 신라는 서둘러 소타성, 외석성, 천산성, 옹잠성을 쌓았다. 이 성들은 88올림픽고속도로 상의 주요 읍에 세운 성들일 수도 있고, 아막성을 보호하기 위해 주변 봉우리에 보루를 보강한 것일 수도 있는데, 천산이 아막성 근처에 있었으므로 후자일 가능성이 높다. 백제가 이를 방관할 리가 없

바래봉에서 내려다본 운봉(아막성)의 전경　운봉은 백제가 신라로 진출하는 요충이었다.

다. 좌평 해수에게 보병과 기병 4만을 주어 아막성을 다시 포위했다.[5] 신라도 대대적으로 병력을 동원해 장군 건품, 무리굴, 이리벌, 무은, 비리야 등을 파견했다. 첫 격돌에서 신라의 구원군이 백제군을 격파했다. 해수는 후퇴하면서 천산泉山의 늪지대에 1천의 병력을 매복시켰다.

신라군이 이 매복에 걸렸다. 『삼국사기』의 귀산전에서는 천산에 매복했던 백제군이 전투를 끝내고 돌아가는 신라군의 후위를 급습했다고 하고, 백제본기에는 신라군이 해수를 추격하는 도중에 복병이 일어났다고 했다. 전투 상황을 보면 백제본기의 서술대로 돌아가는 신라군이 아니라 추격해 오는 신라군의 후위를 공격한 것이 아닌가 한다. 1천의 병력으로 후위를 습격해서 적의 뒤를 끊고, 다시 앞에서 백제의 주력이 치고 들어온다. 우리나라는 길이 좁고, 좌우가 산비탈 아니면 계곡인 경우가 많아 군대가 좁은 종대로 진군하게 된다. 그러므로 적을 만나 전투 대형을 갖추려면 기동이 쉽지 않다. 병사가 침착하고 명령체계가 잘 유지되어야 한다. 그런데 퇴로가 막히고, 적이 뒤에서 치고 들어온다고 하면 병사들은 동요하고, 겁쟁이들은 달아난다.

후위의 지휘관 급간 무은은 책임감 있는 지휘자였던 모양이다. 그는 대열의 끝에서 병사를 지휘했다. 백제군은 무은을 공격해서 갈고리(또는 갈고리창)로 무은을 말에서 떨어트렸다.

절대절명의 위기에 아들 귀산이 원광법사에게 배운 세속오계의 마지막 조항 '임전무퇴'를 외치며 달려들었다. 그는 수십 명을 쳐 죽이며 무은을 보호했다. 친구 추항도 달려

백제군의 낫창 최근 발굴에서 백제군이 낫처럼 생긴 창도 사용했음이 발견되었다. 이 창의 용도는 조금 불확실한데, 창날이 크고 무거운 것으로 봐서 기병의 말을 공격하기 위한 무기가 아닌가 싶다. 또는 보병을 공격할 때 방패 위로 안쪽을 가격할 수 있는 무기 같기도 하다. 충남 논산 백제군사박물관 복원모형

제4장 서라벌의 선택

왔다. 귀산은 부친을 자기 말에 태워 후송하고 추항과 함께 창을 휘두르며 백제군의 진로를 막았다. 둘의 분전으로 백제군의 기세가 주춤했고, 신라군은 편제를 회복하고 반격에 나섰다. 전세가 역전되어 신라군은 커다란 승리를 거두었다. 해수는 겨우 탈출해서 사비로 돌아왔다. 귀산과 추항은 여러 곳에 부상을 입었지만, 목숨은 건졌다. 그러나 귀로에 부상이 덧나 사망했다.

무왕은 의욕이 넘쳤지만 초기 성과는 신통치 않았다. 602년의 아막성 전투는 성왕의 관산성 전투에 못지않는 대패였다. 607년 백제는 수 양제와 우호조약을 맺는 데 성공해서 수의 고구려 침공을 지원하기로 한다. 하지만 막상 수 양제가 침공을 개시하자 백제는 고구려를 침공하지 않았다. 대신 수군에게 금빛 갑옷과 명광개를 만들어 보냈다. 그러나 이 정보가 새나가는 통에 분노한 고구려가 백제의 송산성과 석두성을 쳐서 석두성의 남녀 3천 명을 잡아갔다.

하지만 신라 전선의 전세는 조금씩 호전되었다. 무왕은 고구려의 석두성 침공에 굴하지 않고 신라 침공을 준비했다. 고구려는 수 양제와의 전쟁에 휘말려 더 이상 남쪽으로 힘을 쓰지 못했다.

611년 10월 백제의 대군이 가잠성으로 몰려왔다. 가잠성은 아막성 전투 후에 신라가 새로 쌓은 성으로 거창, 괴산, 안산으로 보는 설이 있다. 어느 곳이든 이후에도 여러 번 전투가 벌어지는 요충이다. 신라도 인선에 신경을 써서 찬덕이라는 용장을 배치했다.

가잠성 포위전은 100일 넘게 지속되었다. 한 세기 전만 해도 불가능했던 전투다. 신라는 상주, 하주, 신주(한성) 등 3주의 병력을 동원해서 받아쳤지만 백제군에게 패배하고 말았다. 3주의 구원병이 후퇴하자 찬덕과 가잠성의 병사들은 시체를 먹고, 오줌을 마시면서 필사적인 저항을 했으나 끝내 함락되고 말았다. 찬덕은 자살했고, 병사들은 항복했다.

618년 신라가 가잠성을 탈환했지만, 전황이 급속히 나빠졌다. 618년 수나라의 멸망이 결정적이었다. 당나라는 고구려와 평화협정을 맺었다. 중국 전선이 안정되자 고구려도 신라를 향해 공세를 취했다. 가잠성을 탈환할 때 신라는 한산주의 병력을 동원했다. 바로 다음 해인 619년 고구려가 북한산성을 침공했다. 고구려의 병력은 많지 않았지만, 한산

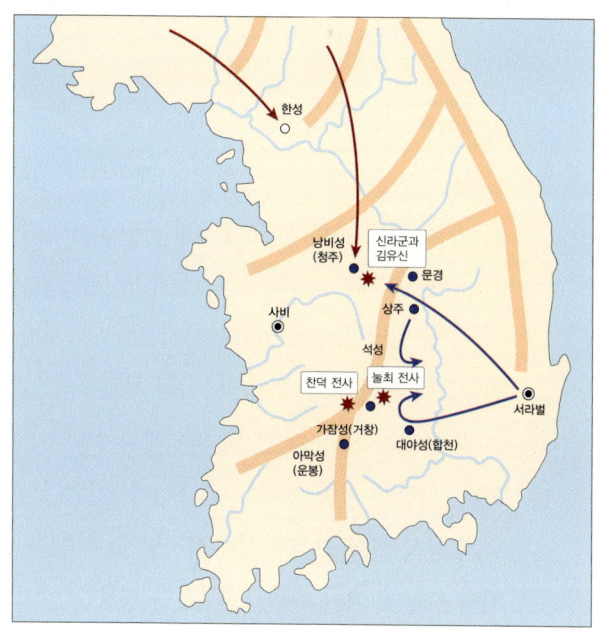

진평왕대의 고구려·백제의 침공과 신라의 위기

주는 전해의 전역으로 체력이 고갈되었던 것 같다. 위기를 느낀 진평왕이 친히 군사를 끌고 참전했다. 간신히 승리는 거두었지만, 신라의 한계를 명확히 노출했다. 신라의 지역군대로는 자기 지역을 지키기도 버거웠다. 백제나 고구려가 대대적으로 침공하면 다른 주의 병력과 수도 군단까지 동원해야 막을 수 있었다. 그런데 고구려와 백제가 함께 쳐들어오면? 신라는 방법이 없었다.

624년에 백제는 속함성, 앵잠성, 기잠성, 봉잠성, 기현성, 용책성 등 6성을 탈취했다. 이 성들의 위치는 명확하지 않지만 함양, 거창, 합천, 산청 일대로 비정하는 견해가 유력하다. 드디어 백제군이 아막성(운봉)과 지리산을 지나 88올림픽고속도로 루트의 중간지점까지 밀고 들어왔다.

다만 지금까지는 이 성들이 한 군에 하나씩 있는 것으로 파악했는데, 근래 발굴이 진행되면서 삼국시대 성들이 대개가 작고, 여러 개의 보루로 구성된 성도 많다는 사실을 알게 되었다. 그런데 방어 책임자인 눌최가 이 6성을 모두 거느리고 싸웠다는 기사로 보면, 이 6성도 그렇게 분산된 성이 아니라 한

지역에 분포한 성이었던 것 같다.

신라는 경상도 상주와 창녕에 배치했던 상주정과 하주정, 그리고 서라벌의 귀당, 법당, 서당까지 총 5개 군단을 구원부대로 파견했다. 이 부대는 통일 후에 신라의 주력부대인 6정과 9서당으로 발전하는 신라의 주축 부대들이다. 단 법당만 실체가 확실하지 않은데, 지방민으로 구성된 부대라고 보는 견해도 있으나 귀당이나 서당처럼 처음부터 있던 정예부대라고 생각된다.[6]

각 당에는 진골 출신으로 임명하는 4명의 장군이 있었고, 정에는 3명이 있었다. 귀당을 기병, 상주정은 보병부대였다고 보는 견해도 있지만 그것은 전술적 상식에 어긋난다. 상주정처럼 한 지방을 통괄하는 부대라면 기병과 보병이 모두 있어야 한다. 구체적인 정보는 없지만, 중급 장교인 소감의 경우 기병 소감과 보병 소감이 비슷한 숫자였다. 하급 장교로 보이는 화척火尺은 귀당과 한산정에 10명씩 있는데, 한산정이 기병화척 4명, 보병화척 6명, 귀당은 기병화척 6명, 보병화척 4명이었다.

이 비율로 추정하면 기병과 보병의 비율이 6 : 4 내지는 5 : 5로서 생각보다 높다. 하지만 조선시대까지도 정예 군단은 이 정도로 기병의 비율이 높았다.

정과 당에는 기병, 보병 외에 흑의장창당, 극감당처럼 병종이 특화된 단위 부대가 있었다. 이 둘은 장창과 극을 주무기로 하는 부대였던 것으로 보인다. 법당은 기병이 없는 대신 경여갑당, 소경여갑당, 외여갑당, 여갑당, 돌팔매 부대로 보이는 석투당, 충차와 운제를 운영하는 충당, 운제당과 같은 공성부대, 노를 다루는 노당이 있었다. 추측컨대 공성을 위한 특수부대로 장비를 다루는 부대와 이들을 경호하기 위한 갑병으로 구성된 것 같다. 단 갑병들은 서울, 소경, 지방 출신으로 분류하여 편제해서 경여갑, 외여갑 등의 구분이 생긴 듯하다.

사실상 신라의 거의 전력에 가까운 이 구원부대가 백제군의 진영을 보고는 기가 죽었다. 이름이 알려지지 않은 이 부대의 지휘관은 "이 싸움에 국가의 운명이 달렸다"는 이유를 들어 싸우지도 않고 후퇴했다. 국가의 운명이 걸렸으므로 절대로 패배하면 안 되고, 그러니 싸우면 안 된다는 논리였다. 다만 그냥 돌아갈 수는 없으므로 후방의 요충에 성 몇 개를 쌓고 돌아갔다.[7]

신라군에 전염병이 돌았다거나 하는 특수한 사정이 있었을 수도 있고, 지휘관이 유달리 무능하거나 비겁했는지는 알 수 없으나 이 사건은 전례가 없는 일이었다. 제일 유력한 추정은 두 개의 전선에 대한 부담이다. 만약에 고구려의 침공 위협이 없었다면 신라의 구원병은 총력을 다해 싸웠을지도 모른다. 그러나 고구려도 공격해 오는 마당에 이 구원부대가 패배하거나 승리해도 손실이 크다면, 한성과 보은-상주 지역이 다 위험해진다. 그들이 바라는 바는 백제군이 신라의 대군을 보고 그냥 물러나 주는 것이었다. 그러나 백제군이 이 허장성세에 속지 않자 싸움을 포기했다.

눌최는 분노했지만 방법이 없었다. 그럼에도 불구하고 눌최와 병사들은 거의 전멸할 때까지 싸우다 죽어갔다. 이들의 분전은 큰 감동을 남겨 조선시대에 『삼강행실도』에까지 수록되었다.

진흥왕 때 신라는 절정의 순간을 맛보았다. 진흥왕의 손자이며 거구로 유명한 진평왕은 체격만큼 중후하고 사려 깊은 왕으로 54년간이나 신라를 통치했다. 고구려의 한산주 공격을 직접 막아냈고, 6정의 하나인 한산정과 9서당九誓幢 중에서는 최초의 군단인 녹금서당과 자금서당, 3무당 중 급당과 사

눌최

눌최에게는 활을 잘 쏘는 종이 한 명 있었다. 주변 사람들이 아랫것이 재주가 있으면 꼭 해를 끼치니 그를 멀리하라고 충고했지만 눌최는 듣지 않고 종을 총애했다. 성이 함락될 때 그 종은 눌최의 앞을 막고 덤벼드는 자마다 활로 쓰러뜨렸다. 백제군 한 명이 뒤로 돌아가 도끼로 눌최를 쳐서 죽였다. 종은 돌아서서 싸우다가 함께 죽었다. (『삼국사기』 권47, 열전7 눌최전)

『삼강행실도』의 눌최진절

● 신라의 군제

 삼국의 군사조직은 수많은 미스터리에 싸여 있다. 『삼국사기』에는 신라의 군사제도만 전해지고 고구려와 백제의 제도는 아예 기록이 없다. 신라의 제도도 『삼국사기』 편찬자 자신도 잘 모르고 정리한 것이라 명칭도 복잡하고, 부대의 편제나 계통도 파악하기 어렵게 되어 있다.
 대표적인 군단은 6정과 9서당, 10정, 3무당이다. 6정은 대당·상주정(귀당)·한산정·우수정·하서정·하주정(완산정)이다. 9서당은 녹금서당·자금서당·백금서당·비금서당(장창당)·황금서당·흑금서당·벽금서당·적금서당·청금서당이었다. 이 중 녹금서당과 청금서당은 백제인으로 편성한 부대고, 황금서당은 고구려, 흑금서당은 말갈인으로 구성한 부대였다.
 이 부대들은 일시에 창설된 것이 아니고, 진흥왕 때부터 신무왕 때까지 시차를 두고 창설된 것이다. 9서당에 비해 6정의 명칭이 혼란스러운 것은 이들이 초기 군단으로 전쟁이 확대되고 신라 영역이 커지면서 변화가 많았기 때문이다.
 성립 과정을 좀더 상세히 살펴보면 법흥왕대에 처음으로 병부를 설치했다. 장군들은 각기 자신이 속한 지역(6부)의 부병을 끌고 참전했고, 국가적인 동원이 필요할 때는 지방에서 지역단위로 병력을 이끌고 합류했다. 점점 국가의 행정체제가 발달하면서 6부 병도 병부에 등록하게 했거나 병부에서 자원병을 받아 부대에 배치하기 시작했다.
 또 군의 지휘관, 장교직을 제정하여 참전하는 장수들, 병력을 이끌고 온 지휘관들에게 적절한 관직을 부여하여 위계질서와 지휘계통을 잡았다. 초기의 군단은 법당과 6정이 주류를 이룬다. 법당은 중앙과 지방에서 편성된 기본 부대였던 것 같은데, 갑병, 기병, 화척 등 다양한 병종과 편제가 있었다. 이들은 모자에 '법法'자를 새겼다.
 하지만 『삼국사기』 기사도 군단 명칭과 장교들의 직제만 전하고 있다. 게다가 삼국 통일기 이전의 성립기에는 명칭과 편제가 변화무쌍한데 삼국 시기는 이 변화 과정을 명확히 파악하지 못해 병력과 편제를 정확히 알 수 없다. 예를 들어 법당은 단위부대인지 정이나 귀당에 소속된 부대인지 명확하지 않다. 군대의 편성 방식에 대해서도 상설 병력인 직업군, 농민을 징발한 부대, 지역단위로 선발한 부대, 전국에서 선발해서 지역에 파견한 부대 등 예상 가능한 모든 설이 제기되고 있다.
 그러나 이 시대의 사회구조로 보면 일단 군대는 지역단위 편성을 기반으로 했을 것이다. 낭도들이 화랑을 따라 전쟁에 나가고, 부자가 함께 종군하는 사례에서 알 수 있듯이 인맥과 지역이 적절히 혼합된 군대였다. 예를 들어 한 사람이 장군으로 선발되면 아들과 친척이 소감, 비장 등의 직책을 받아 함께 종군하고, 장군이 거느린 사병, 낭도, 그가 다스리는 지역의 지역병 등이 지역이나 집단 단위로 편성되었다고 생각된다. 그렇다고 이들이 다 자원병 집단이나 그때그때 모이는 집단은 아니고 국가는 정이나 당과 같은 부대단위로 이들의 명부를 기입해 두고 관리했을 것이다. 즉 형식적으로는 한산정, 귀당, 서당과 같은 부대가 있지만, 그 내부에는 지역·인맥 단위의 부대와 인물이 구성되어 있는 것이다.

다만 기록을 보면 장교들은 지금처럼 장교직을 가지고 사는 것이 아니라—워낙 지배집단이 좁고 뻔했으므로—일이 발생하면 적당한 인물에게 관직을 주어 편제를 했던 것 같다. 그렇게 되면 원래 서당이나 정에 포함된 장교와 병사들 외에 장군이나 화랑이 거느린 집단, 자원하는 집단이 추가되었을 것이다. 이럴 경우 무장이나 병종별 인력 구성이 잘 맞지 않고, 운제, 충차, 노와 같은 기술과 장비를 필요로 하는 전문 병종이 약화된다. 이를 보완하기 위해 장창당, 극당, 법당과 같은 전문성 있는 부대를 편성해서 특별관리했던 것이 아닌가 한다. 그러나 이것은 하나의 모델이고 초기에는 이 모든 편제와 운영이 6부나 지역단위로 자체적으로 운영되다가 삼국항쟁기, 통일기를 거치면서 점차 체계화되었을 것이다.

한편 신라의 정규 군단은 모두 금(衿)이라고 해서 신라군을 상징하는 표식을 달고 색깔로 부대를 구분했다. 신라의 상징은 반달이었다. 신라와 관련된 문학작품, 가요에 달과 달밤이 자주 등장하는 것이 우연은 아닌 모양이다. 9서당의 명칭은 모두 반달의 색깔을 따른 것이다. 그러나 부대가 너무 많다 보니 6정, 10정 등의 부대와 색이 겹치거나 미묘한 차이를 보이기도 했다.

고구려와 백제의 상징에 대해서는 기록이 없다. 고구려는 늘 태양신의 후손이라고 주장했으니 원이 아니었을까? 표식을 복잡하게 만들 수는 없다는 사정을 감안하면 백제에게 남는 도형은 삼각과 사각밖에 없는데, 언제고 이런 것도 밝혀질 발굴이 이루어지기를 기대해 본다.

일반 병사들은 머리띠나 앞섶, 소매의 끝에 그림과 같은 형식으로 표식을 하고 색깔을 달리하여 부대를 구분하였을 것으로 추정된다.

상당산성 충북 청주에 있는 성으로 신라의 낭비성으로 추정된다.

천당을 창설하는 등 전쟁과 군사 분야에서 업적이 두드러진다. 그러나 진평왕의 혼신의 노력에도 불구하고 영토는 줄어들고 고구려와 백제가 양쪽에서 신라를 조여 오는 공포의 순간이 신라를 엄습했다. 무왕은 경남 지역까지 밀고 들어왔다. 고구려는 함경도 지역을 다 탈환하고, 629년에는 드디어 충북의 낭비성(청주)을 점령했다. 고구려가 청주-충주 지역을 확보하면 남한강 수로가 끊기고, 신라는 한성마저 포기해야 한다. 진흥왕의 공적은 완전히 사라지고, 소백산맥 안쪽 551년의 국경선으로 되돌아가는 것이다.

그것만은 막아야 했다. 낭비성을 향해 신라는 김춘추의 부친인 김용춘과 김무력의 아들과 손자인 김서현·김유신 부자를 출동시켰다. 이 전투에서 젊은 김유신은 고구려 진영을 향해 세 번이나 돌격해서 적진을 유린함으로써 처음으로 그의 군사적 재능을 발휘했다. 신라는 고구려군 5천을 죽이고 낭비성을 탈환하여 한성을 위기에서 구하고, 진흥왕의 유산을 지켰다. 그와 함께 김유신 일가와 가야 군대의 정치적 위상이 크게 높아졌다.

그런데 밖이 위험하고 가야파가 부상하자 집안도 흔들렸다. 왕이 죽기 전

경주 분황사 분황사는 황룡사와 담장을 마주하고 있다. 황룡사에 비해서는 아담한 규모라 왕실과 뭔가 특별한 인연이 있었던 절이라고 추정하고 있다. 선덕여왕 3년에 완성되었다. 원효가 이 절에 머물면서 대표작인 『화엄경소』와 『금광명경소』를 저술했다.

해인 631년, 이찬 칠숙柒宿과 아찬 석품石品의 반란 음모사건이 터졌다. 음모가 사전에 발각되어 칠숙은 가족과 일가 친척, 부하들과 함께 시가에서 처형되었다. 석품은 백제 국경으로 달아났으나 가족을 보고 싶은 마음에 나무꾼으로 변장하고 집으로 돌아왔다가 체포되어 처형되었다. 이 에피소드로 보면 석품은 반란을 성공시키기에는 애초에 틀린 인물이었던 것 같다. 그나마 그것이 다행이었지만, 70대의 진평왕으로서는 악몽과도 같은 노년이었다.

칠숙의 난이 발생한 직접적 계기는 진평왕이 아들이 없어 왕위계승이 불투명했기 때문이다. 우여곡절 끝에 신라는 전례에 없는 여왕을 선택한다. 여성들의 입장에서 보면 반가운 일이지만, 선덕여왕의 즉위는 현대적 의미의 여권 신장과는 관계가 없다. 고구려나 백제에 비해 신라의 지배층이 워낙 좁다 보니 형제, 사촌 집단 간의 타협의 결과 여왕이 등극했던 것이다.

그러나 여왕의 즉위도 전황을 바꾸지는 못했다. 636년 선덕여왕이 꿈에서 개구리(또는 두꺼비)가 연못에 들어가는 것을 보고 백제의 옥문곡 침공을 알아차렸다는 전설이 있는 옥문곡 전투가 발발한다.

한겨울인데 영묘사 옥문지(『삼국사기』에는 궁궐 서쪽 옥문지로 되어 있다)에 개구리떼가 모여 사나흘 동안 울었다. 나라 사람들이 괴이하게 여겨 왕에게 아뢰었더니 왕이 급히 각간 알천과 필탄 등에게 말했다. 정병 2000명을 뽑아 빨리 서쪽 교외로 가보라, 여근곡(『삼국사기』에는 옥문곡)을 물어 찾아가면 반드시 적병이 있을 것이니 습격하여 죽이라. 두 각간이 명을 받고 각기 천 명씩 거느리고 서쪽 교외에 가서 물었더니 부산富山 밑에 과연 여근곡이 있었다. 백제 군사 500명이 와서 숨어 있었기에 모두 잡아 죽였다. 백제 장군 우소于召란 자가 남산고개 바위 위에 숨어 있었으므로 또 에워싸고 활로 쏘아 죽였다. 또 후진 1200명이 따라오는 것도 죽였는데 하나도 남기지 않았다.(『삼국유사』권2, 기이(상) 선덕여왕)

『삼국사기』의 기록은 이것과는 조금 다르다. 전투가 벌어진 때가 한겨울이 아닌 5월이었다. 백제군은 독산성을 노리고 5월의 녹음에 숨어 몰래 진격했다. 그러나 5월의 녹음은 백제군만이 아니라 신라군도 가려주었다. 백제군이 옥문곡에 도착하자 날이 저물었다. 안장을 풀고 쉬고 있는데, 알천이 이끄는 신라군이 엄습했다. 백제군의 작전이 사전에 노출되었던 것이다. 우소는 특공대의 장수답게 큰 바위에 올라서서 활을 쏘며 저항했으나 화살이 떨어지자 포로가 되었다.[8]

백제군의 목표였던 독산성은 어디일까? 선덕여왕은 옥문곡이 경주의 서남쪽에 있다고 했다. 김유신이 648년에 옥문곡에서 매복작전을 펴 다시 백제군을 격멸하는데, 이 전투가 합천 근방이었으므로 독산성도 합천 부근인 듯하다.[9]

옥문곡 전투는 비록 백제의 시도가 실패로 돌아갔지만, 백제가 합천까지 왔다는 사실을 전해준다. 눌최를 살해하고 거창 지방을 확보한 백제는 어느새 지리산과 가야산의 협곡지대를 넘어 경남 평야지대로 진출하는 교두보를 확보하기 직전이었다. 여기서 동쪽으로 가면 창녕, 북동쪽으로 가면 대구와 경산으로 경주가 가시권에 들어오는데, 합천의 동쪽을 흐르는 황강을 넘으면 마땅히 백제군을 막을 천연장벽이 없다. 600년경 백제의 턱 밑까지 파고들었던 신라가 단 40년 만에 거꾸로 백제에게 멱살을 잡힐 판이었다.

전설이 생기는 데는 다 이유가 있다. 옥문곡(여근곡) 전투는 승리하는 과정도 극적이었지만, 이 전투의 전략적 의미가 이처럼 중요하고 아찔했기 때문이다. 신라는 위기를 넘겼고, 기왕에 이긴 김에 여왕의 신령한 능력 덕분이라고 포장해서 선전했다. 이 전설은 선덕여왕의 신화를 만드는 데 크게 기여했지만, 선덕여왕의 치세는 일반적인 이미지와는 전혀 다르다. 진평왕대에 시작된 공포는 더욱 현실화되고, 모든 국경은 간신히 지켜나가고 있었다.

선덕왕 7년(638년), 칠중성으로 공포의 고구려군이 쳐들어왔다. 칠중성이 돌파당하면 임진강 방어선이 무너지고 한강 남쪽으로 물러서야 한다. 놀란 백성들이 저항 의지를 상실하고 산으로 도망쳐 숨었다. 이번에도 알천이 맹활약을 해서 백성을 진정시키고 고구려군을 격파했지만, 모든 징조가 불길하기만 했다.

경주 옥문곡

3 백옥 같은 남자

위기가 가중되자 신라에서 변화가 발생했다. 두 사람의 신진이 정권을 장악하고, 젊은 서클이 최고의 정치조직으로 부상했다. 작고 속 좁고 고리타분하던 나라의 회춘이었다.

두 사람은 김춘추와 김유신이다. 김춘추는 얼굴이 백옥같이 희고, 대단한 미남에 쾌활하고, 말솜씨와 매너가 뛰어난 귀족 남성이었다. 옛날 사서는 개인의 용모나 개성에 대해서는 거의 묘사하지 않는다. 하다못해 신라의 영웅인 김유신만 해도 그의 용모에 대해서는 일체 기록이 없다. 그러나 『화랑세기』도 『일본서기』도 모두 김춘추의 용모와 말솜씨에 대해서는 기록을 남겼다. 그만큼 김춘추는 인상적인 인물이었다.

그러나 귀공자와 미남의 개념이 현대와는 다르다. 옛날에는 통통하고 크고 윤곽이 굵은 남성이 미남자였다. 『삼국유사』에서 김춘추의 하루 식사량이 쌀이 서 되, 꿩이 아홉 마리라고 했다. 만년에는 점심은 건너뛰었는데, 양은 더 늘어 쌀 여섯 되, 술 여섯 되, 꿩 열 마리였다고 한다. 인간으로서 소화 불가능한 수치지만 옛날의 되는 요즘 것의 2/3 크기고, 옛날 상전의 밥상은 꼭 한 분이 드실 만큼만 차리는 게 아니고 아래물림해서 먹을 하인의 몫까지 포함한다는 점, 거기에 구전이 지니는 특유의 과장을 감안해 주면 그렇게 비현실적인 수치만도 아니다.

그러나 김춘추를 신라정계의 기린아로 만든 진짜 요인은 그의 체구가 아니라 가계였다. 이 부분을 설명하려면 상당히 민망한 이야기를 해야 한다. 고대사회의 혼인과 성풍속이 우리 상식과는 너무 동떨어지기 때문이다. 그러나 우리만이 아니라 범 세계적으로 고대사회의 혼인풍속은 지금과는 아주 달랐다. 『성경』에 나오는 이스라엘 민족의 조상 아브라함과 이삭과 야곱도 다

사촌과 결혼했으며, 형이 죽으면 형수를 부인으로 맞는 취수혼도 고대사회에서는 보편적이었다.

김춘추의 할아버지가 진지왕이다. 진지왕은 재위 4년 만에 폐위되었다. 진지왕의 폐위 사유는 폐정과 음행이었다. 그런데 『화랑세기』를 보면 이 시대는 왕비도 간통을 해서 사생아를 낳는 게 다반사고, 촌수를 논하기가 민망할 정도로 혼인관계도 복잡하고 근친혼도 많다. 진지왕의 부인 지도부인도 처음에 동륜태자와 결혼했다가 금륜(진지왕)과 간통을 했다. 금륜이 즉위하자 정식으로 황후가 되었고, 진지왕이 폐위되자 동륜태자의 아들, 즉 자신에겐 아들뻘이자 조카가 되는 진평왕의 후궁이 되었다.

『화랑세기』에서 진지왕의 아들이며 김춘추의 부친인 김용춘을 평하면서, 그는 부친이 황음으로 왕위에서 쫓겨난 것을 한스럽게 여겨 평생 여색을 삼가고 조심했다고 칭찬했다. 그런데 여색을 경계했다는 용춘은 결혼을 두 번 했고, 선덕여왕과도 살았고, 이름이 밝혀진 첩만 3명에 김춘추를 포함해서 자식이 29명이다. 이 정도가 삼가고 절제한 수준이니 정상은 어느 정도고 다른 사람이 눈뜨고 볼 수 없을 정도의 황음이면 또 어느 수준인지 짐작조차 되지 않는다.

그러나 이런 풍조에도 불구하고 지조와 정조를 중히 여기고, 이런 성풍속을 비난하고 부끄러워한 사람도 있었던 것으로 보아 애증도 없고 질투도 없는 무소유 사회는 아니었던 모양이다. 그리고 진지왕의 여색이라는 것도 그냥 유흥과 여색을 밝히는 것이 아니라 정치적으로 민감하거나 여러 왕족과 귀족을 분노케 한 간통사건을 일으킨 것일 가능성도 있다.

실제로 진지왕의 폐위를 주도한 사람은 사도태후와 미실궁주였다. 진골정통이었던 진지왕은 미실궁주와 관계를 맺고 자신을 왕으로 추대하면 대원신통계를 지지하겠다는 약속을 했다(사도와 미실은 모두 박씨다). 그러나 진지왕은 즉위한 후 이 약속을 지키지 않았다.

사도와 미실이라는 두 여걸의 반발을 산 진지왕은 불명예스럽게 은퇴했고 유폐된 지 3년 만에 사망했다. 왕위는 동륜태자 계열로 넘어가 진평왕, 그의 딸 선덕여왕, 진평왕의 조카딸 진덕여왕에게로 이어졌다. 진평왕과 선덕여왕 모두 아들이 없음에도 불구하고 악착같이 동륜태자 계열에서 국왕을 내고 있으며, 배후에 박씨 세력이 만만치 않게 개입하고 있다. 진덕여왕도 모친이 박씨다. 아무튼 이 동륜 계열의 혈통을 성골이라고 했다.

　여기에 맞서는 제1야당 세력이 진골정통, 즉 김춘추 가계였다. 진지왕과 지도태후 사이에는 용수와 용춘이라는 두 아들이 있었다. 단, 지도태후가 동륜·금륜과 모두 동침한 덕분에 용수의 아버지는 분명하지 않다. 진지왕의 불명예스런 퇴진으로 갑자기 왕위계승에서 방계가 된 이들은 방계답게 화랑도로 진출했다.

　용수와 용춘 중에서 화랑으로 진출한 쪽은 용춘이었다. 정치적으로 수세에 몰린 그는 진보주의자가 되었다. 그는 화랑도를 운영하면서 골품에 구애받지 않는 능력 본위의 인사를 천명하여 인기를 얻었다. 능력 본위라고 해서 완전개방과 자유경쟁의 시대를 연 것은 아니다. 9부로 구성된 낭두 자리를 왕족이 아닌 사람에게도 개방하고, 화랑도 내의 3파인 진골정통·대원신통·가야파에게 배당된 계파 지분과 로테이션식, 서열식 인사관행을 약간 수술한 정도였다. 하지만 이것만으로도 용춘과 화랑도의 인기는 치솟았다.

　용춘이 명성을 얻자 진평왕의 딸 천명공주가 숙부인 용춘을 사랑하게 되었다. 그러나 천명공주가 "용 숙부만한 남자가 없다"라고 한 말을 진평왕이 용수로 잘못 알아듣고 용수와 결혼시켰다. 나중에 착오였다는 것을 알고, 진평왕과 남편 용수는 천명공주가 용춘과 동침하는 것을 허용했다고 한다. 김춘추는 이 용수와 천명공주 사이에서 태어났다. 덕분에 용수와 마찬가지로 아버지가 분명치 않게 되었다. 용수는 일찍 사망했는데, 천명공주와 김춘추를 용춘에게 맡겼다. 용춘도 마침 적자가 없어서 천명을 정식 부인으로 하고 김춘추를 적자로 삼았다.

　이런 사정 때문에 웃지 못할 일화도 생겼다. 점잖은 스님이면서 양심적인 역사가였던 일연은 『삼국유사』에서 "김춘추의 부친은 용수다. 혹은 용춘이라고도 한다"라고 뭉툭하게 기술해 놓았다. 최근에 『화랑세기』가 발견되기까지 학자들은 용수와 용춘이 두 사람이 아닌 한 사람이며, 어느 문서에선가 오기를 한 것이라고 생각했다. 그러나 알고 보니 일연의 이 한 마디에는 전혀 다른 고민과 깊은 뜻이 숨겨져 있었던 것이다.

　진평왕은 아들이 없어 천명공주나 사위(용춘) 중 한 명을 후계자로 선정하려고 했다. 진평왕은 왕실의 자기 분열과 이로 인한 자멸을 막기 위해서는 먼저 성골과 진골 간의 갈등을 해소해야 한다고 생각했던 모양이다. 용춘 부부 중 누가 왕이 되어도 그들의 아들은 동륜과 금륜 양쪽의 혈통을 이어받으므로 양파의 화합과 단결은 저절로 이루어질 것이다.

　내성적인 이미지를 풍기는 천명공주는 남편에게 왕위를 양보하려고 했다. 하지만 진지왕의 폐위를 주도했던 사람들은 진지왕의 아들인 용춘이 왕이 되는 것을 원치 않았을 것이다. 이 묘한 상황에서 천명공주의 동생인 덕만공주(선덕여왕)

선덕여왕과 모란　선덕여왕이 공주였던 시절에 당 태종이 모란 병풍과 모란씨앗을 보냈다. 공주는 병풍에 벌과 나비가 없는 것을 보고 모란이 예쁘지만 향기가 없다는 사실을 알아냈다. 중국에서 모란은 부귀와 출세의 상징이다. 그래서 배움을 상징하는 문묘에는 모란 장식을 상징으로 사용한다. 위의 사진은 경복궁 자경전 꽃담에 묘사된 모란, 아래는 중국 시안의 문묘 담장에 장식한 모란이다.

가 천명이 왕위를 포기하면 자신이 왕이 되겠다고 나섰다. 대신 덕만은 진지 왕계의 불안을 해소하기 위하여 용춘을 자기 정부—이걸 어떻게 표현해야 할지 적당한 용어가 없다—로 달라고 요구했다. 그렇게 되면 자신과 용춘의 아들이 다음 왕이 된다.

그래서 선덕여왕은 용춘과 살게 되었지만, 용춘은 선덕을 좋아하지 않았고 자식도 생기지 않았다. 이유는 선덕이 보편적으로 남자들이 싫어하는 두 가지 요소를 지녔던 탓이었다. 그녀는 너무 똑똑하고 감정 변화가 심했다. 왕실의 화합과 단합을 몹시 소원했던 진평왕은 다시 용수를 보냈으나 이번에도 자식이 없었다. 불임의 원인이 선덕여왕에게 있었던 것이다.

그런데 아무리 근친혼이 유행하는 고대사회였다고는 해도 이러한 왕실의 근친혼과 난잡한 혼인관계는 일반적인 수준을 넘어선 것이었고, 그 중에서도 심한 근친혼은 당시에도 상당한 비난을 받았던 모양이다. 그럼에도 왕실이 이를 그만두지 않은 것은 근친혼의 진실한 배경이 사회적 관행이나 성적 자유의식이 아니라 지존의 권력이었기 때문이다. 신라에서는 국왕뿐 아니라 장관, 사령관 등 책임 있는 지위를 차지하기 위해서는 씨족 혹은 대가족보다도 좁은 '골骨'이라는 자격증이 중요했다. 그래서 그들은 혼인의 상식을 뛰어넘어서라도 서로 간을 부부관계, 가족관계로 만들었고, 이처럼 극도의 근친혼과 이중 삼중의 혼인에 사통관계까지 동원하여 권력자의 범위를 최대한 좁혀 놓고, 필요한 사람은 자신의 가족으로 만들었다.

하여간에 진흥왕 이후 복잡해진 왕실 가족구도의 결론 부분에 김춘추가 있었다. 그는 진지왕과 진평왕으로 갈라진 금륜과 동륜의 혈통을 한 몸에 구현하고 있으며, 능력과 추진력도 국제인증을 받았다.

그러나 이런 배경에도 불구하고 김춘추는 선덕의 왕위를 계승하지 못했다. 이해하기 어렵지만, 우리가 가지고 있는 사료는 신라 정치사의 반쪽이다. 나머지 반쪽에는 나름대로 왕위계승의 정당성을 내세우며 권력과 힘을 가진 세력이 있었다. 동륜과 금륜 이외에도 진흥왕의 후손들이 있었을 가능성이 높고, 미실로 대표되는 박씨와 석씨, 진흥왕 이전의 김씨 왕들의 후손도 있었다. 짐작컨대 그들 역시 나름의 정통성이 있고, 보다 보수적이고 전통적인 방침을 옹호하는 세력이었던 듯하다. 그들은 진흥왕 대 이후 신라 왕가의 정치에도 불만이 많았으며, 몰락한 가야파 왕족까지 설치고 다니고 골품을 경시하는 듯한 행동을 하곤 하는 화랑도 세력이 맘에 들 리가 없었다. 이들이 건재하는 한 김춘추의 즉위는 쉽지 않았다.

이런 김춘추에게 누군가가 접근해 왔다. 금관가야의 마지막 왕 김구해의 증손이며, 백제 성왕을 죽인 김무력의 손자로서 가야파 화랑의 우두머리였던 김유신이었다. 김유신은 김춘추에게 접근해 확실한 혈연관계를 맺는다. 혈연의 매개체는 김유신의 여동생 문희였다.

> 문희의 언니 보희가 꿈에 서악에 올랐는데, 큰물이 경성에 가득 찬 것을 보고 불길하다고 생각하였다. 문희가 이 꿈을 비단치마와 바꾸었다. 그 후 열흘 만에 유신이 공[김춘추]과 더불어 집 앞에서 축국을 하였는데, 곧 정월 오기일이었다. 유신은 일부러 공의 치마를 밟아 옷섶의 고름을 찢었다. 들어가서 꿰매기를 청하니 공이 따라 들어갔다. 공이 보희에게 시키고자 하였는데, 병 때문에 할 수 없어서 문희가 이에 나아가 바느질을 해드렸다. 유신은 피하고 보지 않았다. 공이 이에 사랑을 하였다. 1년쯤 되자 임신을 하였다.(『화랑세기』 18세 춘추공)10

이 유명한 이야기는 『삼국사기』와 『삼국유사』에도 실려 있다. 이 사건을 계기로 김춘추는 문희와 결혼하여 김유신과는 처남매부 사이가 된다. 두 사람의 만남은 신라와 삼국의 역사를 바꾼 만남이 되었다.

그런데 『화랑세기』는 『삼국사기』에 수록되지 않은 이 사건의 배후를 좀더 상세히 알려준다. 김춘추는 문희와 밀애를 즐기면서도 결혼은 망설였다. 김

김유신의 집터 집터 앞으로는 남천(①)이 흐르고 있다. 이 남천가를 따라 1km쯤 가면 경주 최부잣집이다. 다시 말해서 경주에서 제일 좋은 집터가 이곳이다. 발굴조사 결과 꽤 큰 저택이 있었던 흔적이 발견되었는데 사진 아래쪽에 보이는 하얀 돌들이 저택의 주춧돌들이다. 지금은 우물(재매정 ②)만 남아 있는데, 여간해서 마르지 않아 지금도 물이 있다.

춘추에게는 이미 부인이 있었다. 그의 정부인은 김보종의 딸 보량공주였다. 김보종은 미실궁주와 설원랑 사이에서 태어난 아들이다.

  어느 날 김춘추가 선덕여왕과 함께 남산에 올라갔다. 김유신은 처녀가 애를 뺐다는 죄로 문희를 태워 죽이겠다고 마당에 장작을 쌓고 불을 질렀다. 참고로 김유신의 집은 남천 가에 있어 남쪽 전망이 탁 트였다. 남산에서 보면 훤하게 보인다.

  선덕여왕이 김유신의 집에서 나는 연기를 보고 사연을 알아보았다가 김춘추와 문희의 간통사건을 알게 되었다. 김유신의 계략은 적중했다. 선덕은 이 결혼의 의미를 금세 알아채고 적극적인 후원자가 되어 주었다. 김춘추와 문희는 남산 기슭에 있는 포석정에서 정식으로 결혼식을 올렸다.

  선덕은 왜 이 결혼을 후원했을까? 재미난 것은 김유신·김보종·김춘추 3인의 관계다. 김유신의 계략으로 문희가 김춘추의 둘째 부인으로 들어갔으니 김보종과 김유신은 서로 원수가 될 법도 한데, 전혀 그렇지가 않았다. 김유신·김보종·김춘추는 각기 제15·16·18대 풍월주를 역임했는데, 김보종은 역대 풍월주 중에서 가장 종교적인 인물로 김유신의 평생 후원자가 되었다. 두 사람의 관계를 『화랑세기』는 이렇게 서술했다.

> 보종공은 유신공을 엄한 아버지와 같이 두려워하였다. 유신공이 웃으며 "형이 어찌 아우를 두려워합니까?"라고 하자 공이 말하기를 "공은 바로 천상의 일월이고, 나는 곧 인간의 작은 티끌입니다. 감히 두려워하고 공경하지 않을 수 있겠습니까!"라고 하였다. 드디어 풍월주의 위를 [유신이 보종에게] 물려주었다. 유신공이 낭도에게 이르기를, "너희가 선도를 배우고자 하면 마땅히 보종공을 따라야 하고 나라를 지켜 공을 세우려면 마땅히 나를 따라야 할 것이다"라고 하였다. 미실궁주가 일찍이 유신공에게 말하기를, "나의 아들은 어리석고 약하니 도와주기 바란다" 하니 유신공이 말하기를, "신이 실로 어리석습니다. 형은 비록 약하나 그 도는 큽니다. 걱정하지 마십시오"라고 하였다.
>
> [보종은] 역대 선임 화랑들의 모임에서 번번이 아랫자리에 앉아서 오직 "예" "예" 할 뿐이었다. 그러나 우주의 진기를 깊이 살펴서 어류와 새, 식물의 이치에 정통하지 않은 것이 없었다. 유신공이 병이 나자 공이 문득 몸소 치료하여 "우리 공은 국가의 보배니 나의 의술을 숨길 수 없다"고 하였다. 이로써 그가 편작의 학[의술]도 갖추었음을 모두 알게 되었다.
>
> 나라에 큰일이 있으면 유신공이 칠성회를 열어 반드시 공[보종]에게 물었다. 공은 "나는 물고기와 새의 벗으로 국사를 어찌 알겠습니까? 오직 여러 공을 따를 뿐입니다" 하였다. 그러나 유신공은 공의 한 마디를 중히 여겨 묻지 않는 적이 없었으니 공의 덕 또한 크다.(『화랑세기』 16세 보종공)[11]

세상 사람들 눈에는 보종이 나약하고 줏대 없는 사람으로 보였을지 몰라도 김유신의 말마따나 보종은 어리석고 나약한 사람이 아니었다. 그의 태도는 무언가 세상이 바뀜을 감지하고 조용히 자기 자리를 지키며 은둔하는 구귀족의 전형적인 형태를 보여준다.

이 결혼의 정치적 의미도 김유신과 김춘추의 결합으로 볼 게 아니라 세 사람의 삼각구도 속에서 이해해야 한다. 당시 진골 내부에는 진골정통과 대원신통, 가야왕족인 가야파의 세 세력이 있었다. 김춘추, 김보종, 김유신은 각기 이 세 세력의 대표였다. 결국 왕위계승자인 김춘추를 축으로 해서 세 사람이 결혼으로 뭉쳤다.

그러면서도 김보종은 스스로 대원신통계를 추스르며 진골정통파와 가야파에게 주권을 양도했다. 진흥왕대를 평정하고 진지왕을 밀어낸 세력은 바로 사도태후와 미실궁주가 주도한 대원신통계였다. 그들이 득세할 때 화랑도 내에서도 진골정통파와 가야파는 숨을 죽였었다. 그런데 막강하던 대원신통계도 끝내 화랑도에서 먼저 침몰하고 있었다.

김보종 개인 혹은 대원신통 계열에서 보면 이 동맹은 불만스러울 수 있다. 그러나 김보종은 신라의 생존이 위협받는 지금, 국가적 미래를 위해서 자신과 대원신통계가 어떤 결론을 내려야 할지를 자각하고 있었다. 김유신의 지적처럼 그는 큰 도를 아는 사람이었던 것이다. 김유신이 김춘추 가와 결혼동맹을 추진할 수 있었던 것도 김보종이 이 동맹의 대국적 의미를 알고 이해해 줄 사람이라고 믿었기 때문이라고 할 수 있다.

고타소라는 딸 하나만 낳았던 보량공주는 김춘추가 문희와 결혼한 후 둘째를 낳다가 죽었다. 문희는 정식 부인이 되었고, 문희에게 꿈을 팔았던 보희도 나중에 김춘추와 결혼했다. 보량공주가 아들을 두었다면 김춘추의 후계자를 놓고 알력이 생겼을 가능성이 있지만 그런 걱정조차 하지 않아도 되게 되었다. 보종의 입장에서 보면 개인적으로 딸의 단명은 안되었으나 삼각동맹은 갈등의 소지 하나 없이 완벽하게 결합한 셈이었다.

이 결혼으로 화랑도라는 집단은 신라의 중추를 이루는 세 세력의 결합을 달성해 냈다. 한 사람은 왕이 될 것이고, 한 사람은 군을 장악할 것이고, 한 사람은 정치적 야심을 완전히 접고 충실한 후원자로서 불만세력을 다독거리고 재정을 지원하며 이선과 그늘에서 지원하는 역할을 해낼 것이다.

4 최후의 승부

백제 무왕은 42년간 왕위에 있었는데, 초반에 치열하던 신라 공격이 만년에는 조금 느슨해졌다. 무왕은 다시 강성해진 왕국의 외모에도 관심을 기울였고, 성공한 인생의 기쁨도 좀 누렸다. 궁을 크게 리모델링하고, 왕흥사를 더 크고 멋있게 지었다. 634년 20리의 수로를 파서 궁남지를 조성하고, 주변을 신선 세계처럼 조경을 했다. 지금도 유람선 관광이 인기인 백마강변에서 파티도 열었다.

부여 궁남지

부여 백마강

> (636년) 3월에 왕은 측근 신하들을 거느리고 사비하의 북쪽 포구에서 연회를 베풀고 놀았다. 포구의 양쪽 언덕에는 기이한 바위와 돌이 들쭉날쭉 서 있고, 간간이 기이하고 이상한 화초가 끼어 있어 그림과 같았다. 왕은 술을 마시고 몹시 즐거워 북을 치고 거문고를 타며 스스로 노래를 불렀고, 수행한 자들도 여러 차례 춤을 추었다. 당시 사람들은 그곳을 대왕포라고 했다.(『삼국사기』 권27, 백제본기5 무왕 37년)

무왕은 인생을 즐길 자격이 있었다. 그는 백제가 신라에게 결정적 한 방을 맞기 직전 상태에서 즉위하여 신라에게 결정적 한 방을 날리기 직전 상태로 바꿔 놓았다. 그리고 유흥에 빠진 듯하지만 그 결정적 한 방을 결코 잊지 않았다. 대왕포에서의 연회가 있은 지 두 달 후 백제군이 독산성을 기습했다. 대왕포에서 노래 부르고 춤 출 때에 이미 이 작전은 진행중이었다. 한동안 전쟁을 잊은 듯했지만, 마음속 깊은 곳에서는 마지막 한 계단을 앞에 둔 간절한 기원이 꿈틀거리고 있었다.

그러나 이 회심의 일격이 옥문곡에서 꺾였다. 그리고 4년 후인 641년 3월에 사망하기까지 백제는 별다른 군사적 움직임을 보이지 않았다. 신라는 한

숨을 돌렸다. 그러나 642년(의자왕 2년, 선덕여왕 11년) 백제의 군대가 폭풍처럼 신라로 밀어닥쳤다.

무왕의 맏아들 의자왕은 기상이 있고 용감하고, 담력과 결단력이 있는 인물이라고 한다. 그 평에 걸맞게 의자왕은 즉위하자마자 신라를 향해 유례 없는 대공세를 펼쳤다. 신라 서쪽 40여 성이 떨어졌다. 이 40여 성의 위치는 알 수 없지만 백제군의 최종 목적지가 대야성(합천)이었던 것으로 보면 부친 무왕이 평생토록 개척한 지금의 88올림픽고속도로 루트로 치고 나온 것이 분명하다. 신라는 신라대로 옥문곡 전투 이후 5년 동안 이 루트를 방어하기 위해 요새들을 보강했을 텐데, 그 요새들을 쓸어 버린 것이다.

그래도 40성은 너무 많다. 이런 대공세 때는 신라의 방어병력도 분산시켜야 하고, 승승장구해서 진격로가 길어질수록 측면 습격의 위험도 커지므로 측면 엄호를 위해서도 여러 방면으로 군대를 내보내야 한다. 아마도 백제는 전통적인 공략 루트인 옥천-보은 쪽이나 성주, 대구 쪽으로도 군대를 내보냈을 것이다. 그러나 백제군이 기어코 노리던 주 목표는 합천의 대야성이었다.

대야성은 삼국시대 전쟁사에서 빼놓을 수 없는 전적지다. 대야성을 상실하면 신라는 낙동강 동쪽으로 철수하고, 옛 가야 지역을 완전히 포기해야 한

죽죽비 대야성 전투에서 백제군에 맞서 싸우다 전사한 죽죽(竹竹)의 충절을 기리는 비가 합천의 도로변에 서 있다.

대야성 성 앞을 흐르는 하천이 자연 해자 역할을 한다.

다. 그러나 이 중요한 대야성의 위치를 확인할 만한 증거는 아직 발견되지 않았다. 그래도 조선시대부터 현재의 합천군 합천읍에 위치한 매봉산을 대야성으로 보고 있다.

매봉산은 해발 90m의 작은 산이다. 성벽은 많이 파괴되었는데, 대략 300m 정도다. 성 앞으로 하천이 흘러 해자 역할을 한다. 하천이 별로 깊지 않아서 해자 역할을 한다고 말하기는 뭐하지만, 강에 인접한 하안절벽은 상당히 가파르다. 수심이 얕아도 강과 넓은 강변 백사장의 존재로 인해 공격군에게 마땅한 엄폐물을 제공하지 않고, 수비 측의 시야가 넓게 트인다.

8월, 이 중요한 대야성이 허무하게 떨어졌다. 검일과 모척이란, 대야성에서는 높은 지위에 있던 인물이 백제군과 내통하여 식량창고에 불을 질렀다. 대야성의 도독 이찬 품석品釋은 김춘추의 외동딸 고타소의 남편이었다. 그가 권력을 남용해 검일의 아내를 빼앗은 것이 화근이었다. 성이 함락되고 품석과 고타소도 살해되었다.

고타소의 사망 소식을 들고 충격을 받은 김춘추는 하루 종일 기둥에 기대 꼼짝도 하지 않았다고 하는데, 충격을 받기는 선덕여왕이나 다른 관료들도 마찬가지였다. 김춘추와 다른 점은 그들의 충격은 슬픔이 아닌 공포였다. 대야성을 상실함으로써 신라 부흥의 출발점이었던 가야 지방이 통째로 날아갈 위기에 처했다.

이 순간에 의자왕은 전략가다운 면모를 보인다. 여기서 공세를 계속하면 가야를 완전히 회복하고 신라의 아랫배를 찌를 수 있다. 그러나 백제는 여기서 진군을 멈추고 전혀 새로운 타겟을 향해 군대를 돌렸다. 지금의 경기도 화성시 당성에 위치한 당항성이었다. 복싱에서 가장 멋진 콤비 블로는 복부를 강타한 뒤 어퍼컷을 날리는 거다.

당항성은 신라가 당나라와 통교하는 유일한 항구였다. 이론적으로는 이 항로 말고 서해 연안을 따라 올라가는 항로도 있고, 한강 하구에서 강화-교동-백령도를 거쳐 산동반도의 성산항으로 건너가는 직항로도 있다. 이 길은 약 250km로 서해를 횡단하는 제일 빠른 항로다. 바람을 제대로 만나면 하루 만에 건널 수도 있었다.[12] 그러나 이 항로들은 고구려 수군의 감제 아래 있다. 바다가 넓은 듯하지만 바람에는 때가 있고, 바람길, 물길이 정해져 있다.

그래서 안전하면서 빠른 길이 당항성에서 출발해서 덕적도를 거쳐 산동반도의 등주나 청도로 가는 항로다. 삼국통일 후에도 이 항로가 신라의 공식적인 대당교역로였고, 먼 훗날 대원군이 청나라로 잡혀갈 때도 이 길로 지나갔다.[13]

안타깝게도 백제는 서해안의 해안선과 좋은 항구를 더 많이 점유하고 있었지만, 대당외교에서는 신라보다 불리했는데, 당나라로 가는 수로가 신라보다도 더 멀었다. 신라의 영역인 당항성 앞 경기만으로 진입하지 않고는 산동반도로 직항하기가 힘들었다. 나주 영산포나 목포에서 출발해서 홍도, 흑산도를 경유하는 항로가 있지만, 이 항로의 가치는 무역로였다. 중국경제의 중심지인 항주, 소주로 연결되기 때문이다. 그러나 이 바닷길은 멀고 위험했으며, 상륙 후에 장안으로 가는 길은 더 멀었다.

이런 이유로 당항성을 점령하면 신라는 당과 통교할 길을 완전히 단절당하고, 백제는 당과 더 쉽게 통교할 수 있게 된다. 신라가 남양만에서 빠지면 서해안을 따라 고구려와 백제의 직항로가 연결된다는 것도 무시무시한 장점이었다.

이 시기 백제와 고구려의 관계는 묘한 구석이 있다. 수당전쟁이 벌어지자 백제는 고구려의 적이 되어 열심히 중국을 지원했다. 수당전쟁이 끝나자 두 나라의 관심이 한강 유역으로 바뀌면서 신라가 공동의 적이 되었다. 그래서 이 시기에 양국의 교류가 증진된 듯하다. 이 무렵부터 일본으로 향하는 고구려 사신이 증가한 것이 하나의 증거다. 고구려 사신은 백제 해안을 경유해야 하므로 백제의 양해 없이는 오가기가 힘들었다.

당항성

당항성은 고구려와 백제에게는 여러 가지로 목구멍의 가시 같은 곳이었다. 백제가 산동반도로 항해하는 길을 막을 뿐 아니라, 서해안에서 산 아래 항로에 대한 시야가 제일 좋은 곳이 이곳이었다. 그 덕에 고려와 조선 시대에도 당항성은 군사기지이자 왜구에 대한 감시 초소로 각광을 받았다. 당항성의 감시를 피해 경기만을 지나기란 불가능했다.

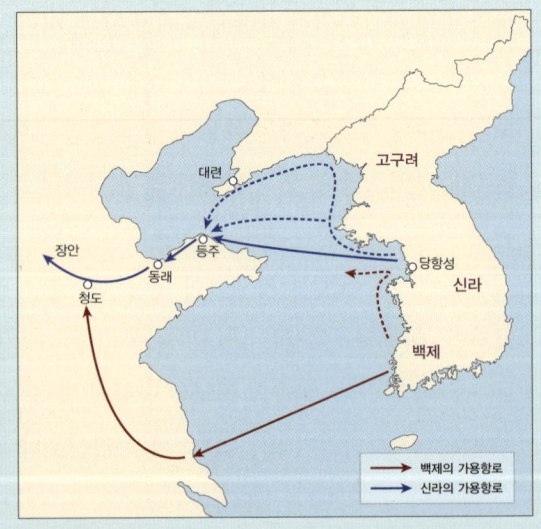

당항성과 대당항로

당성에서 내려다본 풍경 건너편 산줄기 아래 집과 경작지로 채워진 부분이 예전에는 바닷물이 들어오는 갯벌이었다. 이렇게 강줄기처럼 들어온 갯벌이 당성을 둘러싸고 있었다. 오른쪽의 1872년 고지도는 당시의 당성의 모습을 잘 보여주고 있다.

개선된 우호관계의 결과물이 당항성 합동공격이었다. 고구려에서 오케이 사인이 떨어졌을 때, 의자왕은 의자 뒤로 넘어갈 정도로 쾌재를 불렀을 것이다. 신라는 당과의 연락로가 끊기면 고구려와 백제의 양면공격을 견제할 수단이 없다. 당이 평화를 말하고 있지만 평화를 빌미로 고구려와 백제에게 신라 공격을 중단하라는 요구를 계속 해오고 있었다. 양국이 그 말에 따르지는 않았지만 대놓고 무시하기도 거북스러웠다. 특히 고구려의 입장에서는 그것이 당에게 침략의 구실이 될 수도 있었다. 그래서 공격을 하다가도 몰아치지 못하고 갔다 쉬었다 하면서 진행하고 있었다. 그러므로 신라가 당항성을 뺏기면 당장 백제보다도 고구려가 거세게 덮쳐들 것이다.

이제야 하는 말인데, 무왕과 의자왕은 지금까지와 다른 혁신적 전략을 창출해 냈다. 그 전까지 백제는 구토 즉 한성 탈환에 목을 매왔다. 그것이 큰 실수였다. 한성이 너무나 중요하지만, 한성을 직접 공격하는 것이 한성을 탈환하는 방법은 아니었다.

한성 공방전에서 승리하려면 백제는 신라보다 몇 배의 전투력과 물자가 필요하다. 이길 수 없는 싸움이고, 그것은 그간의 전투와 성왕의 죽음으로 증명되었다. 그러면 한성을 칠 것 없이 서라벌을 바로 공략해 버리면 어떨까? 그래서 무왕과 의자왕이 죽자고 88올림픽고속도로 루트를 공략했던 것이다. 그 사이에 고구려가 한성을 차지해도 괜찮다. 신라를 정복하고 역으로 소백산맥으로 나와 한강 상류를 장악하면 한성 공략에서 지리적·전술적 우위를 누릴 수 있다.

당항성 공략은 이 계획의 정점이었다. 백제와 고구려가 함께 당항성을 공격하면, 신라는 무조건 최대한의 병력을 보내 한성과 당항성을 방어해야 한다. 그렇다면 합천 지역의 방어망에 지원병을 보낼 여력이 없다. 이 틈에 백제는 합천을 지나 서라벌을 침공한다. 이미 합천(대야성)도 확보했다. 고구려군과 신라군이 당항성 주변으로 몰려들기만 하면 되었다.

다급해진 신라는 당 태종에게 사신을 보내 필사적으로 매달렸다. 『삼국사기』는 이 호소가 덕을 본 것처럼 슬쩍 언급하고 있지만, 그것은 후대의 왜곡이다. 당의 수도 장안은 중국의 서쪽 끝에 있다. 신라 사신이 바다를 건너 동쪽 끝인 산동반도에서 장안까지 가고, 당의 사신이 고구려로 가려면 오가는 데만도 몇 달은 필요했다. 겨우 3~4개월 사이에 긴박하게 벌어진 사태에 당이 그렇게 신속하게 대응할 수는 없었다.

하지만 성사 직전에 당항성 공격은 중지되었다. 우선 당항성 공략이 쉽지 않았다. 현재 당성으로 불리는 당항성에 가보면 공략이 어려운 요새로는 보이지 않는다. 산은 평범하고, 성은 조그맣다. 그나마 현재의 성은 조선시대에 증축한 것이고, 원래의 성은 지금 성의 1/4 규모였다.

산 아래 포구에서 본 당항성 뒤에 보이는 산에 당항성이 있다. 비닐하우스와 집이 보이는 이곳은 원래 바다였고 조선시대에는 수영이 설치되어 있었다. 아래 사진은 현재 남아 있는 성벽의 흔적

그러나 이것은 간척으로 지형이 바뀐 탓이다. 원래의 당항성은 바닷물과 갯벌에 둘러싸인 진정한 요새였다. 삼면이 바다고, 동쪽 끝만 물방울처럼 살짝 육지에 붙어 있다. 이 길마저도 만조 때면 물이 들어와 완전한 섬이 된다.[14]

바닷물과 갯벌이 생성하는 해자는 공격군에게는 그 어떤 장애물보다도 최악이다. 병사들은 질퍽거리는 진창과 곳곳에 난 물길을 피하고 넘어가며 공성구를 끌고 전진해야 한다. 밀려드는 조수 때문에 공격할 수 있는 시간도 제한되어 있는데, 그 시간 동안 공성구를 밀고 건너편까지 가기도, 물이 차기 전에 장비

를 끌고 돌아나오기도 어렵다. 바닷물의 힘은 강과 달라서 물막이 공사를 하기도 쉽지 않다. 물막이 공사를 해도 갯벌을 메우기는 절대 불가능하다.

그러니 당항성을 점령하려면 상당한 고생과 시간이 필요했던 것이다. 그런데 대야성을 점령한 지 3개월 만에 고구려에서 연개소문의 정변이 발생했다. 이 혼란통에 당항성 공격은 물거품이 되어 버렸다. 또 한 번 극적인 행운이 신라에게 찾아왔다. 의자왕은 땅을 쳐야 했다. 국운을 건 공세가 성공하기 일보 직전에 연개소문의 쿠데타라니!

거의 죽었다 살아난 신라는 다급하게 움직였다. 대야성과 당항성 사건은 신라에게 두 가지 진리를 깨우쳐 주었다. 고구려와 백제의 대공세가 시작되었고, 기존의 군사체제로는 신라가 더 이상 버틸 수 없다. 다시 말하면 알천으로 대표되는 구세력이 주도하는 국가체제가 한계에 도달한 것이다.

그렇다면 대응 방안도 두 가지밖에 없다. 고구려와 백제의 동맹을 분리시켜야 하고, 더 강하고 많은 병력을 끌어내는 방식으로 국가의 운영방식을 바꿔야 한다. 바로 이 부분을 김춘추와 김유신이 나누어 담당했다.

김춘추는 새로 성립한 연개소문 정권에 기대를 걸고 쿠데타 소식을 듣자마자 고구려로 달려 들어갔다. 명목은 백제에 복수하기 위해 고구려에게 군사를 빌리기 위해서라고 했지만, 진짜 목적은 고구려와 백제의 아직 공식화하지 않은 동맹을 방지하는 것이었다. 김춘추는 연개소문이 쿠데타를 일으킨 이상 우선은 정권 안정이 급선무일 것이라고 판단했을 것이다. 이 약점을 이용하면 최소한 불가침 조약은 맺을 수 있지 않을까? 그 반대급부로서 신라는 연개소문 정권을 지지 내지는 지원하겠다고 한다. 혹은 그 반대로 연개소문 반대파와 맺어지기를 바랬을 수도 있다.

그러나 연개소문은 스케일이 다른 인물이었다. 신라의 기대와는 반대로 그는 내전 상황에서도 대대적인 신라 침공을 계획하고 있었다. 당시 그는 실질적인 최고 권력자였지만, 고구려의 상층 귀족 절반을 적으로 삼고 있는 인물이었다. 이런 형태의 권력자는 최소한 3대 이내에 왕위까지 차지하는 경우가 많다. 연개소문의 야심이 어디까지였는지는 알 수 없으나 그는 자신의 권력을 받쳐 주고, 추종자들에게 분배해 줄 영지와 백성이 필요했다. 다음 해부터 그는 친히 남쪽으로 내려와 전보다 더욱 강력하게 신라 침공을 지휘하기 시작했다. 나중에 그의 동생이라는 연정토가 남부의 12성을 들고 신라로 투항한 것을 보면 남부의 점령지가 연개소문 일가나 부하에게 지급된 것이 분명하다. 신라 침공을 중단하라는 당의 권고에 연개소문이 당의 사신을 토굴에 감금할 정도로 과민반응을 보인 것도 이 때문이었다.

그러니 아무리 달변인 김춘추라도 연개소문을 설득할 방법이 없었다. 오히려 연개소문의 입장에서는 김춘추를 방치하면 보장왕이나 반연개소문파와 결합할 우려만 높았다. 연개소문은 김춘추를 감금했다.『삼국사기』는 보장왕이 요구한 죽령 이북 땅의 반환을 김춘추가 거부해서 감금되었다고 하지만, 이것은 보장왕의 뜻이 아니라 연개소문의 뜻이었을 가능성이 크다. 최악의 경우 김춘추는 살해당할 위기까지 몰렸다.

그러나 김춘추는 선도해先道解라는 관리의 도움으로 무사히 빠져나온다. 선도해는 김춘추를 찾아와 '토끼의 간' 이야기를 들려주며 거짓 약속을 하고 빠져나가라는 암시를 주었다. 그러나 설마 김춘추가 그 정도 생각도 못했을까? 중요한 것은 김춘추가 그런 약속을 했을 때, 과연 고구려 조정에서 그 약속을 믿고 그를 석방하겠느냐는 것이었다. 선도해가 찾아와 '토끼의 간' 이야기를 한 진짜 의도는 '이런 방법을 써라'가 아니라 '지금 이 방법을 쓰면 된다'라는 의미였다. 당연히 선도해는 연개소문의 정적인 보장왕의 측근이었다. 적의 적은 나의 편인 법, 반연개소문파는 신라나 김춘추를 자기 편으로 만들고 싶었을 것이다.

고구려와 백제의 분리에 실패한 김춘추는 적극적으로 대당외교에 매달린다. 결국 그는 당의 대한반도 정책을 바꾸는 데 성공하는데, 이 부분은 조금

압독국 경산 임당동고분군에서 발굴된 새모양 관장식

후에 살펴보겠다.

김춘추가 고구려로 떠날 때에 김유신은 지금의 경산 지방인 압량주 군주가 되었다. 압량주는 옛날의 압독국으로 한때 신라의 전신인 사로국과 패권을 다투던 중요한 지역이다. 이미 옛날 금관가야의 땅과 백성을 차지하고 있던 김유신은 이 지역까지 장악하면서 신라 최대의 군벌이 되었다.

김춘추와 김유신의 성장에 불안을 느낀 쪽은 상대등 비담을 중심으로 하는 정계의 또 다른 반쪽이었다. 그들의 실체는 분명하지 않지만 이 시기에 상대등이 되었다면 왕족의 일부이거나 최소한 혼인관계에 있던 인물임에 틀림없다. 647년(선덕여왕 16년)에 여왕이 위독해지자 그들은 반란을 일으켰다. 이때쯤이면 선덕여왕의 후계 문제가 가시화되었을 터고, 그것이 맘에 들지 않았기 때문일 것이다.

반군은 궁으로 쳐들어갔으나 점령에 실패하자 물러나 명활산성에 진을 쳤다. 이때 여왕 편에서 군사를 지휘한 사람이 김유신이었다. 구세력의 상당수가 비담 측에 붙었던지 선덕여왕 측은 병력이 부족해서 반월성만 지킬 뿐 격퇴할 엄두도 내지 못했다. 이렇게 10일이 지났는데, 낭도들이 대거 김유신 측에 가담함으로써 전세가 역전되었다.

이때의 풍월주는 진흥왕의 후예인 천광이었다. 그는 미실궁주의 피를 이은 대원신통계였지만 김보종·김유신 노선을 추종하는 화합파였다. 노선이 좀 달랐다고 하여도 화랑도에 몸담고 있는 인물이었다면 이 순간이 지니는 의미를 몰랐을 리가 없다.

낭도대는 선봉이 되어 명활산으로 돌격, 비담군을 깨뜨렸다. 그리고 비담의 9족을 멸했다고 하는데, 정말 9족을 멸했으면 성골이고 진골이고 살아남

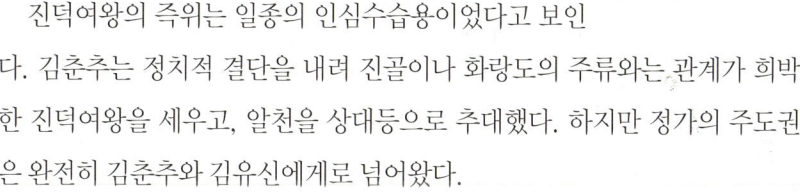

명활산성 비담 반군 측은 궁의 장악에 실패하자 물러나 여기에 진을 쳤다. 오른쪽의 비 사진은 〈명활산성 작성비〉(551년)다.

을 사람이 없었을 것이다. 이 말은 구세력에 대해 대규모 숙청을 단행했다는 정도로 새겨들어야 할 듯하다.

김유신과 화랑도의 지원이 없었다면 김춘추는 이때 살해되었을 것이다. 그러나 이 반란의 여파였는지 김춘추는 바로 즉위하지 못하고, 진평왕의 친동생인 국반國飯의 딸 진덕여왕이 선덕여왕의 후계가 되었다. 그간의 왕위계승 과정에서 보면 이 즉위는 매우 이상한 사건이다. 진덕여왕의 모친은 박씨로, 성골도 진골도 아니고 대원신통과의 관계도 좀 모호하다.

진덕여왕의 즉위는 일종의 인심수습용이었다고 보인다. 김춘추는 정치적 결단을 내려 진골이나 화랑도의 주류와는 관계가 희박한 진덕여왕을 세우고, 알천을 상대등으로 추대했다. 하지만 정가의 주도권은 완전히 김춘추와 김유신에게로 넘어왔다.

정계를 장악했으면, 이젠 능력을 보여야 한다. 비담의 난을 진압하자마자 백제군이 무산성과 감물성(경북 김천), 동잠성(경북 구미)을 포위 공격했다. 신라의 내전을 틈탄 공격이었다. 김유신이 1만 명을 이끌고 성을 구하기 위해 출전했지만, 전세가 불리했다. 김유신은 화랑도의 일원이던 비녕자를 불러 희생을 부탁했다. 다음 날 비녕자는 적진을 향해 돌격해서 전사했다. 이를 본 아들 거진과 이 집안의 종 합진까지 적진에 뛰어들어 전사했다. 이 비장한 희생에 감동한 신라군은 초인적인 힘을 발휘했고, 김유신은 성과 신생 정권을 지켰다.

648년 김유신은 새로 얻은 압량주 병사를 보강한 군대를 끌고 합천으로 나가 대야성을 탈환함으로써 섬진강 방어선에 뚫린 구멍을 막았다. 가야군도 함께했다고 보면 가야와 압독국, 즉 신라의 정통 주류세력이 아니라 과거 신라의 서쪽과 북쪽에 있던 대표적인 도시국가의 군대가 신라를 구했다. 그리고 이 군대 안에는 비녕자와 화랑의 낭도들같이 차상위 계층에 속하는 많은 젊은이들이 투신해 있었다. 사실 앞선 전투에서 비녕자의 희생이 전투의

선덕여왕의 능 경주의 낭산 기슭에 있다. 『삼국유사』에 선덕여왕의 능이 사천왕사 위에 있다고 했는데, 이 능 바로 아래에서 사천왕사지가 확인되었다. 기록과 비교해 보면 선덕여왕의 능일 가능성이 매우 높다.

국면을 바꿀 수 있었던 것도 단순히 그가 비장하게 전사했기 때문만이 아니다. 그것만으로는 장병을 격분시키는 데 한계가 있다. 그의 전사가 격동과 감동의 파도로 재생되려면 비녕자의 희생 이전에 그들을 묶어 주는 공감대와 조직이 존재했어야 한다. 그것이 화랑도와 억눌리고 차별받던 집단의 새로운 세계에 대한 비전이었다.

대야성 전투에서 김유신은 일부러 패전하여 백제군을 옥문곡으로 유인한 뒤 복병을 풀어 승리했다. 덤으로 포로로 잡은 8명의 장군을 김춘추의 사위와 딸의 유해와 교환했다.

승세를 잡은 그는 백제 국경 안으로 진격하여 21개 성을 획득하고 약 3만의 백제군을 살해했다. 이 소식에 신라는 열광했을 것이다. 지난 수십 년 동안 신라가 공세로 나가 본 적이 없었다. 이 전공으로 김유신은 자신에게 군사력을 몰아주고, 신라가 폐쇄적인 태도를 버리고 가야와 압독국, 화랑과 같은 주변 세력을 포용한 선택이 옳았음을 증명해 보였다. 그는 이찬으로 승진했고, 상주행군도총관이 되었다. 서라벌에서 대구–상주–청주·충주를 지나 한성으로 가는 1번 국도의 관할권을 획득한 것이다.

대야성 전투는 의미 있는 성공이었으나, 백제와 고구려의 위협을 완전히 제거할 정도는 되지 못했다. 신라에겐 아직 고구려와 백제의 동맹을 분리시켜야 한다는 절대과제가 남아 있었다.

김유신이 대야성을 지나 백제 국경으로 진입하는 동안 김춘추는 그 절대과제를 위해 서해를 건너고 있었다. 그의 가슴속에는 신라의 운명을 바꿀 야심 찬 계획이 서 있었다. 이 계획을 위하여 사절단도 인재를 엄선했다. 당나라 유학생 출신으로 문장에 뛰어나고 요즘 식으로 말하면 세계화를 지향하고 선진적인 의식구조를 지니고 있었던 김예원을 뽑고, 자신의 셋째 아들 문왕과 차세대 리더로서 문무를 겸비하고 중국어에 능통한 김양도도 동행시켰다. 외교란 이렇게 점잖은 측면만 있는 게 아니므로 뇌물도 상당히 준비했다. 미녀 세 사람을 뽑아 왕실 여인으로 위장시켰다. 여담이지만 당나라에서는 머리카락을 위로 둥글게 말아올린 헤어스타일이 유행했는데, 고구려와 백제와도 다르게 유독 신라에서만 길게 늘어뜨린 긴머리가 유행했다고 한다. 김춘추가 데려간 여인들도 분명 긴머리 소녀들이었을 것이다.

당나라 여인들의 헤어스타일

● **선덕여왕의 죽음**

김춘추와 비담이 반월성과 명활산성에서 대치할 때 유명한 유성 사건이 벌어진다. 어느 날 유성이 반월성 쪽으로 떨어졌다. 비담은 이 별을 보고 여왕이 죽었고, 승리는 우리 편이라고 병사들의 사기를 복돋운다. 그러자 김유신은 연에 등불을 달아 올려 어제 떨어진 별이 다시 하늘로 올라갔다고 병사들을 위무했다.

전설이 진짜인지는 모르겠지만, 이 전설은 선덕여왕의 죽음이 김춘추와 비담이 대립하는 중에 이슈가 되었고 여왕의 죽음이 김춘추파에 무척 불리하게 작용하고 있다는 사실을 보여준다.

여기에 착안해서 선덕여왕이 비담의 반군에 의해 사망했다고 추정하기도 하고, 반대로 난을 일으켜 반월성을 점령한 것은 김춘추와 김유신파였고, 비담은 여기에 대항한 것이라고 보는 견해도 있다. 어느 견해든 가능성은 있지만 증거는 없다. 물론 모든 역사 기록은 승자에 의해 쓰여졌다는 반론은 가능하다. 맞는 말이지만 그렇다고 해서 승자의 역사는 모두 거짓이고 반대의 결론이 맞다는 증거도 없다. 아무튼 비담의 난은 근본적으로는 선덕여왕의 정치적 입지가 불안정했기에 발발한 사건이었다. 전설에서 선덕여왕은 대단히 총명하고 신비로운 예지력까지 지닌 여왕으로 묘사되지만, 여왕의 삶은 사망하는 순간까지도 불안했다.

서녘으로 넘어간 해가 붉은 빛을 띠기 시작했다. 해의 높이로 봐서는 아직 수평선 위 한참 높은 곳, 중천에 가까운 곳에 머물러 있는 듯했지만, 해가 저 색으로 변하기 시작하면 바다를 향해 빠른 속도로 곤두박질치기 시작한다는 것을 경험으로 알고 있었다.

 문득 뱃전에 부딪히는 파도 소리가 유독 크게 들리기 시작했다. 조류가 거세지거나 역풍을 만난 것일까? 바다는 아주 착한 수준은 아니었다. 약간의 바람이 있고, 배가 흔들렸다.

 그의 마음을 읽었는지 갑자기 선장이 다가오더니 늦어도 오늘 밤까지는 무슨 일이 있어도 항구에 도착할 수 있다고 다시 한번 다짐을 하고 갔다. 뒤를 돌아보니 키잡이도 여유로운 표정으로 앞을 응시하고 있었다. 선장과 선원은 모두 최고의 요원이었다. 특히 키잡이는 당나라에도 그만큼 서해의 물길을 잘 아는 사람이 없다는 노련한 인물로 채웠다.

 안심이 되어야 할 상황이지만 그럴 수가 없었다. 6년 전에도 그랬다. 선박은 최고였고 선원도 모두 엄선된 사람들이었다. 그러나 바다와 바람이 갑자기 이상해져 이 조류와 바람에 밀려 배가 북동쪽으로 올라가는 것을 어찌할 수 없었다. 하필 그가 중국에서 돌아온다는 정보까지 새서 고구려의 전함들이 눈에 불을 켜고 자신을 찾고 있었다. 사방이 망망대해지만, 물길은 좁고 뻔해서 배가 흘러가는 길은 정해져 있었다. 고구려 전함들이 물길마다 매복을 하고 기다렸고, 그들의 배는 꼼짝없이 그곳으로 흘러들어 갔다. 기적적으로 그는 조각배를 타고 탈출했고, 부하였던 온군해가 자신의 옷을 대신 입고 고구려군에게 살해되었다.

 겉으로는 태연한 척했지만, 그 순간의 악몽과 온군해에 대한 미안한 마음이 오랫동안 지워지지 않았다. 배와 물에 대한 공포심도 생겼다. 그럼에도 불

제5장 660년 여름

구하고 김춘추는 당 태종과의 회담을 위해 당나라로 가는 것을 자원했다. 그의 지지세력들은 그의 배짱과 국가를 위한 사명감에 놀라고 감복했고, 반대파들은 왕이 되려는 야심과 딸에 대한 복수심이 독하디 독하다고 수군거렸다.

진실은 김춘추만이 알고 있었다. 죽음의 공포, 바다에 대한 공포를 잊게 해준 것은 그런 것이 아니라 희열이었다. 바다에서 죽다 살아난 그가 이제 다시는 바다 건너 사신으로 가서 외교전을 펴지 못하고, 그의 정치적 입지도 함께 줄어들 것이라고 기대하던 사람들의 예상을 깨는 즐거움. 나는 너희들이 생각하는 수준의 인물이 아니라는 사실을 스스로 증명하는 순간의 기쁨.

어찌 보면 치졸한 듯하지만 김춘추는 그 물음에 대한 대답도 준비해 두었다. 그 순간의 희열이 자기만족과 사람들에 대한 오만으로 종결된다면 그것은 분명 치졸한 행위이리라. 그러나 자신은 결코 그런 유치한 자기만족을 추구하지 않았다. 그것은 자신의 존재와 사명에 대한 확인이었다. 자고로 만인 위에 군림하는 자가 되려면 생각과 심성이 범인과는 다르다는 것을 자기 자신과 모두에게 끊임없이 증명하지 않으면 안 된다. 이번 사신행은 좋은 기회였다. 그리고 그런 생각을 하는 순간, 그를 괴롭히던 죽음의 공포와 공포의 기억이 뒷전으로 밀려났다.

운명을 두려워하고 운명을 회피하려 해서는 아무것도 할 수 없다. 더욱이 그의 조부는 신라 역사상 가장 무능한 왕으로 꼽히고 있는 진지왕이었다. 자신의 집안에 들러붙어 있는 그 오명을 씻기 위해서라도 그는 완벽한 지도자의 모습을 갖추어야 했다. 그리고 그 순간이 이제 코앞에 다가오고 있었다. 수장의 공포를 극복하는 것 정도는 아무것도 아니다. 그의 외교행랑에는 조정의 모든 사람을 놀라게 할 선물이 들어 있었다. 잃어 버린 왕위를 되찾는 따위는 아무것도 아니었다. 그는 신라의 운명을 바꾸어 놓을 것이다.

1 밀약

648년 당과 신라가 만난 접점은 당의 백제 침공이었다. 이 침공은 아무도 예상치 못했다. 당의 목표는 고구려고, 고구려와의 전쟁도 빡빡한데 군사력을 낭비할 이유가 없다. 게다가 남북조시대로부터 중국과의 외교관계가 제일 활발하고 무난했던 나라가 백제였다. 수 양제에 이어 당 태종의 고구려 원정 때도 백제는 태종에게 금빛 칠을 한 갑옷을 만들어 바쳤고 병사들도 백제가 보낸 명광개를 입고 출전했다.

김춘추가 당을 방문했을 때 태종은 고구려에 대한 복수전을 준비하고 있었다. 그러나 어떤 전술을 사용해도 문제는 식량과 시간이었다. 보급선을 유지하며 진격하면 시간이 너무 걸리고, 빠르게 돌파하면 식량이 따라오지 못한다. 그런데 만약 백제나 신라가 고구려의 남쪽 국경을 돌파해 식량을 운반해 준다면 어떨까? 그 정도까지는 아니어도 고구려군의 병력을 분산시키고, 대동강 하구로 진입하는 당의 수군을 엄호해 줄 정도의 역할은 할 수 있지 않을까?

그런데 여기에 또 걸림돌이 있다. 백제와 신라가 생사의 결전을 벌이는 상황에서 어느 쪽이든 고구려에 대병력을 투입할 여유가 없다. 그러니 일단 두 나라를 합쳐야 한다. 그러면 백제와 신라 중 어느 쪽을 파트너로 택할까? 김춘추는 두 가지를 들먹였을 것이다. 백제와 고구려는 조상이 같다. 그리고 보니 신라 김씨의 조상이

금빛의 명광개를 입은 당나라 장수의 모습

과거 한나라를 위해 싸웠던 흉노족이라는 이야기도 이때 지어냈을지도 모르겠다. 백제는 과거 수나라의 고구려 침공 때 수나라를 돕기로 밀약을 하고 약속을 이행하지 않았다. 지금도 백제는 고구려와 동맹을 맺고 신라를 치고 있다.

이 두 가지는 당나라도 알고 있는 사실이었다. 『수서』를 편찬한 사람이 위징, 장손무기 등 태종의 최측근이다. 그러나 안다고 해도 상기시키는 것은 다르다. 그리고 우리가 모르는 무슨 조건을 제시했을 것이다.

당나라는 당나라대로 생각이 있다. 당나라는 지금 고구려를 장기적으로 괴롭히고 피곤하게 만드는 작전을 쓰고 있다. 그런데 고구려가 신라를 정복하면 그동안 당군이 요동에서 집적거려 놓은 피해를 상쇄하고도 남을 땅과 인구를 얻을 것이다. 연개소문 일가도 엄청난 점령지를 차지함으로써 지금까지의 내분 상태를 일소해 버릴 힘을 획득할 가능성도 있다.

마지막으로 상식적인 이유가 하나 있다. 동이족으로 동이족을 제압하는데 강한 나라를 도와 그들을 더 강하게 만드는 건 바보짓이다. 약한 나라를 도와 강한 나라를 멸망시키고, 나중에 그들마저 제압하는 게 어느 모로 보나 순리가 아니겠는가?

태종이 신라를 밀어 주기로 결심한 것은, 김춘추의 설득에 넘어갔다기보다는 이 이유가 제일 크게 작용했을 것이다. 그는 김춘추를 환대하고, 밤에 따로 불러 밀담을 나누었다. 김춘추가 신라로 돌아갈 때 태종은 3품 이상의 관원을 모두 소집해 성대한 환송연을 베풀어 주었다. 김춘추는 넘치는 희망을 안고 귀국길에 올랐다. 648년 외교와 군사 부분의 성공으로 두 김씨는 신라와 자신들의 운명을 바꾸는 데 성공했다.

하지만 그 과정은 또 길었다. 김춘추가 태종과 밀약을 맺은 다음 해에 태종이 사망해 버렸다. 사망할 때 그는 고구려 원정을 중지하라는 유언을 남겼다. 당연히 백제 원정도 중지였다. 밀담이라 공식문서도 없었던 듯하다. 당은 요동 지방에 대한 작은 공세는 계속했으나 백제 침공은 전혀 고려하지 않는 듯했다. 신라는 전전긍긍하는 가운데 654년 진덕여왕이 재위 8년 만에 사망하고 김춘추가 즉위했다. 그가 태종무열왕이다.

왕이 되기 전에 발휘한 능력과 성과가 무색하게 무열왕의 즉위 후 사태는 급속히 악화되었다. 어쩌면 그가 즉위하는 데 결정적 공약이 되었을 당의 백제 침공은 공수표가 된 것 같고, 재위 2년에는 고구려·백제·말갈이 연합공격을 가해 33개 성을 빼앗아 나누어 가졌다. 이 공세는 다음 달에 행해진 당의 고구려 침공으로 인해 더 이상 진전되지는 않았던 듯하다. 재위 5년에는 그동안 철통같이 지켜 오던 강릉마저 위협을 받아 삼척을 이선 방어기지로 삼아야 했다. 아직 큰 손실은 입지 않았으나 신라의 국경선이 허물어지는 조짐이 나타나고 있었다.

난국을 타개할 수 있는 방법은 죽은 태종의 약속뿐이었다. 무열왕은 다시 한 번 당에 사신을 보냈으나 응답이 없었다. 재위 6년 무열왕은 주위 사람들이 다 알 정도로 심한 걱정과 근심에 휩싸였다.

태종무열왕릉비 이수 부조

2 백제 침공

백제 역사상 신라에 가장 맹공을 퍼부은 사람이 의자왕이다. 그는 즉위하자마자 공격군을 진두지휘해서 신라의 성 40개를 빼앗았다. 김춘추에게 비통함을 안겨준 대야성 함락도 이 공세의 결과였다. 그 뒤로도 의자왕은 신라 공격을 계속해서 선덕여왕, 진덕여왕, 무열왕에게 불면증을 안겼다. 『삼국사기』는 의자왕의 성격이 "용감하고 담력과 결단력이 있다"고 기록했다. 목표를 세우면 강력하게 밀어붙이는 성격이었다. 신라와의 전쟁도 때로 큰 패배를 당하고, 승기를 잡았다가 당의 위협으로 철군하는 아쉬움을 되풀이하면서도 굴하지 않고 다시 쳐들어갔다.

용기와 담력과 결단력은 훌륭한 미덕이다. 그러나 어딘가 마음에 걸리는 게 있다. 우리는 국호를 '남부여'로 바꿀 만큼 결단성이 있었던 성왕의 실패를 기억하고 있다. 의자왕은 국호까지 바꾸지 않았지만, 즉위 초부터 무언가 정치적 격변의 중심에 있었다. 642년 일본에 온 백제의 사신들은 641년에 귀족 세력의 제1인자인 대좌평 사택지적이 죽었고, 그해 초에 의자왕의 모친이 사망했다는 소식을 전했다.[1]

미륵사지 석탑에서 나온 사리명을 보면 무왕의 비가 사택씨다. 만약 이 왕비가 의자왕의 모친이고, 사택지적과 무왕의 비인 사택씨가 모두 사망했다면 사택씨로 대표되는 세력에는 커다란 부침이 있게 된다. 단 1948년 부여에서 발견된 〈사택지적비〉에는 사택의 사망 연도가 12년 후인 653년으로 되어 있다.

『일본서기』보다는 비석의 연도가 옳다고 보아야 할 것이다. 심지어 『일본서기』에도 이 기록 바로 다음에 죽었다고 한 사택지적이 6월에 백제 사신으로 일본에 왔다는 기록도 있다. 그러므로 『일본서기』의 의자왕 모친과 사택

사택지적비 1948년 부여 관북리 도로변에서 발견되었다. 채석장에서 사용하기 위해 일부를 절단한 상태여서 비의 일부만 남아 있다. 그 내용은 사택지적이 늙어서 불교에 귀의하고 원찰을 설립했다는 것이다.

지적의 사망 기사는 653년이나 654년에 넣어야 할 기사를 642년조에 잘못 편집했거나 사망한 사람이 사택지적이 아닌 사택씨의 유력한 다른 인물인 것 같다. 이런 추정에 따라 의자왕의 모친과 사택지적이 653년에 사망했다고 보면, 바로 그 이후에 벌어지는 백제의 정세도 설명이 된다. 655년과 657년에 백제에서 대규모 숙청이 벌어지기 때문이다. 사택지적과 사택 왕비가 사망하자 의자왕은 평소부터 사이가 좋지 않았던 새상塞上과 남동생 교기翹岐와 여동생 4명, 내좌평 기미岐味 등 40여 명을 섬으로 쫓아냈다. 의자왕의 1차 숙청이다. 새상과 교기는 결국 일본으로 망명했다.

657년 2차 숙청 때는 대신급인 좌평직을 모조리 추방하고 그 자리를 자신의 아들 41명으로 채우고 식읍을 지급했다. 성왕 못지않은 화끈한 결단력이었다.

사람이 지나치게 강경하게 나올 때는 그 내부에 무언가 약점이 있는 경우가 많다. 건국 이래 백제를 괴롭혀 온 만성질환은 이주집단인 부여씨 왕족과 토착귀족 간의 갈등이었다. 백제에는 결단력 있는 왕도 많지만 암살당한 왕이 더 많으며, 몇 대 걸러 암살과 숙청, 극단적인 파워플레이가 반복되곤 하였다. 의자왕대까지도 이 상황은 조금도 변하지 않았다.

자세한 사정은 알 수 없으나 이런 정황들은 백제의 정국이 계속 심상치 않게 돌아갔다는 사실을 암시해 준다. 문제는 의자왕의 대숙청의 칼날이 귀족 그룹만이 아니라 처가, 외가, 형제들에게까지 향하고 있다는 사실이다. 그것은 보통 사람은 할 수 없는 과감한 행동이었지만, 의자왕 스스로를 고립시켰다.

의자왕대의 백제는 겉으로는 강하고 화려했으나 속으로는 그간의 정치적 알력과 혼란이 미처 수습되지 않은 상태였고, 657년에 의자왕이 행한 대숙청의 몸살을 앓고 있었다. 유가적 도덕관으로 역사를 서술한 『삼국사기』는 이때 의자왕이 음란·사치하고 간언을 듣기 싫어해서 충신인 좌평 성충과 흥수를 유배시켰다고 적었으나, 이들의 숙청은 의자왕이 행한 대대적인 정계개편과 관련 있는 게 분명하다.

『삼국사기』는 또한 가부장적이어서 이 시대 여성들의 권력 행사는 애써 무시하는 경향이 있다. 『일본서기』에는 의자왕의 대부인인 요녀가 무도하고, 국권을 남용하고, 현량을 주살하여 화를 불렀다는 기록이 있다. 이 기사는 일본에서 기록한 것이 아니고 어떤 고구려인의 사서를 인용한 것이다. 이 요녀라는 의자왕의 왕비가 누구인지는 모른다. 그러나 의자왕의 모후인 사택씨가 사망하면서 왕가의 권력 역시 사택씨에서 의자왕의 부인쪽 성씨로 이동했거나 또는 의자왕의 왕비 역시 사택씨라면 이쪽 형제에서 저쪽 형제로 이동하여 이 과정에서 대숙청이 벌어진 것이 분명하다.

의자왕이 좌평직 물갈이를 단행한 지 3년 만인 660년(신라 무열왕 7년)에 당은 갑자기 백제 파병을 결정한다. 근 반년 동안 고민과 근심으로 날을 지새던 무열왕에게 낭보가 날아든 것은 이해 3월이었다. 그리고 5월 말 내지는 6월 초에 좌위대장군 소정방蘇定方과 좌위장군 유백영劉伯英, 우무위장군 풍사귀馮士貴, 좌효위장군 방효태龐孝泰가 이끄는 당군 13만 명이 내주萊州(산동성 액현)를 출발했다. 신라도 여기에 맞추어 경주와 한산주의 군대 5만을 동원했다. 6월 21일 서해를 건너온 소정방과 태자 법민(나중의 문무왕)이 덕적도에서 조우했다.

소정방의 본명은 소열蘇熱이다. 정방은 자字다. 지금의 허베이 지방인 기주冀州 무읍武邑에서 태어났다. 수나라 말기에 전국이 혼란하자 부친이 군대를 일으켜 읍을 지켰다. 소정방은 15세 때 부친을 따라 참전했고, 부친이 일찍 사망하자 지휘권을 인수받아 소년장군이 되어 고을을 지켰다.

당이 건국된 뒤에는 이정 휘하로 들어가 돌궐 정복전에 참전, 선봉으로 돌궐군을 전멸시키는 등 맹활약했다. 백제에 원정할 때는 벌써 69세의 노년이었다. 다음 해에는 고구려 원정에 참여하여 평양을 포위했다가 철수했고, 이어 토번과 토욕혼 정벌에 종군했다가 667년 76세를 일기로 사망했다.

『삼국사기』백제전에 의하면 백제는 6월경에야 당군의 침공을 알아차리고 매우 당황했다. 대책회의를 열었지만 결단력 있다는 의자왕도 결정을 내리지 못하고 우왕좌왕했다. 논점은, 당군을 저지하고 신라군을 먼저 칠 것인가 아니면 신라군을 막고 당군을 먼저 칠 것인가, 어느 쪽이든 싸움이 붙으면 신라와 당군이 들어오는 길목인 탄현과 백강(금강) 입구를 봉쇄하고 지구전을 펼 것인가, 아니면 좁은 탄현과 백강으로 들어오게 하여 요격함으로써 단박에 승부를 낼 것이냐였다. 마침 의자왕에 의해 쫓겨나 있던 성충과 흥수가 탄현과 백강 입구를 봉쇄하고 최대한 지구전을 펴야 한다고 건의했다. 원정군의 약점은 언제나 보급이기 때문이다.

그러나 현임 좌평들은 이 계획에 반대했다. 성충과 흥수는 다 유배되어 임금과 나라를 원망하는 사람들이니 그들의 계책을 믿을 수 없다는 것이었다. 이 장면에 대해 고려와 조선시대 역사가들은 "의자왕이 충신(성충·흥수)의 말을 듣지 않았기 때문에 망했다"고 설명했다. 그러나 한 번만 더 생각해 보자. 간신으로 분류된 사람들도 이 전쟁에서 패하면 망하기는 마찬가지다. 그러니 간신이라고 해서 일부러 상책을 버리고 하책을 택했을 리는 없다. 그리고 이 현임 좌평들은 충신을 몰아내고 올라온 간신들이 아니라 의자왕의 아들들이었다.

이 상황에서 간신·충신을 나누는 것은 아무 소용이 없다.『삼국사기』의 교훈 속에 숨어 있는 메시지는 '어떤 경우든 충신의 판단이 언제나 옳다'다. 이런 중세적 교훈은 제발 잊고, 근대적 지성으로 사태를 분석해 보자.

삼충사 성충과 흥수를 기리는 사당이다. 충남 부여

이 사건을 이해하고자 할 때 난관이 탄현(숯고개)의 위치가 명확치 않다는 점이다. 아니 사실은 탄현이라고 불리고, 주장하는 곳이 너무 많아서 문제다. 계룡산에서 덕유산 사이의 산줄기를 넘어 논산 쪽으로 들어오는 어느 고갯길인 것만은 확실한데, 이 사이에 꽤 많은 협로가 있다. 충남 대덕에 있는 마도령馬道嶺이라고 보는 견해도 있고, 식장산, 영동군 양산면 가선리의 묵현, 전라북도 완산군 운주면의 쑥고개, 진산 교촌리의 숯고개 등도 탄현이라고 주장한다.

그런데 필자는 좀 다른 관점에서 탄현을 찾아보고자 한다. 임진왜란 때 일본군은 기를 쓰고 호남으로 진입하려고 했다. 이순신 장군의 말마따나 호남이 없으면 조선도 없는 상황이었다. 그런데 일본군이 죽어라고 고집한 루트는 금산에서 지금의 대둔산 자락인 이치를 넘어가는 길이었다. 덕분에 이치와 금산벌에서 권율과 황진의 이치·웅치 전투를 위시하여, 조헌과 영규의 전투, 고경명의 의병 등 근 10여 회의 전투가 벌어졌다. 그 이유는 모르겠지만, 옛날의 지형, 도로 상황, 보급 등등을 고려할 때 이 루트가 제일 적합했던 모양이다.

또 하나 중요한 사실은 이치 전투의 패전 이후 일본군은 조선군이 방어하고 있는 대둔산 고갯길에서는 한 번도 싸움을 걸지 않았다는 것이다. 조헌, 고경명 등이 치른 모든 전투는 조선군이 일본군을 내쫓고 싶은 욕심에 금산 평야로 내려가서 치른 전투였다.

한국 전쟁사를 보면 우연히 조우하는 경우가 아닌 이상, 전략 요충은 거의 변하지 않는다. 옛날의 장수들이 바보가 아니고, 옛날 군대의 행군과 전투에는 우리가 모르는 많은 사정이 있었다고 본다면 그들의 선택에는 나름대로 충분한 전술적 이유가 있었을 것이다. 그렇다면 삼국시대의 탄현 역시 이곳이었을 가능성이 높다고 생각된다.

다음으로 지적해야 할 문제는 탄현을 방어하자는 발상이 성충과 흥수의 특별한 혜안이 아니었다는 점이다. 백제가 웅진으로 천도한 뒤 신라의 침공을 막기 위해 제일 먼저 방어공사를 한 곳이 탄현이었다. 501년 동성왕이 이곳에 목책을 설치했다. 즉 탄현은 누구라도 생각할 수 있는 오래된 전략 요충이었다.

이 작전회의의 진짜 논점은 지구전으로 가면서 여러 귀족의 협력을 얻어 대군을 편성하여 적을 격퇴할 것인가, 아니면 의자왕과 현임 좌평 세력이 이끄는 국왕군을 주축으로 빠르게 승부를 낼 것이냐였다. 의자왕의 측근들이 성충·흥수의 방안에 다른 속셈이 있다고 의심한 이유는, 구귀족에게 협조를 구하는 것은 정치적 양보 내지는 쿠데타의 위험이 있기 때문이다.

의자왕의 실수는 충신을 알아보지 못한 데 있는 것이 아니라, 근시안적인 태도에 있다. 정치적 권력을 양도하고, 정적까지도 포용함으로써 국가의 총력을 다 쏟아부어도 부족할 판에 그들은 자신들의 기득권에 너무 집착했다. 모든 것을 지키려다가는 모든 것을 잃는다.

백제가 전쟁 수행 방식을 놓고 우물거리는 사이 신라군은 탄현을 넘어 버렸다. 백제는 약한 신라군은 소수의 병력으로 저지하고, 강을 타고 들어오는 당군을 총력을 기울여 요격하기로 했다. 당군을 격퇴하면 신라군은 저절로 물러갈 것이다. 그러나 이때 백제에게 부족한 것은 시간이었다. 그들은 일본에 구원병을 요청했는데, 그들이 오는 시간과 지방

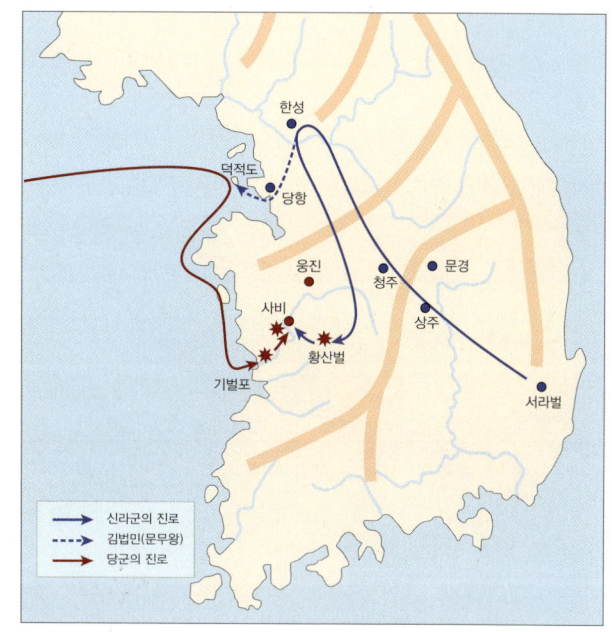

신라군과 당군의 백제 침공

에서 구원군이 올라올 시간이 부족했다. 의자왕은 계백에게 신라군을 최대한 저지하라는 특명을 내렸다.

신라군은 부여의 남동쪽에서, 당군은 장항으로 추정되는 기벌포에 상륙하여 부여의 남서쪽에서 진군하고 있었다. 두 군대는 부여 남쪽에서 합류하기로 되어 있었다. 7월 9일 신라군은 그들을 저지하는 계백의 군대를 만났다. 흔히 계백의 5천 결사대라고 하지만, 이 부대에는 좌평 충상·충영을 위시하여 고관도 제법 있었다. 충상·충영은 지위가 좌평인 것으로 보아 의자왕의 아들일 수도 있다. 이때 계백의 지위는 제2품 달솔이었다. 좌평을 제치고 그가 지휘를 맡은 걸 보면 전통 귀족이나 왕자가 아니라 의자왕과 특별한 사연이 있는 심복 중의 심복이었을 가능성이 높다. 이 부대는 충상 이하 고관들이 평소에 거느리는 사병과 용사를 총동원하여 구성한 군대였을 것이다.

황산벌은 지금의 논산과 대전 사이인 연산에 있다. 하지만 전투가 벌어진 곳은 이 벌판이 아니다.

5천 명이 5만을 막는데, 벌판에 진을 친다는 것은 말이 안 된다. 『삼국사

황산벌 전경

기』에서도 먼저 황산벌에 도착한 계백의 군대는 험준한 곳을 골라 3개의 진을 설치하고 신라군을 기다렸다고 했다. 『일본서기』에서는 백제군이 노수리산怒受利山에 진을 쳤다고 했다. 노수리산을 유성으로 비정하는 견해도 있다. 그런데 현재 황산벌로 전해지는 곳이 정확하다면, 황산벌 남쪽 지금의 한민대학교 옆으로 난 좁은 고갯길이 있다. 대전 쪽에서 죽 내려온 산줄기가 꼬리뼈처럼 점차 가늘어지고 약간 패인 듯한 곳이다. 고개라기보다는 벽이 약간 허물어지고 기울어져 넘어갈 수 있게 된 곳처럼 생겼다. 현재는 길이 없지만 동네 주민들 말로는 예전에는 이곳으로 사람들이 지나다녔다고 한다. 현지에서 백제군이 진을 쳤던 곳이라고 전해지는 곳이 이 고개다.

    이 산줄기를 따라 남쪽으로 조금만 가면 꼬리뼈 같은 산맥이 끝난다. 현재 호남고속도로가 이 산줄기를 따라 꼬리 쪽으로 지나 논산 쪽으로 들어간다. 그러나 옛날에 도보로 행군하자면 너무 멀리 돌아가므로 신라군이 이 길을 넘어 질러갔을 수도 있겠다. 단 대군이 넘어가기에는 길이 너무 좁고, 보급 수레나 장비들이 넘어갈 수 있는 곳은 아니다. 그러나 당시 신라군은 시간에 쫓기고 있었다. 보급대는 산을 우회해서 오더라도 선발대라도 지름길로 빨리 보내려고 했을지도 모른다.

황산벌 전투 전황도

아니면 신라군이 산맥을 따라 즉 지금의 호남고속도로를 따라 행군하고 있었는데, 백제군이 이곳에 진을 치고 신라군을 협곡으로 끌어들였을 수도 있다. 백제군이 그곳에서 쏟아져 나오면 신라군의 측면이 위험하다. 신라군으로서는 싸움터가 마음에 들지 않았겠지만, 높지도 않은 오른쪽 산자락에 계백군을 둔 채 행군할 수는 없었을 것이다. 이 가정이 맞다면 계백은 일단 전쟁터를 자신이 유리한 곳으로 선택하는 데는 성공한 셈이다. 신라는 병력의 우위를 잊어 버리고 아주 좁은 소로를 따라 백제군의 진형에 육박해야 한다.

그러나 이 고갯길은 너무나 좁은 소로여서 정말 전투가 이런 곳에서 벌어졌을지 의문이다. 신라군이 병력을 나누어 원래의 진군로로 우회하면 백제군은 꼼짝없이 고립된다. 지형상으로 보면 이 고개 북쪽 골짜기를 따라 내려오는 길이 더 유력하지 않을까 싶기도 하다. 골짜기가 끝나는 지점 앞에 작은 산이 있어 골짜기 양쪽과 이곳에 진을 치면 삼면에서 신라군을 감제할 수 있다. 다만 이렇게 하면 진지 간의 거리가 너무 넓어진다. 병력이 부족했으므로 계백은 한 곳에 병력을 모아야 했을 것이고, 그렇다면 중앙의 작은 산이 제일 유력하다.

황산벌의 정확한 전장이 어디든 간에 이 지역이 지니는 의미는 분명하다. 이곳을 통과하면 노령산맥이 끝나고 황산벌, 다시 논산, 부여로 이어지는 강경평야가 시작된다. 여기서부터는 적을 막을 만한 작은 고개조차 찾기 힘들다. 계백의 결사대는 그야말로 신라군이 강경평야로 들어서기 직전에 노령산맥의 맨 마지막 지점에 간신히 도착해서 출구를 봉쇄한 것이다. 노령산맥 입구에 있었을 탄현이었다면 1선이 뚫려도 2선, 3선 방어가 가능하고, 패해도 산으로 달아나면 몰살은 면할 수 있다. 그러나 황산벌을 배후에 둔 이 배치는 배수진과 같다. 2차 저지선이 없고 벌판으로 달아나면 기병의 추적을 피할 길이 없다.

만약 신라군이 황산벌에 이미 진을 쳤고, 백제군이 건너편 산등성이에 있었다면 신라군은 전투가 보다 쉬웠을 것이다. 황산벌 서쪽과 북쪽의 산등성이들은 대체로 넉넉해서 백제군이 비탈 위쪽에 목책과 급조한 방호진지를 두르고 있다는 것 외에는 별다른 장점이 없다. 신라군은 어느 방향에서든 공격할 수 있고, 삼면에서 동시 공격도 가능하다. 그러므로 계백이 용맹한 전략가라면 노수리산은 황산벌 건너 산지가 아닌 한민대학교 앞쪽 고개일 가능성이 더욱 높다.

신라군의 또 하나의 약점은 시간이 없다는 것이었다. 신라군이 당군과 합류하기로 약속한 날이 7월 10일이었다. 신라군이 늦으면 당군은 트집을 잡을 것이다. 하여간 군대가 약속시간을 지키지 못하는 것은 죄가 크다. 만약 사비성이 당군의 힘만으로 함락된다면 신라는 백제 땅에 대한 권리를 주장할 수 없게 될 것이다. 신라가 가장 우려하는 경우는 당군이 제멋대로 백제의 항복을 받아들이거나 신라군이 오지 않아 당황한 당군이 백제와 적당히 협상해버리고 철군하는 것이었다.

시간에 쫓긴 신라군은 네 번이나 적진을 향해 돌격했으나 한 개의 진도 빼앗지 못했다. 네 번의 공격이 실패로 돌아가자 체력을 소진한 병사들은 더 이

오천결사충혼탑 충남 부여

상 움직이려 들지 않았다. 병사들의 입장에서 보면 백제군은 고립되어 있었다. 무리하게 서둘러 공격할 필요가 없었다. 그들로서는 좀더 천천히 적을 지치게 하면서 싸우고 싶었을 것이다.

곤경에 처한 신라의 최고 지휘관들은 자신의 아들들을 희생시키기로 결정했다. 김유신의 친동생이며 19대 풍월주를 지내기도 한 김흠순은 함께 종군한 아들 반굴을 불렀다.

김흠순은 아들들을 전부 염장廉長의 딸들과 결혼시켰다. 염장은 용춘과 어머니가 같고 아버지가 다른 형제였는데, 눈치가 빠르고 처세에 능한 전형적인 인물이었다. 그는 대단한 부자로 김춘추와 김유신의 든든한 후원자이기도 했다. 집안 분위기가 이렇다 보니 딸들도 행실이 좋지 않았지만 흠순은 결혼을 추진했다. 그의 재산 때문이었다. 그러나 셋째 아들 반굴만은 그 결혼을 거절하고 김유신의 딸이며 사촌인 영광令光과 결혼했다. 사랑을 찾아간 꿋꿋한 결혼이었는지 또 다른 정략결혼이었는지는 모르겠는데, 『화랑세기』의 문맥이 주는 뉘앙스로 봐서는 전자인 듯하다.

● 화랑의 신화

『삼국사기』 열전에는 '임전무퇴'의 정신으로 혹은 국가와 가문의 명예를 위해 적진으로 돌격하여 싸우다 죽는 용사들 이야기가 많이 나온다. 김유신 자신도 젊었을 때 낭비성 전투에서 돌격을 감행했다. 열전의 기록을 보면 그들은 하나같이 단신으로 돌격해서 싸우다가 죽었고, 그의 죽음을 보고 병사들이 감동하여 돌격함으로써 전투를 승리로 이끄는 것으로 되어 있다. 때로 이런 행동은 정신교육이 철저한 화랑들의 전유물처럼 인식되기도 한다.

그러나 『삼국사기』에 화랑들의 활약이 두드러지게 나오는 것은 상대적으로 그들과 관련된 기록이 많이 남았기 때문이다. 화랑들의 돌격도 단신이 아닐 가능성이 많다. 원래 옛날 전쟁에서는 돌격장의 역할이 중요하다. 『삼국지』를 보면 조운이 참모 서서의 조언을 받아 팔문금쇄의 진을 깨뜨리는 이야기가 나온다. 상당히 신비화되었지만 그 상황의 본질은 용사가 이끄는 돌격대가 적진을 돌파하여 진을 혼란에 빠뜨리거나 진형을 양분시키는 것이다. 병사들의 돌격은 감동 때문이기도 하지만 이 돌격으로 적의 빈틈이나 측면이 드러났기 때문이기도 하다.

열전은 이런 돌격장들의 사례 중에서 특별히 장렬한 이야기만 수록하기 때문에 그들이 일부러 적진에 부딪혀 죽을 때까지 싸운 것처럼 느껴지게 된 것이다. 아마도 이 돌격 역시 중장기병 전술과 관련이 있을 것이다. 낭비성에서의 김유신의 활약도 일대의 중장기병대를 이끌고 돌격과 돌파를 감행하여 적진을 허물어뜨린 것이라고 생각된다.

김유신의 조카이자 사위이기도 했던 반듯한 청년 반굴은 적진으로 돌격하여 싸우다가 죽었다. 나중에 그의 아들 김영윤도 고구려 부흥군과의 전투에서 장기전으로 가자는 장수들의 의견을 거부하고 단독으로 나가 싸우다가 전사했다.

반굴이 돌격하여 전사했으나 병사들은 여전히 움직이려 하지 않았다. 이번에는 좌장군 품일品日이 16세 된 아들 관창을 불렀다.

관창은 무술에 재능이 있는 소년이었으나 아직은 어렸다. 적진으로 돌격한 그는 적장을 쓰러뜨리거나 대형을 허물지도 못하고 허무하게 사로잡혔다. 계백은 끌려온 소년이 어린 아이인 것을 보고 놀랐다. 그는 관창을 말 안장에 묶어 돌려보냈다. 관창의 용기에 감동을 받기도 했겠지만, 신라군의 속셈을 알았기 때문일 것이다.

관창은 우물 물을 한 바가지 떠서 벌컥벌컥 마시더니 다시 백제군 진영으로 돌격했다. 예나 지금이나 틴에이저가 무엇에 몰두해 버리면 말릴 수가 없다. 관창은 번번이 사로잡혔으나 돌려보내면 지체 없이 다시 돌격해 왔다. 그러기를 네 번. 계백은 할 수 없이 그를 죽이고, 머리를 말 안장에 매달아 신라군 진지로 돌려보냈다.

반굴과 관창의 용기와 죽음은 순진한 청년에게는 감동을, 눈치빠른 노병에게는 깨달음을 주었다. 사령관은 친아들까지 죽였다. 오늘 전투를 끝내야 한다는 장군의 의지는 확고하다. 아들의 목숨도 버린 마당에 병사들의 목숨이 눈에 보이겠는가? 몸을 사리고, 돌격에 실패하면 더 무모하게 돌격할 것이고, 결국 희생만 늘어날 것이다. 그러니 목숨을 건질 확률이 가장 높은 경우란 한 번의 돌격으로 전투를 끝내는 것이다.

그 사이에 약간의 휴식도 취한 신라군은 다시 한 번 돌격을 감행했고, 계백군은 무너졌다. 보통 이런 전투에서 계백 정도의 고관이면 사로잡히기 마련이지만 그는 초전의 신념대로 끝까지 싸우다가 전사했다. 그러나 계백과

계백의 묘(상)와 계백을 모신 사당(하) 충남 논산

함께 병사들에게 죽음을 각오하고 싸워 나라의 은혜에 보답하자고 외치던 충상·충영 등 나머지 고관 30여 명은 살아서 포로가 되었다.

 같은 날 장항 부근의 강어귀에서는 소정방군과 백제군이 대치하고 있었다. 며칠 전에 벌어진 백제군의 작전회의 때 금강 어구를 봉쇄하여 당군의 상륙 자체를 저지해야 한다는 안과, 당은 대군이고 금강은 좁아 아무리 대군이라도 일렬로 들어와야 하므로 강으로 끌어들인 후 강 양쪽에서 요격하자는 안이 맞섰다. 백제는 두 번째 안을 택했는데, 막상 전투가 벌어지자 그것은 탁상공론이었음이 드러났다. 당은 대군이었기 때문에 더더욱이 두 번째 안을 써서는 안 되었던 것이다.

 당군이 상륙한 기벌포는 진한 갯벌이었다. 임시방편으로 그들은 돗자리를 깔고 상륙했다. 현재의 금강 하구는 갯벌이 발달하지 않았다. 그래서 기벌포가 금강 하구가 아니라는 주장도 있다. 그러나 1000년이 넘는 세월 동안 갯벌이 개간되고, 강에서 흘러내린 토사로 메워졌을 수도 있지 않을까. 아니면 백제군의 해안방어선을 의식해서 약간 떨어진 곳, 갯벌이라 상륙이 쉽지 않을 것이라고 비워 놓았던 지역에 기습적으로 상륙했을 수도 있다. 손자병법의 가르침처럼 원래 군사작전은 속이기 게임이다.

당군이 사비성까지 편안하게 진군했던 것은 아니다. 강안을 거점으로 백제군이 저항하자 육군으로 한쪽 강변을 휩쓸어 버리면서 전진했고, 육군의 엄호를 받으며 수군은 길이 30미터 정도의 중형선을 타고 차례로 강으로 진입해 당군과 전투중인 백제군의 후미를 쳤다. 이것이 소위 수륙병진책이라는 것이다. 오늘날의 함포 사격에는 미치지 못해도 배는 높고, 장갑을 갖추었으며, 병력이 집중되고, 중장비도 실을 수 있기 때문에 강변의 보병들에게는 위협적이다. 중국의 중형선 중에도 몽충艨衝 같은 배는 아예 갑판 위에 나무와 가죽으로 브리지와 같은 높은 선실을 만들고, 사격용 창을 내서 궁수를 배치하여 이런 엄호 사격이 가능하게 했다.

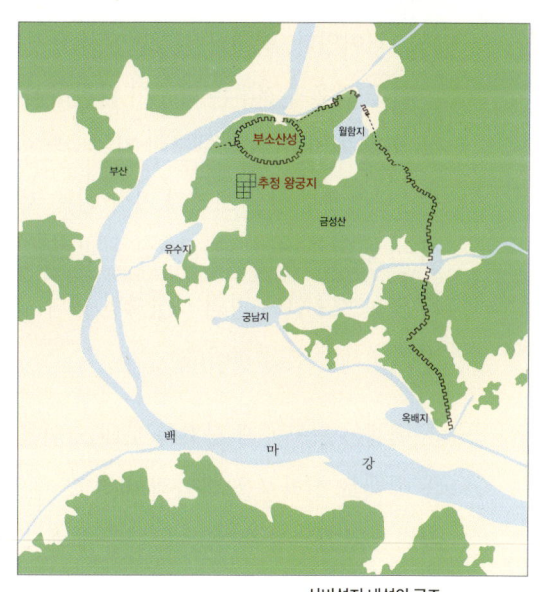

중국의 몽충 (모형)

사비성지 내성의 구조

일차 저지선을 통과한 후 당군은 수군과 육군이 나란히 서로를 엄호하며 진격했다. 보급품과 중장비는 배로 날랐을 테니까 진군

부소산성 원경

속도도 매우 빨랐다. 금강이 좁아 적은 한 줄로 들어와야 하므로 저지하기 쉬울 것이라는 예상과는 반대로, 좁은 강폭과 평탄한 강변은 당군의 수륙병진책을 매우 효과적으로 만들어 주었다. 기갑사단과 보병부대가 나란히 전진하는 격이었다. 백제군은 강변에서 요격할 엄두도 내지 못했다.

결국 최후의 전투는 당군이 완전히 내지로 진출한 후에 벌어졌다. 부여 남방 20리 지점이었다. 당군의 진격로는 알 수 없지만 부여, 강경, 논산 일대는 우리나라에서 산을 보기가 가장 힘든 지역이다. 그러니 마땅히 싸울 만한 곳이 있을 리가 없다. 백제는 남은 병력을 있는 대로 끌어모아 다시 한 번 당군과 맞섰으나 만여 명의 사상자만 냈다. 성충의 말대로 당군과 평지에서의 대결은 피해야 했던 것이다.

백제는 당군에게 사자를 보내 교섭을 시도했으나 당군은 거절했다. 성충의 말대로 신라군을 격퇴해 버리고, 해안에서 당군을 괴롭혔더라면 교섭이 성립했을 가능성이 높았다. 나중에 백제부흥군이 일어나자 밝혀졌지만 당군은 백제에 오래 주둔할 생각도 없었고 그럴 능력도 없었다. 군량을 바다 건너

부소산성 군창터

로 실어 날라야 했고, 고구려 전선에 집중해야 했기 때문이다. 그러므로 신라군이 퇴각해 버리면 당군 단독으로는 전쟁이 불가능했다. 백제의 치명적인 판단 착오였다.

12일에 나당연합군이 사비성으로 진군했다. 정황으로 보아 의자왕은 부여 외성에서의 전투는 포기하고 지금의 부소산성으로 들어갔다. 성이 포위되자 다음 날 밤 아들들과 대좌평 등을 모두 남긴 채, 태자와 소수의 수하만 거느리고 웅진(공주)으로 탈출했다.

부소산성에 가면 지금도 불탄 곡식 낟알이 나오는 군창터가 있다. 조사 결과 그 불탄 쌀들은 삼국시대 것이 아닌 조선시대 것으로 밝혀졌지만, 그 이전에 백제의 창고가 있었을 수도 있다. 옆을 돌아보면 백마강 기슭으로 내려가는 비탈이 보인다. 그곳은 강변에서 그다지 높지 않다. 이곳이 배로 실어온 곡식을 군창터로 옮기는 통로였을 것이다. 아마 의자왕은 이곳을 통해 수로로 탈출했을 것이다.

의자왕이 태자만 대동하고 탈출한 이유는 아직 희망이 있었기 때문이다.

백제 병력은 아직 전역에 걸쳐 남아 있었다. 사비성이 저항하는 동안 그는 병력을 모으고자 했다. 그러나 호응은 느렸다. 왕과 태자가 도주하자 둘째 태泰가 스스로 왕을 칭했고, 이 사태에 겁을 먹었는지 태자의 아들 문사文思가 줄을 타고 성벽을 내려가 항복해 버렸다. 이렇게 거물이 움직일 때는 늘 수하와 추종자들이 함께 움직이므로 그 손실은 컸다. 결국 태도 항복을 했고, 이 소식을 들은 의자왕은 18일에 웅진의 군사를 거느리고 와서 항복했다.

그런데 18일의 항복에 대해서 최근 새로운 해석이 제기되었다. 2006년에 당나라의 좌위위 대장군 예식진禰寔進이란 인물의 묘지명이 발견되었다.[2] 이 예식진이라는 인물은 『신당서』 소정방의 열전에 나오는 백제 장군 예식과 동일 인물로 보인다. 예식은 웅천성의 장군이었는데, 예식이 "장의자내항將義子來降"했다고 한다. '장將'자를 '데리고 오다'라는 뜻으로 해석해서 이 구절을 "예식이 의자왕을 사로잡아 당군에 항복했다"라고 해석한다. 또 예식진의 비

백제의 궁전 유지 부여 관북리 유적. 부소산성 남쪽 기슭에 위치한다.

명 맨 끝에 그의 공로가 흉노 왕자로서 한나라에 항복해 흉노 토벌에 공헌한 김일제의 공보다도 크다고 찬양한 것도 그의 배신을 시사한다고 하였다.

예식이 의자왕을 체포했다는 『신당서』의 구절은 좀 애매한 구석이 있기는 하다. 필사 과정에서 문장에 착오가 생겼을 가능성도 있다. 그러나 예식이 의자왕을 체포하지 않았다고 해도 먼저 항복했던 것은 분명한 사실인 듯하고, 그 항복이 웅진성 함락의 동기가 된 것도 부정할 수 없다. 예식은 그 공으로 정3품 대장군으로까지 승진했고, 672년 58세로 당나라에서 사망했다.

이 사실이 밝혀진 후 예식의 배반이 없었더라면 백제가 위기를 극복했을 지도 모른다는 견해, 백제 멸망은 의자왕의 잘못이 아니라는 견해가 제기되기도 했다. 일단 백제 멸망을 의자왕에게 뒤집어씌우는 것은 잘못이다. 그러나 이런 배신이 있었다고 해서 국왕으로서 그의 책임이 없어지는 것은 아니다. 예식의 조부 예다譽多와 부친 사선思善은 좌평을 지낸 인물이다. 그러나 증조부 이상은 기록이 없다. 이로 미루어 예식은 백제의 신흥귀족, 아마도 무왕~의자왕 때 성장한 신흥귀족으로 이해하고 있다. 그런 그가 왜 배신을 했을까? 개인의 비겁함, 정치적 불만, 개인적 원한? 의자왕이 숙청한 좌평 세력에 그의 조부나 부친이 있을 수도 있다. 가정은 무한하지만 확실한 근거는 없다.

예식의 배반이 없었다면 웅진성이 버틸 수 있었다고 말할 수도 없다. 원래 세상의 모든 일은 파헤치고 안으로 깊이 들어가 보면 사소한 일과 작은 실수로 점철되어 있다. 여기에

백제금동용봉대향로 백제 유물 중 최고의 걸작품으로 꼽히는 이 금동향로는 능산리에 성왕을 추모하는 절을 세우면서 만든 것으로 보인다. 능산리 고분에 설립한 사찰터에서 발견되었는데, 향로는 땅 속에 묻은 덕분에 약탈을 면했다. 묻은 사람도 사망해서 향로가 영원히 묻혔던 것 같다. 향로를 묻은 시점이 언제인지는 확인되지 않았지만, 사비가 함락되고 약탈당하던 때가 아닌가 추측해 본다.

너무 매몰되면 '그것만 아니었다면'이라는 가정과 안타까움이 끝없이 반복된다.

하지만 그것은 억지다. 건축물이 무너지는 과정을 보면 약한 고리, 기존의 균열, 잘못된 부분이 먼저 부러지고 터진다. 나라나 성이나 무너질 때가 되면 먼저 항복하는 사람이 있다.

다만 솔직히 말하면 역사에서 이런 사례를 볼 때마다 감정적으로 안타까운 심정이 되는 것은 어쩔 수 없다. 필자도 그렇다. 비잔틴 제국을 1천년간 지켜온 콘스탄티노플의 성벽은 수비병 하나가 실수로 쪽문 빗장을 걸지 않은 탓에 함락되었다. 그것도 마지막 공격이 거의 실패로 끝나갈 무렵이었다. 이런 이야기를 무덤덤하게 받아들일 수 있다면 그것이 더 이상하다. 그러나 역사와 문학, 이성과 감성은 각자 자기의 영역이 있다. 그러므로 안타까움은 안타까움대로 용납하고, 감성으로 그것을 즐길지라도 역사를 분석할 때는 냉정해져야 한다.

8월 2일 사비성에서 무열왕과 신라와 당의 장군들이 함께 승전 파티를 했다. 의자왕과 아들 융은 파티가 벌어진 마루 밑에 앉히고, 가끔 의자왕에게

정림사지 오층석탑과 소정방 비문

소정방은 사비를 함락한 뒤 정림사지 오층석탑에 자신의 백제 정복을 찬양하는 비문을 새겼다. 이 비문은 화려한 수식어와 은유적인 비유로 채워져 있어 전쟁 과정이나 사회 실상을 보여주는 내용은 거의 없다.

술을 따르게 했다. 이날 무열왕은 18년 전 대야성 함락의 주범인 모척과 검일을 붙잡아 처형했다.

소정방은 승전 기념으로 사비성을 한바탕 노략질했다. 그 약탈과 폭행은 대단했던 모양이다. 마침 그 직전에 당군에게 투항했던 8척 거구에 30세의 젊은 장수 흑치상지黑齒常之는 그 광경에 충격을 받았다. 그는 서부(백제의 5부 중 하나) 출신의 실력자였던 모양으로, 당군이 사비로 진입하자 서부인을 인솔하고 투항했다. 부하들과 함께 다시 탈출한 그는 임존성(충남 예산 대흥)으로 달아나 저항군을 결성한다.

9월 3일에 소정방은 의자왕과 태자 효, 둘째 아들 태, 셋째 아들 융, 연(넷째 아들로 추정), 그리고 대신 및 장군 88명과 백성 1만 287명(아마도 왕족과 고관의 가족과 수하, 종들이었을 것이다)을 데리고 당으로 귀국했다.

11월 1일, 당 고종이 압송되어 온 의자왕 일행을 만난 곳은 장안이 아니라 제2의 수도라 할 수 있는 동쪽의 도성 낙양이었다. 낙양에 도착한 의자왕 일행의 모습을 마침 이곳에 와 있던 왜의 사신이 보고 『일본서기』에 목격담을 남겼다. 11월 1일은 마침 동지 행사가 있는 날이었는데, 그 행사의 일환으로

부여융의 묘지석

근대에 들어서 융의 비석은 북망산에서 발견되었으나 여러 차례의 수색에도 불구하고 의자왕의 무덤은 끝내 발견되지 않았다. 융의 비석도 택지 개발 잔해물에서 찾은 것이라 개발 과정에서 파괴되었을 가능성이 높다. 오랜 세월 동안 북망산을 찾은 선비들이 이곳에서 역사가 가르치는 망국의 교훈을 되새기며 한 마디씩 남기고 돌아갔을 것이다. 그들의 한 마디와 한 구절의 시는 판에 박은 듯 비슷했을 확률이 높다. 유가의 역사서는 하극상, 군주의 사치와 방탕, 충신 배척을 멸망의 원인이라고 가르치기 때문이다.

부여읍 능산리 고분군 내에 세운 부여융의 단(좌)과 의자왕의 단(우)

개선 행사가 열렸던 모양이다.

> 장군 소정방 등이 잡은 백제의 왕 이하 태자 융 등 여러 왕자 13인, 대좌평 사택천복沙宅千福 국변성國辯成 이하 37인 모두 50여 명이 조당에 나갔다. 급히 천자가 있는 곳으로 갔다. 천자는 은칙을 내리고 눈 앞에서 석방했다.(『일본서기』 권26, 사이메이 천황 6년 추7월)

고종이 잡혀온 백제인들을 접견했을 때, 황제 앞으로 끌려나온 의자왕은 놀랄 정도로 수척하고 초라해져 있었다. 너무 심하게 대우했다고 고종이 소정방을 나무랄 정도였다. 당나라는 그들을 포로로 대우하지는 않고 중국, 아마도 장안에서 살게 했다. 마음고생이야 말로 할 수 없었겠지만 물리적으로는 험한 생활을 하지는 않았다. 그들은 당의 관직을 받고, 그 수준의 대우를 받았다. 의자왕은 사망 후에 정3품의 품계인 금자광록대부를 받고 관직은 종

3품의 위위경衛尉卿을 받았다. 정3품을 받은 예식보다는 한 계단 밑이다.

아들 부여융도 종3품인 사가경司稼卿이라는 관직을 받았다. 사가경은 국가의 제사나 행사에 사용하는 곡식과 토지를 관할하는 사농시의 장관이다. 정말 그 직책으로 근무하지는 않았을 것이다.

2004년 중국 산시 성 헌릉(당 고조의 능) 부근에서 의자왕의 증손녀인 부여태비의 묘지명이 발견되면서 의자왕 후손들의 삶이 좀더 밝혀졌다. 태비의 아버지(부여덕장)는 종5품 관직을 지냈다. 태비의 남편은 당 고조의 증손인 괵왕 이옹으로, 당 현종의 아저씨 뻘이 된다.

망한 나라의 왕손이었지만 당나라 황족과 통혼을 하고 지낸 것을 보면 관료로서, 이방의 왕족으로서의 혈통은 인정받고 살았고, 후손들도 거기에 적응했던 것 같다.

의자왕이 사망하자 당은 의자왕을 낙양 북망산에 장사하고 비도 세워 주었다. 그가 묻힌 장소는 오나라의 마지막 왕 손호孫皓(손권의 손자)와 5호16국시대 남조의 마지막 왕인 진숙보陳叔寶의 묘 왼쪽이었다고 한다. 나중에 융도 이곳에 묻혔다. 이것은 의자왕에 대한 예우이면서 모욕이기도 한데, 손호와 진숙보는 다 망한 나라의 최후의 군주이면서 포악함과 사치와 향락으로 유명한 왕들이었기 때문이다.

백제의 허무한 멸망에 대해 제일의 원인과 제일의 교훈을 찾으라면 필자는 할 말이 없다. 상황은 복합적이고, 사료는 제한되고 가려지고 망실되어 있다. 그래도 중세의 역사책에서는 지적하지 않은 몇 가지 가능한 교훈을 찾으라면 이런 요인들을 생각해 볼 수 있다.

백제는 당의 동향과 배신을 눈치채지 못했다. 성충이 죽기 전에 전쟁의 가능성을 예고한 것을 보면 정보가 아주 없었던 것은 아니었다. 그러나 당이 침략하겠느냐는 부분에 대해서 확신을 하지 못했던 것 같다. 특히 당시 집권층

● 낙화암의 전설

백제가 멸망하던 날 당군을 피해 3천 궁녀가 낙화암 절벽에서 그 아래 백마강으로 몸을 던졌다는 것이 낙화암의 전설이다. 낙화암은 부여 부소산성 안에 있다. 부소산성은 뒤로는 백마강을 끼고 남쪽으로는 부여 정림사지 쪽을 바라보고 있다. 북쪽으로 갈수록 산이 높아지는데 낙화암은 북쪽 끝 정상부 바로 아래의 강변 절벽이다. 지형으로 보아 적군이 산성 안으로 진입해서 사람들이 뒤로 도망친다고 했을 때 막다른 골목에 해당하는 곳이 이곳이다.

 지형으로 봐서는 전설이 정말 그럴 듯하다. 부소산성이 항복하던 날, 혹은 사비성이 함락되던 날. 여기서 뛰어내린 사람이 없었다고 할 수는 없을 것이다. 그러나 그들이 누구며, 몇 명이나 되는가에 대해서는 기록이 없다.

 그러면 낙화암의 전설은 어디에서 유래했을까? 정확한 근거는 알 수 없다. 다만 『삼국유사』에 이런 내용이 있다.

 "〈백제고기〉에서 이렇게 말했다. 부여성 북쪽 모퉁이에 큰 바위절벽이 있는데, 아래로 강물을 내려다보고 있다. 옛날부터 전해오는 말에 의자왕과 여러 후궁들은 죽음을 면하지 못할 것을 알고 서로 이르기를 '차라리 자살할지언정 남의 손에 죽지 않겠다' 하고 서로 이끌고 여기에 와서 강에 몸을 던져 죽었다고 했다. 때문에 이 바위를 타

사암墮死岩(떨어져 죽은 바위라는 뜻)이라고 한다고 하나 이것은 속설이 잘못 전해진 것이다. 다만 궁녀들만이 여기에서 떨어져 죽은 것이다. 의자왕이 당나라에서 죽었다는 것은 『당사』에 명확한 기록이 있다."

이 기록이 낙화암의 전설에 대한 가장 오래된 기록이다. 일연은 고려 후기 사람이다. 아마도 백제가 망한 후에 이런 전설이 생겨났던 것 같다. 하지만 이 전설에도 3천 궁녀라는 말이 없었다. 이야기의 주제는 의자왕과 후궁들이 이곳에서 자살했다는 것이다.

그것이 조선시대에 들어와서 3천 궁녀로 바뀐 듯하다. 현재까지 알 수 있는 기록은 15세기 후반 김흔이 쓴 시가 최초다. 김흔은 낙화암을 노래하면서 "삼천 궁녀가 모래에 몸을 맡기니"라고 읊었다.3

의자왕의 궁녀가 3천이나 되었다는 것은 후세에 의자왕이 방탕한 폭군이 되었고, 진시황의 전설처럼 그의 방탕과 음란이 나라를 망하게 했다는 해석이 유행하게 되면서 나온 이야기 같다.

이 전설에는 한 가지 중요한 교훈이 숨어 있다. 전설의 최초의 모습은 의자왕과 후궁들이 나라와 함께 최후를 마쳤다는 것이었다. 그것은 일반 백성들이 그들의 국왕과 지도자들에 대해 어떻게 생각하고 있는가, 혹은 어떻게 속고 살아 왔는가를 보여주는 증거다.

충성과 의리, 존귀함과 권력, 명예, 책임. 지배층은 이런 것을 자신들이 지닌 미덕이라고 강조한다. 그리고 지배층은 이런 미덕을 선천적으로 지니고 세상에 태어난 사람이라고 말한다. 그래서 어리고 불쌍한 백성들은 그들의 왕, 그들이 충성을 바치고, 재물과 노동을 제공하여 섬기던 왕은 나라가 망하던 날, 국가와 함께 자신의 생명을 마감했을 것이라고 생각했던 것이다.

의자왕과 백제의 왕족, 고관들은 거의 죽지 않았다. 고구려도 마찬가지고, 신라, 고려, 조선이 망할 때도 마찬가지였다. 죽는 것은 고사하고, 낙향한 사람도 몇 명 되지 않았다. 의자왕과 후궁들이 죽었다는 순진한 착각을 궁녀로 바꾸어 놓은 사람은 『삼국유사』의 저자 일연이다. 그도 어떤 증거나 확신을 가지고 궁녀라고 이야기했던 것은 아닌 듯하다. 그러나 일연은 의자왕이 당에서 사망했다는 사실을 알고 있었고, 몽골의 전란이 전국을 휩쓸고 다니던 자신의 시대를 살면서 국왕과 귀족이란 인물들이 얼마나 이기적이며 위선적인 집단인가를 눈으로 보고 살았다. 일연이 "다만 궁녀들만이 여기에서 떨어져 죽은 것이다"라고 중얼거리듯 적어 놓은 것은 이 전설 뒤에 숨어 있는 쓸쓸한 진실을 알고 있었기 때문이 아닐까?

이 침략의 가능성을 부정한 인상을 준다. 당군의 침략 가능성을 인정하면 백제는 총력전 체제에 돌입해야 할 것이고, 자신들이 몰아낸 옛 좌평 세력과 토착귀족, 지방토호들에게 상당한 정치적 양보를 해야 할 것이었다. 집권층으로서는 마음 내키지 않는 일이었을 것이다.

당시 집권층들은 이런 말을 들으면 펄쩍 뛰며 부인할 것이다. 어떻게 적의 침략 위험을 알고도 일부러 무시할 수가 있겠는가? 비록 자신들의 판단이 결과적으로는 틀렸다고 해도 결코 정파적 이해에서가 아니라 양심적으로 내린 판단이었다고 항변할 것이다.

그러나 자신은 양심껏 결정했다고 해도 인간은 본능적으로 보고 싶은 것만 보고, 받아들이고 싶은 것만 받아들이는 약점이 있다. 우리가 통치자의 자질을 따지기 전에 통치의 구조가 건전한가를 먼저 따져야 하는 이유가 여기에 있다. 아무리 현명하고 양심적인 인물이라도 그를 둘러싸고 있는 환경과 권력구조가 건전하지 못하면 잘못된 결정을 내릴 확률이 높아진다.

삼국 모두 고대국가로 성장하는 과정에서 아픔과 고민, 구조적 약점을 안고 있었다. 한성 상실의 후유증인지 백제 후반기의 통치자들은 이 약점을 극복하지 못하고 오히려 그 대립을 이용하면서 자신의 권력을 다져 왔다. 의자왕은 과감한 전쟁과 정계 개편으로 자신의 권력은 키웠을지 모르나 왕족과 귀족층이 서로 극단적으로 대립하게 만들었으며, 이런 대립구조는 집권층으로 하여금 당군의 침략은 없을 것이라고 스스로를 설득하게 만들었다. 그것이 치명적 실수였다.

당군의 침입을 알았고, 성충의 전술을 채택했더라면 백제의 운명이 달라졌을까? 성충과 흥수의 전략은 고구려의 전략과 동일한 것이었다. 당군은 백제 땅에 오래 주둔할 수도 없었다. 신라는 약했던데다 고구려의 위협 때문에 역시 많은 병력을 장기간 백제 땅에 투입할 수 없다는 약점을 안고 있었다. 그러니 백제가 장기농성전을 택했다면 분명 효과는 있었을 것이다.

그러나 백제에겐 한 가지 요소, 쓸 만한 지형이란 요소가 결여되어 있었다. 백제의 멸망에 지리적인 요인이 중요하다는 사실은 다산 정약용도 지적한 바 있지만, 백제에겐 요동방어망에 비견할 만한 요새지대가 없었다. 특히 당군의 진격로였던 서해안에서 부여로 진출하는 길목은 잘하면 지평선이 보일 정도로 낮은 평원지대였다. 곧이어 일어난 백제부흥군의 활약을 보건대, 부여까지는 사수할 수 없었다 할지라도 보다 끈질긴 저항은 가능했을지 모른다는 아쉬움이 남기는 하지만 역시 확신하기는 어렵다.

눈썹까지 맺힌 땀방울과 희뿌연 시야 사이로 작은 깃발이 흔들리는 것이 보였다. 그렇게 고대하던 정지신호였다. 긴 행렬이 즉시 멈췄다. 며칠 전부터 기도비익이 엄격해졌다. 정지와 출발을 알리는 깃발 신호도 보통은 큰 깃발을 높이 세워서 흔들었지만 작은 삼각깃발을 옆으로 뻗어 아래위로 흔드는 것이 다였다. 고참들의 눈에도 잘 보이지 않아 걱정했지만, 형편없는 신병 떼들도 금세 이 신호 하나만은 확실하게 인지했다. 수레에 곡식을 얹고 산비탈을 오르내리는 행군이 너무나 힘들었던 탓이다. 해덕은 수레바퀴에 기대 털썩 주저앉았다. 길이 좁고 비탈이라 만에 하나 소가 놀라거나 수레가 미끄러질 때를 대비해 주저앉더라도 늘 바퀴의 동선을 피해서 바퀴를 붙들고 앉아야 했다.

그는 얼굴의 땀을 훔치며, 아래로 늘어선 행렬을 보았다. 30년 가까이 병사로 근무했지만 이런 이상한 행렬은 처음이었다. 병사의 8할 가까이가 자신과 같이 일선에서 퇴역한 노병들이었다. 치중대에 전투력이 떨어지는 병사를 배치하는 것은 당연한 일이지만, 힘쓰는 장정과 하다못해 혈기 왕성한 10대라도 섞기 마련인데, 이건 너무 심했다.

치중대를 엄호하는 호위부대는 더욱 어이가 없었다. 멀리서 볼 때는 몰랐는데, 가까이서 보니 진짜 수레나 밀어야 할 새파랗게 어린 신병들이었다. 야

제6장 반란과 혼돈

영을 하는 동안 그들을 훈련시키는 것을 보니 가관도 이런 가관이 없었다. 옆에 있던 노병이 자신들이 활을 들고 저 애들은 수레를 밀게 해야 한다고 화를 냈다.

그래도 처음에는 이 기괴함이 안심도 되었다. 부대의 꼴을 보니 후방의 안전지대에서 오고가는 치중대가 틀림없다고 넘겨짚었던 것이다. 그런데 이틀 전에 갑자기 행렬이 서쪽으로 돌았다. 워낙 오랫동안 전쟁터를 돌아다닌 덕에 그는 산세만 보아도 대략 어느 지역이라고 파악할 수 있는 눈썰미가 생겼다. 심상치 않았다. 주변은 아무리 둘러봐도 분명 백제 땅이었다.

"이런 말도 안 되는……." 백제 땅 전역에서 반군과 유격대가 출몰하고 있다는 이야기는 그도 이미 듣고 있었다. 그 한복판으로 이런 형편없는 호송부대를 데리고 식량수레를 밀고 들어가고 있다니. 혹시 자신들이 미끼인 건 아닐까? 산전수전을 다 겪고 살아서 고향으로 돌아왔건만, 또다시 노병과 어린 아이를 징집한다는 소문이 들려왔다. 아들뻘, 조카뻘 되는 녀석들이 죽어나가는 꼴을 보고 싶지 않아 노병 몇 명이 대신 자원했다. 뭔가 심상치 않았지만 이런 꼴을 당할 줄은 생각도 못했다. 어쨌든 백제는 망했고, 자신들은 승전국이었다. 그런데 이렇게 사지로 내동댕이쳐지다니, 신라가 힘이 없고 약할 때도 이런 일은 없었다. 노병은 도저히 지금 상황을 이해할 수가 없었다.

1 희망

백제가 망했다고 하지만 사실은 당군이 사비와 웅진성을 차고앉은 데 불과했다. 아직 희망은 있었다. 지방의 백제군들은 건재했다. 사비성에서 승전기념 파티가 벌어진 날이 8월 2일이고 소정방이 의자왕 일행을 데리고 당으로 떠난 날이 9월 3일이었다. 당군은 백제에 오래 머물 수 없었다. 그들의 목적은 고구려지 백제가 아니었다. 장안에 도착한 소정방은 바로 고구려를 향해 출병했다. 그래서 사비에는 겨우 1만 명 정도를 남겼다. 당군의 지휘관은 낭장(정5품) 유인원劉仁願이었다. 여기에 왕자 김인태와 사찬 일원日原, 급찬 길나吉奈가 지휘하는 신라군 7천이 남았다.

소정방이 떠나자 나당연합군은 거점을 웅진으로 옮겼다. 사비는 방어력이 불안하고, 신라와의 교통도 웅진이 편했기 때문이다. 그러나 8월에 벌써 지방의 백제병과 패잔병들이 결집하여 당과 신라의 통치에 반기를 들기 시작했다. 10명의 부하 장수와 사비성을 탈출한 흑치상지는 임존성에서 반란을 일으켰다. 단 10일 만에 3만이나 되는 사람이 모였다.[1] 백제 왕족으로 추정되는 여자진餘自進은 중부의 구마노리성(공주 부근으로 추정)에 웅거했다.[2] 남잠성과 정현성(대전 유성 부근으로 추정)도 항복하지 않고 버텼다. 좌평 정무는 두시원악豆尸原嶽이라는 곳에 웅거하고 게릴라전을 펴면서 당과 신라인을 괴롭혔다. 두시원악은 지금의 무주구천동이 있는 무주 일대로 추정하는데,[3] 이곳은 호남지역 게릴라전의 근거지로 한국전쟁 때도 빨치산 활동이 활발했던 지역이다.

그러나 백제부흥군의 중심은 무왕의 조카이며 흑치상지와 같이 서부의 은솔인 귀실복신鬼室福信이 차지했다. 복신은 30년 전인 627년(무왕 28년)에 당에 사신으로 간 적이 있었다. 부흥군의 지도자가 되었을 때는 50~60대쯤이었으리라고 추정한다. 그런데 은솔은 백제의 16관등 중에서 3품이다. 복신이 무왕의 조카에다 무왕 때 사신으로 파견되었고, 과거에 군사를 거느린 경력이 있을 정도로 비중 있는 인물이었음에도 불구하고 의자왕 치세에서는 재상급인 좌평은 되지 못했다. 이것은 혹시 의자왕이 시행한 왕족과 귀족들의 숙청과 관련 있지 않나 싶기도 하다. 복신은 정체가 불분명한 도침이라는 승려와 함께 임존성에 결집했다.4 이곳의 병사는 그들의 사병과 사비의 패잔병, 그리고 도침이 거느렸던 병력이었다.

　8월 26일 나당연합군은 임존성을 공격했으나 복신, 도침, 흑치상지 등의 용장이 포진한 부흥군은 결사적으로 저항했다. 백제군의 병력이 의외로 많고 지세가 험해 나당연합군은 주변의 작은 목책 몇 개만 깨트렸을 뿐 주력이 있는 목책은 깨트리지 못했다.

　소정방이 떠나고 1만 7천의 사비성 주둔군만 남자 백제군은 공세로 나왔다. 그들은 사다리차와 투석기까지 사용한 제대로 된 공격을 감행해서5 사비성 밖에 두른 목책을 격파하고 이곳에 비축한 군량을 탈취했다. 이어 사비성을 공략, 한때 사비성 안까지 진입했으나 나당연합군이 간신히 내몰았다. 그러자 백제부흥군은 사비성 남쪽 산으로 올라가 4~5개의 목책을 세우고 사비성을 노략질했다. 이 남쪽의 산이란 당시 사비 방어의 요충이던 가림성, 지금의 성흥산성으로 보고 있다. 사비 남쪽에 있는 산이라고는 성흥산성이 유일하기 때문이다. 그런데 사비 남쪽을 감고 있는 금강 건너편에는 봉우리가 하

부여 성흥산성　백제부흥군이 머문 곳으로 알려진 가림성으로 추정되는데, 실제로 백제부흥군은 이 가림성이 아닌 북쪽 금강변의 봉우리에 주둔했을 것이다.

나 솟아 있고, 그 다음 산에 성흥산성이 있다. 따라서 성흥산성에만 주둔해서는 사비를 봉쇄할 수가 없다. 부흥군이 목책을 세웠다는 기록으로 보면 부흥군은 가림성에 머문 것이 아니라 가림성 북쪽 금강변의 봉우리에 주둔하면서 산등성이에 목책을 세워 수로를 감시하고 여차하면 강을 건너 사비를 약탈한 것으로 보인다.

9월 30일 나당연합군이 목책을 공격했다. 다른 기록에는 문무왕이 신라군을 이끌고 포위망을 뚫었다고 했다.[6] 가림성까지는 함락하지 못하고 전진기지인 목책만 점거한 모양인데, 이 전투에서 죽인 사람만 1500명이었다고 하니 가림성에 결집한 병력은 그 몇 배가 되었을 것이다.

당군이 사비에서 오히려 독 안에 든 쥐 모양이 되자 사기가 고무된 백제인들이 여기저기서 봉기하여 20여 성이 저항을 선포했다. 『당서』의 흑치상지전에서는 나당연합군이 임존성 공략에 실패하자 200개 성이 일제히 당과 신라의 지배에서 벗어났다고 했는데, 200개 성이면 백제 전체다. 그러므로 이 200개 성은 20여 성의 오기이거나 당과 신라가 백제 전체에 대한 통제력을 상실했다는 말을 200개 성으로 표현한 것이 아닌가 한다.

부흥군의 진원지는 사비의 서쪽과 북쪽이었다. 지금의 충남 서북부 지역에 해당한다. 신라군이 동쪽 내지는 동북쪽에서 왔고, 당군은 사비의 남서쪽인 금강 하구로 상륙해서 사비로 진입했으므로 상대적으로 서북쪽 지역이 당과 신라군의 진입권 밖에 있었다. 사비의 서북쪽에 있는 임존성이 반란의 중심지가 된 것도 이런 사정 때문이다.

복신과 도침은 660년 10월 일본에 사신을 보내 일본에 가 있던 의자왕의 아들(또는 무왕의 아들로 보기도 한다) 풍을 불러와 왕으로 앉히겠다고 하고, 아울러 일본에 원병을 청했다. 이때 사신으로 간 좌평 귀지는 당나라군 포로 100여 명을 일본까지 데려가 왜왕에게 바쳤다.[7]

사비를 포위한 백제군은 사비에서 웅진으로 이어지는 금강 수로를 차단하는 데 전술적 주안점을 두었다. 웅진은 백제의 옛 수도로 정치적으로 중요한 거점이었지만, 웅진에서 사비로 이어지는 금강의 물줄기가 사비에 식량을 공급하는 중요한 수송로였기 때문이다. 아직 지방을 장악하지 못한 당군은 신라에서 운반하는 군량에 의존할 수밖에 없었는데, 2만에 가까운 병력의 군량을 운송하려면 뱃길이 절대적으로 필요했다. 하지만 가림성도 백제군이 차고앉아 금강 수로의 남쪽과 북쪽이 모두 잠겼다.

사비에 고립된 유인원은 증원군을 청했다. 당은 왕문도를 파견했지만 왕문도는 삼년산성에서 무열왕에게 조서를 전해주다가 갑자기 쓰러져 사망했다. 당은 다시 유인궤劉仁軌(602~685년)를 대방주자사로 임명했다.

60대의 노장인 유인궤는 하남성 개봉 출신이다. 미천한 집안 출신이지만 어릴 때부터 꿈을 가지고 학문을 닦았는데, 수 말의 혼란기라는 난세를 만나 출세했다. 그러나 이 무렵 요동에 군량을 수송하는 임무를 맡았다가 배가 전복되어 사상자가 발생하는 바람에 관직을 잃고 실각해 있었다. 고종은 소정방을 따라 백제 정복전에 백의종군하라는 명령까지 내렸지만 막상 참전하지는 않았던 것 같다. 그러다 이번에는 사령관으로 참전하게 되었는데, 임명장을 받은 유인궤는 "하늘이 이 늙은이에게 부귀영화를 주려고 한다"고 기뻐했다고 한다.

3월, 의욕이 넘치는 유인궤는 힘을 내서 사비를 봉쇄한 복신군을 공격했다. 이 공격에는 신라군과 당군이 모두 참여했다. 전투지가 웅진이었던 것으로 봐서 유인궤의 목적은 웅진을 탈환하고 사비와 웅진 사이의 수로를 개통하는 것이었다. 복신은 웅진강 어구 양쪽(또는 4곳이라는 설도 있음)에 목책을 세우고 저항했다. 공주는 북쪽은 금강이 막아주고, 남쪽은 산지가 방어지형을 형성한다. 나당연합군은 사비에서 왔는데, 부흥군은 금강에 배수진을 치고 맞섰다. 강을 뒤에 두고 싸우기에 제일 유력한 장소는 지금의 공산성이다.

만에 하나 나당연합군이 수륙병진책을 사용했을 가능성도 있다. 부여와

공산성 백제부흥군이 나당연합군을 맞아 강을 뒤에 두고 싸우기에 가장 유력한 장소는 이곳이다.

공주는 금강으로 연결된다. 이 수로를 따라 부여에서 공주로 올라가 보면 강 양쪽으로 평지가 펼쳐지고 탄천면 분강리, 유하리 일대부터 강의 양안으로 하안단구가 발달해서 공주까지 이어진다. 사비의 나당연합군이 금강 수로를 개통하려고 했다면 수군과 육군이 함께 진군했을 가능성이 높다. 그렇게 보면 가장 유력한 저지 지점이 이 협곡 부분이다. 이곳은 협곡의 입구이므로 이곳을 웅진강 어구라고 보았을 가능성도 있겠다.

그러나 이 전투에서 백제부흥군은 패배하고 말았다. 나당연합군은 네 방향에서 부흥군을 습격해서 격퇴했다. 전투지가 공산성이든 탄천면의 구릉이든 부흥군의 배치는 자연히 배수진이 되어 버렸는데, 이것이 재앙을 초래했다. 퇴로가 강물에 막히고 다리는 좁아서 물에 빠져 죽거나 전사한 병사가 1만이나 되었다. 타격을 받은 복신은 사비성 포위를 풀고 공주 북서쪽의 임존성으로 퇴각했다.

승리는 했지만 당군과 신라군도 더 이상 공격을 지속하지 못했다. 신라군의 군량이 떨어져 버렸다. 신라군이 철수하자 임존성에 있던 도침과 복신은 각각 영군장군領軍將軍, 상잠장군霜岑將軍을 자칭하며 사방에서 병사를 불러모았다. 유인궤는 임존성에 사신을 보내 부흥군을 설득해 보려고 했는데, 복신은 사신으로 온 사람이 관등이 낮아 상대할 수 없다고 하면서 쫓아냈다.

처음에 백제부흥군이 일어나고 유인궤가 신라에 증원군을 요청하자 신라는 신라의 최강 군단인 대당과 서당, 상주와 하주의 병력을 출동시켰다.[8] 김품일이 총사령관이 되고 잡찬 문왕, 대아찬 양도, 아찬 충상 등이 출전했다. 이들은 고사비성(고부)을 근거지로 삼고 백제군이 집결한 두량윤성(정읍)으로 진군했다. 백제군은 무기도 변변치 않아 막대기를 들고 싸우는 형편이었다. 이 사정을 너무 잘 알았는지 신라군은 천천히 진영을 펼 자리를 고르고 있었다. 멀리서 이 광경을 본 백제군은 기습을 가해 신라군에게 큰 피해를 입혔다.

사기가 떨어진 신라군은 4월 19일에 포위를 풀고 철수했다. 문무왕이 설인귀에게 보낸 답서에는 이 사정이 조금 다르게 나와 있는데, 당시 신라는 전염병이 돌아 군사와 말을 징발할 수가 없었지만, 당군의 요청을 거절할 수 없

탄천면 일대의 금강 사비와 웅진을 연결하는 수로다.

어 억지로 주류성을 공격하러 갔다고 했다. 그러나 백제군이 신라군의 수가 적은 것을 알고 바로 공격하여 많은 군사와 말을 잃고 철수했다고 한다. 철수하는 도중에 장군 의복이 지휘하던 부대가 백제군에게 기습을 당해 크게 패했다. 죽은 사람은 적었으나 병기와 보급품을 상당히 많이 상실했다.[9] 백제군이 의도적으로 병기와 군수품을 노렸던 것 같다. 백제부흥군은 신라군의 무기로 새롭게 무장해 완전한 군대의 모습을 갖추었다. 이 소식을 일본에까지 알렸을 정도로 백제군의 사기가 신나게 올랐다.[10]

신라도 약간의 승리는 거두었다. 처음 봉기했던 20여 성을 진압했고, 정읍 패전 때도 상주와 낭당 군대는 각산(위치 미상)에서 승리해서 백제군 2천 명을 죽였다. 그러나 전반적으로는 백제부흥군의 사기가 치솟았다. 그들의 세력은 강력해서 사비성의 당군도 감히 공격하지 못하고, 신라와 사비성 간의 교통이 두절되어 버렸다. 신라는 몇 번이고 이 포위를 풀어 보려고 했지만 여지없이 실패했다. 할 수 없이 백제군의 봉쇄망을 뚫고 사비에 소금과 장이라도 보급하는 특수부대까지 운영했다.[11]

이때 백제의 멸망 소식을 들은 고구려도 다급하게 움직이기 시작했다. 적어도 아직까지는 백제에게 희망이 있어 보였다. 신라는 승리의 축배를 들 여유가 없었다. 그들은 승리는 했지만 백제를 평정할 능력이 없었고, 당군은 다른 속셈이 있었다. 여기에 제각기 다른 생각을 하는 백제의 잔여 세력과 일본이 끼어들었다.

660년에서 663년의 전선은 그야말로 혼돈의 도가니였다. 여기저기서 사건이 터졌고, 무엇부터 어떻게 해야 할지 모르는 상황에서 사람들은 제각기 자신의 이해를 향해 달려나갔다. 그러다 보니 전쟁의 중심은 이쪽저쪽으로 정신없이 이동했고, 그 빈틈을 노려 기습과 반란이 또 발생했다.

걱정, 분노, 용기, 야심, 자만, 방심, 희생, 음모, 이런 단어들로 대변할 수 있는 상황들이 여기저기서 발생했다. 어느 한 지역도 제대로 마무리되지 않앉고, 주어진 기회를 제대로 살리는 팀도 없었다.

초기에 백제부흥군은 기세가 대단했다. 이들은 사비를 포위하고, 사비와 신라 간의 보급로까지 끊어 버렸다. 1만의 당군이 사비에 고립되었다. 전쟁의 주도권이 바뀌어 버린 것이다. 하지만 부흥군은 구심점이 없었다. 지방세력 중에는 왕실과는 틀어진 세력이 많은데다가 의자왕은 납치되었고, 사비에 남은 백제의 지배층들은 벌써 당에 붙어 버렸다.

2 두 번째 희망

백제에서의 사태가 심상치 않게 돌아가는 판에 고구려가 신라 북변을 강타했다. 백제가 멸망하고 두 달 만인 10월이었다. 이때의 공세는 기록이 간단해서 크게 주목을 받지 못했으나 사실 역사를 바꿀 수도 있었을 중요한 공세였다. 신라가 백제 공략을 위해 한산주의 병력을 빼낸 탓에 이 지역 방어가 허술해져 있었던 것이다.

660년 10월 칠중성의 현령 필부匹夫는 성 아래로 흐르는 임진강, 아니 강의 한 지점을 걱정스럽게 내려다보고 있었다. 그의 시선이 향한 지점은 강이 아닌 강 밑으로 숨어 있는 한 줄의 길이었다. 그 길은 물 속에 누워 있지만 거의 일년 내내 마차와 사람의 통행이 가능한 신비한 길이었다.

1300년 후 같은 장소에 엎드려 있던 영국군 29여단 글로스터 대대 A중대는 그 길을 글로스터 크로스라고 불렀다. 신라와 고구려는 이 여울목을 뭐라고 불렀는지 모르겠는데, 이 지역을 칠중하, 호로하, 표하라고 불렀다고 한다 (호로하는 고유명사가 아니라 여울을 이두식으로 표현한 것이다). 너비는 트

호로고루성 앞을 흐르는 여울목

럭 한 대가 지날 정도, 길이(강폭)는 200~250m 정도에 불과한 이 한 줄의 공간은 우리 역사에서 가장 많은 피를 머금은 길이다.

온조왕, 장수왕, 거란군, 몽골군, 만주족, 북쪽에서 한성을 향해 내려오는 모든 군대가 이 길을 거쳐갔고 거쳐갈 것이다. 벌써 고구려와 신라는 이곳에서 몇 번을 싸웠다. 얼마 후면 김유신의 신라군과 그를 추격하는 고구려군이 다시 이 길에서 격전을 치를 것이다. 한국전쟁의 첫날 북한의 105탱크사단과 한국군 1사단이 이 길을 피로 물들였다. 1951년 4월 22일, 글로스터 크로스를 감시하던 1대대 C중대의 정찰소대는 이곳을 넘어오는 중공군 선발대를 탐지해서 전멸시켰다.[12]

그렇게 중요하고 뻔한 길임에도 어쩔 수 없이 방치해야 한다면 그 기분은 어떨까? 글로스터 대대가 전멸했던 1951년 영국 29여단은 1개 사단이 맡아야 할 방어지역을 홀로 책임지고 있었다. 660년 필부가 이끄는 신라군 역시 홀로 칠중성을 사수해야 했다. 백제 정복에 전 국력을 투입한 그들의 조국은 더 이상 지원할 병력이 없었다.

칠중성 전경 아래 사진은 칠중성의 구성에 쓰였을 것으로 생각되는 돌들. 지금은 그대로 교통호와 참호에 사용되고 있다.

고구려 장수 뇌음신惱音信과 말갈 장군 생해生偕가 지휘하는 연합군은 전부터 하던 대로 호로고루성 앞 여울목에서 임진강을 건너 칠중성을 쳤다.

앞에서도 이미 여러 차례 등장한 칠중성은 현재의 적성면에 있는 해발 300m 정도의 고지다. 엄밀하게 말하면 이곳이 칠중성이라는 증거는 아직 발견되지 않았다. 다만 주변 지리로 보아 추정한 것이다. 비록 추정이지만 그래도 가능성은 높다고 생각된다.

지금도 이 고지에는 옛날 산성을 구성했던 돌들이 그대로 교통호와 참호에 사용되고 있다. 산세는 정상부가 좁고 초생달 혹은 활 모양으로 휘어 있다. 전방의 시야는 완벽하게 트여 있고, 평야에 불쑥 솟아 있어 주변에는 이 고지를 제압할 만한 높은 지역이 없다. 산은 알맞게 꺾이고 하늘에서 보면 산 등성은 별 모양을 이루고 있어 인위적으로 성벽을 조정하지 않아도 공격해

칠중성의 이름에 대한 유래는 여러 가지다. 그 중 하나인 일곱 번을 꺾이며 굽이굽이 흐른다는 성 주변의 임진강 모습.

올라오는 적군을 양쪽에서 협공할 수 있게 해준다.

　칠중성七重城이란 이름이 성의 모양에서 유래했는지 혹은 다른 고유한 지명을 한자로 표기한 것인지는 알 수 없다. 이 주변 임진강이 굽이굽이 흘러 일곱 번 꺾인다는 뜻에서 칠중하가 되고, 칠중하의 성이라는 의미에서 칠중성이 되었을 가능성이 높다고 보이지만, 만에 하나 성 모양에서 유래한 것이라면 아마도 성 전면(북면)의 생김새 때문일 것이다. 방어의 중점인 북면은 가파르고 후면은 약간 완만하고 넓게 퍼져 있다. 다만 북서쪽으로 꼬리처럼 낮고 길게 산자락이 하나 뻗어 있는 게 단점인데, 그쪽에서 접근하는 것을 막기 위해 주성벽 아래쪽이나 성벽 주변에 목책을 이중 삼중으로 두르고 진지와 참호를 조성했을 가능성이 있다. 꼭 일곱 겹은 아니라도 다중의 방어선을 칠 수 있게 되어 있다.

　약점이라면 성이 그리 크지 않아 많은 병력을 둘 수는 없다는 것이다. 그래도 성의 시계가 워낙 좋고, 적은 반드시 이 피의 길을 건너와야 하기 때문에 여울에 대한 경계만 늦추지 않는다면 기습을 당할 위험은 적다. 그래서 적을 발견하면 구원을 요청할 여유는 있다. 그동안 잘 버티기만 하면 된다.

그래도 첫 번째 전쟁터가 될 곳이 뻔한 이곳에 기꺼이 부임할 충성심과 담력과 능력을 갖춘 사람을 구하기는 쉽지 않았다. 마침내 구한 인재가 필부였다. 그의 부친인 존대尊臺의 벼슬이 아찬이었는데, 필부가 김씨는 아닌 듯하고 아찬이 진골 아닌 신분이 오를 수 있는 최고위 관계였던 점을 감안하면, 진골 아래의 차상위 계층이었던 것 같다. 그리고 언제나 이런 계층이 신분에 대한 한도 많고 투지도 불타는 법이다. 전란의 시기라면 더 말할 나위도 없다.

필부와 칠중성 수비대는 역전을 했다. 1951년 글로스터 대대는 군단 규모의 중공군을 맞아 4일을 버텼고, A중대는 칠중성 고지에서 하루를 버텼다. 용사 필부는 이 성을 20여 일을 사수했다. 고구려군이 포기하고 철군하려고 하던 참에 비삽比挿이라는 신라 측 관리로부터 비전이 왔다. "성의 식량이 떨어지고 힘이 다했으니 공격하면 반드시 항복받을 수 있다."[13]

> 적이 다시 공격해 왔다. 필부가 이를 알고 칼을 뽑아 비삽의 머리를 베어 성 밖으로 던지면서 군사에게 말했다. "충신과 의로운 병사는 죽어도 굴하지 않는 법이다. 힘써 노력하라. 성의 존망이 이 한 판의 싸움에 달렸다!" 이에 부상병과 환자까지 모두 일어나 다투어 성벽에 오르려고 했다. 그러나 병사의 기운이 피로하고 지쳐 죽고 부상한 자가 절반이 넘었다. 적이 바람을 타고 불을 질러 성을 공격하여 갑자기 쳐들어오니 필부는 상간上干(신라의 외위 11관등 중 6관등으로 이 지역의 토호일 것이다) 본숙, 모지, 미제 등과 함께 적을 향해 활을 쏘니 화살이 비오듯 하였다. 팔다리와 몸이 찢기고 잘리어 흐르는 피가 뒤꿈치를 적실 정도였다. 이에 필부 등이 쓰러져 죽으니 대왕이 이 소식을 듣고 슬피 통곡하고 급찬의 관등을 추증했다.(『삼국사기』 권47, 열전7 필부)

무열왕이 칠중성의 함락 소식을 듣고 통곡했다지만 통곡할 여유조차 없었다. 고구려의 침공이 끝나지 않았기 때문이다. 뇌음신과 생해의 군대는 전진을 계속했다. 다음 해 5월에 한강까지 남하한 고구려군은 강을 따라 남하하여 남한강변의 도시 술천성(여주)을 공격하고, 다시 북상하여 북한산성을 쳤다. 북한산성에서도 고구려와 신라가 여러 번 싸웠지만, 이곳이 떨어지면 신라는 한성 지역을 상실하게 된다.

고구려군이 공격을 해 왔을 때 북한산성에 남아 있던 방어군은 남녀 주민을 다 합쳐도 2800명에 불과했다. 서라벌로 구원을 요청하는 보고가 올라갔다. 필부가 20일 넘게 시간을 끌고 고구려군답지 않은 고구려군도 해가 바뀌도록 꾸물거리면서 충분한 시간을 주었으나 신라는 투입할 병력이 없었다. 김유신은 이 보고를 받고 "인력이 이미 다했으니 하늘에 비는 수밖에 없다"고 했다고 한다. 이 기록으로도 알 수 있지만 신라는 백제 점령을 위해 한강 유역을 방치하다시피하는 도박을 감행했던 것이다.

한심한 쪽은 고구려였다. 칠중성도 거의 포기했다가 성 안에서 한 번만 더 공격하라는 통지를 받고서야 겨우 획득했다. 북한산성은 성주 동타천의 지휘 아래 성의 주민들이 워낙 잘 싸우기는 했지만, 그래도 정규군도 별로 없는 지역을 20일이 넘도록 함락시키지 못하다가 수비군이 힘이 다할 때쯤 해서 고구려 측이 먼저 포기해 버렸다.

> (고구려군이) 포차를 벌려 놓고 날리는 돌에 맞은 성가퀴나 건물은 그대로 부서졌다. 성주대사 동타천이 사람을 시켜 마름쇠를 던져 깔아서 사람이나 말이 다닐 수 없게 하고, 안양사의 창고를 헐어 그 목재를 실어다가 성벽이 무너진 곳마다 즉시 망루를 만들고 밧줄을 그물같이 얽어 마소의 가죽과 솜옷을 걸치고, 그 안에 노포(대형 쇠뇌)를 설치하여 막았다. 이때 성 안에는 단지 남녀 2800명밖에 없었는데, 성주 동타천은 어린이와 노약자를 능히 격려하여 강대한 적과 맞서 싸우기를 20여 일간 하였다. 그러나 식량이 다 떨어지고 힘이 지쳐서 지극한 정성으로 하늘에 빌었더니 갑자기 큰 별이 적의 진영에 떨어지고 천둥과 비가 내리며 벼락이 쳤으므로 적이 두려워하여 포위를 풀고 돌아갔다. 왕이 동타천을 칭찬하고 표창하여 관등을 대나마로 올려주었다.(『삼국사기』 권5, 신라본기 태종 무열왕 8년 5월)

신라군이 열심히 저항한 탓도 있지만, 아무래도 고구려 공격군도 병력이 신통치 않았던 듯하다. 하여간 고구려는 어정쩡한 태도로 한성을 차지할 수 있는 절호의 기회를 날려 버렸다. 다만 칠중성만은 몇 차례고 요동이 있기는 했지만, 고구려에 대한 마지막 공세가 시작되던 667년까지도 고구려 수중에 남아 있었다.

3 평양 포위되다

한산주가 텅 비었음에도 고구려가 국력을 기울여 남진하지 않은 데는 이유가 있었다. 고구려의 남침을 예상한 듯 661년에 당군이 이때까지의 소모전을 그만두고 대공세를 폈기 때문이다. 당은 이참에 고구려를 끝장내겠다는 작심을 한 듯 한때 고종이 몸소 참전하는 것까지도 고려했다. 당은 백제 원정을 감행할 때부터 이미 고구려 원정을 구상하고 백제 침공을 양동작전으로 시행했던 것 같다. 특히 그들은 남쪽에서 쳐올라올 신라군의 협공에 큰 기대를 걸었다.

당군은 총 35군을 동원해서 고구려를 침공했다. 평양만 노린 것이 아니라 부여, 요동, 옥저 등 다방면으로 군대를 보내 고구려군을 묶어 두고 평양을 공략했다. 당군의 장수는 소사업蕭嗣業, 임아상任雅相, 계필하력, 소정방, 정명진, 방효태였다. 이 중 평양성 공격을 명령받은 이는 백제 원정에서 막 돌아온 소정방이었다.

임아상, 계필하력, 방효태 등의 군단은 육로로 진격했고, 소정방의 군단은 해로로 해서 평양으로 쳐들어왔다. 이해의 침공은 고구려 전쟁사에서 몇 가지 커다란 의미가 있다. 당군은 3개월 정도를 소요하긴 했지만 요동방어선을 큰 전투 없이 통과했다. 오랜 전쟁으로 인한 피로와 그간의 손실이 누적되어 요동방어선이 물러지고 분할되어 버린 것이다.

661년 8월에 대동강으로 들어온 소정방 부대는 상륙을 저지하는 고구려군을 깨뜨리고 평양성을 포위했다. 연개소문의 평양이 농성하는 동안 아들 남생은 아마도 국내성의 병력을 동원해서 압록강에 방어선을 폈다. 압록강에서 당군을 저지, 소정방군을 고립시켜 당군의 합류를 저지한다는 작전이었다.

남생군은 한동안 당군의 도하를 잘 막았다. 그러나 이곳은 북방이라 음력 9월에 벌써 압록강이 얼어붙었다. 베테랑 장군 계필하력이 과감하게 얼음 위를 달려 고구려진으로 돌격하자 고구려군은 허무하게 무너졌다. 전사자만 3만 명. 전술과 전투력 모든 것이 예전같지 않았다. 그러나 당군도 피해가 컸거나 힘이 달렸기 때문인지 더 이상 침범하지 않고 철군했다. 하여간에 남생은 임무를 완수했고, 연개소문의 구상대로 소정방은 고구려 영토 안에서 고립되었다.

다급해진 당은 신라에게 백제 원정의 대가로 평양포위전에 합류하라는 명령을 내렸다. 거기에다가 소정방군에 대한 식량수송까지 의뢰했다. 신라는 백제의 지방세력을 진압하기 위해서 한산주를 방치해야 할 정도로 전력이 부족했다. 그런 그들에게 건국 이래 공격은 엄두도 내보지 못한 고구려 땅으로 들어오라는 명령은 날벼락이었다. 게다가 사비와 웅진의 당군도 고립되어 있었다. 그들은 그들대로 식량이 떨어져 신라에게 식량을 수송해 달라고 성화였다.

신라는 고민에 빠졌다. 당의 명령을 제대로 수행하지 못한다면 당은 신라의 형편없는 허약함에 실망할 것이다. 신라가 이용가치가 없다고 판단하면 백제 땅에서 철수해 버릴 가능성도 있었다. 당의 절대목표는 한반도의 점령이 아니라 고구려 제거였기 때문이다.

그렇다고 고구려 원정군 지원에 주력하다가 사비와 웅진의 당군이 식량이 고갈되어 항복하거나 참극을 당한다면 당은 백제 전선에서 발을 빼고 신라를 거들떠보지도 않으려 할 것이다. 백제의 당군이 무사해도 만약 신라군이 고구려로 들어갔다가 크게 패하기라도 하는 날에는 백제 전역이 들고 일어날 것이다. 불길한 시나리오는 너무나 많고, 승리의 길은 멀고도 험했다. 신라의 장군들은 다시 한 번 국가와 자신들의 운명을 건 도박을 감행해야 했다.

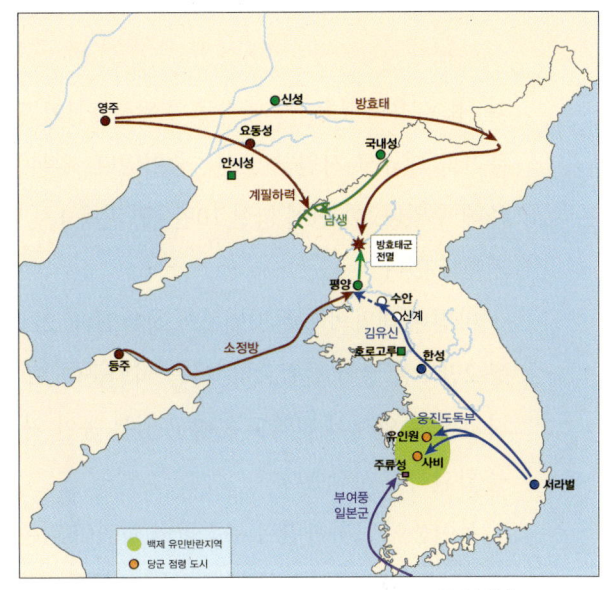

661년 정세

661년은 백제부흥군에게는 신나는 한 해였다. 당군은 웅진에서는 굶어죽을 위기에, 평양에서는 살해될 위기에 빠졌다. 둘 중 하나만 이루어져도 백제에게는 부활의 복음이 될 것이다. 조금 후에 또 하나의 낭보가 전해졌다. 당이 신라군에게 평양까지 식량수송을 요구했다는 소식이었다. 신라군이 고구려 땅으로 들어가 살아 돌아올 수 있을까? 그들이 전멸한다면 백제 정복도 끝이다. 가능성이 하나 더 늘었다. 셋 중 하나만 이루어져도 백제는 살아날 것이다.

낭보는 계속 이어졌다. 일본이 백제 구원에 전에 없는 열의를 보여주었다. 661년 9월 부여풍은 가족과 숙부인 충승忠勝을 대동하고 함께 귀국했다(662년 5월에 귀국했다는 설도 있는데, 661년 설이 맞다고 본다). 일본은 출발 전에 풍에게 오오노미 고모시키多臣蔣敷의 누이를 아내로 맞을 것을 요구했

제6장 반란과 혼돈 315

다. 풍은 응락했고, 그 대가로 호위군 5천이 딸려 왔다. 이들은 선발대였고, 추가로 대규모 지원군이 편성중이었다. 일본은 무기와 식량도 화끈하게 원조해 주었다. 한 번에 화살 10만 개, 피륙 1천 단, 종자용 벼 3천 석이 왔다는 기록도 있다.

마침내 대망의 일본지원군이 상륙했다. 2차, 3차로 도착한 그들의 병력은 총 2만 7천 명이 넘었으며, 다음 지원군이 또 편성중이라고 했다. 신라군이 자기 영토 안에서 꼼짝도 못하고 있는 동안 일본군은 공세로 나가 주변 성들을 탈환하기 시작했다.

부여풍이 도착하면서 부흥군의 거점이 임존성에서 주류성으로 이동했다. 백제부흥군의 상징처럼 되어 있는 주류성은 저항운동의 근거지답게 아직까지도 역사에서 정체를 감추고 있다. 오랫동안 학자들은 주류성의 위치를 추정해 왔는데, 최근에는 부안의 울금산성(위금암산성)이 가장 많은 지지를 얻고 있다.

울금산성은 그럴 듯한 조건을 여러 가지 지니고 있다. 일단 금강 하구의 턱 밑이다. 정상에서 보면 지금의 새만금 방조제가 끈처럼 놓인 바다와 군산이 보인다. 일본의 지원군이 오기에는 제일 적절한 위치다. 주류성이 내륙에 있으면 왜군이 상륙해서 들어가야 하는데, 백제부흥운동에서 일본의 지원이 중요했던 만큼 해안가에 거점을 마련하는 것이 아무래도 상식적이다.14 만약 금강 하구 북쪽이거나 건지산성처럼 금강 안쪽이라면 금강 하구를 장악하고 있는 당나라 수군에게 요격당할 위험이 있다.

변산반도는 한국전쟁 때도 지리산과 함께 빨치산의 주요 활동지였다. 우리나라는 한 번 요충인 곳은 영원히 요충인 곳이 많다. 어째 궁색한 논거 같지만, 전쟁사를 뒤져보면 결코 가볍게 볼 수 없는 조건이다.

울금산성은 산성 앞으로 긴 산줄기가 벽처럼 막고 있어서 산성이 보이지

● 주류성의 위치

주류성으로 추정된 지역은 홍성, 서천의 건지산성, 연기군, 변산반도의 위금암산성이 있다.15 홍성은 고산자 김정호가 대동지지에서 주장했는데, 김정호의 착각이었다고 보는 견해가 지배적이다. 다음으로 한동안 유력한 지지를 받았던 지역이 이병도의 설이었던 서천의 건지산성이다. 산세가 상당히 험한데다가 군산에서 사비로 들어가는 금강을 굽어보고 있어서 금강을 이용해 사비, 웅진으로 들어가는 수로를 차단하는 데는 제격이다. 그런데 건지산성을 발굴 조사한 결과, 성은 고려 때 축성되었다는 사실이 밝혀졌다. 삼국시대 유물도 하나도 발견되지 않았다. 그래서 최근에는 건지산성은 주류성이 아니라고 보는 견해가 거의 확정적이다.

신채호는 연기군을 지목했는데, 몇몇 학자들은 이 설을 지지하고 있다. 그러나 현재 가장 많은 지지를 받고 있는 쪽은 변산의 울금산성이다. 몇 년 전 울금산성 아래에 있는 개암사 불상 안에서 사찰의 내력을 적은 문서가 발견되었다. 이 문서에 위금암산성이 주류성이고, 그 앞쪽 해안가에서 백강 전투가 벌어졌다는 내용이 적혀 있었다. 그러나 이 문서는 진위에 대해 의심하는 견해가 있어서 아직은 결정적인 증거로 인정받지 못하고 있다. 다만 위금암산성을 주류성으로 비정하기 시작한 것은 이 문서가 나오기 전부터였다. 처음에 주류성을 변산반도에서 찾은 사람은 일제시대의 학자 오다 쇼고小田省吾였고 구체적으로 울금산성을 지목한 사람은 이마니시 류今西龍였다. 안재홍도 울금산성을 지지했다.

울금산성(위금암산성)에서 내려다본 개암사. 동그라미 안의 개암사 대웅전 뒤로 보이는 것이 울금산성이다.

울금산성 산성에서 내려다본 모습으로 산성 앞으로 이런 긴 산줄기가 벽처럼 막고 서 있어서 산 아래에서는 산성이 보이지도 않는다. 아래 사진은 개암사에서 올려다본 울금산성. 우뚝한 울금바위만 보인다.

도 않는다. 산과 산 사이에 대문처럼 벌어진 공간이 약 500~700m 정도 있는데, 울금산성의 상징인 울금암조차 이 위치에서만 관측이 가능하다.

산성을 답사해 보면 상당히 흥미로운 사실을 확인할 수 있다. 산성의 둘레는 3724m로 임존성보다도 더 크다. 삼국시대 산성으로서는 대단히 큰 규모다. 그런데 성벽에 서서 산성 안쪽을 내려다보면 성 안쪽이 모두 비탈과 계곡으로 마을은 고사하고 사찰 하나를 세울 만한 공간도 없다. 다시 말하면 이 성은 도저히 사람이 거주할 수 없는 곳으로서, 전시나 비상시에만 잠시 사용하는 성이다. 이런 용도의 피난성은 우리나라 곳곳에 많지만 이렇게 큰 규모의 피난성이 있을 수 있을까? 산 아래 보이는 마을 사람이 다 들어와도 성벽에 병사를 배치하기가 힘들 듯하다.

이 상식에 맞지 않는 기이한 구조가 울금산성이 주류성이라는 제일 그럴듯한 증거일지도 모르겠다.

『일본서기』에서는 주류성을 묘사하기를, "농토가 멀고 토지가 자갈이 많고 척박하며 산이 험하고 높고, 계곡이 가로막고 있어 지키기 쉽다"고 했다. 이 묘사도 모두 들어맞는다. 하다못해 울금산성은 편마암 지대라 땅에는 깨지고 갈라진 돌이 정말 많다.

단 하나, 지금 울금산성 아래에 펼쳐진 경지정리가 아름답게 된 넓고 평탄한 들을 보면 "농토가 멀고 척박하다"는 서술이 거슬린다. 그러나 이 평야는 오랫동안 간척으로 다듬어낸 평야다. 지금처럼 황금빛 들판이 된 것은 1960년대에 시행한 계화도 간척사업 이후다. 1900년대 초 일본이 만든 1/50000 지도를 보면 이 들판은 경지와 황무지가 반반 정도로 섞여 있었다. 이 절반의 경작지도 조선시대에 꾸준히 해온 간척사업의 결과로 보인다. 지도에는 바닷가 쪽에 인공 둑이 길게 표시되어 있다. 인공 둑을 제거하고 삼국시대로 올라가면 이 들판은 바다와 갯벌, 황무지뿐이었을 것이다.

주류성이 울금산성이 아니라고 해도 몇 가지 상황은 명확하다. 신라는 위기에 빠진 평양의 당군과 사비의 당군을 모두 구해야 했다. 새로 즉위한 문무왕은 두 개의 위기를 해결하기 위해 상복도 벗기 전에 원정에 나섰다. 김유신이 총사령관인 대장군이 되고 김인문, 김진주, 김흠돌, 천존, 죽지, 천품, 품일, 충상, 의복, 진흠, 중신, 자간, 수세, 고순 등 지금까지 전선에서 활약한 명장은 모조리 참전한 대원정군이었다. 신라군은 먼저 이천 쪽으로 올라갔다가 다시 사비 쪽으로 남하했다. 먼저 고구려로 들어가야 할지, 사비를 먼저

울금산성 아래의 들판 간척사업으로 지금은 황금벌판이지만 삼국시대에는 모두 갯벌, 황무지였을 것이다. 아래 사진은 현재 남아 있는 울금산성의 성벽 흔적

구원해야 할지 우왕좌왕한 것일 수도 있고, 최고 정예병이 주둔하고 있었을 한산주의 병력을 빼내려 한 것일 수도 있다. 어쨌든 신라는 우선은 이 병력으로 사비와 신라의 보급로부터 안정시키기로 했다. 가능하면 평양으로는 가고 싶지 않았던 속셈이었을 수도 있다. 사비의 유인원도 강을 통해 병력을 빼서 남천주(이천)에서 신라군과 합류했다. 금강 하구로 나가 서해안으로 이동해서 한강으로 들어온 모양이다. 이 기동으로 보면 백제부흥군은 금강 상류, 즉 대전-공주 사이를 집중적으로 차단하고 있었던 것 같다.

신라의 위기에 고무된 백제부흥군은 당연히 저항에 나섰다. 백제부흥군은 대전 부근, 지금의 계족산성으로 추정되는 옹산성[16]에 결집했다. 신라군으로서는 시간과 병력 모든 것을 아껴야 하는 상황이었다. 평양과 웅진 모두 시간과의 싸움이었기 때문이다. 9월 25일 김유신은 성을 포위하고 사람을 보내 설득작전을 폈다. "너희는 홀로 외로운 성을 지켜 어찌하고자 함인가? 끝내는 패망할 것이다. 항복하면 생명을 구하고 부귀영화를 누릴 것이다."[17]

조금 치졸해 보이는 설득이기도 한데, 그만큼 신라가 급했다. 그러나 백제군도 신라의 약점을 물었던 만큼 결사적이었다. 그들이 옥쇄하더라도 시간만 끈다면 백제는 다시 살아날 수 있었다. 처절한 전투가 벌어졌다. 문무왕이 직접 높은 곳에 올라 북을 치고 눈물을 흘리며 격려했다고 하는데, 병사들의 희생을 각오하고 밀어붙여야 했기 때문일 것이다.

신라군은 큰 목책을 불사르고 성으로 돌입했다. 공격 이틀 만인 27일에 성이 떨어졌다. 부흥군의 장수는 처형하고, 백성은 놓아주었다.[18] 옹산성 전투에서 부흥군 수천 명이 살해되었다.[19] 문무왕은 총관들에게 검과 창을 상으로 하사하고 잔치를 벌였다. 한편 품일은 일모산군(충북 청원)과 사시산군(충남 홍성)의 병력을 이끌고 옹산성 근처에 있던 우술성을 함락시켰다. 이로써 대전 부근에 결집했던 부흥군의 저지선이 깨져 버렸다.

그러나 승리의 기쁨도 잠시였다. 소정방이 식량을 독촉하는 편지가 도착했다. 당군이 신라에게 떠맡긴 과제는 불가능에 가까운 요청이었다. 그냥 침공도 아니고 한겨울에 당군을 먹일 식량까지 운송해야 하는 행로였다. 우리나라는 산이 험하고 길이 좁아서 육로로 대군의 식량을 수송한다는 것이 거의 불가능하다. 이로부터 천 년 후인 임진왜란 때도 왜군이 황해도 이북으로 진군하지 못한 결정적인 이유가 수송로 때문이었다. 당시 왜군은 해로가 이순신이 이끄는 조선 수군에게 막혔으므로 육로로 식량을 날라야 했는데, 짊어지든 달구지에 싣든 부산에서 서울까지 오면 수송대가 다 먹어 버리고 남는 것이 없었다는 얘기도 있다.

아무도 이 임무를 맡으려 하지 않았다. 할 수 없이 68세의 노장 김유신이 자원했다. 당시 김유신은 상대등이며 실질적인 최고 권력자였고, 최고의 군벌이며 왕의 외삼촌이었다. 신라에서 국왕을 제외하고 그만한 위치에 있는 사람은 없었다. 그럼에도 불구하고 그는 자신이 평생에 걸쳐 이룩한 모든 것을 잃어버릴 수도 있을 위험한 임무에 자원했다.

또 하나의 임무, 웅진에 식량을 수송하는 임무는 늙고 약한 병사를 동원했다. 이 부대는 웅진에 도착하기도 전에 저절로 붕괴되어 버렸다. 이해 겨울은 유난히 독했는지 눈과 추위를 만나 사람과 말이 모두 죽어 100명에 한 명도 살아 돌아오지 못했다고 한다. 따뜻한 남쪽 나라에서도 이 모양인데, 신라군의 주력은 동토의 땅으로 진입하고 있었다.

힘과 가능성을 확신하게 되었을 때에 백제군 내부에서 분란이 일었다. 661년 3월에 복신이 도침을 살해하고 그의 군사를 자기 휘하로 흡수했다. 사적인 주종관계가 중요한 시대였던 만큼 도침군의 주력 상당수가 이탈하거나 살해되었을 것이다. 복신과 풍의 관계도 서먹해지기 시작했다. 두 사람 다 왕족이었지만, 의자왕대의 백제 정치도 복잡했던 만큼 계보가 달랐을 가능성이 높다. 위기의 순간에 단합을 했지만, 알력의 소지가 남아 있었다.

662년 2월 소정방군은 평양성 근처에서 고전중이었다. 맹장 계필하력의 군대는 전쟁이 시작된 직후인 661년 9월에 철군해 버렸다. 마침 몽골 지방에 있던 철륵족이 반란을 일으켜 철륵 출신인 계필하력군을 반란 진압에 투입해야 했다. 그 바람에 소정방은 고립되어 버렸다.[20] 『일본서기』는 661년 12월 소정방군의 대공세가 실패하고, 거꾸로 고구려군이 당군의 4개 진지 중 2개를 빼앗고 당군을 포위했다는 기사를 전하고 있다. 당나라 진지에서는 절망의 울음소리가 들려왔다.[21]

소정방군을 구하기 위해 그와 함께 백제 원정에 참전했으며, 옥저 방면으로 파견되었던 백주白州(광서성) 자사 겸 좌효위장군 방효태가 급히 평양으로 발진했다. 방효태군은 남쪽 지방인 광서, 광동성에서 징발한 부대였다. 이들이 체감온도가 영하 30~40도에 달하는 북방의 전쟁에 적응하기란 쉽지 않았을 것이다. 고구려군이 방효태 부대의 유약함을 비웃었다는 기록이 있는 것을 보면 방효태의 병력이 다른 군대에 비해 상대적으로 약했거나 추위에 적응하지 못하고 있었던 모양이다. 당나라도 그것을 알고 평양의 주전장으로 투입하지 않았던 것인데, 상황이 급해지자 소정방을 구원하기 위해 이들을 파견했던 것이다.

그들이 사수蛇水(살수, 청천강으로 추정된다)까지 왔을 때 고구려군이 습격했다. 당군은 거의 전멸하는 엄청난 패전을 당했다. 방효태도 함께 참전한 13명의 아들과 함께 전사했다. 고구려는 절대절명의 위기에서 또 한 번 벗어났다.

그러나 아마도 고구려군이 방효태를 차단하기 위해 빠져나가는 바람에 소정방군에게 가해지던 압박이 완화되었을 것이다. 방효태 일가의 죽음으로 소정방은 구원을 받았다. 그러나 그것은 최후의 순간을 늦춘 것에 불과했다. 당군은 식량이 고갈되었고, 굶주린 군대로 철수할 수도 없었다. 또다시 수나라군의 악몽이 떠올랐다. 그들의 희망은 남쪽에서 식량을 가지고 와줄 신라군뿐이었다.

662년 정월, 김유신·김인문·김양도가 지휘하는 신라군은 2천 대의 수레에 쌀 4천 석과 벼 2만 2천 500석을 싣고 북상길에 올랐다. 그러나 길이 얼어 수레를 사용할 수 없었다. 김유신은 수레를 포기하고 식량을 소와 말에 실었다. 이것은 기병 전력에 큰 타격을 주었을 것이다.

북진하던 신라군은 드디어 23일에 국경선이라 할 수 있는 임진강 여울에 도착했다. 이 지역의 고구려 기지는 큰 성도 없고 하안단구에 설치한 작은 보루들뿐이었지만 신라군은 떨며 감히 먼저 나서는 자가 없었다. 할 수 없이 김유신이 선두에 서서 강을 건넜다. 발은 내딛었으나 앞길은 암담했다.

한겨울임에도 불구하고 신라군은 주도로는 피하고 산길과 샛길로 돌면서

● 신라의 중국전문가, 김인문과 김양도

김인문(629~694)은 무열왕의 둘째 아들이다. 651년에 당나라에 가서 숙위하고 좌령군위장군이 되었다. 이 인연으로 이후 당나라와의 외교에서 크게 활약했다. 당군의 백제 공격을 이끌어낸 것도 김인문의 공이었다.

김양도는 『삼국사기』에는 별다른 기록이 없는데, 『화랑세기』에는 상당히 긴 분량을 할애하고 있다.[22] 22대 화랑이었던 김양도는 김하종의 아들로 김보종(미실의 아들)의 조카다. 모친은 진평왕의 딸 양명공주였다. 총명하고 신중하고 점잖고 성격이 아주 치밀했다. 어려서부터 그림을 잘 그렸는데, 전쟁화인 진도를 그리는 것을 좋아했다고 한다. 그가 그린 진도를 보면, 병장기가 꼼꼼하게 묘사되어 있었다고 한다. 단지 꼼꼼한 성격 탓은 아니고 부대 운용과 전술에 대해 치밀하게 궁리했기 때문이 아닌가 싶다. 어려서부터 장군이 될 자질이 있었던 것이다.

4년간 화랑으로 재직할 때는 화랑도의 오래된 관행을 많이 개혁했다. 조직과 신분 규정에서 차별과 불합리한 관습을 개혁하고 능력에 따라 승진할 수 있게 했다. 조직 운영에서 발생하는 각종 비인간적인 악습들, 특히 낭도의 딸은 화랑에게 총애를 받지 못하면 결혼할 수 없다든가(영주의 초혼권과 유사한 권리가 있었던 것 같다), 서민 출신 낭도의 딸 중에서 미인을 골라 매춘부로 만드는 것 같은 악습들을 개혁했다. 이런 기사를 보면 그는 상당히 치밀한 만큼이나 비합리적인 것, 비효율적인 것을 참지 못하는 인물이었던 듯하다. 성품은 점잖았지만 이런 불합리를 보면 전횡을 해서라도 개혁하려고 했다. 이렇게 여성을 위한 개혁을 많이 했지만, 정작 본인은 색을 꽤 밝혔다. 강직하고 옳다고 믿는 일은 고집을 가지고 추진하는 스타일이다 보니 적당히 타협하고 두루뭉술하게 살지는 못했다. 한 번 미운털이 박힌 사람은 끝까지 용서하지 않아서 아랫 사람들이 부담스러워했다고 한다.

김인문의 묘비 오랫동안 분실되었다가 경주시 서악동 서악서원에서 발견되었다.

● **소정방에겐 간 구호품**

김양도와 김군승이 소정방에게 수송한 물품에는 식량 이외에 은 5700푼, 가는 실로 곱게 짠 베 30필, 두발 30량, 우황 19량이 있었다.[23] 이 물품들은 의료품이다.[24] 두발 30량은 당나라의 대량大雨(1량은 10돈이나 당의 대량은 100돈이다)으로 환산하면 11kg쯤 된다. 이 두발의 용도에 대해 장식용(가발용)이다, 발이나 옷에 넣는 방한용품이다 등 다양한 추측이 있었지만 한의학에서는 오래 전부터 두발을 약재로 사용해 왔다. 즉 두발은 기침, 대소변 불통, 이질이나 장티푸스로 인한 설사, 종기, 지혈제, 종기를 치료하는 연고나 성병 치료제로 사용되었다. 이런 질병들은 모두 병사들에게 만연하는 질병들이다. 지혈을 하거나 화상을 치료할 때는 태워서 재를 만든 후 참기름을 섞어 연고처럼 만든 뒤에 상처에 바른다. 중국에서는 지금도 민간요법으로 이런 것이 시행되고 있다고 한다.

재미난 사실은 머리카락이야 흔하고 계속 자라는 것인데, 왜 당군은 자기 머리카락을 사용하지 않고 신라가 굳이 머리카락을 가져다주었냐는 것이다. 군인들은 머리가 짧고, 전쟁터에서 뒹구는 병사의 머리칼이 깨끗할 리 없다. 의약용으로는 어린 아이 머리카락이 최상품이었다고 한다. 또한 신라는 장발이 유행한 것으로 유명했는데, 삼국 중에서도 유독 긴머리 미인을 좋아해서 여인들이 머리카락에 공을 들이고, 장발 미인이 많았다고 한다.

위의 물품 목록에는 나오지 않지만 자석도 주요 지혈제의 하나였다. 문무왕 때 신라는 자석과 침을 제공한 적이 있다. 자석은 칼로 벤 상처를 치료하는 데 유용하고, 튀어나온 내장을 치료하는 데도 사용했다고 한다. 은도 해독제, 감염으로 인한 발열 등을 치료하는 약재였고, 곱게 짠 베는 붕대나 거즈 용이었을 것이다.

당나라 때 외과용 약재로 쓰인 아연

겨우겨우 앞으로 나갔다. 황해도 수안에 못 미쳐서 신라군의 선봉대였던 귀당제감 성천과 술천이 고구려군과 조우했다. 이들은 결사적으로 싸워 승리했다. 이 전투로 신라군은 상당한 자신감을 얻게 되었던 모양이다. 그러나 더이상의 진군은 쉽지 않았다. 2월 1일 황해도 수안에 도착했다. 당군 진영까지는 이제 3만여 보 정도(약 45km) 남았으나 그 사이에 고구려군이 저지선을 폈다. 겨울비가 한 달 이상 계속되고, 추위와 눈보라가 이어지면서 말이 죽고 사상자가 속출했다.

신라군의 힘으로는 고구려군의 저지선을 뚫을 수가 없었다. 무리해서 돌파에 성공해도 희생이 크면 다시 남하할 여력이 없다. 공격 임무가 실패로 끝나려는 순간 김유신은 최후의 방법으로 당군에게 밀사를 파견했다. 김유신의 낭도 출신일 것으로 추정되는 열기裂起와 구근仇近이 이끄는 15명의 특공대가 출발했다. 고구려군도 확실히 정상은 아니었다. 그들은 몰아치는 눈보라를 헤치며 나가는 이 특공대 일행을 보고도 그들의 용기에 압도되어 제지하지 않았다고 한다. 사실은 이날 몰아닥친 강추위와 눈보라 덕분일 가능성도 있다. 이날 하루 동안 신라 병사와 말들이 무수히 얼어 죽었다. 그 사정은 고구려군도 마찬가지였을 것이다. 덕분에 열기 일행은 무사히 돌파에 성공했다. 강추위가 엄습하는 역경 속에서 김유신은 절망적 상황을 역으로 이용했다.

15명의 특공대는 고구려군을 뚫고 이틀 만에 당군 진지에 도착했으며, 당군의 메시지를 가지고 다시 신라군 진영으로 돌아왔다. 김유신은 이들의 용기와 무공에 감격해서 골품 규정을 무시하고 급찬의 벼슬을 주었고, 그것도 부족하다고 생각해서 나중에 왕에게 청탁하여 사찬沙湌(신라의 17관등 중 8위)으로 올려주었다. 그리고

수레모양 토기 경주 계림로에서 발견된 것이다.

호로고루성 앞의 여울 신라군이 강을 건넌 지점으로 추정된다.

도 김유신은 평생토록 이 둘을 특별하게 대우했다고 한다.

이들 덕분에 당군과 연락이 닿았고, 당군도 어떻게든 조치를 취해서 통로가 열렸던 모양이다. 김유신은 중국어를 할 줄 아는 김양도, 그리고 자신의 서자인 김군승에게 약간의 병력을 주어 식량과 구호품을 당군 진지로 운송케 하는 데 성공했다.

극적으로 식량을 전달했지만 김유신에게 돌아온 당군의 메시지는 "힘을 되찾았으니 평양을 공격하겠다"가 아니라 "우리는 바로 철군하겠다"였다. 당군과 800명의 별동대는 배로 떠났지만 남은 신라군은 걸어서 남하해야 했다. 살수의 악몽이 이젠 신라군을 덮쳤다.

돌아오는 길에 신라군은 상당한 손상을 입었다. 동상으로 전투 불능이 된 병사는 수도 없었다.[25] 그러나 고구려군도 병력이 온통 요동과 압록강에 몰려 있어 여유가 없었던 모양이다. 소정방과 대치하던 고구려군도 신라군의

호로고루성에서 바라다본 여울목과 건너편 기슭 신라군은 이 둔덕과 언덕 후사면의 보이지 않는 곳에 쇠뇌를 설치했을 것이다.

후미를 쫓아갈 기운이 없었다. 그래서 임진강 주변 지역에 연락해서 신라군을 저지하게 했다. 연락을 받은 고구려군은 국경선인 임진강 나루로 가는 길을 차단했다. 고구려군과 대치한 신라군은 소의 꼬리에 북을 매달아 계속 북을 치게 하고 장작을 잔뜩 태워 자신들이 주둔하고 있는 것처럼 위장하고는 몰래 샛길로 돌아 기습적으로 강을 건넜다.

신라군이 강을 건넌 지점은 호로하 즉 호로고루성 앞의 여울이었다. 신라군이 강을 다 건너기 전에 고구려군이 신라군의 탈출을 알아차리고 추격해 왔다. 이 공격으로 강 북편에 남아 있던 신라군의 후위는 큰 피해를 입었다. 신라군 후위는 제각기 강으로 뛰어들어 도주했을 것이다. 기회를 잡았다 싶은 고구려군은 이들을 추격했다.

고구려군이 이렇게 겁 없이 추격해 온 것을 보면, 신라군의 노수를 발견하지 못했던 것 같다. 호로하 여울목 남쪽에는 얕은 백사장이 형성되고, 그 뒤쪽으로 약간의 경사진 둔덕이 형성된다. 동쪽에는 다시 하안단구와 언덕이 펼쳐진다. 신라군은 허겁지겁 백사장을 건너 은폐, 엄폐가 되는 뒤쪽 언덕으로 들어가려고 필사적이었다. 고구려의 지휘관은 이들을 몰살시키고 싶은 유혹을 억제하기 쉽지 않았을 것이다.

이것이 실수였다. 백전노장이 지휘하는 신라군은 고구려군의 공격에 대비해 준비를 해두었다. 먼저 건너갔던 부대는 백사장 뒤쪽 후사면 보이지 않는 곳에 노수를 매복시키고, 쇠뇌(노)를 있는 대로 설치해 두었다. 쇠뇌는 손으로 들고 쏘는 것과 현대의 기관총처럼 바닥에 받침대를 꽂고 그 위에 고정시키는 방식이 있다. 이것은 조금 크고 무겁지만, 고정식이므로 명중률이 높고, 강력하다. 그래서 성벽이나 진지에서 방어전을 할 때 많이 사용하는데, 전황으로 보면 후자가 아닌가 싶다.

고구려군이 후위부대를 치고 강을 건너 추격하기 시작하자 쇠뇌들이 일제사격을 퍼부었다. 고구려군이 쇠뇌에 맞아 어지럽게 쓰러지고 대형이 흩어졌다. 강 중간에서 당했으므로 이럴 경우 대형을 추스리기가 쉽지 않다. 이 틈에 신라군이 강으로 뛰어들어 고구려군을 역습했다. 호로하가 또다시 피로 물들었다. 고구려군 만여 명이 살해되고 고구려 장수 소형小兄(고구려의 13관등 중 4관등) 아달혜 등이 생포되었다.

신라군의 임무는 성공리에 끝났다. 살아남은 병사들은 강 언덕을 붙잡고 울었을 게 틀림없다. 기적의 생환이었다. 김유신 개인적으로도 최후의 전역이며 가장 위험했던 임무를 성공으로 마감했다(고구려에서 돌아온 후 김유신은 다시 백제부흥군 진압에 참여하기는 하지만 얼마 후 중풍에 걸려 더 이상 군사작전에는 참가할 수 없게 되었다).

동족의 나라를 침공한 이민족 군대를 지원했다는 사실 때문에 이 행군은 별로 좋은 평가를 받지 못한다. 그러나 순수하게 군사적 측면에서 보면 이 작전은 굉장히 높은 평가를 받을 만하다. 이것은 신라의 성공이 단지 외세와 행운에만 의지한 것이 아니었음을 보여주는 증거이기도 하다. 신라군은 고구려·백제에 비해 물자와 병력 수에서는 달렸을지 몰라도 군의 조직·훈련·

전술 운영 능력에서 다른 어느 군대와 견주어 부족함이 없다는 사실을 증명해 냈다. 삼국 간의 오랜 전쟁은 전력의 상승평준화를 이루어 냈던 것이다.

4 백강의 불꽃

백제부흥군에게 662년에는 전해처럼 좋은 소식만 들려오지 않았다. 부흥군의 연합전선은 별로 진전이 없었다. 죽음의 땅으로 떠난 줄 알았던 신라군은 살아 돌아와 주력이 다시 합류했다. 당군이 평양에서 철수하고 한강은 여전히 무방비 상태였는데, 힘과 패기가 예전 같지 않은 고구려는 남부전선을 외면했다.

한편 신라군도 죽음의 땅에서 살아 돌아오기는 했지만 쉴 틈이 없었다. 한 달도 안 돼 이번에는 다시 웅진으로 식량과 의복을 수송해야 했고, 포위된 당군이 공격을 당할 때마다 구원을 위해 출동해야 했다.

고구려와 백제의 전선에서 모두 실망스런 소식만 들어오자 당 고종은 웅진에 주둔중인 유인원에게 평양 공격의 실패를 알리고, 신라로 철수해서 신라에 주둔하거나 귀국하라는 명령을 내렸다. 이국 땅에서 포위된 채 꼼짝 못하고 있던 당군의 장병들은 이 명령을 환영했다. 그러나 하늘이 준 기회를 버리기 싫었던 유인궤가 반대했다. 그는 지금 당군이 철수하면 백제는 바로 되살아날 것이다. 백제가 부흥하면 고구려 멸망도 기대하기 어렵다. 처음 목적대로 백제를 제거하고 신라와 함께 고구려를 남쪽에서 압박해야 고구려 정복이 성공할 수 있다. 웅진성이 적의 중심에 자리잡고 있어서 잘못하면 적에게 포로가 되고, 신라에 기대면 객 신세가 되기 십상이라며 황제를 설득하고 거

꾸로 병력의 증파를 요청했다.[26]

662년 7월 유인원·유인궤는 당군과 신라군을 합쳐 웅진 동쪽으로 진격하여 신라로 통하는 동쪽 길을 막고 있던 백제부흥군을 공격했다. 이 공격은 양군 다 필사적일 수 밖에 없었는데, 유인궤는 자기 주장의 가능성을 증명하고 승리자로 귀환해야 했고, 신라는 당군의 철수를 막아야 했다. 필사적인 각오 덕분이었는지 나당연합군은 대승리를 거두어 지라성支羅城, 윤성尹城 대산책大山柵, 사정책沙井柵을 함락시켰다. 이 지역이 지금의 어디인지는 정확히 알 수 없다. 범주를 넓게 보는 경우는 회덕, 대전 일대라고 보는 견해도 있는데,[27] 삼국시대의 방어망은 보루성에 의존하는 경우도 많고 목책성도 많은 것으로 보아 대략 공주 주변이 아닐까 생각된다.

이 패전으로 많은 백제부흥군 병사들이 죽거나 포로가 되었다. 남은 병사들은 진현성(대전 진잠 지역으로 추정하고 있다)으로 집결했다. 이 지역은 대전에서 연산으로 가는 통로여서 나당연합군으로서는 반드시 확보해야 하는 성이었다. 그러나 중요한 성이 으레 그렇듯 성은 강을 끼고 있었고, 높고도 험했다.

나당연합군은 어둠을 이용해 성 밑에까지 접근했다. 절박했던 신라군이 이 임무를 맡았다. 백제군에게 들키지 않고 성벽 밑에 도달한 신라군은 날이 밝을 무렵 공격을 개시해 성을 점령했다. 이 전투에서 백제군 800명이 살해되었다. 진현성 점령으로 마침내 신라와의 보급로가 뚫렸다. 유인궤는 승전을 보고하며 증원군의 파견을 요청했고, 유인궤의 성공에 고무된 당은 우위위장군 손인사에게 7천을 주어 보냈다. 이들은 거의가 산동성에서 징발한 병사들이었다.

나당연합군이 승전을 거두고 회복의 기미를 보이자, 백제부흥군 내부에 잠재해 있던 갈등이 악화되었다. 도침을 살해한 뒤 복신은 권력을 독점했다. 풍은 명목상의 왕이 되어 제사나 주관할 뿐이었다. 복신이 풍보다 가계의 위

● 복신굴과 울금바위

　복신굴은 울금산성에 있는 거대한 바위동굴이다. 현지에서는 이곳이 복신이 있던 굴이라는 전설이 전해지고 있다. 바위가 움푹 파여 들어가면서 생긴 공간인데, 언제 팠는지는 모르지만 안쪽 벽에 인공적으로 판 굴이 또 있다. 이 굴 안에는 작은 도랑을 파서 바위에서 흘러내리는 물을 받는 시설까지 해두었다.

　울금바위는 복신의 거주지가 아니라도 울금산성에서 구조적으로 중요한 역할을 한다. 울금산성은 전체적으로 사람이 거주할 만한 공간이 없다. 반면에 성벽은 아주 길어서 성을 방어하는 군사에게는 상당히 고통스러운 환경이다. 유일하게 울금바위가 안정적인 휴식처를 제공해 줄 수 있는 공간이다. 게다가 이곳은 성벽이 꺾이는 지점으로 이 바위는 일종의 장군대이자 돈대 역할도 한다. 울금바위를 보면 수원 화성에 있는 공심돈대가 연상되는데, 기능과 구조 모든 면에서 천연적인 공심돈대라고 할 수 있다.

상이 조금 낮았다고 해도 그도 왕이 될 수 있는 혈통이었다. 그가 굳이 풍을 끌어들인 것은 일본의 지원을 얻기 위해서였다. 풍이 데려온 일본군도 복신보다는 풍에게 충성했을 것이다. 복신이 갑자기 도침을 살해하고 그의 병력을 흡수한 데는 여러 가지 이유가 있겠지만, 군사력에서 풍에게 밀리지 말아야 한다는 위기의식도 작용했을 것이다. 그러나 웅진을 포위하고 있던 복신군이 패배하면서 그의 위상과 전력이 흔들렸다. 반대로 풍은 추종자를 넓혀 갔다.

불안해진 복신은 선수를 쳐서 풍을 살해하는 음모를 꾸민다. 병이 들었다고 하고 자신의 숙소인 굴 속(울금바위에 있는 굴이라는 설도 있다. 자연동굴일 가능성도 있지만 오늘날의 동침호 같은 지하 벙커이거나 움집이었을 가능성도 있다. 산 위에서 살아가려면 겨울을 나기 위해서나 포격에 다치지 않기 위해서라도 토굴이 안전했다. 더욱이 울금산성에는 집을 짓고 살 만한 공간이 마땅치 않다)에 누워 있다가 풍이 문병을 오면 살해한다는 계획이었다.

그러나 벌써 많은 사람이 풍과 일본군에게 의지하게 된 모양이었다. 음모가 누설되었고, 거꾸로 복신이 체포되었다. 힘의 균형이 무너지자 사람들은 모조리 풍에게 붙었다. 복신은 그들에게 침을 뱉으며 "썩은 개, 미친 놈"이라고 욕을 하곤 처형당했다. 풍은 그의 목을 잘라 소금에 절였다.

백제부흥군의 내분은 그들 속에 심어 놓았던 첩자들에 의해 신라와 사비의 유인원에게 곧바로 전달되었다. 손인사도 그들을 가로막는 병력을 깨트리고 사비의 당군과 합세했다.

663년 주력군의 생환으로 힘을 회복하고 임진강·한강 유역의 방어도 걱정 없게 된 신라는 문무왕이 김유신, 천존, 죽지 등 신라 최고의 장수들 30명을 동원하여 백제 평정에 나섰다. 그들은 바로 주류성으로 진군하지 않고 거창·남원 등지부터 시작하여 외곽 지역을 하나씩 점령해 나갔다. 부흥군은 고립되었고, 곡창지대의 거점들을 상실하면서 보급에 심각한 애로가 발생했

울금산성(주류성)에서 본 금강 하구 그날 주류성에 있었던 백제부흥군은 백강 전투를 생생하게 목격할 수 있었을 것이다.

다.[28] 일본군만 해도 3만에 가까운 대군이었다.

주변 정리가 되자 신라군과 당의 주둔군, 원군이 합세하여 주류성으로 진군했다. 손인사·유인원은 문무왕과 합세하여 육로로 진군했고, 유인궤와 별장 두상, 부여융은 수군과 군량을 실은 수송선을 이끌고 공주에서 백강(금강)을 따라 내려가 육군과 합류하기로 했다.

부흥군 측도 결전을 각오하고, 병력을 집중하고 왜국에 원병을 청했다. 그러나 주류성과 복신 측이었던 임존성의 호흡도 잘 맞지 않았다. 풍은 휘하의 일본군을 다 이끌고 백강 하구로 내려가 지원군과 합세하려고 했다. 백강의 위치에 대해서도 동진강, 만경강, 줄포, 안성천, 아산만 부근인 당진군 석문면 백석해안 등 여러 설이 있는데, 전술적·지형적 구조로 보면 금강 하구가 분명하다.[29]

일본군은 새로 오는 병력이 만 명이 넘고 먼저 도착한 병력도 3만에 가까웠다. 당군도 이를 알고 백강 하구에 진을 구축했다. 당군은 예전에 소정방이 침공할 때 백제군이 저지른 실수를 알고 있었으므로 일본군이 상륙하기 전에 해상에서 격퇴하려고 했다.

한편 당나라 함대를 발견한 풍과 일본의 장수들은 원군의 도착을 기다리지 않고 단독으로 당군을 공격하는 이상한 작전을 폈다. 8월 27일(음력)에 벌어진 최초의 해전에서 일본군은 패배했다. 그러나 이들은 굴하지 않고 다음 날 다시 총공격을 했다. 8월 28일, 한국·중국·일본의 군대가 해상과 육지에서 한꺼번에 충돌하는 보기 드문 전투가 벌어졌다.

전투는 해상과 육지에서 동시에 진행되었다. 육전에서는 신라 기병이 선봉이 되었다. 백제군 주력은 강안에 진을 치고, 정박해 있는 함선을 보호하는 역할을 맡고 있었는데, 신라 기병이 선두에서 돌격하여 백제군의 방어진지를 돌파했다.

해상에서는 반대로 당군은 진을 베풀고 왜군이 공격하는 양상으로 전개되었다. 왜군은 속전속결의 정면승부를 걸었는지 대오도 제대로 정렬하지 않은 채 당군의 가운데로 쳐들어갔다. 고대부터 중세까지 왜군의 전술은 배를 충돌시키고 적선에 올라타서 백병전을 벌이는 것이었다. 당군은 침착하게 좌우의 군대를 전진시켜 삼면에서 왜군을 감싸고 공격했다. 완전히 포위되었지만 왜군은 배를 돌려 측면공격을 방어할 수도 후퇴할 수도 없었다. 풍향 때문에 전진만 가능할 뿐 배를 돌릴 수가 없었기 때문이다.

제2차 세계대전 때 돌아올 연료를 싣지 않고 떠났다던 가미카제 특공대처럼 필사의 각오로 오직 돌격만 가능하도록 일부러 그랬던 것인지도 모르나 무모한 작전은 비극으로 끝났다. 백제군과 일본군은 네 번의 전투에서 모두 패했다. 배 400척이 불타 가라앉았다. 당군은 풍이 찼던 보검까지 노획했는데, 정작 풍은 구사일생으로 달아났다. 신라 측 기록에는 그 후 종적을 알 수 없고 단지 고구려로 달아났다는 소문이 있다고 했고, 『일본서기』에서는 고구려로 달아났다고 했다. 백강 전투에서 승리한 나당연합군은 주류성으로 몰려갔다. 9월 7일 주류성이 항복했다. 이제 남은 곳은 단 한 성뿐이었다.

계절이 바뀌고 있었다. 노랗게 변한 작은 나뭇잎들이 부드러운 흙 위로 내려앉고, 그것이 길을 더욱 미끄럽게 만들었다. 봉수산은 멀리서 보면 다른 산들보다 머리 하나는 더 큰 거한처럼 보인다. 그러나 산의 품에 안기면 곱고 입자가 작은 흙이 깔린 산길이 보드랍고 포근했다. 그렇다고 암석이 없지는 않았다. 정상 부분으로 가면 희고 푸른 빛이 살짝 입혀진 회색의 바위들이 상당히 많았다. 그러나 그들은 크고 넉넉하게 덩어리져 앉아 있어서 산자락 전체로는 돌가루가 섞이지 않은 흙이 탄탄하게 덮고 있었다.

사실은 아래쪽으로도 바위들이 좀더 많았지만, 성을 쌓느라 돌들을 걷어내서 그나마 있던 바위들이 상당히 없어졌다. 바위를 캐낼 때는 아래쪽부터, 남쪽보다는 서쪽과 북쪽 사면에서부터 시작했다. 성벽 위쪽 특히 남쪽 사면에는 아직도 바위들이 제법 많이 남아 있었는데, 그것들은 전투가 벌어지면 깨진 성벽을 메우고 적에게 던지고 발사하기 위해 아껴둔 것이었다.

산을 오르자 여기저기서 돌 깨는 소리가 요란하게 들렸다. 병사와 주민들이 남겨두었던 성벽 위쪽의 바위들을 깨트리고 있었다. 적당한 크기의 돌들은 포격용으로 사용하기 위해 포차 옆으로 운반했고, 떨어져 나온 부스러기와 잔돌들은 병사들이 사용하기 쉽게 성벽 곳곳으로 분배해 돌무더기를 만들었다.

성벽 아래는 기어서 올라가야 할 정도로 경사가 가팔랐다. 예전에는 나무가 빽빽했지만 지금은 모조리 베어서 시계는 깨끗했다. 베어 낸 목재들은 성벽 아래와 위에 꽂아 장애물과 목책을 세우고, 포차와 당차를 만들고, 끝을 뾰족하게 깎은 공격용 말뚝과 예비용 목재를 성벽 위에 빼곡히 쌓아두었다. 그러나 그 목재들을 보자 잠시 눈살이 찌푸려졌다. 그 자재들은 성을 지키는 데 없어서는 안 될 도구들이었지만, 화공을 당하면 성벽을 불바다로 만들어 버릴 수도 있었다. 목재들은 가을 햇볕을 받아 매일 건조되고 있었다. 물을 충분히 뿌려두면 괜찮겠지만 그 물이 부족했다. 모든 병사들이 만성적인 물 부족으로 고통받고 있었다. 우물은 3개밖에 되지 않았고, 수량도 그리 풍부하지 않았다. 화재도 걱정이지만 그간의 경험에 의하면

제7장 망향가의 시작

수량이 부족한 지역에 병력을 몰아놓으면 꼭 전염병이 발생하곤 했다.

그래도 지금의 성은 놀랄 정도로 크고 단단해져 있다. 2년 전 처음 이곳으로 왔을 때 산에는 아무것도 없었다. 그들은 여기저기 급하게 통나무 울타리를 세우고, 맨손으로 돌을 던지며 적군과 싸웠다. 산 전체에 울타리를 두를 시간이 없었기에 목책을 여러 개로 나누어야 했다. 이 자리는 지켜냈지만, 외곽에 있던 목책은 함락되고 병사들은 전멸했다. 그 시신들은 지금 저 아래 흙 밑에 묻혀 있다. 그 중에는 자신이 아는 얼굴도 있다. 그 얼굴을 기억하며 2년 동안 피땀 흘려 이곳에 웅장하고 견고한 성을 쌓았다. 그러나 성이 완성되자 또 한 무리의 아는 얼굴들이 성을 떠났다. 그들은 어디에 묻혀 있는지도 모른다.

임존성의 돌과 흙처럼 서로 자기 영역을 지키고 살았더라면 얼마나 좋았을까? 이런 전쟁도, 비참한 죽음도, 뼈에 사무치는 원한도 없었을 것을. 하지만 이런 생각은 부질없는 짓이다. 아마 이런 말을 꺼낸다면 모두들 이렇게 말할 것이다. 옳다, 우리도 그렇게 살고 싶었다. 너희만 없어진다면 우리는 그렇게 살 것이다. 이 원한만 청산한다면, 이 죽음만 해결한다면, 저 땅만 돌려준다면, 누구만 죽어준다면, 우리는 이 산의 바위와 흙처럼 오랫동안 평화롭게 살아갈 것이다.

갑자기 금속음과 돌의 파열음이 그치고 그 공간 속으로 사람들의 탄성과 웅성거리는 소리가 비집고 들어왔다. 동쪽 봉우리에서 깃발이 좌우로 흔들리고 있었다. 조금 후에 노란색 깃발이 또 하나 올랐다. 또 하나 또 하나, 적이 그 방향에서 오고 있다는 신호였다. 깃발 하나는 적의 병력을 표시했다. 청색은 천, 황색은 만, 벌써 관측된 병력이 4만이 넘었다.

동쪽에서 오고 있다면 신라군이다. 급히 고개를 돌려 남서쪽 봉우리를 바라보았으나 그곳의 깃발은 움직이지 않고 있었다. 그러나 당군도 이미 근접했을지도 모른다. 동쪽의 시계는 확 트여 있었지만 서쪽과 남쪽은 산들이 첩첩이 있어서 시야가 제한적이었다. 황급히 서쪽의 산곡을 뒤지던 그의 시선이 하늘을 향해 멈추었다. 아무럼 어떠랴, 어차피 둘 다 상대해야 할 적인 것을.

1 임존성의 가을

663년 10월, 임존성은 최후의 전투를 기다리고 있었다. 최후의 전투지로서 이 장소는 너무나 적절했다. 661년 항전을 결심한 백제군의 잔병들과 애국지사들이 최초로 모였던 장소가 이 성이었다.

주류성을 함락시킨 후 신라군이 먼저 전쟁 종식을 위해 임존성으로 진격했다. 복신도 풍도 떠난 지금, 임존성을 이끄는 인물은 지수신이었다. 전투는 10월 21일에 시작되었다. 문무왕이 인솔하고 김유신 등 신라의 주력 장수 28명(또는 30명)이 참가한 최대 전력을 동원한 공격이었다.

신라군이 정공법을 폈다면 성의 남문을 공략했을 것이다. 나머지 3면에서도 양동공격을 수행했을 가능성이 없지는 않지만 산이 커서 사방으로 공격하면 병력이 너무 분산된다. 인접 부대와 연결도 끊어져 소규모 부대를 보내면 백제군에게 역습을 당할 우려도 있었다. 그러므로 어설픈 양동작전보다는 주공 방향으로 병력을 집중하는 것이 나았을 수도 있다.

남문만 공략하는 데도 사실상 3방면의 공격로가 필요했다. 임존성의 방어 중점 자체가 남문을 향해 있다. 이곳의 지세는 두 개의 봉우리가 남쪽을 향해 나 있고, 그 사이로 'V'형 계곡이 형성되어 있다. 'V'형 계곡은 상당히 깊게 파여 있는데, 가장 안쪽 깊은 곳에 남문이 있고, 좌우의 양쪽 봉우리로 성벽이 날개처럼 뻗어 있다. 좌우로 뻗은 성벽은 양쪽 봉우리를 향해 조금씩 높아진다. 이 양쪽 봉우리 때문에 남문을 공격하는 병사들은 양쪽의 날개에 거의 등 뒤를 노출하게 되어 그야말로 독 안에 든 신세가 되어 버린다.

주력이 가운데로 접근하지 않고 양쪽 봉우리를 먼저 점령하려고 시도할 수도 있다. 그러나 이때도 중앙의 성벽이 낮고 양쪽 성벽이 높은 곳에 위치하여 공격군은 중앙부의 병사들에게 한참 동안 등을 드러낸 채 양쪽 봉우리의 성벽을 기어올라야 한다. 남문 쪽에서 보이지 않도록 봉우리의 바깥쪽 사면에서 공격을 개시해 양쪽 봉우리를 먼저 점령하는 방법도 있기는 하다. 그러나 이곳은 경사가 70도가 넘을 정도로 가팔라서 공성구를 댈 수가 없다. 맨몸으로 기어올라 성벽을 돌파해야 하는데, 이 역시 쉬운 일이 아니다.

그러므로 가장 정공법적인 방법은 남쪽 골짜기에서 접근하되 중앙과 양쪽 경사면에 목책으로 방호벽을 치면서 성벽으로 근접하는 것이다. 방호벽을 쳐도 중앙부와 반대편 성벽에서 쏘아대는 화살과 포격을 피할 수는 없다. 따라서 가운데 남문과 양쪽 봉우리를 향해 동시에 사격하거나 공격을 가하는 방법으로 수비병의 반격을 정면에 고착시키고, 어느 한쪽에 집중해서 돌파하는 수밖에 없다. 이론적으로는 그런데, 측면과 후면을 적의 화망 아래에 무방비로 노출한 채 인접 부대의 제압사격에 목숨을 맡기는 협동공격이 가능할지는 모르겠다.

그것이 싫다면 위장공격으로 중앙부 병력을 적당히 묶어 놓고, 남문 쪽에서 보이지 않는 양쪽 봉우리의 뒤편 사면을 기어올라 돌파해야 한다. 이곳은 경사도 급하고, 공성구를 댈 수도 없으므로 말 그대로 육탄으로 성벽을 뚫어

임존성의 남문을 중심으로 해서 바라다본 주변의 지세 V형 계곡이 선명하다.

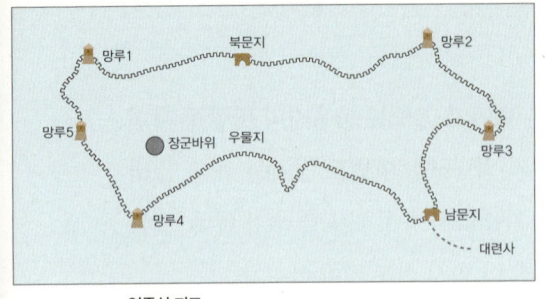

임존성 지도

버릴 돌격대가 필요하다. 그러나 신라군도 이런 돌격을 감행할 자원과 의지가 말라 버린 것 같다. 그들도 너무 오래 싸워 왔다.

> 임존성은 지세가 험하고 성이 견고하며 또한 식량이 많아 30일을 공격하여도 함락시키지 못했다. 군사가 피곤하여 싸움을 싫어했다.(『삼국사기』 권42, 열전 2 김유신)

이 기사에서는 30일을 공격해도 함락시키지 못했다고 했다. 그러나 다른 기록에 의하면 신라군의 공격은 10월 21일에 시작해서 11월 4일에 끝났다고 했다. 김유신전에서 30일이라고 한 것은 신라군이 경주에 도착한 날이 한 달 뒤인 11월 21일이어서 30일이라고 한 것이 아닌가 싶다. 따라서 신라군은 겨우 보름 정도 공격하다가 돌아간 셈이다. 문무왕 이하 장군들이 총출동한 면면에 비하면 정말로 무성의한 공세였다. 그만큼 병사들의 반발도 심했던 모양이다. 이런 공격에 자원해 줄 많은 용사들이 황산벌과 고구려의 차디찬 땅 아래에 묻혔다. 살아남은 병사들, 한때는 용감했던 병사들에게도 3년이라는 전쟁은 진저리를 내기에 충분한 시간이었다.

임존성은 환호성을 질렀으나 싸움은 끝나지 않았다. 신라군이 돌아가자 당군이 몰려왔다. 당군이 왔다고 해도 달라질 것은 없었다. 성은 튼튼하고 식량도 충분했다. 당군도 지칠 대로 지쳤다. 그러나 유인궤는 돌격을 맡아 줄 비밀부대를 대동하고 있었다. 임존성의 맹장이던 흑치상지와 흑치상지의 별부장別部將 사타상여였다.

흑치상지는 무예와 지략이 모두 뛰어난 장수였다. 사타상여는 성으로 보아 백제의 최고 명문가인 사택씨라고 여겨진다. 처음 흑치상지가 사비를 탈출해서 임존성으로 들어갈 때 함께 간 10명의 부하 중 한 명일 것이다. 흑치상지의 열전에는 당 고종이 사신을 보내 항복을 권유하자 항복했다고 한다.[1] 그러나 항복한 장소와 시기는 알 수 없다. 백강 전투에 참전했다가 생포되었을 수도 있고, 임존성 포위전 중에 혹은 다른 지역을 사수하다가 투항했을 가능성도 있다. 한 가지 단서는 그가 복신과 같은 서부 출신이며 부하를 대동하고 항복했다는 사실이다. 복신이 풍에게 제거되면서 그의 입지도 불안해졌거나 부흥운동에 환멸을 느꼈을 것이다. 그리고 그 첩보를 얻은 유인궤가 흑치상지를 회유하는 데 성공했다.

유인궤는 흑치상지와 인간적 교감을 가지며 그에게 신뢰를 얻었고, 임존성을 빼앗아 공을 세우라고 유혹했다. 충성심과 능력을 보이면 당나라 장군도 될 수 있다고 설득했을 것이다. 나중 일이지만 유인궤는 약속을 지켰다. 흑치상지가 투항하자 유인궤는 흑치상지와 사타상여 부대에게 무기와 군량을 지급했다. 구원군 장수 손인사는 반대했으나 유인궤는 두 사람은 믿을 수 있다며 자기 주장을 밀고 나갔다.

흑치상지 부대가 단독으로 성을 공격했을 것 같지는 않다. 그 정도로 병력이 충분하지는 않았을 것이다. 전체적으로 당군이 공격을 하는 가운데, 흑치상지가 결정적인 역할을 했다고 생각된다. 내부 호응자를 얻어서든 성벽 어느 곳의 약점을 찔러서든 임존성의 방어선에 구멍을 내고 들어가야 했다.

임존성은 흑치상지가 부흥군 활동을 처음 시작한 근거지였다. 그만큼 성에 대해서도 속속들이 잘 알았다. 내부에 인맥도 있었을 것이다. 모든 성이 그

임존성 우물

임존성 북쪽에 붙어 있는 봉수산 정상과 남쪽의 산 두 산은 샴 쌍둥이처럼 몸체 중간이 합체되어 있다.

렇듯이 임존성도 약점이 있다. 그 하나가 물 부족이다. 둘레가 2426m나 되는 성에 우물이 3개뿐이었다.

또 하나는 성의 구조적인 약점인데, 성의 북쪽에 붙어 있는 봉수산 정상이다. 임존성이 있는 산은 현재는 봉수산으로 불리는데, 북쪽의 정상이 있는 봉우리와 임존성이 있는 남쪽의 두 개의 산이 샴 쌍둥이처럼 몸체 중간이 합체되어 있는 형태다. 그런데 임존성의 북쪽 성벽은 봉수산 정상까지 휘감지 않고, 정상으로 이어지는 가는 능선 앞에서 끝난다. 봉수산 정상까지 성을 연결하면 성이 너무 커지고, 공사도 만만치 않다. 덕분에 침공 루트가 하나 생겼다. 봉수산 정상까지는 부흥군의 공격을 받지 않고 오를 수 있다. 부흥군도 이 사실을 모를 리 없으므로 북쪽 장대를 특별히 높고 튼튼하게 쌓았다. 봉수산 정상에 감시병을 상주시키고, 능선길에 각종 장애물과 이중삼중의 목책을 쳤을 가능성도 있다.

그러나 어쨌든 이 능선으로 공격해 들어오는 것이 다른 어느 곳보다 쉬웠다. 산의 지리를 익히 알고 있어 봉수산에 배치한 감시병의 눈을 피해 혹은

임존성이 있는 봉수산의 북쪽 봉우리와 능선길

같은 편으로 위장해서 소리 없이 접근할 수 있다면 더욱 좋았다. 일단 이 지점에서 성벽 안으로 침투하면 성벽을 따라 내려가면서 성벽의 수비병을 소탕할 수 있다. 그것도 위에서 아래로 좁은 성벽길을 따라 진격하는 것이라 수비대는 속수무책이다.

정말로 전투가 이렇게 진행되었는지는 하늘만이 알 일이다. 다만 내부 사정과 성의 지리만 알아도 이렇게 공격이 쉬워진다는 사례를 들었을 뿐이다. 여기에 내부에 조력자까지 있다면……. 하지만 기록은 구체적인 사실은 전해주지 않는다. 그들도 백제인을 이용해 백제군을 소탕한 것이 조금은 미안했는지 흑치상지와 사타상여가 마침내 성을 빼앗았고, 지수신은 처자를 버리고 고구려로 달아났다고만 서술했다.

665년 8월 문무왕과 유인원, 웅진도독 부여융은 공주 취리산에서 백제 평정을 기념하는 제사를 지내고 양국 간에 맹약을 맺었다. 취리산의 위치에 대해서는 현재의 공주생명과학고등학교 뒷산이라는 설과 공주 연미산이라는

● 임존성

임존성은 충남 예산군 대흥면 봉수산에 있는 봉수산성이다. 위치 미상인 주류성과는 달리 임존성의 위치는 비교적 확고하다. 조선시대부터 이곳이 임존성이었다고 알려졌고, 현지에서 발굴된 기와에도 '임존관'이라는 명문이 발견되었다. 다만 이 기와가 삼국시대의 기와가 아닌 조선시대 기와였다.[2] 조선시대부터 이곳을 임존성으로 본 것은 확실하지만 조선시대의 기억이 100% 정확하다고 볼 수는 없다. 성의 구조나 내부에 대해서도 아직 정밀조사와 발굴이 진행되지 않아 '혹시' '만약'의 가능성이 없지는 않다.

임존성이 위치한 봉수산은 해발 482m다. 고도상으로는 높지 않지만 주변이 평야고 높은 산이 적어 이 일대에서는 제일 높고 우람한 산이다. 이 산이 부흥군의 거점으로 눈도장이 찍힌 이유 중 하나는 이곳 산성이 삼국시대의 일반적 산성처럼 교통로나 전략 요충을 차지하거나 감제하는 산성이 아니라, 산줄기 안쪽에 박혀 있는 성이기 때문이다. 전략적 가치는 낮지만 저항군의 거점으로는 적절한 입지라고 하겠다.

성벽은 거의 허물어져 있는데, 복원을 해보니 의외로 크고 웅장했다. 둘레는 2426m다. 성벽은 대략 8부 능선을 따라 두 개의 봉우리를 감싸고 있다. 사비 함락 직후에 벌어진 최초의 임존성 전투에서는 임존성이 목책이었다고 했다. 그러나 663년 최후의 전투 때가 되면 임존성은 아주 튼튼한 성으로 바뀌어 있다. 2년 사이에 부흥군 병사들이 필사적으로 성을 요새화 했을 것이다. 그래도 이 성은 삼국시대의 일반적인 성에 비해 상당히 큰 편이다. 후대에 증축되었을 가능성도 있지만, 이곳에 부흥군이 집결하다 보니 다른 곳보다 특별히 성이 크게 건설되었을 수도 있다. 현재 볼 수 있는 성은 축성법으로 보면 네 가지 기법이 사용되었다. 이런 기법으로 보아 서너 차례 개·보수를 했다고 생각된다.[3] 전략 거점으로서는 가치가 떨어지지만, 고려시대에도 몽골 침입 같은 전란이 많았으므로 피난용 성으로 주목받았을 가능성은 있다.

성 안에는 우물이 세 개 있다. 제일 좋은 샘은 남문 바로 안쪽에 있는 바위틈에 있다. 지금도 일년 내내 물이 마르지 않는다. 그러나 성의 규모에 비해 우물 3개는 많은 것이 아니다. 이것이 임존성의 약점으로, 농성전중에는 물 부족으로 상당히 고생했을 것이다.

신라·백제·당이 맹약을 맺었다고 전해지는 취리산 공주생명고등학교 뒤로 보이는 아담한 산이다.

설이 있다. 명확한 증거는 없지만 개인적으로는 생명과학고등학교 뒷산이 역사적 상황과 잘 맞는다고 판단된다.

 취리산의 위치를 판단하는 데 중요한 요소는 이 맹약식의 성격이다. 제천의식으로 하늘에 제사를 지내는 것이 주목적인가, 아니면 신라·백제·당이 동맹을 맺고 새로운 정치질서를 창출하며 전쟁을 끝낸다는 기념식인가? 중국 황제들도 천하를 통일하거나 하면 태산이나 오악에 올라 제사를 지내는 경우가 종종 있었다. 그런 경우라면 연미산이 적당하다. 연미산은 공주 시내에서 좀 떨어져 있고, 일대에서는 높은 산이다. 하지만 취리산 회맹식은 후자 쪽에 가깝다. 의식 상으로는 하늘에 제사 지내고 맹세하는 순서도 포함되어 있었겠지만, 근본적으로는 모든 사람에게 보여주고 선포하는 기념식이다.

 그런 장소로는 공주생명고등학교 뒷산(이제부터는 취리산으로 호칭)이 제일 적절하다. 취리산은 현재 백제대교가 놓인 바로 옆 강변에 위치한 해발 52.4m의 작은 야산이다. 멀리서 보면 꼭 야외음악당의 둥근 지붕이 연상된다. 지금은 강변도로와 백제대교로 주변 지형이 높아져서 약간 가려졌지만 옛날에는 강과 주변 백사장이 훤히 보였을 것이다.

유인원 기공비 663년 유인원의 백제 평정을 기념해서 세운 비. 1909년 부여 부소산성 안에서 비신과 이수가 조각나 분리된 채 발견되었다. 현재는 국립부여박물관에 전시되고 있다. 보물 21호

공주시내로 들어오는 길목에 위치했으며, 넓은 강과 하얀 백사장을 앞에 두고 있다. 이곳에 서면 그날의 모습이 영상처럼 그려진다. 옛날 병사들의 사열, 군중이 운집하는 행사는 백사장이 제일 적소였다. 백사장에는 3개 국의 병사가 도열하고, 강 건너 백사장과 공산성 주변에는 군중들이 운집했을 것이다. 취리산에는 나무를 베고, 단상과 비단 휘장을 설치했다. 단상의 사람들은 푸른 금강과 공산성, 모인 병사와 군중을 내려다보고, 모인 사람들은 마치 연극이나 오페라를 관람하듯 화려한 단상과 그들의 행동, 의식, 동작을 볼 수 있었다.

그 광경을 지켜보는 사람들의 심정은 다양했다. 어떤 이는 감동에 차서, 누구는 전쟁이 끝났다는 순진한 기대로 의식을 보았고, 누구는 분노와 저주의 눈길을 쏘아 보냈을 것이다. 단상의 사람들도 착잡하고 복잡했다. 신이 난 사람은 유인궤뿐이었을지도 모른다.

하여간 의식은 순조롭게 진행되었다. 이때의 맹세문은 철판에 금을 입혀 새겨서 신라 종묘에 안치했다. 이로써 한강 이남의 패권은 신라에게로 갔다. 이젠 되돌릴 수 없었다.

당나라로 돌아온 유인궤에게 고종은 백제를 평정한 공으로 관계를 무려 6단계나 올려주고, 장안 시내의 저택을 하사했다. 유인궤는 꿈을 이루고 황제의 신임까지 얻어 만년에는 모든 관료의 꿈인 재상으로까지 승진했으며, 당

나라의 이민족 정책과 정복전쟁의 전문가가 되었다.

흑치상지도 이 공으로 당나라의 신임을 얻었다. 이후의 삶은 당나라의 장군으로 살아가게 된다.

2 고구려의 멸망

백제를 멸망시킨 해에 당은 모처럼 크게 힘을 써 고구려를 공격했으나 고구려 원정은 또 실패로 끝났다. 이후 당은 작은 침공도 포기한 채 침묵을 지켰고, 고구려도 힘을 낭비하지 않고 잔뜩 웅크렸다. 당의 전쟁 수행 의지에 무언가 변화가 생긴 게 아닌가 하는 생각도 들 만한 시점이었다. 그러나 이 소강 상태는 666년 연개소문이 사망함으로써 깨어졌다. 그가 죽자마자 세 아들 간에 권력다툼이 발생했기 때문이다. 꼭 세 아들의 잘못이 아니라 세 아들 밑에 줄을 대고 있던 세력들도 화해 불가능한 상태였다.

이때 맏아들 남생은 겨우 33세, 막내 남산이 28세였다. 둘째 남건은 대략 30세 정도 되었을 것이다. 남생이 연개소문의 지위를 계승했지만, 그의 집권은 1년도 가지 못했다. 그가 지방을 순찰하러 간 사이 두 동생이 쿠데타를 일으켰다. 쿠데타는 두 동생의 본의가 아니고 누군가의 이간책이었다고 한다. 그 음모가는 남생과 남건, 남산 모두에게 첩자를 보내 서로 죽이려 한다고 밀고했다. 형제들은 모두 이 말을 믿지 않았다. 그러나 약간 의심은 들었던 남생이 사실 확인을 위해 첩자를 파견했는데, 남건이 이 첩자를 체포했고, 이 사건을 계기로 서로가 확실하게 의심하게 되었다. 남건은 왕의 명령서를 위조해서 남생을 불렀다. 남생이 명령을 따르지 않자 남건은 남생의 아들 헌생을 살해했다.

남생은 국내성으로 도망한 후 부하들과 대책을 논의했다. 누구는 싸우자고 하고, 누구는 머뭇거리기만 했다. 남생은 상황을 분석해 보고는 싸움을 포기했다. 그는 마침 자신을 따라온 열여섯 살 난 아들 헌성을 당에 보내 귀순을 요청했다.[4]

이것은 형제간의 분열이 아니라 고구려 지배층의 분열이었다. 남생이 당에 망명할 때 국내성 이하 6개 성, 10만 호가 그의 세력권 아래 있었고, 목저성 등 부여 쪽 3개 성이 그의 편에 붙었다. 남생이 도주하자 연개소문의 아우 연정토와 그의 부하 24명이 12개 성의 주민 763호 3543명을 이끌고 항복해 왔다(연정토는 668년 당에 사신으로 가서 그곳에 눌러앉았다). 12개 성 중 4개 성은 군인과 주민 일부만 성을 탈출하여 귀순했고, 8개 성은 성 전체가 신라 소유로 넘어왔다. 이 사건도 백암성처럼 성내에 여러 다른 세력이 존재했고, 고구려가 분열했음을 보여준다.

당은 장군 방동선과 고간을 보내 남생을 맞아들이고 남생을 요동도독 겸 현도군공으로 임명하여 고구려 침공의 전위에 내세웠다. 고구려가 망해도 남생과 그를 따르는 사람들의 지위와 권력은 보장해 주겠다는 신호였다. 당은 남생의 항복으로 고구려 전체가 항복해 오기를 기대했던 것 같은데, 그 소망은 이루어지지 않았다.

666년 12월, 당군이 발진했다. 당은 이번에는 정말 끝장을 내겠다고 생각했는지 고구려 원정에 한이 남아 있는 이적을 사령관으로 임명했다. 이때 그의 나이는 거의 여든이 다 되었다. 고구려는 내분도 내분이지만 오랜 전쟁으로 요동방어선이 구멍투성이었다. 게다가 2선 방어선의 중심인 국내성과 그 주변이 남생을 따라 항복했으므로 요동성 - 백암성 - 안시성으로 이어지는 1선 방어선과 중앙통로가 제 구실을 못할 것은 뻔한 일이었다. 1선 방어망 중에서 유일하게 남은 곳은 북쪽의 거점 신성이었으나 그곳도 이미 고립되어 있었다.

667년 9월 이적은 요하를 건너자마자 계필하력을 보내 신성을 쳤다. 이적이 요하를 건너면서 "신성은 고구려 서쪽 변방의 요새니 먼저 그곳을 빼앗지 않고는 나머지 성들도 쉽게 뺏을 수 없다"고 말했다고 한다.[5] 그러나 사실은 남아 있는 요충이 신성밖에 없었다. 요동성과 함께 이 방어선의 양 축을 형성하는 신성은 비록 고립무원의 형편이 되었지만, 그동안 전쟁에서 한 번도 함락된 적 없는 전력의 소유자였다. 그러나 이번에는 성 안 사람들이 반란을 일으켜 성주를 묶고 항복하였다. 신성이 떨어지자 주변 16성이 쉽게 무너졌다. 요동방어망의 북쪽 구역이 이로써 함몰되었다.

이적의 주력이 주변의 16성을 공략하러 나가자, 고구려는 이적의 주력을 우회해 신성을 공략하는 대담한 반격작전을 폈다. 그러나 당군도 이를 예상하고 충분한 수비대를 남겨 두었다. 그 중 한 사람이 좌무위장군 설인귀였다. 고구려군은 야음을 틈타 기습공격을 가했지만 설인귀가 격퇴했다. 이때 설인귀가 얻은 수급만 수백 명이었다고 한다. 설인귀가 고구려군을 격퇴하자 방동선과 고간이 인솔하는 당군은 심양의 금산으로 진격했다. 고구려군은 고간군을 공격해서 패퇴시켰다. 그러나 고구려군이 고간군을 추격하는 사이 설인귀가 고구려군의 측면을 찔렀다. 이 전투에서 고구려군 5천 명이 사망했다.[6] 설인귀는 단숨에 남소성, 목저성, 창암성을 함락시키고, 이곳으로 진격해 온 남생의 친당파 고구려군과 합세했다.

언제부터인가 고구려군의 주 방어선은 압록강으로 바뀌었다. 요동에서도 전투가 계속되었으나 전처럼 요소 요소에서 방어망이 작동하는 수비가 아니라 여기저기서 벌어지는 난전이 되어 버렸다. 1월에 당군은 압록강까지 내려왔는데, 2선 방어의 거점인 압록강 나루에 고구려군이 없었다. 사정은 알 수 없지만 고구려군이 병력이 모자라 어느 지점을 방어해야 할지 결정하지 못했던 것 같다. 이때 벌써 곽대봉이 인솔하는 수군은 예전에 내호아가 이용한 진

압록강 강 건너 보이는 곳이 위화도다. 현재 압록강 철교가 있는 신의주는 원래의 의주보다 하류로 이동한 것이다. 조선시대까지 의주가 있던 곳은 좀더 위쪽의 어적도, 위화도 근처였다. 이곳은 위화도와 같은 하중도가 발달해서 강을 건너기가 더 용이했고, 아마 당군도 이 부근에서 도하했을 것이다. 단 고대에는 하중도가 지금보다는 작았을 가능성이 있다.

로를 따라 평양까지 와 있었다. 과거 수 양제의 2차 침공 때와 똑같은 상황이었는데, 고구려로서는 곽대봉의 수군이 더 신경 쓰였을 것이다. 그런데 곽대봉의 수군은 싸울 수가 없는 형편이었다. 군량과 병장기를 운반해 오던 별장 풍사본의 선단이 파괴되어 병사들이 굶주리고 있었던 것이다.

한편 문관으로 이적의 서기관이던 원만경이 압록강에 고구려 군대가 없는 것을 보고는 신이 나서 격문을 지어 남건에게 보냈다. 이 문서 중에 "압록강을 지킬 줄도 모른다"는 문구가 있었다. 원만경의 의도는 압록강에 수비대를 배치하지 못할 정도로 고구려의 저항력이 소진되지 않았느냐는 뜻이었던 것 같은데, 남건은 격문을 보고는 이런 답신을 보냈다. "삼가 명을 받들겠다." 그리고는 바로 군대를 이동시켜 압록강 나루를 봉쇄해 버렸다. 이 봉쇄는 견고해서 당군은 강을 건널 수가 없었다. 고종이 이 소식을 듣고 원만경을 장안에서 가장 먼 영남(광동, 광서)으로 유배시켰다.

당군의 주력이 압록강까지 도달하는 동안 요동방어선의 여러 성들은 제각기 고립되어 전투를 치르고 있었다. 그 중 하나가 안시성이다.[7] 남생의 항복으로 국내성 이북의 많은 성들이 당에 항복했다고 하지만 안시성은 항복하지 않았다. 이적은 부장 학처준을 안시성으로 파견했다. 안시성 앞에서 당군은 느슨하게 움직였다. 당군의 목표는 안시성 공략이 아니라 묶어두려는 것이 아니었나 싶다. 학처준이 호상에 앉아 전투 식량(건량)을 먹고 있었는데, 당군의 진형이 정비되지 않은 것을 보고 안시성군 3만 명이 성문을 열고 튀어나왔다. 고구려군의 승리가 분명했는데, 학처준이 즉시 정예부대를 투입해 반격하는 바람에 안시성군이 패배하고 말았다. 안시성군이 당군을 충분히 유린하고 증원부대가 도착하자 돌아간 것을 당군이 이겼다고 서술했을 가능성도 없진 않지만, 안시성군이 승리했다고 해도 기분 좋은 승리는 아니었을 것이다. 이날 전투는 644년 당 태종을 물리친 지 23년 만에 다시 벌어진 전투였다. 연개소문은 이미 죽어 이 참상을 보지 않아도 되었지만, 안시성 전투에 참전했던 병사와 주민 중 많은 사람이 이날까지 생존해 있었을 것이다. 그들은 무슨 생각을 했을까?

한편 이번에도 신라는 남쪽에서의 협공과 식량수송의 임무를 맡았다. 문무왕과 김유신이 직접 참전하고 30여 명의 장군을 동원하여 한성으로 진군했다. 신라로서는 총력전이었다. 9월에 한성에 도착했지만, 더 이상 진군할 수가 없었다. 신라의 능력으로는 단독으로 고구려로 치고 올라갈 수는 없었다. 김유신이 고구려로 들어갔다 온 것이 5년 전인데, 벌써 임진강 남쪽 칠중성도 고구려의 수중에 떨어져 있었다. 신라의 입장에서는 당군이 최소한 압록강은 건너야 고구려 영토로 진입할 수 있는데, 앞에서 서술한 대로 당군은 압록강에서 저지되고 있었던 것이다.

신라는 당군의 남하를 기다렸다. 전쟁 상황을 알아 보기 위해 정탐부대를 세 번이나 보내고, 육로가 어렵자 해로로도 사람을 보내 전쟁 상황을 알아보았지만 압록강 전선의 상황은 지지부진했다. 기다리다 지친 신라는 임진강 남안과 북상로라도 확보하기 위해 칠중성을 공격했다. 그러나 성을 거의 함락할 때쯤 해서 칠중성은 무시하고 식량을 가지고 빨리 평양으로 오라는 연락이 왔다. 10월 2일에 당군이 평양성 북쪽 200리 지점에 도착했고, 거란 기병 80명으로 구성된 특수부대를 파견해 신라에 연락을 했던 것이다. 신라군은 허겁지겁 북상해서 11월에 수곡성까지 갔다. 그러나 당군은 평양 근처에도 오지 못하고 철군했고, 신라군도 서둘러 길을 되짚어 돌아나왔다. 667년의 고구려 침공도 허무하게 끝나는 것 같았다.

하지만 당군은 끈질겼다. 평양을 향한 직접 공격이 여전히 만만치 않자 고구려의 약한 부위로 목표를 전환했다. 영국의 군사학자 리델 하트의 이론을 빌면, 간접 접근 방식으로 전략을 수정한 셈이다. 그 약한 부위는 부여였다.

668년 2월에 설인귀가 겨우 2천의 병력으로 부여 땅을 유린했다. 설인귀가 뛰어나서가 아니라 부여와 고구려의 오랜 숙원 덕분이었다. 설인귀는 용맹하되 무모한 인물은 아니었다. 그는 이미 부여의 내부 사정을 알고 있었던 것이다. 부여성에 주둔한 고구려군 ─ 광개토왕의 정복 이후로 그들은 대대로 중앙정부에서 파견한 이 지역의 진압군과 같은 존재였다 ─ 이 격파당하자 부여 지역의 40여 성이 다 항복하였다. 설인귀와 고구려군의 부여성 전투에서 고구려군 만여 명이 죽었다. 이로써 고구려의 북쪽 지역은 다 당의 손으로 들어갔다.

고구려는 부여 탈환을 위해 5만 대군을 파견했다. 이들은 아마 환인에서 부여 사이에서 징발한 병력이었을 것이다. 이때의 전쟁터는 정말 정신이 없다. 고구려는 왜 압록강-평양 축선으로 병력을 집결하지 않고, 허겁지겁 당군을 쫓아다니며 당군이 함락하는 곳마다 뒤늦게 탈환작전을 펼치고 있는 것일까? 세 가지 추정이 가능하다.

(1) 고구려 지휘부가 남생파와 남건파로 분열되면서 우수한 장군들이 사라져 당군의 병력 운용을 따라가지 못했다.

(2) 남건의 쿠데타로 국내성 이북의 여러 성이 당나라로 넘어가면서 고구려의 병참선과 도로가 여기저기 단절되었다. 이런 상황에서 고구려는 병력을 멀리 파견하거나 빠르게 이동시킬 수 없었다. 결국 북쪽의 병력을 압록강 방어선까지 끌고 오기 어려워서 부여 전선에 투입했다.

(3) 당군의 분열작전이다. 고구려도 이제는 전투력이 떨어지고 병력도 줄어들었다. 당군이 총집결해서 압록강을 돌파하면 막을 방법이 없다. 그러므로 정면승부를 피하고, 여기저기 병력을 투입해서 당군을 분산시키고 압록강 집결을 방해하였다.

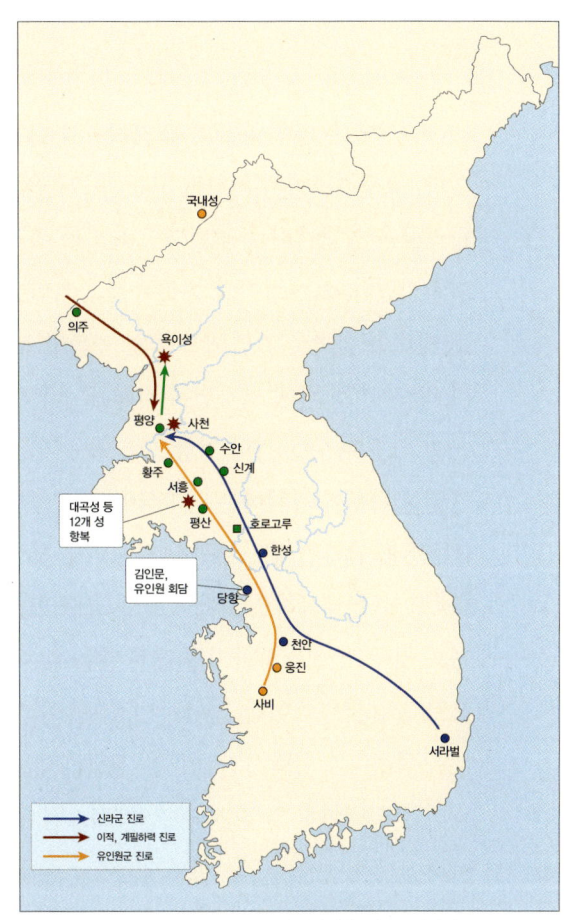

668년 나당연합군의 고구려 공격도

진실은 알 수 없지만 부여로 접근하는 고구려군 5만은 꽤 위협적이었던 것 같다. 2월에 이적은 이 고구려의 증원군에 대항하기 위해 다시 북진해서 설하수薛賀水(『신당서』에서는 살하수薩賀水라고 기록했다)에서 고구려군과 조우했다. 이 전투에서 고구려군은 대패했다. 목을 벤 시신만 5000에 포로가 3만이었다.[8] 이적은 이어서 대행성大行城(위치 미상)을 함락시키고 다시 압록강으로 내려왔다. 계필하력과 설인귀, 다른 길로 진군했던 당군도 모두 합류해서 압록강에 집결했다.

제7장 망향가의 시작　353

고구려군은 당군의 도강을 저지하기 위해 필사적으로 맞섰지만 방법이 없었다. 고구려군이 후퇴하자 당군은 그들의 장기대로 승기를 놓치지 않고 고구려군을 악착같이 추격했다. 200리를 추격해서 계필하력이 욕이성辱夷城을 함락시켰다. 욕이성이란 동이족을 능욕한 성이란 뜻이다. 원래 이름이 아니고 당군이 함락을 기념해서 붙인 이름이 분명하다. 그 덕에 위치를 알 수 없다. 단지 추정을 해 보자면 우리나라 전쟁사를 보면 북방에서 쳐들어온 침략군이 의주 나루를 건너 평양으로 오는 과정에서 반드시 거쳐야 하는 요새가 청천강 나루를 감제하는 안주성이다. 고구려 시대에 안주의 이름은 식성군息城郡인데, 안타깝게도 고구려 시대의 군사적 위상이나 방어 수준은 알 수 없다. 그러나 상식적으로 생각해도 고구려군은 청천강에서 최후의 방어선을 쳤을 것이고, 청천강마저 뚫렸을 때는 더 이상 병력을 낭비하지 않고 평양성으로 집결했을 것이다.

욕이성마저 함락시킨 당군은 계필하력을 선봉으로 세워 평양을 포위했다. 순식간에 벌어진 일 같지만 2월에서 8월 사이에 벌어진 사건으로 당군이 압록강에서 평양까지 오는 데 6개월이나 걸렸다. 그 사이에 욕이성만이 아니라 우리가 알고 있는 많은 군사요충에서 무수한 전투가 벌어졌을 것이다. 후대에 이 루트를 따라 침공했던 거란족, 만주족, 심지어 몽골족도 이렇게 장기간 침공작전을 수행하지는 못했다. 유목민족인 거란족 같은 경우는 전쟁을 수행할 수 있는 기간이 길어야 1월까지였다. 그러므로 거란족의 공세였다면 압록강까지 오지도 못하고 전쟁은 끝났을 것이다. 고구려가 비록 분열하고 약해졌다고 하지만 형편없이 무너진 것은 아니었다. 고구려를 침공한 군대가 세계에서 가장 부유하고, 이만한 병력을 동원해서 1년 넘도록 전쟁을 수행할 수 있는 거의 유일한 국가였다는 사실이 불행이었다.

평양성 공격이 다시 가시권에 들어오자 당나라는 신라에 또다시 출전을 요구했다. 668년 6월 유인원이 직접 당항성에 와서 연합공격을 논의했다. 신라는 김인문을 보내 작전계획과 날짜를 조율했다.

6월 12일, 신라군과 백제 땅에 주둔중인 유인궤군이 함께 북상했다. 신라군의 지휘부 명단은 김유신, 김인문, 김흠순, 천존, 문충, 진복, 지경, 양도, 개원, 흠돌, 진순, 죽지, 품일, 문훈, 천품, 인태, 군관, 도유, 용장, 숭신, 문영, 복세, 선광, 장순, 순장, 의복, 천광, 일원, 흥원이었다.[9] 이들의 약력을 일일이 다 설명할 수는 없지만, 문무왕의 형제, 김유신 일가, 그 외 신라의 중추적 인물들을 망라한 인선이었다.

신라군과 유인궤군은 길을 나누어서 진군했다. 평양으로 가는 길은 황해도 평산-서흥-황주-평양으로 가는 길과 신계-삭령-수안-평양으로 가는 두 길이 있는데, 백제 땅에서 출발한 유인궤는 서해안을 따라 전자의 길로 갔고, 신라군은 후자의 길로 진군한 것 같다. 고구려의 입장에서 보면 이 남쪽 전선에서도 불길한 징조가 연발했다. 황해도 평산은 황해도의 군사요충이다. 고려를 건국한 왕건의 무장들이 거의가 평산 출신이었고, 고려·조선 시대에 큰 전쟁이 있을 때마다 격전지가 되곤 했다. 현재도 평산은 북한의 일급 군사기지다. 이 평산의 대곡성과 일대의 성들이 유인궤군에게 그냥 항복했다. 항복한 날이 22일이니 저항도 없이 항복한 것이 분명하다.

신라군은 문무왕과 중풍에 걸린 김유신이 원정에서 빠졌고 김인문, 천존, 도유 등이 일선주 등 7개 군과 한성의 병력을 이끌고 선봉대가 되어 북상했다. 신라군 역시 손쉽게 진군해서 북상은 비교적 쉬웠다. 27일 이전에 신라군 선발대와 당군, 유인궤군이 서로 연락이 닿는 지점에 자리잡았다. 신라군은 평양 북쪽 20리 지점에 있다고 하는 영류산 아래에 자리를 잡았는데, 영류산은 현재의 대성산성으로 추정하고 있다.

뒤를 이어 신라군 주력이 북상했다. 고구려군이 이때야 비로소 나타나 신라군을 가로막았다. 양군은 평양 남쪽에 있던 사천 벌판에서 대치했다. 양군 사이에는 작은 강이 있고, 작은 다리 하나가 놓여 있었다.

진천 농다리 삼국시대 또는 고려시대에 건설한 다리로, 이 시기의 건축 양식을 보여준다. 우리나라에서 가장 오래된 다리다.

　신라군에 있던 아술(아산) 출신의 사찬 구율이 하천을 가로지르는 다리에 도착했다. 강을 두고 싸우는 전투에서 지옥 같은 혈전이 벌어지는 곳은 다리다. 아마 그가 다리에 도착했을 때 신라군 본대가 다리에 도착하지 않았고, 고구려군도 미적거리면서 다리를 완전히 봉쇄하지 않았거나 양군이 서로 바라만 보고 있었던 모양이다. 구율은 순간적으로 다리의 방어가 느슨하고, 수심이 낮아 다리를 이용하지 않고도 강을 건널 수 있으며, 다리 밑으로 가면 다리가 화살을 막아주는 방패 역할을 한다는 사실을 발견했다.

　구율은 명령을 기다리지 않고 즉시 다리 아래로 뛰쳐 내려가 돌격을 개시했다. 혼자는 아니고 그의 부하들이 따라왔을 것이다. 이 순간적인 공격은 대성공을 거두었다. 고구려군이 뒤늦게 등장했고, 쉽게 허물어진 것으로 봐서 급하게 편성한 군대였던 것 같다. 그러나 그렇더라도 구율의 공은 공이었다. 누가 보아도 최고의 공로자였지만, 그는 포상에서 제외되었다. 명령을 받지 않고 멋대로 돌격했다는 것이 이유였다. 우리나라뿐 아니라 세계 전사에서도 이런 사건이 참 많은데, 포상을 받는 경우도 있고 구율처럼 제외되는 경우도 있다. 포상이냐 아니냐를 결정하는 요인은 '명령 불복종'이라는 원칙의 문제가 아니라 최고 지휘관이 인재를 알아보는 안목과 대승적 판단력에 좌우되는 것 같다.

구율은 창의적이고 진취적인 자였거나 성격이 불 같은 타고난 투사였던 모양이다. 이 두 성품의 공통점은 평소에 고분고분하지 않아 대개는 지휘관과 사이가 좋지 않다는 점이다. 게다가 그는 경주 출신이 아닌 외방 출신이었는데, 경주인과 외방인에 대한 차별의식은 신라의 뿌리깊은 고질병이었다. 그가 화가 나서 목을 매어 자살을 시도했다는 이야기를 보면, 불 같은 싸움꾼 같기도 한데, 이 자살 시도는 성격 때문이 아니라 책임감 때문일 수도 있다. 그가 포상을 받지 못했다는 것은 그를 믿고 따라와 싸우고 죽어준 부하들에게 보답을 할 수 없다는 의미도 되기 때문이다. 구율의 자살 시도는 주변 사람들에게 발견되어 실패로 끝났다. 그러나 덕분에 역사에 이 사실은 남길 수는 있었다.

9월 21일에 신라군 본대가 당군과 합류했으며, 본격적인 평양성 공략전이 시작되었다. 당군과 돌궐, 신라군은 사수 부근에 진을 쳤다. 남건이 이끄는 고구려군은 대담하게 성을 나와 이들에게 도전했다. 전쟁사를 보면 가끔 수비군이 병력 부족, 기타 여러 가지 사정으로 농성전이 불가능하다고 판단했을 때 선제공격을 가하는 경우가 있다. 어차피 농성을 통한 승리가 불가능한 이상, 적의 선봉이나 주력을 깨트려 공격을 약화시키거나 포기하게 하는 것이다. 고구려의 운명을 건 최후의 결전이었다. 이 전투에서 놀라운 사건이 발생했다. 지금껏 대고구려 전쟁에서는 이선으로 처져 있던 신라군이 선두에 서서 고구려의 진을 깨트렸던 것이다.

한 줄기 소망을 걸었던 공격이 실패하자 절망감이 평양성을 휘감았다. 마침내 평양에서마저 내분이 일어났다. 먼저 보장왕이 남산과 함께 백기를 들고 98명의 신하를 거느리고 항복해 왔다. 남건은 끝까지 저항했으나 남건의 부하로 군사 일을 총괄하던 승려 신성信誠이 부하를 보내 당군과 내통했다. 5

평양성 최후의 보루 북성 마지막까지 남건이 있던 곳도 여기였을 것이다.

일 후 신성이 몰래 성문을 열었다. 신성은 이 공으로 나중에 당에 들어가 종3품 은청광록대부의 작위를 받았다.

성문이 열리자 당군의 선발대가 쇄도했다. 이들은 북을 치고 함성을 지르며 성문에 기를 세우고 성 안에 불을 질렀다. 이 돌격은 설인귀가 직접 지휘했던 것 같다. 신라의 정예 기병 500기도 돌격대에 포함되었다. 뒤이어 당군과 신라군이 쏟아져 들어갔다.

『삼국사기』 고구려전에는 성이 간단하게 함락된 것처럼 적었으나 나중에 신라에서 전공자를 포상한 내용을 보면 북문과 남문 전투, 성 안의 군영, 남교(남쪽 다리) 전투, 소성小城(내성이나 북쪽에 둔 요새인 북성인 듯하다) 전투 등이 있었다. 이는 최후의 순간까지 고구려의 전사들이 항거를 계속해서 평양성내 전역에서 치열한 시가전이 벌어졌음을 알려준다. 신라군은 포로 7천 명을 잡아 서라벌까지 끌고 왔다. 당군은 보장왕과 왕자 복남과 덕남, 대신 등 무려 20여만 명을 잡아갔다.

적군이 난입하자 남건은 검으로 찔러 자살을 시도했으나 죽지 못하고 생포되었다. 의자왕 일행과 마찬가지로 고구려의 포로들도 당으로 끌려갔다. 이들을 기다리고 있는 운명도 의자왕 일행과 비슷했다. 그러나 잡혀간 고구려인들로 보면 백제인들보다 더욱 모욕적이었다. 고종은 이들을 장안으로 바로 데려오지 않고 먼저 장안에서 80km 북쪽 구종산에 있는 당 태종의 능(소릉)을 참배하게 했다. 당 태종의 제단은 산 정상에 있었고, 태종의 시신을 안치한 지하궁은 그곳에서 250m 아래에 있었다. 보장왕과 남건 형제는 가파른 구종산의 꼭대기까지 올라가서 거대한 당 태종의 비석과 제단 주변을 두른 14개 국 사절의 사신상과 당 태종이 탔다는 6마리 준마의 부조를 보았을 것이다. 그리고 그 앞에서 견디기 힘든 의식을 치러야 했다.

참배가 끝나자 당군은 긴 퍼레이드를 펼치며 장안으로 입성했다. 고종은 장안성 북쪽 끝에 위치한 함원전에서 고구려 포로를 접견했다.

고종은 고구려의 5부 176성 69만 호를 9도독부 42주 100현으로 재편하고 평양에 안동도호부를 두었다. 안동도호부의 책임자로는 설인귀를 임명하고 2만 군대를 주둔시켰다.

보장왕은 실권이 없었고 대당전쟁을 주도한 인물은 연개소문 일가였다는 이유로 사면을 받았다. 677년에 요동 지방에서 고구려 부흥운동이 발발하자

당 태종의 능(소릉)

소릉의 폐허와 찌그러진 비석. 필자가 소릉을 찾았을 때는 비가 부슬부슬 내리는 늦은 오후였다. 소릉 정상부는 약탈과 도굴로 많이 훼손되었다. 안개 속에 보이는 폐허와 찌그러진 비는 세월의 무상함을 느끼게 한다. 2006년경부터 소릉을 대대적으로 정비하기 시작해서 최근에는 많이 달라졌다고 한다.

당은 반란을 제압하기 위해 보장왕을 요동도독 조선군왕으로 임명해 요동으로 파견했다. 그러나 보장왕은 고구려 유민을 규합하고 말갈과 내통하여 고구려 부흥을 꾀했다. 비밀이 누설되는 바람에 681년 사천성 공협 지방으로 유배되었다가 다음 해에 사망했다. 당은 그를 장안으로 운구해 와 이정·이적 군에게 멸망당한 돌궐의 왕 힐리가한의 무덤 옆에 장사했다. 의자왕의 묘역과 마찬가지로 이곳도 교훈의 의미가 있는데, 이 묘역은 투항했거나 혹은 정복당한 외국 군장들의 묘역이었다.

끝까지 항거한 남건은 검주黔州(지금의 쓰촨 성 펑수이 현)에 유배되었다. 남생은 당에 협력한 공으로 우위대장군에 임명되어 식읍 3천 호를 받았다. 나중에 남생은 보장왕과 비슷한 이유로 요동에 설치한 안동도호부의 장이 되어 그곳에서 재직하다가 679년 병으로 안동도호부 관사에서 사망했다. 그도 낙양 북망산에 묻혔다. 그때 나이 46세였다. 그의 아들과 손자도 대대로 당의 귀족이 되어 부유한 삶을 살았다.

다만 아들 헌성은 측천무후 시절을 견뎌내지 못했다. 그는 우위대장군, 우

당 고종의 능(건릉)의 사절상

고종의 장례식에 왔다는 주변국의 사절상이다. 이 중에는 신라 사절상도 있다. 소릉의 사절상은 사라졌고, 건릉의 사절상은 머리가 모두 없어졌다. 장안을 점령한 외국 군대가 이 사절상이 모욕적이라고 해서 국가와 민족을 알아볼 수 없도록 머리를 잘랐다는 설도 있고, 주변 농민들이 가뭄이 드는 것은 이 사절상의 원한 때문이라고 해서 머리를 없앴다는 설도 있다. 오른쪽 사진의 상이 고름을 묶은 형식으로 미루어 신라 사절상으로 추정되고 있다.

장회태자 묘 벽화에 보이는 신라 사신 장회태자 이현은 측천무후의 둘째 아들로 675년에 태자가 되었다. 어질고 학문이 높아 명성이 높았지만 의심을 사서 폐위되었다가 유배지에서 죽었다. 사망 원인은 살해 또는 자살이었다고 한다. 그림은 장익회태자 묘의 벽화 중 일부인 〈객사도(客使圖)〉. 오른쪽에서 두 번째 인물은 의복과 조우관으로 미루어 신라 사신으로 추정되고 있다.

림위대장군까지 승진했다. 활의 명수로 측천무후 시절 문무관 중에서 활 잘 쏘는 사람 5명을 선발할 때 그 안에 들었고 시합에서 1등을 했다. 그러나 자신은 중국인이 아니라는 이유로 끝까지 1등을 사양했다. 이 정도로 그는 무후 시절에 정말 조심하고 겸손하게 살았다. 그러나 690년 간신 내준신에게 뇌물을 주지 않아 미움을 샀고 그의 모함으로 처형되었다. 그때가 43세였다. 700년에 무고임이 밝혀져 복권되었지만 아들과 딸까지도 죽이고 내쫓았던 측천무후의 잔혹했던 통치방식을 보면 정말 모르고 죽였는지 의심스럽다. 이렇게 죽이고 나중에 복권시켜 주는 사례가 한둘이 아니었다.

막내 남산도 요양군의 개국공이 되고 당에서 상호군이란 관직을 받아 지내다가 701년에 63세로 낙양에서 사망했다. 마지막으로 고구려에서 잡은 포로들 중에는 백강 해전에서 패배하고 고구려로 달아났던 부여풍도 있었다. 풍이 장안으로 잡혀왔을 때 의자왕은 이미 사망했지만 부여융과 형제들은 장안에 살고 있었다. 그들이 해후했는지는 알 수 없다. 당은 부여풍을 먼 남쪽의 영남(광서·광동 지역)으로 유배했고,[10] 이후로 그의 자취는 끊어졌다.

제1장

1 김대문 저, 이종욱 역주해, 『대역 화랑세기』, 소나무, 2005, 16쪽.

2 위의 책, 17쪽.

3 "辛巳年二月一日立 寡人幼年承基政委輔弼."

4 선혜부인은 소지왕의 왕비로 유명한 거문고 갑을 쏘라는 전설의 주인공이다. 『삼국유사』에 수록된 이야기로 어느 날 소지왕이 궁 밖으로 거동했을 때 쥐 한 마리가 나타나 까마귀가 가는 곳을 따라가라고 했다. 왕이 사람을 보내 까마귀를 따라가게 했더니 못 속에서 노인이 나와 글을 올렸다(이 못이 서출지다). 그 글의 겉봉에 봉투를 열어 보면 두 사람이 죽고, 보지 않으면 한 사람이 죽을 것이라고 써 있었다. 왕은 두 사람이 죽는 것보다는 한 사람이 죽는 것이 낫다고 열어 보지 않으려고 했는데, 점 치는 관리가 말하기를 그 한 사람은 왕을 말하는 것이라고 했다. 소지왕이 글을 보니 거문고 갑을 쏘라고 적혀 있었다. 왕이 궁에 들어가 거문고 갑을 쏘니 갑 속에서 중이 왕비와 간통을 하고 있었다. 왕은 두 사람을 모두 처형했다. 그런데 『화랑세기』에는 그 승려가 묘심이며, 선혜부인이 묘심과 간통해서 낳은 아이가 오도라고 되어 있다. 아래 사진은 경주 남산 서출지의 전경.

5 『일본서기(日本書紀)』 권19, 긴메이(欽明) 천황 23년 정월.

6 『삼국사기(三國史記)』 권4, 진흥왕 23년 7월.

7 『일본서기』 권19, 긴메이 천황 23년 7월.

제2장

1 『수서(隋書)』 권40, 열전5 왕세적.

2 『삼국사기(三國史記)』 권20, 고구려본기8 영양왕 9년 ; 『수서』 권81, 열전46 동이 고려.

3 이근명 편역, 『중국역사(상)』, 신서원, 1993, 384쪽.

4 『삼국사기』 권20, 고구려본기8 영양왕 18년.

5 앤드류 기어, 『피의 낙동강, 얼어 붙은 장진호』, 정우사, 1981. 이 책은 한국전쟁에 참전한 미 해병대의 공식 전사다. 이 책만이 아니라 한국전쟁에 대한 백선엽 장군의 회고록과 그 외 최근 간행된 한국전쟁 관련 저서들도 과거의 인해전술식 해석을 배제하고, 중공군의 전술을 잘 분석하고 있다.

6 중공군과의 실전 양상은 다음의 책들이 훌륭한 참고가 된다. 마틴 러스 저, 임상균 역, 『브레이크 아웃』, 나남, 2004 ; 데이비드 핼버스탬 저, 정윤미·이은진 공역, 『콜디스트 윈터』, 살림출판사, 2009 ; 앤드류 새먼 저, 박수현 옮김, 『마지막 한발』, 시대정신, 2010.

7 24군의 진로는 『수서』 권4, 제기(帝紀)4 양제 하편 참조. 지휘관은 각 사람의 열전과 기록에서 찾아 정리한 것이다.

8 16세기에 함경북도 병마사로 재직하던 이일이 편찬한 『제승방략(制勝方略)』에 군량 배급 규정이 있다. 이 기록에 의하면 군사 1인의 1일 식량이 3되, 종의 군량이 2되였다. 말은 군마의 경우 여물로 쓸 쌀 1되와 콩 3되, 짐 나르는 말에게는 콩 2되를 주었다. 허선도, 「제승방략 연구(상)」, 『진단학보』 36, 1973, 61쪽.

9 김원룡, 「을지문덕의 출자에 대한 의론」, 『전해종박사화갑기념 사학논총』, 일조각, 1977.

10 한국정신문화연구원, 『역주 삼국사기 3-주석편』, 535쪽.

11 크세노폰 지음, 천병희 옮김, 『아나바시스』, 단국대학교 출판부, 2001, 103~104쪽.

제3장

1 이위공문대는 체계적 저술이 아닌 대화록이다. 그래서 이 책만으로 이정 병서의 실체를 알기는 어렵다. 덕분에 이정은 중국에서도 별볼일 없는 장수이고, 이 책이 무경칠서에 포함된 것은 오류라는 평가를 많이 받았다. 그러나 진짜 전술가들은 이정의 가치와 중요성을 알았다.

2 이병도, 「고구려 대수·당 항전」, 『한국고대사연구』, 박영사, 1976 ; 여호규, 「고구려 천리장성의 경로와 축성배경」, 『국사관논총』 91, 2000 ; 방향숙, 「7세기 중엽 당 태종의 대고구려전 전략 수립과정」, 『위진수당사연구』 19, 2008. 2.

3 방향숙, 위의 글, 315~316쪽.

4 현재 학계에서는 연개소문 집안이 평양 일대의 토착가문이며 평양 천도 후 성장한 신흥가문이라고 보는 견해가 지배적이다(임기환, 「6, 7세기 고구려 정치세력의 동향」, 『한국고대사연구』 5, 1992). 연씨 가가 평양의 토착세력은 아니었다고 해도 고구려 귀족층에 대립적인 구도가 형성된 것은 분명하다. 연개소문의 증조부 자유(子游)와 조부 태조(太祚)는 모두 국무총리 격인 막리지를 역임했고 부친 개금은 태대대로였다(김영하, 「연개소문」, 『내일을 여는 역사』 2000년 가을 1, 142쪽).

5 『구당서(舊唐書)』 권199상, 열전149상 고려 정관 16년.

6 『일본서기』 권20, 고교쿠(皇極) 천황 원년 2월.

7 『일본서기』 기록에는 이리가수미가 왕을 죽이고 이리거세사 등 180여 인을 죽였다고 했다. 여기서 '이리'는 연, 가수미는 개소문을 말한다. 그렇다면 죽은 이리거세사도 연씨라고 추정된다(노태돈, 『고구려사연구』, 사계절, 1999, 473쪽).

8 고려시대까지도 평양성 안에 고구려 궁전의 회랑이 남아 있었다고 하는데, 위치는 분명하지 않다.

9 노태돈, 앞의 『고구려사연구』, 468쪽.

10 신채호 저, 진경환 주석, 『조선상고사』, 인물연구소, 1982, 286~287쪽.

11 신채호, 『조선상고사』, 287~301쪽.

12 영류왕과 연개소문을 온건론과 강경론, 구귀족과 신흥귀족으로 분류하는 방법에 대한 비판은 선봉조, 「영류왕대 정국주도권의 변화양상과 연씨세력」, 『고구려발해연구』 33, 2009. 3.

13 『당서(唐書)』 권78, 열전3 종실 강하왕 도종.

14 존 키건, 정병선 옮김, 『전쟁의 얼굴』, 지호출판사, 2005, 110쪽.

15 이전에 간행한 『전쟁과 역사-삼국편』에서 중장기병의 속도를 평균 40km 정도라고 추정했다. 물론 이것은 최고로 높게 추정한 것이다. 실제로는 이보다는 낮을 것이라는 단서를 달기는 했지만, 결과적으로는 오해의 소지가 있는 서술이 되어 버렸다. 반면에 활의 사격 횟수는 평균 3초로 잡았는데, 이것은 속사에서는 가능한 속도지만 집단적인 조준 사격횟수로는 너무 빠르다. 이 역시 실제 사격에서는 좀더 느릴 것이라고 단서를 달고, 계산상의 수치보다 약간 낮추어서 전체적으로는 5회 정도의 사격을 감당해야 할 것이라고 했다. 결론에 해당하는 이 사격횟수는 다행히 존 키건의 연구와 일치한다. 그러나 기왕이면 괜히 단서를 달면서 돌격속도와 발사속도를 최대치로 잡지 말고 처음부터 현실적으로 잡으면 좋았을 것이라는 아쉬움이 든다.

16 서영교, 『나당전쟁사 연구』, 아세아문화사, 2006, 119쪽. 베르부르겐에 의하면, 중세 유럽의 장창병은 2인 1조로 구성되어 1명은 장창을 땅에 고정시키고, 다른 한 사람은 창의 각도를 잡았다고 한다. 그러나 당군의 장창부대도 이렇게 했는지는 알 수 없다.

17 월터 스콧 지음, 이수잔 옮김, 『스코틀랜드 역사이야기 1』, 현대지성사, 2005, 83~84쪽.

18 『무신수지(武臣須知)』 2장 공성.

19 이정 저, 이현수 옮김, 『이위공병법』, 홍익출판사, 1996, 68쪽.

20 『구당서』 권94, 열전19 설만균전 부 만철.

제4장

1 『일본서기』 긴메이 천황 16년 8월.

2 한국정신문화연구원, 『역주 삼국사기 3-주석편(상)』, 126쪽.

3 아사오 나오히로 저, 이계황·서각수·연민수·임성모 옮김, 『새로 쓴 일본사』, 창비, 2003, 64쪽.

4 『삼국사기』 권34, 잡지 지리1 강주(康州) 천령군(天嶺郡), "운봉현 원래의 모산현이다 (또는 아영성, 아막성이라고 한다). 경덕왕 때 운봉현으로 개명했다."

5 『삼국사기』 권27, 백제본기5 무왕 3년 ; 권45, 열전 귀산.

6 『삼국사기』 잡지 무관조에서는 귀당은 상주정을 개칭한 것이라고 했다. 그러나 618년 전투에는 상주정과 귀당이 같이 나오고 사다함이 귀당비장을 역임했던 사례도 있어 이 기록은 오기라고 생각된다. 아마도 초기에는 귀당, 서당, 법당, 급당 등의 군단이 있다가 통일 후에 9서당으로 발전하면서 명칭이 재편된 것 같다. 통일 후의 9서당에는 고구려인, 백제인의 군단도 포함되었다.

7 『삼국사기』 권47, 열전7 눌최.

8 『삼국사기』 권27, 백제본기5 무왕 37년.

9 김태식, 「백제의 가야지역 관계사 : 교섭과 정복」, 『백제의 중앙과 지방』, 충남대학교 백제연구소, 1997, 75~82쪽 ; 한국정신문화연구원, 『역주 삼국사기 3-주석편(상)』, 143쪽. 독산성을 경북 성주군 독용산성으로 보는 견해도 있다(위의 책, 742쪽). 한편 성왕 26년(548년) 고구려가 백제의 독산성을 공격한 적이 있다. 이 기사의 독산성을 합천으로 비정하면 너무 남쪽이어서 믿기가 어렵다. 그래서 이 독산성은 현재 오산에 있는 독산성으로 비정하기도 한다. 독산성이 여러 개일 가능성도 있다.

10 김대문 저, 이종욱 역주해, 『대역 화랑세기』, 261쪽.

11 위의 책, 253쪽.

12 『광해군일기(光海君日記)』 권177, 광해군 14년 5월 무신.

13 임용한·김충배·김진원, 『당성(唐城)』, 경기문화재단, 2009.12.

14 위의 책, 37~40쪽.

제5장

1 『일본서기』 권24, 고교쿠 천황 원년 2월.

2 김영관, 「백제유민 예식진 묘지 소개」, 『신라사학보』 10, 2007.

3 양종국, 「7세기 동아시아 국제정세와 백제 의자왕」, 『백제부흥운동사연구』, 서경, 2004.12, 50쪽.

제6장

1 『구당서(舊唐書)』 권109, 흑치상지전 ; 『신당서(新唐書)』 권110, 흑치상지전.

2 『일본서기』 권26, 사이메이(齊明) 천황 6년 9월.

3 『삼국사기』 권36, 잡지 지리 전주 진례군조 ; 『역주 삼국사기 3-주석편(상)』, 186쪽.

4 『당서』와 『삼국사기』에는 이들의 근거지가 주류성이라고 나온다. 그러나 『유인원기공비』와 『일본서기』에는 임존성으로 기록되어 있다. 아마 이들이 처음에는 임존성에서 모였다가 주류성으로 이동한 듯하다.

5 『유인원기공비』.

6 『삼국사기』 권7, 문무왕 11년 「답설인귀서」.

7 『일본서기』 권26, 사이메이 천황 6년 10월.

8 이 사건은 신라본기와 백제본기가 사건의 순서를 조금 다르게 서술하고 있는데, 거의 한두 달 간격으로 벌어진 사건이다 보니 정리에 착오가 있는 듯하다.

9 『일본서기』 권26, 사이메이 천황 6년 9월.

10 위의 주.

11 『삼국사기』 권7, 문무왕 11년 「답설인귀서」.

12 앤드류 새먼 지음, 박수현 옮김, 『마지막 한발』, 시대정신, 2009, 37~40쪽, 254~256쪽.

13 『삼국사기』 권47, 열전7 필부.

14 이도학, 「백제 부흥운동의 시작과 끝」, 『백제부흥운동사연구』, 서경, 2004.12, 180쪽.

15 이하 주류성의 위치에 대한 여러 설은 김영관, 「백강구 전투와 주류성」(『군사』 65, 2007.12)을 참조하였다.

16 한국정신문화연구원, 『역주 삼국사기 3-주석편(상)』, 201쪽.

17 『삼국사기』 권42, 열전2 김유신 중.

18 위의 글.

19 『삼국사기』 권6, 신라본기6 문무왕 원년 9월.

20 노태돈, 『삼국통일전쟁사』, 서울대학교출판부, 2009, 164쪽.

21 『일본서기』 권27, 사이메이 천황 7년 12월.

22 김대문 저, 이종욱 역주해, 『대역 화랑세기』, 295~317쪽.

23 『삼국사기』 권6, 신라본기6 문무왕 2년.

24 이 내용은 전적으로 다음의 글을 참조했다. 이현숙, 「7세기 신라 통일전쟁과 전염병」, 『역사와 현실』 47, 2003.

25 『삼국사기』 권7, 신라본기7 문무왕 11년 「답설인귀서」.

26 『구당서』 권84, 열전34 유인궤전 ; 『자치통감(資治通鑑)』 권200, 당기16 고종 용삭 2년 추7월조 (노중국, 「부흥백제국의 성립과 몰락」, 『백제부흥운동사연구』, 서경, 2004.12, 96쪽에서 재인용).

27 지라성은 회덕현 산천조에 나오는 질현(迭峴)으로(심정보, 『백제 산성의 이해』, 주류성, 2004, 169~170), 사정책은 대전시 사정동의 사정동산성(성주탁, 「대전부근 고대산성고」, 『백제연구』 5, 충남대학교 백제연구소)으로 보는 견해가 있다.

28 김영관, 「백제부흥운동의 실패 원인」, 『선사와 고대』 19, 2003, 297~298쪽 ; 『백제부흥운동연구』, 서경문화사, 2005.

29 김영관, 「백강구 전투와 주류성」, 위의 책, 2005, 115~119쪽.

제7장

1 『삼국사기』 권44, 열전4 흑치상지.

2 이남석, 「예산 봉수산성(임존성)의 현황과 특징」, 『백제부흥운동사연구』, 서경, 2004.12, 213쪽.

3 심정보, 「백제부흥운동과 임존성」, 위의 『백제부흥운동사연구』, 238쪽.

4 한국고대사회연구소, 「천헌성묘지명」, 『역주 한국고대금석문 1』, 가락국사적개발연구원, 1992.

5 『삼국사기』 권22, 고구려본기10 보장왕 26년.

6 『신당서』 권111, 열전36 설인귀.

7 학처준이 공략한 성이 안시성이었다는 이야기는 『삼국사기』에만 나온다. 『당서』에는 위치를 명시하지 않았다.

8 『구당서』 권5, 고종 건봉 3년 2월 ; 『신당서』 권220, 열전145 동이 고려전 건봉 3년.

9 『삼국사기』 권6, 신라본기 문무왕(상) 문무왕 8년 6월 12일.

10 『자치통감』 권201, 당기 총장 원년.